CLASSIC FEYNMAN
All the Adventures of a
Curious Character

UNREAD

RICHARD P. FEYNMAN

RALPH LEIGHTON

一个
好奇者的
探险人生

经典费曼

[美]
理查德·P.费曼
著

[美] 拉尔夫·莱顿 编 李盼 译

北京联合出版公司
Beijing United Publishing Co., Ltd.

目录

一个物理学家的世界 283

费曼先生前往华盛顿:调查 "挑战者号" 航天飞机灾难事件 425

授权与致谢

以下个人或团体授权本书使用以下内容，我们在此表示感谢：

《前言》，作者：弗里曼·戴森。

《科学家是怎样炼成的》，摘自《发现的乐趣》，这是克里斯托弗·塞克斯为英国广播公司（BBC）电视《地平线》科学系列节目以及美国公共电视台（PBS）《新星》节目拍摄的一部纪录片。如需获得这部纪录片（如果仍然在售），可以在网上搜索"Sykes"或"发现的乐趣"。

《洛斯阿拉莫斯：从基层做起》，改编自1975年在圣巴巴拉市举办的加州大学科学与社会第一年度系列讲座中的一场（共九场）。这个系列讲座最终结成《洛斯阿拉莫斯回忆录，1943—1945》（L. Badash等编，1980 © D. Reidel出版公司，荷兰，多德雷赫特）一书。

《附录F：对航天飞机可靠性的个人观察》，来自《"挑战者号"航空飞机事故调查统辖委员会报告》卷二。

《科学的价值》，1995年秋季美国国家科学院大会上的一场公开演讲。

《货拜族科学》，费曼1974年在加州理工学院毕业典礼上的演讲。

《寻找费曼》，艾伦·艾尔达2002年在加州理工学院毕业典礼上的演讲。

第342、345、357、358、427页费曼的绘画和笔记的复制图由格温妮丝·费曼提供。

本书中照片和图表来源如下：

第117、125、129页，由格温妮丝·费曼提供。

第184、384、421（下）、422（上），由加州理工学院提供。

序幕

一

致读者

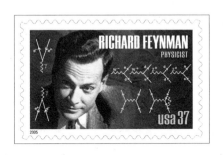

　　2005年，美国邮政为理查德·费曼和其他三位美国科学家发行了纪念邮票。有趣的是，费曼那张邮票上起初没人能看懂的奇怪波形图案，如今已成为理论物理中表示粒子间相互作用的通用标准图示。

　　同样有趣的还有，费曼几乎二十年前的奇异预感正在稳步成为现实。

　　那时是1987年，"挑战者号"调查结束的一年后，离理查德·费曼生命的结束还有不到一年时间。是的，死神已经迫近：《洛杉矶时报》科学版的一位记者在不久之前打来电话，确认费曼没能挺过第四次癌症手术的传言是否属实。我用马克·吐温的一句话（"关于我死亡的传言过于夸大其词了"）回复了他，并且鼓励那位记者把讣告给费曼本人发去一份。

　　费曼的平装版畅销书《别闹了，费曼先生！》刚刚出版了西班牙语版，他正在品味用拉丁风味的语言讲出自己的故事是什么感觉。在"Distinto juego de herramientas"（《不同的工具箱》）那篇故事中，一个星号出现在"Waffenstoffer"一词之后，这是费曼为了取笑数学家的思维方式而编造出来的定理名称。但那位西班牙语译者为此加上了注释，在这里我把它翻译过来："这是一个双关语：战争即将在欧洲打响。Waffen=武器；Stoff=东西，或物质。"

　　"战争已经开始了！"费曼大呼，感到既震惊又好笑，"他们会在《塔木德》的页面空白上写评注！"在了解到《塔木德》中不仅有英雄故事，还有关于从这些故事中得到教训的评注后，我想他这个暗指恰如其分。

费曼知道自己将留下一笔精神遗产，对此也颇为留心。在为《别闹了，费曼先生！》一书筹备续篇时，我听他重申了1955年那场"科学的价值"演讲中的结论："身为科学家，我们知道巨大进步得益于'承认自己无知'这一令人信服的哲学思想，这种进步也是自由思想结出的硕果，为了全体后代，我们有责任去传扬这种自由的价值；我们有责任让人们知道，不要害怕疑惑，而是要欢迎和讨论疑惑；我们有责任和义务去争取这种自由。"

但是费曼也知道，一个富有娱乐性的故事往往比一场有说服力的演讲更容易被人接受。于是他让一位鼓手朋友记载并改写了很多自述故事，并将其编入《别闹了，费曼先生！》中"一个好奇者的冒险"部分。这本书的成功激励他在姐妹畅销书《你为什么要在乎别人怎么想？》中讲述了自己调查"挑战者号"的经历，以及重重困难之后令人痛心的阿琳的故事。这两本书的平装版至今仍然在售。

几年前由我提议，经诺顿出版公司同意，我们在此将费曼富有戏剧性的传奇故事——一位评论者将其形容为"马克·吐温风格"——集结成一本全新的精装书，作为经典流传于世。因此，你能在这本精选集中找到来自那两本畅销书的*所有*"冒险故事"（大部分按照时间顺序交替出现）。作为特别款待，费曼的故事还将由我们时代的两位杰出智者弗里曼·戴森和艾伦·艾尔达的精彩评注作为开始和结束。

希望本书能和成千上万贴有费曼邮票的信封一起，让这位特立独行的现代英雄的传奇和信念永存。祝你生日快乐，长官！

拉尔夫·莱顿

2005 年 5 月 11 日

前言

弗里曼·戴森[*]

这是一本很棒的精选集，书中关于迪克·费曼[**]的冒险故事都是真的。在我读这些故事时，我听到了迪克的声音，也看到他打着手势。费曼的所有朋友都欠拉尔夫·莱顿一个人情，正是他把这些故事保存在磁带里，还印成了书。我最喜欢的故事是《别闹了，费曼先生！》，这是迪克在普林斯顿大学出席第一场正式茶会的事。当时女主人问他要在茶里加奶油还是柠檬，他的答案是"我都要"。这个回答显示了迪克性格的核心：他对一切都来者不拒，无论是奶油还是柠檬，无论是喜剧还是悲剧。这就是为什么他有那么多疯狂的冒险经历，并且度过了充满创造力的一生。费曼深知慢性病的痛苦和早逝带来的伤痛，但他和莎士比亚一样，知道在每个悲剧中都有属于喜剧的时刻，悲剧英雄会在这种时刻站到一边，把自己的舞台位置让给小丑。要像费曼那样在悲剧发生时保持清醒，做个小丑有所帮助。即使是在康奈尔大学和电子的无限自能较劲时，或在佛罗里达挖掘"挑战者号"航天飞机惨剧的原因时，甚至在阿尔伯克基陪伴他将逝的年轻妻子阿琳时，在这些最为严肃的时刻，他也不是个严肃的人。

在这篇前言里，我主要想写写费曼辛勤工作的偏好。从费曼自己以及他人讲述的相关故事中，人们容易产生这样的印象：费曼大多数时候都在装傻充愣

---

[*] 弗里曼·约翰·戴森（1923—2020），美籍英裔数学物理学家，普林斯顿高等研究院教授。他是除费曼本人之外第一个欣赏费曼图的人，并说服奥本海默，说费曼的新理论与施温格和朝永振一郎的理论一样有效。（如无特别标注，本书注释均为译者注）

[**] "迪克"是"理查德"的昵称。——编者注

或经历有趣的冒险，只是偶尔中断这种无忧无虑的生活，高度专注于科学研究，并在这期间取得杰出的科学发现。这种印象不完全是错的，但却遗漏了他性格中最重要的一部分。他生活的核心主题正是悠长、缓慢、辛苦的工作，他的全部气力都消耗在对科学难题的苦心钻研上，直到问题得以解决。那些冒险和笑话都很真实，但它们不是主旋律。那些故事在某些程度上让人误解，因为费曼对科学的贡献在风格和实质之间存在一种矛盾的失调。他的科学风格精彩绝伦，令人印象深刻。他用浅显易懂的示意图而非晦涩难懂的微分方程描述自然，他用戏剧性的手势和声音效果而非写满艰深符号的黑板来辅助讲座。

但是他科学研究的实质是保守的。他获得自己见解的方式并非才华横溢地创造，而是对旧理论和实验兢兢业业地筛选。他并不是一个革命者。他尽可能地保留旧理论，通过延伸它们来适应新实验。他在旧理论的基础上，一砖一瓦地构建属于他的新理论。他建立的一切都不是仓促完成的，他的所有成果都经受住了时间的考验。就像他经常说的那样，当某些具有革命性的新理念被提出时，这些理念是否正确比它们是否精彩重要得多。无论是重构物理学的基础还是解读一项新实验的结果，他都会不遗余力地保证细节的正确性。他说，科学家的任务是仔细聆听自然的声音，而非告诉自然该如何行事。

作为物理学家，费曼一生中有两个极富创造力的时期。第一个时期持续了10年，从1939年到1949年，从普林斯顿大学到康奈尔大学，中间还插入了一段在洛斯阿拉莫斯度过的时光。第二个时期也持续了10年，从1960年到1970年，在加州理工学院。在普林斯顿–康奈尔时期，他用自己的方式重建了有关原子和辐射以及两者相互作用的理论。在加州理工时期，他重建了有关核力和强相互作用粒子的理论。在这两个时期，他都整合了很多令人困惑的实验结果，并利用它们构建起自然运作方式的连贯图景。他尽可能少地依赖现存理论，尽可能多地着力于实验事实。他一点一点地搭建起自己的理论图景，就像面对由数学碎片组成的拼图；他尝试了上百种不同的组合方法，直至找到合适的那种。他也曾经花费多年时间苦苦寻找可能的答案，结果却被证明是矛盾或错误的。

当我还是康奈尔大学的学生时，看着费曼工作会让我想起经济学家约翰·梅纳德·凯恩斯对艾萨克·牛顿的描述。凯恩斯有收藏和研究牛顿手稿的习惯，他写道："牛顿独特的天赋在于他能够把一个纯脑力问题放在头脑中持续思考，直到看穿问题的核心。我认为他的卓越之处恰在于他那人类曾有过的最强健、最持久的直觉力量。"这段对牛顿的描述也完全可以用在费曼身上，它准确地描述了费曼的工作方式。他把在爱因斯坦相对论框架下计算辐射原子之间相互作用的问题放在脑中十年之久，不言放弃，直到找到答案。我有幸在他苦苦追寻原子与辐射问题答案的第十年认识他，在这最后一年，拼图终于开始逐渐归位。但我看到他在这最后一年里苦苦挣扎，仍会陷入数学的泥潭或走进物理的死胡同，灰心丧气多于兴高采烈。启示并非天才般的灵光一闪，而是在经历了艰苦卓绝的漫漫长夜后，以一种艰难的方式在领悟的黎明中徐徐出现。

在加州理工任职期间，费曼以类似的方式钻研一个复杂得多的问题：将强相互作用的核子拟合成相干图像。这个问题之所以更加复杂，是因为粒子和相互作用的类型多得令人眼花缭乱。费曼把问题解决了一半。他建立了一个理论，即可观测的粒子是由一组更小的被他称为"部分子"的基本成分构成的。以相对简单的部分子成分的行为作为向导，他找到了计算可观测粒子行为的规则。他的规则解释了实验结果，但留下了不少有待以后完善的细节。在这项研究的进展过程中，他一直与更年轻的加州理工同事默里·盖尔曼以及乔治·茨威格交换意见。盖尔曼和茨威格分别抢先建立了自己的理论，虽然和费曼的理论相似，但他们对部分子的描述更加具体。盖尔曼将他的部分子称作"夸克"，而茨威格称其为"A子"（aces）。如今，距那时已过去五十多年，只有夸克被人记住，而部分子和A子都已被人遗忘。盖尔曼的核子夸克模型成为教学中和被所有人接受的标准模型。费曼一直对盖尔曼和茨威格的发现给予慷慨的赞许，认为他们二人的理论超越了自己。因为这个发现，费曼1977年以个人名义将他们推荐给诺贝尔奖评委会。如果获奖，这将是盖尔曼的第二个诺贝尔奖，但诺贝尔奖评委会没有接受费曼的推荐。

费曼作为科学家的伟大之处并非仰赖于某个特定发现。他的伟大之处在于他创造了正在被全世界的物理学家使用的语言。现如今，要想描述自然的运作方式，所有人都理所当然地用到他的"时空方法"和示意图。时空方法的核心在于从字面上理解古希腊哲学家赫拉克利特所说的"万物流动"。根据时空方法理论，自然从初始状态流动到任何最终状态要同时经过所有可能的历史。每种可能的历史都有一个幅，而幅又有一个量和一个相。要想计算到达最终状态的可能性，你只需要把在此之前的所有这些历史的幅相加，并计算幅之和的平方。通过把描述每个历史的一组图的贡献相加，就可以得到与这个历史相对应的幅。这种通过"历史求和"描述自然的方式，是科学史上的一个伟大的统一原理。

除了十年来对原子和核物理基础的阐明，费曼也研究了其他各式各样的问题。他几乎对所有事情都兴味盎然，并且敢于投身到不熟悉的领域中。他花了一年时间，在加州理工的生物学部做病毒实验。在那一年末，他新发现了一些关于病毒基因突变的有趣事实，但他还是判断自己不是做生物学家的料，于是他带着重燃的热情返回了物理学界。那个时候的生物学全是实验没有理论，而无法建立理论是费曼不能忍受的。重返物理学领域之后，他取得了自认为最美的发现：描述一种名为中微子的粒子与物质如何相互作用的新的自然法则。

在科学的任何分支里，只要有人发现了谜团，费曼就会一头扎进去。20世纪50年代，最具诱惑力的谜团在低温物理领域。1938年，苏联物理学家彼得·卡皮察发现了液态氦在接近绝对零度的温度下会变成超流体。在卡皮察发现这一现象15年后，对超流体的解释仍是著名的未解之谜。超流体是一种奇妙的物质状态。超流体状态的物质一旦动起来就会一直流动，永不减速。费曼接受了挑战并建立了一个基于历史求和计算方法的超流体理论。他指出超流体状态是液体历史求和的自然结果，前提是你必须考虑到所有氦原子都是一模一样的。因为氦原子是完全相同的，所以你必须把所有历史加在一起，包括原子以所有可能方式互换和排列的结果。费曼用一种简单的方式证明液体的运动将会使其自身成为涡流，只要没有外界干扰，它就会永远持续旋转。这个理论解释了为什么液体会是超流态。费曼确立了这个理论后，加州理工学院用新实验详细地验证，结果证实理论是正确的。

费曼提出的对物理现实"历史求和"的理论既有哲学深度，也有实际用处。它给了我们一种计算会发生什么事的快速简单的方法，同时它也为我们提供了一种深入的洞见，让我们知道为什么我们对物质和运动的常识观念具有误导性。费曼知道自然的运作方式就像亚瑟·C.克拉克所说的那样，不仅比我们想象的奇怪，而且比我们**能够**想象的更奇怪。对于自然的奇异之处，历史求和理论给了我们一个直观生动的体验。但费曼的计算者身份永远是第一位的，其次才是哲学家。对于他来说，最重要的事情是保证所有细节都正确。

就像他的物理现实历史求和理论一样，费曼对于人性的洞察也是既有哲学深度，也有实际用处的。他的某些故事就像他的物理研究一样深刻。在这篇前言里，我强调了费曼科学的一面，对他人性的一面所言不多。之所以这样写，是因为这本书的绝大部分都在讲他人性的一面。如果你想了解费曼人性的一面，我推荐你阅读那篇关于他第一任妻子阿琳生平的文章。这个故事是费曼自己口述的，在文集中名为《你为什么要在乎别人怎么想？》。这是本书最长的一篇文章，也是费曼最难开口的一个故事。他的精神始终与她的灵魂一同闪耀着光辉。

从法洛克威到
麻省理工学院

—

科学家是怎样炼成的

我有一位艺术家朋友，有时候他的观点令我无法赞同。他会拿起一枝花，然后说："看，多美啊！"我会表示同意。但接下来他会说："作为一个艺术家，我能看到一朵花的美。但你这个科学家会把它拆分一番，事情就变得索然无味了。"我觉得他这么想有点傻。

首先，他看到的美，其他人也看得到，我相信也包括我。虽然我可能不像他那样精于审美，但我可以欣赏一朵花。不仅如此，我在一朵花上看到的东西比他多得多。我可以想象其中的细胞，细胞也具有美感。美不仅存在于厘米见方的尺度，也存在于更小的尺度。

那里有复杂的细胞活动和其他进程。花进化出颜色是为了吸引昆虫为自身授粉，这个事实很有趣：这意味着昆虫能看到颜色。于是就产生了一个问题：我们拥有的这种对美的感受是否也存在于更低等的生命形式中？科学知识可以引出各种各样有趣的问题，这只会**增加**一朵花带给我们的兴奋、神秘和敬畏。只会增加。我不明白为什么会减少。

我一向单方面地专注于科学，在更年轻的时候，我几乎把所有精力都投入到科学中。在那段时间里，我没有时间也没有耐心去学习所谓的人文学科。即使必须学习大学里某些人文课程才能毕业，我也尽量避而远之。直到后来我年纪渐长、更有闲余时，才扩展了一些兴趣。我学习了绘画，也读了一些书，但我仍然是一个片面的人，我并不博学。才智有限，我选择把它用在特定的方向上。

————————

在我出生前，父亲告诉母亲："如果生个男孩，他会成为科学家。"[*] 当我还是个坐在高脚儿童椅里的小孩时，父亲拿了一堆不同颜色的小块浴室瓷砖（次等品）回家。我们在一起玩，父亲把瓷砖像多米诺骨牌一样竖直摆在儿童椅的桌板上，然后我会推动一端让所有瓷砖都倒下。

玩了一段时间后，我也会帮忙摆瓷砖。很快，我们开始用一种更复杂的方式摆瓷砖：两块白色一块蓝色，两块白色一块蓝色，如此这般。母亲看到这个情景，说道："别难为可怜的孩子了。他想放蓝色的就让他放吧！"

但父亲说："不行，我要让他知道什么是模式和模式的有趣之处。这是一种初等数学。"可以说，他很早就开始带我认识世界，告诉我世界多有趣。

我们家里有一部《大英百科全书》。在我还是个小男孩的时候，父亲总是让我坐在他的腿上，给我读《大英百科全书》。比如，我们会读关于恐龙的内容。在讲到霸王龙时，书里会写"这种恐龙有25英尺高，头有6英尺宽"。

这时父亲会停下来对我说："现在我们来看看这是什么意思吧。这就是说，如果恐龙站在我们的前院，它的身高足以让它把头伸到这里的窗户。"（当时我们在二楼。）"但是它的头太宽了，因此没法把头伸进来。"他会尽可能把读给我的所有东西"翻译"得现实一点儿。

想到世界上曾经有这等庞然大物，我非常兴奋，十分感兴趣。不仅如此，这些动物还都灭绝了，而且没人知道原因。我不害怕会有一头恐龙从窗子钻进来，但我从父亲那里学到了"翻译"的能力：努力搞清楚所有我读到的东西到底是什么意思，说的到底是什么。

我们过去经常去卡茨基尔山，这是纽约人夏季经常去的地方。所有的父亲都是工作日待在纽约，然后周末返回这里。周末，父亲会带我在林中漫步，然后告诉我曾经在树林中发生的趣事。别人的母亲看到我们后，觉得这样很不错，认为自家的丈夫也应该带着儿子散步。她们开始说服丈夫们这样做，但起初毫

---

[*] 即使有"男孩才能成为科学家"的成见，费曼的妹妹琼还是成了物理学博士。——莱顿原注

无进展。随后她们又想让我父亲带着所有孩子散步，但是他并不愿意，因为他只与我有特别的关系。结果就是，下个周末别人的父亲也要带着自己的孩子散步了。

到了下周一，父亲们都回去工作后，我们这些孩子在田地里玩耍。一个孩子问我："看见那只鸟了吗？那是什么鸟？"

我说："我完全不知道这是一种什么鸟。"

他说："那是一只褐喉画眉。你爸什么都没教你！"

但事实恰恰相反。父亲是这样教我的："看到那只鸟了吗？"他说，"那是斯潘塞莺。"（我知道他也不知道这鸟的真名。）"意大利语里叫'Ciutto Lapittida'，葡萄牙语里叫'Bom da Peida'，中文里叫'钟隆达'，日语里叫'Katano Tekeda'。你可以用全世界所有语言说这种鸟的名字，但是完事之后，你对这种鸟依然一无所知。你只知道不同地方的人怎么称呼这种鸟。我们来看看这只鸟，看看它在**做什么**——这才有意义。"（我很早就明白了知道一个东西叫什么和了解这个东西之间的区别。）

他说："比如，看那只鸟一直在啄自己的羽毛。看到了吗？它一边走来走去，一边啄自己的羽毛。"

"看到了。"

他说："你觉得鸟为什么要啄自己的羽毛？"

我说："它们可能在飞的时候把羽毛弄乱了，所以它们啄羽毛是为了梳理整齐。"

"好吧。"他说，"如果是这样的话，它们刚刚飞过之后应该啄得更勤。那么它们在落到地上一阵子后，就不会啄得那么勤了——你明白我的意思吗？"

"明白。"

他说："我们来看看它们刚落地时会不会啄得更勤。"

不难发现，已经在地上走了一阵的鸟和那些刚刚落地的鸟没有太大区别。

于是我说道："我放弃了。鸟为什么要啄自己的羽毛？"

"因为虱子正骚扰着它们，"父亲说，"虱子会吃从鸟的羽毛上掉落的小片蛋白质。"

他继续说："每只虱子的腿上都有一些蜡状物，小螨虫会吃这些蜡。螨虫无法完全消化这些食物，因此它们会从尾部分泌一种糖类物质，而细菌就以此为生。"

最终他说："所以你看，哪里有食物源，哪里就会有发现它的**某种**生命。"

现在，我知道实际上可能不一定有虱子，虱子的腿上也不一定就长有螨虫。这个故事在**细节上**未必正确，但父亲告诉我的事情在**原则上**是对的。

还有一次，当我大一点的时候，父亲从树上摘下一片叶子。这片叶子有个缺口，我们通常不会关注这种东西。叶子受到了某种损坏，它上面有一条棕色的C形细线，从中间某处开始一直弯曲着延伸到边缘。

"看看这条棕色的线，"他说，"它在起始处很窄，延伸到边缘时逐渐变宽。这些都是因为一只苍蝇，一只黄眼睛绿翅膀的蓝色苍蝇来到这里，并在叶子上排了一个卵。然后当卵孵出了蛆（一种像毛毛虫一样的生物），蛆就一直吃这片树叶，它就是这么获取食物的。它一路吃下去，就在叶子上留下了这条棕色痕迹。蛆不断生长，痕迹也越来越宽，直到蛆在叶子边缘长得够大了，它就会变成苍蝇（一只黄眼睛绿翅膀的蓝色苍蝇），飞走后在另一片叶子上产卵。"

我依然知道这些细节并不完全准确，叶子上的虫子甚至可能是一只甲虫，但是父亲努力向我解释的概念正是生命的有趣之处：整件事情的意义就是繁殖。无论生命这件事有多复杂，它的重点就是"再来一遍"！

如果不是和父亲多多相处，我就意识不到他有多么非凡。他如何学到科学的深层原理并感受到对科学的热爱？他如何知道科学背后的东西并相信科学值得我们为之努力？我从来没有真正问过他，因为我一直以为这就是父亲们都知道的事。

父亲教我学会观察。有一天，我在玩一辆"快递货车"，这是一辆带环绕轨道的小货车。车里有一个球，当我拉动货车的时候，我注意到球的移动方式。我找到父亲，问他："嘿，爸爸，我注意到一些东西。当我拉货车的时候，球会滚到货车的后部。当我一直拉着车然后忽然停止时，球又会滚到车的前部。为什么会这样？"

"这个嘛，没人知道。"他说，"总的原则是，移动的东西趋向于一直移动下去，而静止的东西趋向于一直静止，除非你使劲推动它们。这种趋向叫'惯性'，但没人知道为什么会这样。"这次他给了我一个深刻的见解。他没有仅仅告诉我名字。

他接着说："如果你从侧面看，你会发现是你拉动的货车后部与球摩擦，而球则静止不动。事实上，球由于摩擦力相对地面向前移动了一点儿。它并没有向后移动。"

我回到小货车那里，重新把球放好，开始拉车。从侧面观察，我发现父亲说的确实没错。相对于路面，球果然向前移动了一点儿。

父亲就这样用举例和讨论的方式教育我，没有压力，只有令人愉快的有趣对话。这在我余生中一直激励着我，让我对科学的**所有**领域都充满兴趣。（只是我刚好更擅长物理而已。）

可以说，我被深深吸引住了，就像有人在孩童时期得到一件很棒的东西，他就会永远想着如何再得到它。我总是像孩子一样，寻找那些待我发现的奇妙事物，可能不是每次都有，但隔段时间就有所发现。

———————————

大我三岁的表哥那时正读高中。他学习代数非常吃力，因此请了一位家庭教师。当家庭教师给我表哥讲代数的时候，我可以坐在角落。我听他说起 x。

我对我的表哥说："你要做什么？"

"我想解出 x 是多少，比如在 $2x+7=15$ 里。"

我说："你是说4。"

"是的，但你是用算术方法解的。必须用代数方法来解。"

幸运的是，我不是在学校里而是通过阁楼里找到的姨妈的旧课本学会的代数，我明白了代数的整体思想就是解出 x 是多少，怎样求解并没什么分别。对我来说，无所谓"用算术解"还是"用代数解"。"用代数解"就是一套规则，如果你盲目遵从这些规则，就能得出答案——"等号两边同时减7；如果 x 有系数，两边就同时除以系数"，以此类推。即使你不理解自己在做什么，也可以通过一系列的步骤得到答案。之所以有这些规则，是为了让不得不学习代数的孩子可以通过考试。这也是我的表哥一直都不会解代数题的原因。

在我们本地的图书馆里有一系列数学书，包括《给实用主义者的算术》，还有《给实用主义者的代数》以及《给实用主义者的三角学》（我就是从这本书上学到了三角学，但是我很快就忘光了，因为当时我没有很好地理解）。在我13岁时，图书馆收入了《给实用主义者的微积分》。那时我已经通过百科全书知道微积分的重要和有趣，我必须学习微积分。

当我终于在图书馆里看到那本微积分书时，我非常兴奋。我到图书管理员那儿办理借阅手续，但是她看着我说："你只是个孩子。你带走这本书做什么呢？"

这是我人生中为数不多的几次感觉尴尬和撒谎之一。我说书是给父亲的。

我把书拿回家，然后开始看书学习微积分。我认为微积分比较简单直接。父亲也开始读这本书，但是书中内容让他感到很困惑，他无法理解。因此我就试着给他解释微积分。我从没有意识到他的能力如此有限，而这让我有点困扰。这是我第一次认识到在某些方面我学到的东西比他多。

————————

除了物理，父亲教给我的事还包括（无论正确与否）对于某类特定事物的不敬。当我还是个小男孩时，他会让我坐在他的膝盖上，给我看《纽约时报》

的插图版——刚刚从报纸上打印出来的图片。

有一次我们正看一张教皇的照片，照片里所有人都在向教皇行礼。父亲说："看看这些人吧。一个人站着，而其他人都在朝他鞠躬。看看，区别是什么？这个人是教皇。"他就是讨厌教皇。他说："区别在于他戴的帽子。"（如果图上是一位将军，区别就是肩章。总之区别就是装束、制服、姿势。）"但是，"他说，"这个人也和其他所有人有同样的问题：他吃晚餐，他上厕所，他是个人。"（顺便说一句，我父亲从事制服生意，因此他知道一个人穿着制服和脱下制服有什么区别——对于他来说就是同一个人。）

––––––––––––

父亲对我挺满意，至少我是这样想的。但是有一次，我从麻省理工学院回来（我已经在那里待了几年），他对我说："现在你已经很了解这些东西了，我一直有一个问题不太明白。"

我问他是什么。

他说："我知道当一个原子从一个状态跃迁到另一个状态时，它会释放一种光的粒子，叫光子。"

"没错。"我回答。

他问："光子在此之前就在原子里吗？"

"没有，在这之前没有光子。"

"那么，"他又问，"它是从哪儿来的？它是怎么出来的？"

我努力向他解释，光子的数量不是守恒的，它们是由电子的运动创造出来的。但我解释得不是很好。我说："就和我现在发出的声音一样，之前并不存在于我身体里。"（我儿子可不这样想。他在非常小的时候，有一天突然宣称，他无法再说某个特定的词了，这个词是"猫"，因为他"词汇袋"中的这个词用完了。事实上，根本就不存在词语会被用光的词汇袋，同样道理，原子里也没有"光子袋"。）

在这方面父亲对我不太满意。我一直没有向他解释清楚任何他不理解的事。因此他并不成功：为了弄明白那些东西，他把我送到这么多大学里去，而最终他也没弄明白。

———————

虽然我母亲对科学一无所知，但她也对我产生了很大影响。特别是她那绝佳的幽默感，我从她身上学到，我们能够达到的最高级理解就是欢笑与爱心。

他靠"想"就把收音机修好了！

我十一二岁的时候，家住在法洛克威科纳加大道*792号，那时我在家里搞了一个实验室。这实验室就是一个旧木头包装箱，我把各种架子放在里面。"实验室"里还有一个加热器，虽然我大多数时候都在里面放油炸薯条。我还有一个蓄电池组和一个灯排。

这个灯排也是我自己做出来的。我到十元店买了一些灯口，然后把这些灯口用螺丝钉固定到木头底座上，再用一些电铃线把它们连接起来。我知道，通过不同的开关组合方式——串联或并联——可以让灯泡得到不同的电压值。但我没有意识到灯丝的电阻值与灯丝的温度直接相关，因此那时我计算出的结果和电路实际输出的结果不太一致。但这没什么关系，当我把灯泡串联在一起时，半明半暗之间灯泡闪着微光，非常好看。真是棒极了！

我还在这个电路系统里设置了保险丝，这样只要任何一个地方短了路，保险丝都会熔断。我需要的保险丝要比家用保险丝灵敏，因此我只能自己做一个，方法就是用锡纸包接起一个已经熔断了的旧保险丝。我又用一个5瓦的小灯泡并联在我这根保险丝上，这样当保险丝熔断时，一直给蓄电池组充电的涓流充电器就会把灯泡点亮。小灯泡装在开关板上，我还在灯泡前放了一张棕色的糖果包装纸（灯泡亮时糖果纸就呈现红色），因此如果发生了故障，我就看看那个配电盘，保险丝的位置就会出现一个大红点，这实在太好玩了！

我喜欢收音机。我的第一台收音机是从商店买到的矿石收音机，我经常在晚上睡觉前躺在床上用耳机听收音机。每当我父母深夜才回家时，他们都会到

---

* 2005年5月11日被纽约市重新命名为理查德·费曼路。——莱顿原注

我的房间里帮我把耳机摘掉，他们担心我睡着之后有什么东西溜进我的耳朵。

大概就在那个时候，我发明了一个防盗报警器，那是一个特别简单的小玩意儿：一个大电池和一个电铃铛，再用几根导线把它们连起来。当我房间的门被打开时，门把电线推到电池上，导电回路闭合，就会铃声大作。

一天晚上，我父母晚上外出回家，为了不吵醒已经睡着的我，他们蹑手蹑脚地打开我房间的门，要进来给我摘耳机。结果铃声突然在寂静的房间里炸开——当！当！当！……我一下子就从床上蹦了起来，喊道："成功啦！我成功啦！"

我有一个福特线圈——就是一个从福特车上拆下来的点火线圈。我把它的火花头接到了开关板上，又把一根"雷神"牌RH电子管的两端与火花头连在了一起，由于管子里充了氩气，火花头打出的火花就会在真空里呈现出紫色，实在是太酷了！

有一天，我正在玩福特线圈，用火花在纸上打孔，却把纸给点着了。很快，我就拿不住那张纸了，因为火马上就要烧到我的指头了！情急之下，我把这张纸扔到了金属废纸篓里。废纸篓里满是报纸，报纸又烧得很快，屋里的火势看起来相当凶猛。我赶紧把门关上了，因为母亲就在客厅里和朋友们打桥牌，只要关上门，她就不会发现我房间的火情。然后我拿起手边的一本杂志扣在废纸篓上，这样火就会因为缺氧而熄灭了。

火终于熄灭了，我把杂志拿开，但燃烧后的烟眼看就要充满整个屋子。废纸篓仍然很烫，我没办法用手直接拿，于是我就用老虎钳夹住废纸篓，把它举到窗户外边好让烟散出去。

可窗户外边正刮着风，风又把刚熄灭的火给重新吹燃了，而且我手头上没有杂志了。因此我只能把燃烧着的废纸篓先从窗户外边拿进来，然后再去拿杂志，这一刻我才忽然注意到窗户上还挂着窗帘——刚才实在是太惊险了！

好吧，不管怎么说，我总算是拿到那本杂志了，火也被再次扑灭。这次我把那本杂志拿在手里，然后把废纸篓里带着火星的纸灰抖落到了下边的街道上，当时我大概在二三层的高度。接着我走出房间，关好门，还朝我母亲喊了一声"我去玩了啊"，而烟雾此时正缓缓散出窗外。

————————

　　我还用电动马达做了一些东西，我给我买的光电池做了一个放大器，当我把手放到电池前时，铃声就会响起来。我并不是想做什么就能做什么，因为母亲总是让我出去玩，但我大多数时间还是待在屋子里鼓捣我的小实验室。

　　收音机是我在清仓大甩卖的时候买的。我没什么钱，但收音机也不是很贵，因为它们又老又破，我买回来后就设法修好。那些收音机的问题通常不太严重，有的是明显的电线松动或脱落，还有的是某个线圈坏了或者部分损坏，因此我经常修好一些收音机。一天晚上，我通过其中的一台收听到了位于得克萨斯州韦科市（Waco）的WACO电台信号。这实在是太令人激动了。

　　同样还是这台电子管收音机，我在实验室里还能收听到位于斯克内克塔迪的一个电台。那段时间，我们这里所有的小朋友——我的两个表亲、我的妹妹，还有邻居小朋友，都在楼下收听一个叫作《以罗犯罪俱乐部》的节目——由以罗牌果子盐赞助播出，这可是热门节目。我发现这档节目在斯克内克塔迪要比在纽约早播出一个小时，在楼上的实验室就能收听到，因此我能提前知道《以罗犯罪俱乐部》的剧情。当大家一起围坐在楼下的收音机前听《以罗犯罪俱乐部》时，我就会说："大家应该都知道，某某人已经很久没有出场了吧？现在我敢打赌，他马上就会出场挽救局面。"

　　两秒钟之后，嗒嗒——他闪亮登场！大家都很激动，我又接着"预言"了另外几个情节。然后大家觉得有点不对劲，意识到这里边肯定有诈：我肯定是通过什么渠道提前知道剧情了。于是我也就爽快承认了，告诉大家我一小时前就在楼上听过这个节目了。

　　坦白后的结果显而易见，现在小朋友们已经等不及在纽约时间听节目了，他们都跑到我楼上的实验室里，围坐在我的小破收音机前静静收听半个小时斯克内克塔迪时间的《以罗犯罪俱乐部》。

那时候我们住在一栋很大的房子里，它是我祖父留给子女的遗产，但除此之外家里并没有太多资产。这是一座非常大的木制房屋，因此我就在房子外面全都布了电线，保证每个屋子都有电线接头，这样我就可以随时收听放在楼上实验室里的收音机了。我还有一个扬声器，但并不完整，因为它没有那个大喇叭。

有一天，我戴上耳机，再把耳机连接到扬声器上，结果发现了一个有趣的现象：当把手指放在扬声器上并在它上面挠的时候，我能从耳机里听到声音。我因此意识到扬声器可以当作麦克风用，甚至连电池都不需要。当时学校里正讲到亚历山大·格雷厄姆·贝尔，于是我就向大家演示了这个扬声器和耳机。虽然做的时候我并不知道，但我认为这就是贝尔最初使用的那种电话。

我现在有了麦克风，因此就能用我从清仓大甩卖中买到的收音机中的放大器，从楼上广播到楼下，从楼下广播到楼上。那会儿我两三岁大的小妹妹琼（比我小9岁）很喜欢广播中一个叫唐叔叔的人。唐叔叔在节目中会唱一些关于"好孩子"的歌曲，还会在广播中念家长们邮寄来的卡片，内容大概是"这个星期六，住在弗拉特布什大道25号的玛丽过生日"。

有一天，我表妹弗朗西斯和我让琼坐好，然后告诉她广播里有一档很特别的节目，她必须去听一下。然后我们就一起跑到楼上去广播："我是唐叔叔。有一个非常可爱的小女孩，她的名字叫琼，她住在新百老汇街71号*。她马上就要过生日了，不是今天，而是某某天……她非常非常可爱。"然后我们唱了一首歌，还做了配乐："嘀哩嘀，嘀嘀哩嘀；嘀哩嘀哩哩，嘀哩嘀嘀……"我们做完整套节目，回到楼下问她："怎么样？你喜欢这些吗？"

"我觉得很不错，"琼说，"但有一点我没弄明白，为什么你们的配乐也是用

---

* 这是科纳加大街上那幢房子的早期地址。——莱顿原注

嘴演奏的呢？"

————————————

有一次，我接到了一个电话："先生，您是理查德·费曼吗？"

"是的。"

"我们是一家旅馆。有一台收音机坏了，需要修理一下。我们想您也许有办法把它修好。"

"可我还只是一个小朋友，"我回答，"我不知道该如何——"

"这个我们知道，可我们还是希望您能来看一下。"

这家旅馆其实是我姑姑经营的，但我当时并不知道这个情况。我后兜揣着一把大螺丝刀就去了那家旅馆——到现在他们还对这件事津津乐道呢。好吧，我那会儿实在是太小了，**任何螺丝刀放在我后兜都会显得无比巨大。**

我直奔收音机，想把它修好。其实我对此根本一窍不通，但碰巧那天旅馆里还有一个杂务工人，也不知道是他还是我发现控制音量的变阻器上有一个旋钮松了，正是它导致了传动杆失效。他去把什么东西锉了一下，收音机就修好了。

下一台我试图修理的收音机当时已经完全无法使用了。原因很简单，它只是插头没插对。后来我的修理工作变得越来越复杂，同时我的修理技术也得到了提高，修得也更细致了。我在纽约给自己买了一块毫安表，然后把它改装成了电压表，通过计算后调整特定长度的极细铜导线，这个"电压表"可以显示不同的量表范围。尽管这块"电压表"不是那么精确，但是用它来检测收音机线路的不同接点是否正常已经足够了。

人们雇用我修收音机的主要原因就是当时正处在经济大萧条时期。那会儿人们没钱修收音机，又正听说有个孩子只收不多的钱就能修。因此那时候，我会爬上屋顶修天线，还做其他各种各样的事。工作任务难度不断提高，我也获得了许多知识和经验。最终，我接到了类似于把直流装置转变为交流装置的工作，消除装置工作时的嗡嗡声很难，而且有的地方我也没弄好。我有点不堪重任，但我当时并不知道。

曾经有一次，我的工作产生了一些影响。我那时在打印店工作，打印店老板的朋友知道我想找一些修理收音机的工作，因此他就让人去打印店接我。那个人显然很穷，因为他的车实在是太破了，感觉马上就要散架了，而且他住的也是便宜地段。路上，我问："您的收音机出了什么故障？"

他回答："我刚一开收音机的时候它会发出噪声，但过一会儿噪声就消失了，收音机也能正常工作，我不喜欢开头的那种噪声。"

我心想："管他呢——自己没钱，就该忍着这点儿噪声。"

这一路上，他都在不停地唠叨，比如："你知道怎么修收音机吗？你就一个小朋友，你怎么知道如何修收音机呢？"

他这么贬损了我一路，我当时想："这人到底是怎么回事？这只不过是一点儿噪声。"

到了他家之后，我直接过去打开收音机，想听听那所谓的"噪声"。**我的天**！难怪这个可怜人受不了！一开机，那收音机就一边咆哮一边乱颤，"轰隆隆轰隆隆"——响声**巨大**！过了一会儿噪声才停下，收音机也正常了。因此我开始琢磨：这到底是怎么回事？

我一边来回踱步一边思考，然后我想到出现这种问题的一个原因可能是电子管启动的顺序错了。具体说来就是，放大器热身完毕，电子管也已经准备就绪，但是没有任何信号输入，或者有一些别的信号回输，或者在开始的部分（射频部分）就已经出了问题，因此它在收取信号的时候会产生很大噪声。当射频电路最终启动并且栅极电压也调适好时，一切就正常运行了。

这时候那个人发话了："你在干什么呢？你来修收音机，可现在只是在走来走去！"

我回答："我正在想！"然后自言自语："好吧，先把那些电子管拆出来，然后彻底调换一下它们的顺序。"（那时候很多收音机在不同位置使用的电子管完全一样，不是212型的，就是212-A型的。）于是我交换了电子管的位置，然后走到收音机前把它打开，收音机安静得就像一只小羊羔一样：内部按部就班地热起来，然后收音机完美运行——整个过程毫无噪声！

如果一个人对你很不信任，然后你却把事情给办妥了，到这个时候，他的态度通常都会来个180度大转变，这相当于为他之前的行为做点儿补偿。因此在这次的收音机修理事件后，那个人还给我找了其他一些工作，而且逢人就夸我是个了不起的天才，还说："他靠'**想**'就把收音机给修好了！"一个小男孩停下来想问题，然后就能弄清楚该如何修好收音机——他从来都不知道这种事情是可能的。

那时候的无线电电路简单得多，因为所有元器件都是外露的。你把设备拆开后，就会看见一个个小器件：这是一个电阻器，那是一个电容器，这就是这，那就是那；所有元器件上都有标签。如果蜡从电容器上滴落下来，那就是过热了，你就知道电容器烧坏了。如果你在某一个电阻器上发现了炭，那你也就找到问题的根源了。再或者，如果你通过观察确实无法找出问题，你还可以用电压表测量，看看是否有电压。机器结构很简单，电路也不复杂。栅极上的电压总是维持在1.5或2伏特左右，而屏极上的直流电压则是100或200伏特。因此对于我来说，修理收音机并不是很难，只要了解了收音机里边的构造，再留意一下具体是什么东西坏了，然后把坏的部分修好就行了。

但有时，我修理的时间会比较长。我印象最深的一次是有一个电阻器烧坏了，而它的位置又很隐蔽，我为此花了整整一个下午。那次的"客户"碰巧是我母亲的一个朋友，因此我的修理时间很充裕，没有人在后边催问"你在干什么"。不但如此，他们还关切地问："你来点牛奶吗？来块蛋糕吗？"最终我修好了它，靠的是坚持不懈的那股劲儿，直到现在我也是这样。但凡我遇到了困难，在解决之前我绝不会放弃。如果我母亲的那位朋友对我说："没关系的，修不好就算了，太麻烦了。"我肯定会气得发疯，因为我花了这么长时间费了这么大的劲，就是为了攻克这个问题。我都做了这么多排查工作了，到了这一步，我又怎么能放手不干呢？我必须继续干下去，直到我找到那个问题为止。

———————

这一切都是求知欲所驱动的。这也是我想去破解玛雅象形文字，想去打开保险柜的原因。我记得在高中的时候，每天第一节课都会有人问我一个几何问题，或者他高数课上布置的作业。在解决这些该死的问题之前，我绝不会停手——通常我会花15～20分钟把问题解决。但接下来会有其他人问我同一个问题，于是我瞬间就能给出答案。对第一个人来说，我花费了20分钟为他解决问题；但是对后来的那5个人来说，我就是超级天才。

我的名声就这样传开了！在高中期间，只要是人类能解决的难题就一定会传到我手上。人为制造的每一个疯狂难题，我都知道。后来我到了麻省理工学院，在一次舞会上，一个学长和他的女朋友也在。那个女生知道很多谜题，而学长告诉她我也是此中高手。于是在舞会期间，她走过来问我："听说你很聪明，所以我想考考你：有一个人需要砍八捆木材……"

没等她说完，我就说："首先，他每隔一捆砍成3份。"我以前就听过这个谜题。

听了之后她就离开了，然后又回来问我另一个，但是我总能知道答案。

我们就这样来来回回了很长时间。最终，在舞会快结束的时候，她回来了，看起来一副志在必得的样子。她说："一对母女在欧洲旅行……"

"女儿得了黑死病。"

她彻底绝望了。因为那个谜题很难，线索也很少。故事很长：一对母女在旅馆歇息，她们各自住在单独的房间里。到了第二天，母亲来到女儿的房间，发现里面没有人（或者有其他人在房间里），然后她就问："我女儿去哪里了？"旅店老板回答："什么女儿？"接着服务员拿来了登记簿，发现上边只有母亲的名字……如此这般，究竟发生了什么变成一大谜团？谜题的答案就是：女儿得了黑死病，而旅馆又不想因此关门停业，于是就把她的女儿偷偷弄走，还打扫了房间，又抹去了她在这里住过的一切证据。这个故事很长，但因为我之前曾经听过，所以当那个姑娘一说出"一对母女在欧洲旅行"时，我就想到了以此开头的谜题，我快速做出了猜想，结果完全正确。

————————

高中那会儿，我们5个孩子组了一个"代数小组"，然后就作为一个团队去各个学校参加竞赛。我们小组坐在一排，对手小组坐在另一排，负责主持竞赛的老师会掏出一个信封，信封上写着"45秒"。她会打开信封，把里边的题目写到黑板上，然后说："开始！"事实上，留给你的时间超过45秒，因为当老师往黑板上抄写题目的时候，你可以一边看一边思考。竞赛规则也很简单：给你一张纸，你可以在上面随便写随便画，想**做**什么就做什么。唯一重要的就是答案。比如说，如果答案是"6本书"，那你必须在纸上写出"6"，然后画个圈把"6"圈起来。如果圈里写的东西是正确答案，你就赢了；如果圈里写的东西错了，那你就输了。

可以确定的一点是：任何常规、直接的方法其实都无法解答题目。比如"设A是红色书籍的数量，B是蓝色书籍的数量"，然后反复计算，直到最终算出"6本书"这个答案。按照这种思路解答会花费你50秒的时间，而题目的设计者会故意把解题时间设置得稍微短一点。因此你就不得不去思考有没有别的什么方法可以"**看**"明白那道题。有时候，你能瞬间就看到答案；还有时候，你必须开发另外的解题思路，然后尽可能快地做代数运算。这是很棒的练习，我做得越来越好，最后我荣升为"代数小组"的组长。通过这种练习，我掌握了快速完成代数运算的方法，这在我上大学时派上了重要用场——当我们遇到了微积分问题的时候，我总是可以迅速找出解题方向并飞速进行代数运算。

我在高中做的另一件事就是发明问题和定理。就是说，无论我研究任何与数学相关的事情，我都会找出一些生活实例来说明它的用处。我创建了一些有关直角三角形的问题。通常，这类问题都是给出三角形两边的长度以求第三边的长度，但我给出的是三角形两个边的差值。一个典型的例题：竖直的旗杆上有一条从顶部垂下来的绳子，绳子垂下来时比旗杆长3英尺（约90厘米）；而当你把绳子往外拽直，绳子末端与旗杆底部的距离是5英尺（约150厘米）。那么旗杆有多高？

我研究出一些解决这类问题的数学方程式，结果发现了一些关联性，让我想起了三角函数，比如"$\sin^2\theta + \cos^2\theta = 1$"。此前几年，大概就是我十一二岁的时候，我读过一本关于三角学的书，那本书我是从图书馆里借出来的，但早已不在手边了。我只记得三角函数研究的是正弦和余弦之间关系之类的东西。因此我开始通过画三角形来演算关联性，每一种联系我都自己动手去证明了。我还从已知的5度角的正弦值开始，通过我自己推导出的和角和半角公式计算出每隔5度的角的正弦值、余弦值和正切值。

几年后，我在学校学到三角函数，之前推导演算的笔记依然还可以派上用场，但我发现笔记中记录的证明过程往往和课本上的不一样。有时候是我没有注意到简单的方法，导致我的证明方法比较复杂；还有时候我的方法最棒，课本中的标准证明过程则又复杂又难懂。因此我和课本互有胜负。

做这些三角运算的时候，我不喜欢用那些数学符号，比如sin（正弦）、cos（余弦）、tan（正切）之类。因为在我看来，"$\sin f$"（f的正弦值）就像是s乘以i，再乘以n，再乘以f！所以我就自己设计了另外的符号，看起来有些像平方根"$\sqrt{\ }$"，是一个伸出长长胳膊的西格玛（"Σ"），然后我把f放在那条"胳膊"的下面。我发明的正切符号是一个顶部延伸出来的塔乌（"T"）；余弦符号则是伽马（"Γ"）的一种形式，看起来稍微有点像变形的平方根符号。

反正弦符号也用到了西格玛，但它是一个从左往右的镜像符号，因此反正弦的写法先是一条水平线及其下方的角度值，然后才是西格玛。明确一下，**这**

里说的是反正弦符号，不是 $\sin^{-1}f$，看错的话就出大问题了！书里都是这样写的，但对我来说，$\sin^{-1}$ 就是 1/sin，也就是正弦的倒数。所以说，还是我的三角函数符号要更好用。

我也不是很喜欢 $f(x)$，因为这个符号让我觉得像"f 倍的 x"。我同样不喜欢 dy/dx，因为一看到它，我就有一种把 d 约掉的冲动。于是我发明了一个不同的符号，这个符号看起来有点像"&"。我还发明了新的对数符号——一个向右延伸的大写 L，而要取对数的对象就放在延长的一横上。

我一直认为自己创建的符号比教科书中的常规数学符号更好，至少不会比那些差，因为用**哪种**数学符号计算其实都一样，但后来我发现**确实**有区别。高中的时候，我有一次给同学讲解问题，我不假思索地用上了自己发明的数学符号，这位同学问："这是什么玩意儿？"我这才意识到，如果要和其他人探讨，那我就必须使用标准数学符号。因此我最终放弃了自己的那套数学符号。

我还为打字机开发过一套符号，它和 FORTRAN 语言有点像，这样我就能用打字机打出方程式了。我还用曲别针和橡皮筋修理过打字机（那里的橡皮筋不像洛杉矶的那样容易断裂），但我并不是专业维修工，我只是想把坏了的打字机修到能用。但发现问题出在哪里，然后找出解决问题的方法，这整个过程对我来说就像解谜一样有趣。

四季豆

有一年夏天，我在姑妈开的旅馆里打工，那会儿我大概十七八岁。我记不清那时的工资是多少钱了——我想应该是每月22美元。我轮流每天工作11个小时和13个小时，工作岗位是前台伙计或餐厅服务员。每到下午，前台伙计都要给体弱多病的迪太太送牛奶，她有些残疾，而且从来不给小费。过去的生活就是这样：你辛辛苦苦干了很久，却什么也得不到，而且日日如此。

这个旅馆实际上是一家度假酒店，坐落在纽约郊区的海滩边上。白天，男人们都去城里工作，女士们就留下来打桥牌，所以我总得把牌桌搬出来。而等到了晚上，工作回来的人们又要玩扑克了，我还得把牌桌给他们提前收拾好——比如清理烟灰缸之类。结果就是我总得熬到凌晨两点，因此我每天的工作时长是**实打实**的11到13个小时。

在我工作的这段时间里，有些事情我非常不喜欢，比如说小费。我觉得我们应该直接得到更高的工资，而不是去拿小费。但当我向老板提出这个建议时，我得到的只有嘲笑。她当着所有人的面说："费曼不想要小费，嘻嘻嘻——他竟然不想要小费，哈哈哈！"这个世界真是充满了这种自以为是的蠢蛋。

唉，无所谓了。有一段时间，旅馆里来了一批男顾客，每当他们从城里下班回来，都立刻想要喝点儿加冰的饮料。那会儿和我一起工作的人着实当过前台伙计。他年纪比我大，做事也比我老练。有一次他对我说："听着，我们总给昂加尔那家伙的房间送冰，可他从来没给过我们哪怕10美分小费。下次他再要冰的时候，咱们可别给他送。然后他肯定会给你打电话，等他的电话打过来的时候，你就说：'哦，太对不起了，我竟然给忘了。不过这也是常事，我们都有健忘的时候。'"

于是我就照着他说的去做，结果我收到了昂加尔的15美分小费！但是现在回想起来，我发现我那个"专业"的前台同事**确实**很懂得应该怎么做——让**别人**承担惹麻烦的风险。"训练"这个人付小费的工作让**我**去干。他什么也没说明，直接就让**我**冲上去！

做餐厅服务员时，我的工作之一就是清理餐厅的桌子。我得把桌子上所有的东西都堆放到一旁的托盘里，等托盘被堆得满满当当时，我就把它搬到厨房里去。这时候该去拿一个新托盘了吧？接下来你**应该**做两件事——把旧托盘拿走，再把新托盘放上来。但是我想，"我要一步到位"。因此我试着把新托盘塞到旧托盘底下，同时把旧托盘抽出来，结果托盘一滑，哗啦一声，所有东西都掉到了地板上。然后问题很自然地来了："你这是在做什么？它是怎么掉下来的？"唉，我完全回答不了这些问题，我总不能说是在尝试发明一种处理托盘的新方法吧？

有一种咖啡蛋糕小甜点，盛放在一个小盘子里，下边还会垫一个小小的饰巾垫，看起来非常漂亮。但如果去了后厨，你就能遇见为这道甜点准备原材料的备餐师傅。他身材很结实，手指粗短又圆钝（他之前肯定干过矿工，或者其他重体力工作）。甜点装盘用的饰巾垫是通过某种冲压工艺制作出来的，因此全部都粘在了一起。这个人就得用他那胖乎乎的手指把那一大摞饰巾垫一个一个分开，再分别放到每个盘子里。因此我总能听到他的抱怨："这饰巾垫真是要命！"当他在摆饰巾垫时，我记得那时我心里想："这对比也太鲜明了吧？坐在桌前的人得到了这块放在饰巾垫上的美味蛋糕，与此同时，后厨里那个拇指粗短的备餐师傅则在说：'这饰巾垫真是要命！'"这就是真实世界和你看到的世界之间的差别。

在我上班的第一天，负责管理食品储藏的女士就和我说，她通常会给上晚班的员工做火腿三明治一类的消夜。我就说我喜欢甜品，因此如果晚餐有剩下的甜点的话，给我那个就可以。第二天就轮到我上晚班了，由于那群家伙一直在玩扑克，所以我也就跟着熬到了凌晨两点。我无所事事，正百无聊赖地呆坐着，突然想起来我还有块甜点可以吃。于是我就走到冰箱跟前，打开冰箱门，结果发现她竟然给我留了6份甜点！里边有一个巧克力布丁、一块蛋糕、几片桃子、一些大米布丁，还有一些果冻，简直是应有尽有！然后我就坐在那里，把6份甜点都吃了——真是太好吃了！

第二天那位女士和我说："我本来给你留了一块甜点……"

"特别好吃，"我脱口而出，"实在是太美味了！"

她接着说："但我后来给你留了6份，因为我实在不知道你最爱吃哪种。"

从此之后，每天晚上我都有6份甜点吃。尽管她并不是每次都准备6种不同的甜点，但总是6份。

———————

我做前台伙计的时候，有一个女孩在吃晚饭前把书落在了电话旁，于是我就拿起来看了看。那本书叫《达·芬奇的一生》，实在是吸引我。那个女孩就把书借给我，于是我把整本书都读完了。

我睡在旅馆后面的一个小房间，而我每次离开房间时总是记不住关灯，因此关灯这件事就成了我的烦恼。但受到《达·芬奇的一生》的启发，我做了一个"关灯小装置"。这个装置由绳索和重物（装满水的可乐瓶）组成，当我开门并打开屋里的拉绳灯时它就开始运转。我打开门，系统运转，灯就打开；我把身后的门关上，灯就会熄灭。但这些都不算什么，我**真正**厉害的地方还在后面。

我过去经常会在厨房切菜。按要求，四季豆必须切成1英寸（约2.5厘米）长的小段。步骤大概是这样的：先用一只手抓住两条四季豆，再用另一只手拿刀，然后把刀抵在豆子和拇指上，我因此差点把手指头给割伤了。这么切四季豆实在是太慢了，于是我决心要琢磨出一个新方法。功夫不负有心人，好点子诞生了。我先在厨房外边找了张木桌坐下，在大腿上放了个碗，再将一把非常锋利的刀以45度角斜插入桌子。我在刀的两侧各放一堆四季豆，然后一手拿一条，交替快速朝我的方向移动，于是四季豆就被轻轻松松地切断了，而切好的四季豆也会掉落进我腿上的碗里。

按照新方法，我切得飞快，"嗖嗖嗖"——一根接一根。由于效果实在是太好了，大家就都找我帮忙，正在我开足马力的时候，我的老板走过来问："你这是在干什么呢？"

我回答："快看我切四季豆的新方法！"然而话音未落，我一不小心把手指推到了刀刃上，顿时"血溅豆角"，引起了一阵骚乱。"你看你，糟蹋了多少豆角！你真是自作聪明！"冷嘲热讽的话接踵而来。从此之后我再也没能改进切法，其实要改进很容易——戴个防护手套之类的就行了。可惜，我失去了继续改进的机会。

我的另一项发明也受到类似的阻挠。因为要做土豆沙拉，所以我们必须把煮过的土豆切成薄片。熟土豆本身软糯粘手，切起来很费劲。于是我想到了一个办法：把很多刀平行固定在一个架子上，然后拿着架子切下去，这样就可以一次把整个土豆都切成薄片。这个方法我琢磨了很久，最终想到用金属丝取代刀，固定到架子上。

于是我就跑到十元店买刀或电线，但我竟然在那里发现我构思的小发明已经量产了——一种给煮鸡蛋切片的小装置。到下次需要切土豆片的时候，我拿出鸡蛋切片器，飞速把所有土豆都切好送回给主厨。主厨是个身材魁梧的德国人，是绝对的后厨之王。他拿到我的"杰作"之后，怒气冲冲地走出来，脖子上的青筋都凸起了。"你到底怎么弄的土豆？"他生气地喊道，"它们都没切成片！"

事实上我确实已经切过了，只不过那些薄片粘在了一起。主厨接着说："我怎么才能把土豆片分开？"

"把它们泡在水里。"我建议。

"泡水里？呃啊啊啊啊啊啊啊啊！！！"

还有一次，我**真的**想出了一个非常好的点子。那时我做前台伙计，职责之一就是接打电话。每当电话打进来时，首先会"嗡嗡"振动，然后接线总机上的某一个翻门就会落下来，这样我就知道电话具体来自哪条线。下午3点左右，电话通常很少，而我刚好可能离电话有点远。那会儿我可能正在帮女士们搬牌桌，也可能是在前廊上坐着。这个时候如果突然有电话打进来，我就得跑着过去接电话；但是由于前台桌子的独特设计，要看到电话从哪条线打来，我必须绕个远路：先朝里跑一段，绕到后面，然后再往回走，最后才能看到电话从哪里打来。就因为这张桌子，我得额外花费很多时间。

为了解决这个麻烦，我想了一个好主意。我把几根线分别系到接线总机的那几个翻门上，然后再把线从桌子上面绕过来。线从桌子的这边垂下来，之后我在每条线的末端都系上了一张小纸条。最后，为了能在前台桌子的前边接电话，我又把电话听筒挪到了桌上。现在每当有电话打进来，看哪张小纸条升上去，我就能准确知道落下来的是哪个翻门，这样我不用再费时费力地绕远路，就能在前面从容地接电话了。当然，我还得绕到接线总机那儿把电话接进来，但至少我能先答一句"请您稍等片刻"，然后再绕过去接线。

我一直都觉得这个解决方案简直完美，但有一天老板来了，**她**想接个电话，却怎么也搞不明白该怎么用，对她来说这些东西过于复杂了。"这些破纸条是干什么用的？电话怎么放到这儿来了？你就不能……哎呀！"

我试着跟她（其实就是我的姑姑）解释没理由**不**这么做，但对于任何一个经营着一家旅馆的**精明人**来说，我这样说一点好处都没有。那段时间的打工经历让我明白了一个道理：在现实世界中搞创新是一件非常艰难的事情。

谁偷了门？

麻省理工学院不同的兄弟会都有所谓的"招募会"，在会上他们会争取让大一新生成为兄弟会的成员。我在去麻省理工前的那个夏天，就被邀请去参加了一个叫"ΦBΔ"（Phi Beta Delta）的犹太人兄弟会在纽约举办的聚会。在那个年代，如果你是一个犹太人或者在犹太家庭中长大，那么你根本就没有机会进入任何其他兄弟会——非犹太人根本不想理你。我并不是特别想和其他犹太人混在一起，而ΦBΔ兄弟会的人也不太在意我具体是怎样的一个犹太人——事实上，我根本就不相信这些东西，宗教信仰更是一点都没有了。总之，兄弟会里的一些人在会上问了我一些问题并给了我一点儿建议：我应该直接参加第一学年的微积分考试，这样就不用再去上这门课了。结果证明，这个建议很不错。我很喜欢那几个专程赶来纽约的兄弟会哥们儿，而那两个说服我加入兄弟会的人，则在后来和我成了室友。

麻省理工还有一个叫"ΣAM"（Sigma Alpha Mu）的犹太兄弟会，他们提议让我搭他们的车去波士顿，而且我还可以和他们住在一起。我搭了他们的车，并且在楼上的一间房里度过了第一个晚上。

第二天一早，我看到窗外有两个我在纽约见过的兄弟会哥们儿走上了台阶。有几位ΣAM兄弟会的人跑出去和他们说话，并且他们争论的声音越来越大。

于是我朝窗外喊道："嘿！我应该是和**那些**人一起的！"接着我就冲出了兄弟会，全然没有意识到当时他们在外边一直在谈判争取我入会。我对搭车之旅没什么感激之情，也没多想。

ΦBΔ兄弟会在前一年差点就解散了，因为他们内部存在两个不同派系：一个是社会名流派，他们喜欢跳舞，还喜欢在舞会后开车瞎逛之类的事情；另一派则只热爱一件事情，那就是学习，从来不参加舞会。

就在我加入兄弟会之前，他们召开过一场大会，在会上达成了一项重要协定。他们决定之后要团结友爱、互相帮助。在学习上，每个成员都必须至少达到某个标准。如果有人学习滑坡，那么一直好好学习的人就得去给后进分子补课，帮他们完成学业。而在社交上，每个人都得参加每一场舞会。如果有人不知道如何约会，那么其他人就要帮他**制造**一场约会。如果某个人不会跳舞，那么会跳舞的人就得**教**他跳舞。总结起来就是：学习派要教社交派如何学习，而社交派要教学习派如何社交。

这样的安排很适合我，因为我并**不是**很擅长社交。我的胆子实在是太小了。在我不得不去外边送邮件时，即便只是从坐在台阶上的学长和女生们身边走过，我也会慌得手足无措：我不知道该如何路过。即使有哪个女生说"哦，他还挺帅的！"也没什么用。

在我加入兄弟会之后没多久，二年级学长就带着他们的女朋友以及她们的闺密来教我们跳舞了。再之后，还有一个兄弟会的哥们儿教我开车（用的是他自己的车）。他们都尽了自己最大的努力来让我们这些"学习派"的人适应社交，并且更好地享受生活；反过来我们"学习派"成员也竭力履行了自己的责任。这种平衡实在是太棒了。

以前我一直都无法理解社交的真正意义。但在那些"社交派"兄弟教会我如何与女孩子搭讪后没多久，我就在一家餐厅遇见了一位让我很有好感的女服务员，那天我正好一个人在那里吃饭。经过一番内心挣扎，我终于鼓起勇气去邀请她参加我们兄弟会举办的下一场舞会，而她也答应了。

回到兄弟会之后，当我们讨论起下一场舞会的举办日期时，我告诉大家这次不需要再为我安排舞伴了——我自己找到了舞伴。我真为自己感到骄傲。

但当学长们知道我的舞伴竟然是个女服务员时，他们吓呆了。他们告诉我

这个舞伴选得不行，他们会给我物色一个"合适的"。这种做法搞得好像是我因为自己脑筋不清楚而"误入歧途"了一样，他们还决定出手纠正这个错误。他们去那家餐厅找到那位女服务员，劝她不要参加我们的舞会，然后又替我另外找了一位舞伴。可以说，他们这么做的目的是想去教育自己"任性的儿子"，但我觉得错的反而是他们。那会儿我只是个大一新生，所以还没有胆量也没有信心阻止他们破坏我的约会。

兄弟会的"入会考验"可是下了狠功夫，各种损招层出不穷。其中有一次是在寒冬时节，他们蒙上我们的眼睛，把我们带到荒郊野外，然后把我们扔在一个冰封的湖边，每个人间隔大约30米。我们当时绝对可以称得上是与世隔绝——别说人了，连个房子都看不见。给我们的考验就是通过自己的努力找到回去的路。我们当时还很年轻，所以大家都有点害怕，在那里默不作声，除了一个叫莫里斯·迈耶的家伙：你根本就没法阻止他乱开玩笑，也没法不让他说那些愚蠢无比的双关语，更没法不让他表现出那种无忧无虑、随遇而安的态度："哈哈，没什么大问题，这不是挺好玩的吗？"

我们都很烦莫里斯·迈耶。他总是落在队伍后边，还不停地对当前这种局面冷嘲热讽，可大家对此一点儿办法都没有。

就这样，我们走到了离湖不远的一个十字路口——依旧是个鸟不拉屎的地方，然后大家就开始讨论路线选择的问题，可这时莫里斯忽然追到前边，说道："走**这边**。"

"**你**又知道什么了，莫里斯？"我们已经无奈了，"你都胡说一路了，倒是说一下为什么要走**这边**？"

"很简单呀，你们抬头看看那些电话线，肯定是朝着中央车站方向的电话线更密集。"

这个看起来什么也不关心的家伙，竟然能想出这么棒的点子！于是我们就按照他的说法径直走回了城里，一步都没有走错。

我们回去之后的第二天，学校里将会有一场全校范围的大一新生和大二学长之间的"mudeo"比赛（在泥地里进行的各种摔跤和拔河比赛）。就在我们回来这天晚上，一伙大二学长冲进了兄弟会，他们当中有些是我们兄弟会的成员，有些则不是。他们把我们给"绑架"了，他们这么做的目的是要让我们身心疲惫，这样他们就能赢得第二天的比赛了。

这些学长很轻松就把我们新生绑在了一起，但除了我，因为我不想让兄弟会的成员们发现我是个"弱鸡"。（我一点儿都不擅长体育运动；因为我根本没法把网球打过网，所以我总是很害怕网球飞过来掉到我身边。）但这是一个新契机，在这个新环境里，我能为自己正名。为了不让别人觉得我毫无还手的能力，我拼命地挣扎（疯狂到我也不知道自己在干什么），结果对方三四个人费了好大的劲才把我控制住。接着那些学长就把我们带到了一间位于森林深处的屋子里，还用大号U形钉把我们困在木地板上。

我尝试了各种逃跑的方法，但一直都有大二学生看守我们，所以我的办法没有一个奏效。我清晰地记得有一个年轻人被吓坏了，面如菜色，体若筛糠，那些大二学生没敢把他绑到地板上。后来我才知道他来自欧洲——当时是20世纪30年代初——他根本不知道把人绑在地板上仅仅只是一种玩笑，却知道当时欧洲正在发生什么。他的状况让人看了不寒而栗，他已经被吓坏了。

那天天快亮的时候，只剩3个大二学生看守我们20个大一新生，但我们却没有意识到。因为之前那些学长开着车来回进出了好多次，故意让我们觉得好像有很多人在活动。然而我们没注意到只有那几个人开着同一辆车来回折腾，所以输给了大二学长们。

碰巧又是那天早上，我父母要来学校看看我在波士顿的生活状况，于是兄弟会的人就一直拖着我父母，直到第二天早上我们被从小屋里放回学校。由于之前拼命挣扎逃脱，再加上一宿没睡，我浑身上下又脏又臭，还湿乎乎的，我的父母看到这个样子被吓坏了，这可是在麻省理工！

折腾了一晚，我的脖子也发僵了。那天下午在后备役军官训练队排队接受检查时，我不能直视前方。指挥官抓住我的头掰正，喊道："向前看！"

我缩着头，肩膀也歪在一边说："我做不到，先生！"

"哦，**我**真抱歉！"他后悔地说。

总之，那天为了不被学长们绑起来，我做出了自己最大限度的反抗，而这也为我赢得了荣誉和尊严。我从此再也不用担心自己之前的"弱鸡"事迹了，总算松了一大口气。

———————

我在宿舍经常听到室友们在学理论物理课程，他们俩都是高年级学生。有一天，他们正很投入地研究一个我恰好熟悉的问题，于是我就说："要不然你们试一下'不努力方程'？"

"那是什么？"他们诧异地问，"你说的是什么东西？"

我就解释了我说的那个方程以及它在题目中的用处，果然那道难题迎刃而解了。后来我才意识到那个方程应该叫"伯努利方程"，所有这些东西都是我之前在百科全书中学到的，而且也没有和别人讨论过，因此我一直都不知道那个名字该怎么发音。

我的室友倒是对此异常兴奋，从此他们研究物理问题时都会带上我，当然并不是所有问题我都能轻松解答。等到第二年去上这门课的时候，我进步神速。研究高年级的课程加上学习如何发音，确实是很好的学习方法。

我很喜欢在星期二的晚上去一个叫"雷默和普莱莫尔舞厅"的地方，这是两家连在一起的舞厅。我兄弟会的哥们儿都不太喜欢去这类对外开放的舞会；他们喜欢自己举办的内部舞会，在那里他们可以携"以合适的方式"认识的上流社会女孩出场。而我对遇见的人的出身和背景并不太在意，所以我更愿意去公共舞厅。尽管兄弟会成员们并不认可我的这种做法，但由于那时候我已经是大三学生了，所以他们拦不住我，我也玩得很开心。

有一次我和某个女孩子跳了好几支舞，但其间并没有太多对话。到了最后，她和我说："谁掉得哈哈。"

我当时没太听清楚她说的是什么，她稍微有点口吃；但我觉得她当时应该是说"你跳得很好"。

因此我回答："谢谢，能和你跳舞是我的荣幸。"

我们走出舞池来到一张桌子前面，这时候她的一位朋友也带着刚才的舞伴过来了，于是我们就一起坐了下来。这两个女孩子其中一个听力很差，而另一个几乎聋了。

两个女孩交谈时，都使用大量快速的手势动作，还夹杂着一些咕咕哝哝的对话。但这些并没有对我造成困扰；那个女孩舞跳得很好，人也不错。

又继续跳了几支舞之后，我们又坐回桌子旁，她们俩又开始比比画画地交谈个不停。最后，她终于和我说话了，这次我算是听懂了，她想让我们带她们去某一家宾馆。

于是我问另外那位哥们儿是否想去。

"她们要咱们去那家宾馆**干什么**？"他问。

"其实我也不知道——我们也没说几句话！"我没**必要**知道这个问题的答案。因为我觉得去看看接下来会发生什么是件很好玩的事情，这是一场小小的冒险！

那哥们儿一听就怕了，表示了拒绝。我就一个人和那两个女孩子坐出租车到了那家宾馆，到了之后我发现，原来那里有一场聋哑人组织的舞会，信不信由你——他们都是同一个俱乐部的。原来他们中的许多人能够感觉到节奏和韵律，甚至能跟着音乐跳舞，并且还能在每段音乐结束时为乐队鼓掌。

这实在是太神奇了！这就好像是我来到了异国他乡，却不懂那里的语言；虽然我也能说话，但却没有人能听懂。大家都在用手语交流，所以我完全不知道他们在说什么！我让舞伴教我一些手语，也确实学会了一些，就像是学一门外语一样，很有意思。

　　每个人都很开心和放松，全程都有说有笑，似乎大家在彼此交流沟通这件事上不存在任何实质性的障碍。这和其他语言几乎一样，只有一点区别：当他们互相做手势时，他们的头总是从一边转到另一边。后来我知道是怎么回事了：当有人想要在你"说话"时做出评论或打断你，可他又无法大声喊出"嘿，杰克"，就只能发出手势信号；如果在交流时不四处张望，就无法注意到这个信号。

　　他们彼此相处得很舒适，也只有**我**才担心舒适不舒适的问题。反正对我来说是一次很棒的经历。

　　舞会持续了很长时间，结束之后，我们一起去了一家自助餐厅。他们用手指着菜名告诉服务员自己想点的菜。我记得当时有个人用手语问道："你们是从哪里过来的？"我的舞伴拼出了"纽约"；我还记得有个人和我示意"好样的"——他竖起大拇指，然后触摸了一下假想出来的西装领子，以此来表示"好样的"。这套语言系统确实不错。

　　大家在餐厅里围坐在一起说笑着，也让我融入到了这个氛围当中。后来我想去买一瓶牛奶，于是我就走到点餐台对服务员做出"牛奶"的口型，没有发出一点声音。

　　服务员完全没有明白我的意思。

　　于是我凭想象做出了一个"牛奶"的手语：两个拳头上下不停地动，就像在挤牛奶那样。可他还是不明白。

　　我又试着把牛奶价格标签指给他看，告诉他我的意思，但还是没用。

　　直到最后，旁边的一个陌生人点了牛奶，我也就跟着指了指牛奶。

　　"哦，原来是牛奶啊！"服务员说。我也点头回应他。

　　他把牛奶瓶递给我之后，我对他说："非常感谢！"

　　"你这家伙！"他在惊诧之余笑着说道。

———————

我在麻省理工的时候总喜欢捉弄别人。有一次，在机械制图课上，一个爱开玩笑的同学拿起了曲线板（一种用来画光滑曲线的塑料工具，形状弯曲，有点古怪）说："我很想知道这上面的曲线是否可以用特定公式来表示。"

我稍微想了一会儿，对他说："当然可以。这些曲线都很特殊，我给你演示一下。"接着我就拿起了我的曲线板开始慢慢转动："曲线板是这样设计的：当你画到任意一条曲线的最低点时，无论如何转动，切线都是水平的。"

班里同学都纷纷拿起了曲线板，以各种角度去摆弄它，将铅笔放到了最低点再比较切线，果然所有的切线都是水平的。即便在这之前，他们对微积分有了一定程度的学习，已经"学过"了"**任何曲线的最小值处（也就是最低点处）的导数值（切线）均为零（是水平的）**"这一知识点，现在仍然对这一"发现"感到兴奋不已。他们完全没有把所学的理论和实际联系起来。他们甚至都没有意识到自己其实"知道"这些知识。

我不知道人们怎么了：他们不通过理解来学习，只会通过死记硬背或者其他别的什么方法来学习。他们所掌握的知识都经不起推敲。

四年之后，我在普林斯顿大学做了同样一个恶作剧，当时我正在和爱因斯坦的一位助手交谈，他经验非常丰富，可以肯定的是，他一直从事重力方面的研究工作。我问了他一个问题：你乘坐一枚火箭飞向太空，这枚火箭上装有一个时钟；与此同时，地面上也有一个时钟。现在的要求是，你必须在地面上的时钟走完一小时的时候回来。因此你希望回来时，你的时钟要尽可能比地面上的时钟走得更快。根据爱因斯坦的理论，如果你所在的位置很高，那么你的时钟就走得更快，因为一个物体在引力场中的位置越高，其中的时钟相应地就会走得越快。如果你想飞得特别高，由于只有一个小时的时间，你就必须飞得够快，而这样速度又会让你的时钟慢下来。所以你不能飞得**太**高。那么问题来了：你究竟应该制订什么样的速度和高度计划，才能让你的时钟走过最多的时间？

　　这位爱因斯坦的助手研究了很长时间才意识到，答案在于物质的真正运动。只要用正常的方式发射火箭，使它上升和下降所花费的总时间为一个小时，这就是正确的运动了。这是爱因斯坦引力学理论的基本原理，也就是说，所谓的"固有时"对于实际曲线来说就是最大的。但当我换了个说法问他，比如发射一个带钟表的火箭时，他就迷糊了。这就和发生在机械制图课上的事情一样，只是这次被唬住的不是呆萌的新生。因此，这种"经不起推敲"的知识其实非常普遍，即便在那些更有学问的人群中也是如此。

━━━━━━━━

　　在我上大三或大四的时候，我经常去波士顿的一家餐馆吃饭。我经常连着好几个晚上独自前去。餐馆的人慢慢都认识我了，招待我的也一直是同一个女服务员。

　　我注意到，整个饭店的工作人员总是非常忙碌、来去匆匆，所以有一天，我就想戏弄他们一下。那天我把10美分小费（在那个时候是很正常的小费），也就是两个5美分硬币分别放到两个玻璃杯下边，我是这样做的：我先把每个杯子都倒满水，分别在每个杯子中放入一个5美分硬币，然后用一张卡片把杯子盖上，将杯子倒扣在桌面上。我再把卡片从杯子和桌面之间小心翼翼地抽出来（由于杯子的边缘与桌面贴合得非常紧，在抽卡片时不会漏进去任何空气，所以也就不会漏出水来）。

　　我之所以把小费分别放到两只玻璃杯下边，就是因为我知道服务员整天都是匆匆忙忙的。如果把10美分都放在一只杯子里，那个女服务员就会为了赶快给下一桌顾客收拾好餐桌而把杯子一把抓起来，然后水洒出来，服务员拿走小费，整个故事就结束了。但是如果有两只杯子，她在洒了第一杯水之后会如何处理装有小费的另一只杯子呢？她肯定不敢直接把第二只杯子也拿起来！

　　临到出门了，我就对那位服务员说："小心点哦，苏。你给我的杯子有点小古怪——它们上面都是密封的，但是下面都开了洞！"

第二天我又来吃饭，结果发现服务员换人了。之前一直为我服务的那位女服务员不搭理我了。"你把苏气坏了，"新服务员说，"她拿起第一只杯子，水流得到处都是，就把老板给叫来了。他们琢磨了一小会儿没想明白，但又不能一直这么耗下去，就只能把第二只杯子也一把抓起来，然后**又**弄得满地都是水。简直就是一团糟啊。"

听到这里我笑了起来。她生气地说："这一点都不好笑！如果有人对你做了同样的事，**你**还笑得出来吗？如果是**你**，你会怎么做？"

"我会先拿一个汤盘，再非常小心地把杯子滑动到桌子边上，让杯里的水流到汤盘里——其实水不是非得流到地板上的。最后，硬币到手！"

那天晚上我在那里吃完饭，又把咖啡杯倒扣在了桌子上。当然，下面也放了小费。

第二天晚上我又去了那家餐馆，招待我的服务员还是前一天那位。"你昨天把咖啡杯倒扣在桌子上是什么意思？"她问。

"嗯，我想，即便你再忙，也得去厨房拿个汤盘过来；然后你还得慢慢地、小心翼翼地把杯子滑到桌子边……"

"我**就是**那么做的，"她抱怨，"可杯子里根本没有**水**！"

———————————

我最成功的恶作剧发生在兄弟会里。有一天早上5点钟左右，我早早醒来而且睡不着了，就从卧室出来走到楼下，看到一些挂起来的牌子，上面好像是写着"门！门！谁偷了门？"我想应该是有人把门从合页上卸了下来，然后在原本是门的位置上挂了一块牌子，上面写着："请把门关上！"这块牌子原来一直是挂在失窃的门上的。

我一下子就明白了这是怎么回事。一个名叫皮特·伯奈斯的家伙和其他几个人喜欢待在那个房间里用功学习，而且他们还特别爱安静。要是你溜达到那个房间里去找什么东西，或是去问他们什么问题的答案，在离开时，你就总会听到他们的咆哮："请把门关上！"

毫无疑问，肯定有人烦透了这种事，就把门弄走了。碰巧这个房间有两扇门，于是在那一刻，一个恶作剧的念头马上就产生了：我把另一扇门也从铰链上卸了下来，然后把它搬到楼下，藏在地下室里的一只油箱后面。完事之后，我悄悄地回到楼上卧室里接着睡觉了。

那天早上晚些时候，我故意显出刚睡醒的样子，比平时稍晚一点下楼。楼里的其他人早就乱作一团，而皮特和他的那几个朋友更是难过得要命：那个房间的门不见了，而他们还不得不在那里学习……他们抱怨个不停。看见我下楼，他们就问："费曼！这是你干的吗？"

"哦，这个呀，**是我**干的！"我回答说，"是我把门搬走的。你看我指关节上的这块擦伤，这是我把门往地下室搬的时候在墙上蹭的。"

他们对我的这个回答并不满意。事实上，他们觉得我在胡扯。

偷走第一扇门的那些家伙其实留下了很多"作案"线索——例如留在那块牌子上的笔迹，因此大家很快找到了他们。而我的想法是，如果第一扇门的"盗窃团伙"被找到，那么大家一定会认为第二扇门也是他们搬走的。事实上大家也确实是这么想的：第一扇门的"盗窃团伙"受到了所有人的"严刑拷打"，在经历了各种痛苦、费了好大的劲之后，他们才最终让大家相信他们真的只偷了一扇门，尽管这个结果听起来那么匪夷所思。

所有这些我都听到了，实在好笑。

整整一周过去了，那扇门仍然不知踪迹，对于仍旧想在那间屋子里继续学习的那些人来说，找到它已经变得越来越迫在眉睫了。

最后，为了解决缺门的问题，兄弟会的会长在晚餐时说："门的问题必须想办法搞定。但目前我自己还没有想出什么好办法，所以我希望在座的各位能就这件事提提建议，因为皮特和那几个兄弟还想在那间屋子里学习呢。"于是大家轮番说出了自己的想法。

过了一会儿轮到我了，我站起来说出了我的建议。"好吧，"我用一种带有讽刺语调的声音说，"不管偷那扇门的人是谁，我们现在都承认你干得实在是太漂亮了。你绝对算得上**聪明**！而且直到现在，我们也还不知道你到底**是谁**，所以你一定是个超级天才。但你不用告诉我们你是谁，我们现在只想知道那扇门在哪儿。如果你愿意在某处留下一张字条，告诉我们那扇门在哪儿的话，我们将会敬重你的为人并且永远承认你是一个超级天才，因为你如此聪明，甚至在偷走另一扇门后还能让我们找不到你。但是看在老天的分上，请你把那张字条丢在某个地方吧，我们会因此而永远感激你的。"

下一个人也提出了自己的想法。"我也有一个主意，"他说，"我觉得你应该以兄弟会会长的身份让每个人向兄弟会宣誓并说出自己是否偷了门。"

会长听了之后说："这是一个**非常**好的主意。那我们就以兄弟会的名义起誓！"然后他就绕着餐桌走，向每个成员提问："杰克，**是你偷门了吗**？"

"没有，先生，我没有偷。"

"蒂姆，**是你偷了门吗**？"

"不是我，先生！我没有偷！"

"莫里斯，**是你偷门了吗**？"

"没有。我没有偷门，先生。"

"费曼，**是你偷了门吗**？"

"是的，是我偷的。"

"赶紧给我闭嘴，费曼；这很严肃，别瞎闹！山姆！**你偷门了吗**……"问了一圈之后，大家都傻眼了。兄弟会里一定是出现了一些不尊重兄弟会誓言的**卑鄙小人**！

那天晚上，我留了一张小字条，字条上画了一只油箱和它旁边的一扇门。第二天他们就找到了门并把它给装了回去。

过了一段时间，我终于向大家承认是我偷了门，可是大家却都指责我说谎。

他们已经不记得我当时说了什么。他们唯一记得的就是兄弟会会长绕餐桌询问之后的结论：没有人承认是自己偷了门。他们只记住了一个大概的印象，却把具体内容忘得一干二净。

人们总认为我是个骗子，但从某种角度来看，我通常是很诚实的，可我诚实的这部分却经常没有人相信！

总是想逃避

我在麻省理工学院上学那会儿，唯一感兴趣的只有科学；对于科学之外的其他事情，我一窍不通。但麻省理工却有一项制度：你必须学习一些人文类课程，目的是让你变得更有"文化"。英文课是人文学科的必修课，此外我还得再学两门选修课，于是我就去翻选修课课程的目录。我很快发现了天文学——它竟然也算人文学科！凭借这门选修课，我成功混过了那一学年。到了下一学年，我继续翻选修课表，排除了法国文学这样的课程，最后我找到了哲学。这是我能找到的最接近科学的学科了。

在讲述哲学课上发生的故事之前，我先来讲讲在英文课上的经历。根据课程要求，我们必须针对某些主题写论文。比如，约翰·穆勒曾经写过以自由为主题的文章，我们大家就要对此发表评论。穆勒所论述的自由与政治相关，而我写的是社交场合中的自由：在社交场合中，人们会为了礼貌而伪装自己的真实想法或者说一些谎话；这种在社交中长期存在的"伪装游戏"会不会导致"社会道德体系的崩坏"？这是个很有意思的话题，却**不是**我们这里该讨论的。

另一篇我们要评论的文章是赫胥黎的《一支粉笔》。赫胥黎在文章里描述了他手中普通粉笔的由来：远古动物骨骼的遗骸埋藏在地底，被地球内部的作用力挤到地表，然后变成了白灰崖的一部分，人们挖掘开采它们并做成粉笔，于是我们就可以在黑板上写写画画表达思想了。

我故技重施，没有按照要求去评论赫胥黎的文章，而是模仿他写了篇类似的"说明书"，叫《一粒灰尘》。在文章中，我讲述了灰尘如何制造落日余晖，又如何形成降雨，等等。我总是在耍赖，总是能躲就躲。

但当我们不得不就歌德的《浮士德》写文章时，我彻底绝望了。这部作品实在是太长了，我根本没办法模仿或改编。气得我在兄弟会里来回嚷嚷："我做不到！我**不准备**干了！"

这时兄弟会中的一个人说话了："行，费曼，不干就不干。但教授会觉得你是因为不想完成作业才不去写的。你不如随便写篇字数差不多的文章，然后在交上去的时候附个说明，说你完全看不懂《浮士德》，无法理解《浮士德》的核心思想，因此针对《浮士德》的文章你根本写不出来。"

于是我照做了。我写了一篇很长的文章，叫作《论理性的局限性》。我确实思考过解决问题的科学技术，以及这些技术的一些局限性：科学技术无法决定道德价值，还有一系列诸如此类的东西。

这时另一个兄弟又有了些新想法，他和我说："费曼，你只交一篇主题和《浮士德》毫无关系的文章是无法糊弄过去的。你得把你写的那篇东西和《浮士德》联系起来才行。"

"瞎扯。"我说。但兄弟会的其他人却一致认为这是个好主意。"好吧，好吧，"我无奈地说，"我就照你们说的试试。"

于是我就给已经完成的文章补充了半页：魔鬼代表理性，而浮士德代表精神，歌德正是通过他们来说明理性的局限性。我把这些内容添油加醋地拼在一起，然后把作业交了上去。

我们需要和教授单独讨论作业，我已经做好了最坏的打算。但教授在看了我的文章后，却说："文章中的介绍性内容很不错，不足的是与《浮士德》相关的东西偏少，否则这会是篇很棒的文章。我给你B+。"我再一次躲过去了！

————————

现在再来说说哲学课。负责这门课的是一位留着胡须的老教授，他的名字叫罗宾逊，说话总是含混不清。我会去上课，这位老教授会一直嘟囔着授课，结果就是我什么也没听懂。其他同学看起来比我听得明白，但他们好像也不怎么认真听课。恰好我手头有一个1/16英寸长的小钻头，为了打发时间，我就用手指捻着它在我的鞋底上钻洞，每周都是这样。

终于有一天，教授在下课时"呜嘎呜嘎呜嘎呜嘎"地说了一大堆话，所有同学瞬间沸腾了！大家开始互相交流着什么，我意识到老教授一定是说了什么有趣的事情，谢天谢地！到底是什么呢？

我向周围的同学打听，大家说："我们要写一篇主题论文，四周后交给教授。"

"主题是什么呀？"

"他这一年来所讲的内容。"

我完了。这一整个学期，我唯一听到且记得的东西就是伴随着"呜嘎呜嘎呜嘎呜嘎"的声音而来的这一阵骚动，然后忽然之间一切又陷入了混乱。

这种"意识流"般的感觉让我想起很多年前父亲曾经问过我的一个问题。他当时是这么问的："假设火星人从来都不睡觉，他们永远都处在亢奋和活跃的状态，然后某一天，有几个火星人来到了地球。他们不知道人类中竟然存在睡觉这种疯狂的行为。于是火星人就来问你：'睡觉是一种什么**感觉**呢？在你睡觉的时候**发生**了什么？睡觉时，你的思维是突然就停止了，还是运转得越——来——越——慢？意识是怎么停下来的？'"

我对此很感兴趣。现在就有了一个要回答的问题：当你入睡时，你的意识流是如何**停下来**的？

于是在接下来四周的每个下午，我都在研究这个问题。我拉上房间的窗帘，关上灯，然后去睡觉。这样我就可以发现在入睡时会**发生**什么。

到了晚上，我又要再睡一次，这样每天我就有两次观察研究的机会了，这个主意实在是太棒了！

一开始，我注意到许多与我入睡毫无关联的次要的事。比如说，我会通过在内心自言自语思考很多事情。我还可以想象出一些画面。

后来，在我感到有点困时，我忽然意识到，我能同时思考两件事情。当时我正在心里自言自语，**与此同时**，我漫不经心地在脑海中想象出一幅画面：有两根绳子连在我的床尾上，它们穿过一些滑轮缠绕在一个旋转的圆筒上。随着圆筒转动，这两根绳子慢慢地把床吊了起来。我一开始并没有意识到这些绳子是我想象出来的，直到我开始担心那两根绳子会缠绕在一起而影响运转。但这时我心里说："哦，张力会解决这个问题。"这句话直接打断了我最初的想法，也是在那一刻我意识到自己正同时想着两件事情。

我还注意到，即便已经睡着了，这些想法也不会停止，但它们在逻辑上的联系会越来越少。你并不会**意识**到这种逻辑上的无关性，直到某一刻你忽然问自己："我怎么会想到这个呢？"然后你就会试着回想，但通常都无法想起**究竟**什么鬼东西让自己想到那个。

于是你会产生各种逻辑联系的幻觉，但事实上，那些想法会变得越来越离谱，直到彻底毫无关联——与此同时，你也睡着了。

在经历了四周的睡眠实验之后，我终于写出了论文，阐述了我所做的观察研究。在论文结尾，我指出所有这些观察结果都是我在观察自己睡眠时获得的，我确实不知道在我**没**盯着自己时睡觉会是什么样的感觉。最后，我用一首自己写的小诗作为论文的结语，并借此说出了这个关于内省的问题：

> 我不懂为什么。我不懂为什么。
> 我不懂为什么我不懂。
> 我不懂**为什么**我不懂为什么。
> 我不懂为什么我不懂！

我们交了论文，等到下次上课老教授读了其中的一篇论文："曼巴呜嘎曼巴……"不出所料，我完全不知道那篇文章写了什么。

然后教授又读了另一篇论文，依然是"木嘎呜嘎曼巴呜嘎呜嘎……"，我依旧完全听不懂，但当老教授读到最后时，他说：

啊呜嘎唔。啊呜嘎唔。

啊呜嘎呜嘎呜嘎。

啊呜嘎唔啊呜嘎唔。

啊呜嘎呜嘎呜嘎。

"啊哈！"我说，"那是**我的**论文！"说实话，直到最后我才听出那是我的文章。

尽管论文已经完成，但我觉得这个实验还有很多地方值得继续研究，我继续在睡觉时观察自己。有一天晚上，我正在做梦，但**在梦中**我发现我竟然在观察我自己。看来我的研究已经深入到梦境里了！

在梦的第一部分里，我在一列火车的顶部，火车正冲向一条隧道。我吓坏了，拼命使自己往下趴，火车就带着我"呼"地冲进了隧道。这时我对自己说："这样你就能感受到什么是恐惧了，而且在冲进隧道时还能听到声音的变化。"

我还注意到，我的梦是彩色的。也许有些人会说梦是黑白的，但至少对我来说，这种说法是错的，我做的是彩色梦。

转眼间，我又到了某节车厢里，还能感觉到这辆列车有点颠簸。这时我对自己说："这下你又能体会到运动的感觉了。"接着我费力地往车厢尾部移动，一个商店橱窗般的窗户出现了。"橱窗"的另一边是三个穿着泳装的美女，可不是那种展示用的假人模特！她们看起来确实很漂亮！

我接着走进了另一节车厢，我边走边抓着头顶上的吊环，这时我对自己说："嘿，我觉得还是看美女更有意思，所以还是回到上一节车厢吧。"然后我就发现，梦中的我转身走回了之前的车厢——我竟然可以控制梦的方向。我到达那节有大橱窗的车厢时，却看见三个拉小提琴的老大爷，但好在他们又变回了美女！结论就是我可以改变梦的方向，但是会出现小瑕疵。

我开始激动起来，不仅有了新发现，还看见了泳装美女。我对自己说："哇！起作用了！"然后我就醒了。

我在做梦时还进行了其他观察。除了经常问自己"我真的在做彩色的梦吗？"，我还想知道"我在梦里看东西到底能有多清楚？"。

我又有一次做了个梦，梦里有一个红发女子躺在茂密的草地上。我想试试能否看清楚她的**每一根**头发。通常在有太阳光反射的地方都会出现一个小小的彩色区域，这就是衍射效应，大家都知道这个区域有多小，但我连这都能看见！而且我看到的每一根头发和你想象中一样清晰：我拥有完美视力！

另一次我梦见门框上扎着一颗图钉。我一边盯着这颗图钉，一边用手指头沿着门框滑下去触摸它，我发现竟然可以感觉到那颗图钉。由此看来，大脑中负责视觉的"部门"和负责感觉的"部门"似乎是连通的。我就对自己说："它们可不可能分开？"这时我再去看门框，发现那颗图钉已经不见了。然后我又一次用手指头沿着门框滑下去，我竟然还能摸到那颗图钉！

还有一次，我的梦里传来了敲击声："咚！咚！咚！"一定是发生了什么事情，这个敲击声才切合梦境，但又不是那么吻合——声音有一种突兀感。我想："敲击声肯定是从梦境之**外**传进来的，为了配合这个声音，我还创造出了这部分梦。我得醒过来瞧瞧到底是怎么回事！"

敲击声依旧，我醒了。然而周围一片死寂，什么事也没有发生。所以敲击声和外部世界没有任何关联。

之前曾有人和我说，他们在做梦时会把外部世界的噪声融合进梦里，但当我有了类似的经历时，虽然我在梦中仔细地"观察"，并且确定那些噪声来自梦外，我却发现他们说的并不对。

在观察自己的梦时，苏醒的过程可谓相当惊险刺激。当你准备醒过来时，会有一刻感觉到浑身僵硬，好像身体被束缚住了一样，又或是感觉到身体下边像是堆积了无数层棉絮。那种感觉很难描述清楚，但在那一刻，你会觉得自己无法逃离这个梦境了，你无法确定自己是否能醒过来。在醒来之后，我不得不安慰自己说这种感觉荒唐可笑。据我所知，目前还没有哪种病能让人在自然入睡后就再也无法醒过来。你**总是**可以从梦中醒过来。我反复把这些话讲给自己听，多次之后，我就越来越大胆了；不仅如此，我还发现这个苏醒的过程其实还挺刺激的，有点像坐过山车———一段时间后你不但不会害怕，反而还会有点享受。

你可能想知道我对自己梦境的观察是如何结束的（大部分时间我都不会再观察了，从那之后我只有过几次观察体验）。一天晚上，我像平常一样做梦并观察梦。在梦中，我看见前面的墙上有一面三角旗。我第25次说出了同一句话："我在做彩色的梦。"接着我意识到自己睡觉时脑袋一直抵着一根黄铜杆。我把手放到脑袋下边，摸到后脑勺是**软**的！我忽然想通了："啊哈！**这**就是我能在睡梦中观察梦的原因：黄铜杆干扰了我的视觉皮层。只要睡觉时在脑袋底下枕一根黄铜杆，我就能随心所欲地观察我的梦。所以，我认为我没必要再观察这个梦了，我应该去好好睡一觉。"

我睡醒之后却发现根本就没有什么黄铜杆，我的后脑勺也不是软绵绵的。我这才意识到，不知为何我已经厌倦了做这种梦的观察，于是我的大脑就响应了这种想法，开始胡编乱造，以便让我有理由不再观察下去。

通过这些观察，我开始形成了一些理论。我喜欢观察梦的原因之一是好奇心，我想知道当人闭上眼睛什么也看不见时，如何"看见"人物之类的图像。你也许会说这是随机且不规则的神经放电现象，但你无法让神经在睡着的时候和在醒着看东西的时候以一样的方式放电。既然如此，在睡着时，我又如何"看到"色彩以及更完整的细节呢？

我认为一定存在一个"释义部门"。当你在现实中看到一些事物———一个人、一盏灯，或者一面墙时，你看到的不仅是一些色块。某个东西会告诉你那是什么，而这肯定需要一个释义的过程。在你做梦时，这个"释义部门"虽然还在运转着，但事实上它是在肆意妄为。它会告诉你，你现在看到的是一根头发最精细的细节，但其实都是假的。这个清晰的图像只是解读进入大脑的随机垃圾信息的结果。

关于梦境还有另外一件事。我有一个朋友叫多伊奇，他的妻子来自维也纳的一个精神分析学世家。有一天晚上，我们进行了一场关于梦的长时间讨论，他告诉我梦是有意义的：梦中所出现的符号或象征物可以用精神分析来解释。我一向不怎么相信这些东西，但那天晚上讨论完之后，我做了一个很有意思的梦：我们在台球桌上拿一颗白球、一颗绿球、一颗灰球玩一个叫作"titsies"（"小妞儿们"）的游戏。这是一个要将球击打进球袋的游戏：白球和绿球很容易就被打进了球袋，但是轮到灰球时，我就怎么也打不进去。

醒来之后，我轻松就把这个梦破解了。显然，单单是游戏的名字就已经说明了那些球代表的是姑娘们。白球很容易猜到，我那时正和一个已婚妇女偷偷约会，她是一家自助餐厅的收银员，身着白色制服。绿球也不难理解，因为我之前有两个晚上和一个穿绿色裙子的女孩一起去了一家汽车电影院。但那颗灰球就有点难度了，它代表的到底是谁呢？我知道它肯定意味着某一个人，这点我可以感觉得到。这就好像当你试图记起一个名字时，它总是徘徊在你的嘴边，但你却又无法说出来。

我花了半天时间才想起来，大约两三个月前，我曾和一个我非常喜欢的女孩子道过别。这个女孩子人特别好，她去了意大利，所以我决定等她回来时一定要再去见她。尽管我不记得与她道别时她是否穿了一套灰色的套装，但在我想到她的那一刻，我立马就意识到，她就是那颗"灰球"。

我回去找我的好朋友多伊奇并告诉他，他的说法完全正确——梦是可以解析的。但当他听了我那个"有趣"的梦之后，他却说："不对，你解析得实在过于完美，太刻意和乏味了。通常来说这都需要再多分析一点儿。"

麦特普拉斯特公司首席研究化学家

我从麻省理工学院毕业后，想找一份暑期工作。我曾向贝尔实验室提交过两三次工作申请，还去那里参观过好几次。每次带我参观的都是我在麻省理工实验室的老熟人比尔·肖克利[*]，尽管那几次参观对我来说是一种耳目一新的体验，但我始终没得到工作机会。

我的一些老师给我向两家机构写了推荐信。一家是博士伦公司，工作是经由透镜追踪光线；另一家则是纽约的电子测试实验室。那个时候知道和了解"物理学家"的人可谓寥寥无几，各种行业里也基本没有任何与物理学家相关的岗位。工程师，可以；但是物理学家真的不行——没人知道物理学家能做什么。但有趣的是，战争结束后形势立马发生了转变，到处都缺物理学家。总之，在大萧条的后期，我作为一个物理学家根本找不到工作。

大概也就在那个时候，我在老家法洛克威的海滩上遇到了一位老朋友，他叫伯尼·沃克。我们十一二岁时一起上学，是非常好的朋友。我们都有科学思维，也都搞了自己的"实验室"。我们俩一起玩一起闹，也一起研究一起讨论。

那会儿我们经常给社区的小朋友们表演魔术——化学魔术。伯尼是个好演员，我也挺喜欢表演。我们在一张小桌子上表演，桌子的两端还一直点着本生灯。我们把装有碘的玻璃盘放到本生灯的上方，这样在魔术表演时就有美丽的紫色蒸汽从桌子的两边冉冉升起。这实在是太棒了！我们还变了很多花样，比如"酒变水"，以及其他通过化学反应改变颜色的魔术。作为压轴戏，我们用

---

[*] 物理学家、发明家威廉·肖克利的昵称。他和约翰·巴丁、沃尔特·布拉顿共同发明了晶体管，1956年获诺贝尔物理学奖。

自己的发现来表演：首先，我悄悄把两只手都放到水里泡湿，再把手放到汽油里泡一下。接下来，我会装作不小心碰到本生灯，然后我的一只手就被点燃了。紧接着我会用另外一只手拍打着火的那只手，结果两只手都烧起来了。（这么做其实一点都不疼，因为汽油很快就会被烧尽，而我手上的水有冷却作用。）这时候，我就会挥舞着双手边跑边喊："着火啦！着火啦！"而小朋友们也会惊慌失措、乱作一团。等到小朋友们四散而逃，跑出房子后，表演也就结束了。（危险操作，请勿模仿。）

后来在大学里，我把这个故事告诉了兄弟会的哥们儿，结果他们说："你肯定是在扯淡！那是**不可能**的。"

（我经常会遇到这样的事，不得不向这些家伙证明一些他们压根儿不信的东西。比如有一次，我们争论人的尿液能排出体外靠的到底是不是地球重力，为了证明排尿不是靠重力，我不得不向他们展示倒立尿尿的能力。还有一次有人宣称如果同时服用阿司匹林和可口可乐，你就会立刻晕厥。我说这纯属谣言，并提出要"以身试药"。结果这帮人又开始争执：是先吃药再喝可乐，还是先喝可乐再吃药，或者混在一起吃下去？结果就是，我按着这三种方法挨个尝试，吃了六片阿司匹林并喝了三杯可乐。首先，我吃了两片阿司匹林然后喝了一杯可乐；接着我把两片阿司匹林溶解在可乐里，喝了进去；最后我喝了一杯可乐，然后吃了两片阿司匹林。每次我吞下药或者喝下可乐时，那些相信我会因此而晕倒的蠢蛋就会围着我站成一圈，以便在我晕倒时扶住我。结果却什么都没有发生。我倒是清楚地记得，那天晚上我失眠了，只得起床做了一大堆计算，结果推导出了黎曼 ζ 函数的一部分公式。）

没办法了，我只得说："好吧，既然你们不信，那咱们去搞点儿汽油吧。"

在他们准备好汽油后，我先把手放到水槽里泡湿，接着再浸到汽油里，然后点燃……我的天啊，这也太疼了！这都是我手背上的**汗毛**给害的，而我小时候的手背可是光溜溜的！如果把我的手背看作一盏油灯，那么这些体毛所扮演的角色就是灯芯，而那些被"灯芯"固定在手上的汽油会一直燃烧到最后。（等我为兄弟会里的哥们儿表演完那场魔术之后，我的手背上一根汗毛也没有了。）

书归正传，我在沙滩上遇见了我的好朋友伯尼，他告诉我他现在掌握了一种给塑料电镀金属的方法。我对他说那是不可能的，因为塑料不导电——你没法给塑料装上导线通电。但他说他现在可以给任何他想电镀的东西镀上金属，我到现在还记得他当时为了能让我牢牢记住这点，从地上的沙子里捡起一个桃核，说电镀**桃核**也是可以的。

令人高兴的是，伯尼告诉我他在纽约的一栋大厦顶楼开了一家小公司，还邀请我去他那里工作。那时候这家公司只有四名员工。伯尼的父亲负责管理公司的资金，我猜这就是所谓的"董事长"。伯尼自己则是公司的"副总裁"，另外还有一位干销售的员工。伯尼给了我一个"首席研究化学家"的头衔，他的弟弟因为不是很聪明，所以只能做试剂瓶的清洁工作。我们的公司里一共有六个电镀槽。

伯尼在塑料上电镀金属的方法如下：第一步，使用还原剂从硝酸银镀液中沉淀出银，使银沉积在要被电镀的物体上，这个过程和制作镜子有点像；第二步，把已经沉积了银导体的物体泡入电镀液槽中，然后银就会被电镀上了。

问题是，银能贴附在物体表面上吗？

当然不行。银很容易就脱落了。为了让银更好地贴附在物体表面，就必须在这两者之间做点文章。做法取决于材料。对于酚醛树脂（电木，是当时一种非常重要的塑料）这种材料，伯尼发现，如果先对材料进行喷砂处理，再将其浸泡在氢氧化亚锡中数小时（以便让氢氧化亚锡进入酚醛树脂的气孔），银就可以很好地附着在它表面上。

但这种方法只能在某几种塑料上起效果，新型塑料却不断涌现，例如甲基丙烯酸甲酯（我们现在称为有机玻璃），所以我们不能直接对各种塑料进行电镀。还有很便宜的醋酸纤维素，起初我们也无法对它进行电镀，但最终我们发现，在使用氯化亚锡之前先将这种材料放入氢氧化钠中泡一会儿，电镀效果就会很好。

我没有辱没"首席研究化学家"这个称号。我的优势在于，这个好朋友根本就没有搞过化学：他没做过实验，只是偶然成功过一次而已。于是我把各种小块材料塞入试剂瓶，把各种化学试剂倒进去。通过尝试各种各样的化学试剂并把相关数据都记录下来，我找到了为更多种类的塑料电镀的方法，比他之前处理过的种类多得多。

我还把整个流程简化了。通过查阅书籍，我把还原剂从之前的葡萄糖改成了甲醛，这样就能立即100%回收残留在溶液中的银，不必以后额外花时间去做。

我还通过添加微量盐酸让氢氧化亚锡溶解于水——我记得是在大学化学课上学到了这些知识，这样就把一道工序需要的时间从数小时缩短为5分钟左右。

但我的实验总是被那个销售员打断，他从潜在客户那里回来时总会带一些塑料。当我把所有试剂瓶都一字排开并做好标记时，他就会突然对我说："你应该先把手头的这个实验停下来，优先完成销售部门的这个'大订单'！"所以很多实验我开始了不止一次。

有一次我们遇到了一个特别大的麻烦。一位艺术家正为一本汽车杂志封面作图，他用塑料认认真真地做了一只汽车轮胎，不知道怎么又从销售员那里得知我们可以给任何东西镀上金属，于是这位艺术家就想让我们把轮毂电镀成亮闪闪的银色。这个车轮是用一种新型塑料做的，而我们不是很了解。事实上，我们的销售员根本不知道我们可以给什么电镀，所以他总在外边给客户瞎承诺。显而易见，第一次电镀以失败告终。为了把车轮恢复原样，我们还要把先前镀上去的银弄下来，实际操作过程相当费劲。于是我决定用浓硝酸去除银，银是去掉了，但车轮也毁了——塑料车轮被弄出了很多坑洞。我们**那个时候**真是陷入水深火热中了。而事实上，这只是众多"水深火热"中的一个。

公司的其他同事决定在《现代塑料》杂志上刊登广告。我们有些电镀产品非常精美，它们在广告中的效果看起来也确实不错。为了让潜在客户了解我们，我们还把一些产品放在外面的玻璃展示柜中。但不论是在广告中，还是在展示柜里，都没人能拿起产品真正体验我们的电镀品质如何。可能有一些展品我们做得确实还不赖，但它们都是为了展示特制的，并不是常规产品。

暑期结束，我就要离开公司去普林斯顿大学了，就在我离开前夕，公司拿到了一笔大订单：有客户想要电镀塑料钢笔。没过多久，人们就都用上了轻便、好用又便宜的银色钢笔。这些钢笔很快远销各地，无论我走到哪里都能看见使用这种钢笔的人，我很为此感到高兴，因为我知道这种产品是谁开发出来的。

但由于当时公司对钢笔所用的材料没有太多经验，也可能是对塑料中的填料没有太多了解（大多数塑料都不是单一物质组成的，塑料里会掺杂"填料"，而在那个时候这种工艺还不是很成熟），钢笔的电镀层会逐渐产生气泡。当你手中的某样东西出现小气泡并开始剥落时，你就会忍不住去摆弄它。因此几乎每个人都在摆弄从钢笔上剥落的电镀层。

公司不得不紧急处理这个钢笔问题，伯尼决定他需要买一台大显微镜之类的东西。可他既不知道从何处下手，也不知道如何下手，结果他什么也没研究出来，公司倒是花了一大笔钱。公司陷入了真正的麻烦。到最后，这个问题也没能解决，因为这是公司的第一个大项目，项目失败了，公司也就破产了。

————————

几年之后，我在洛斯阿拉莫斯遇见一个叫弗雷德里克·德霍夫曼的人，他也算是一位科学家；不仅如此，他还非常擅长管理工作。他喜欢数学，在工作上也非常努力；虽然缺乏实践经验，但辛勤工作弥补了他的不足。后来，他当上了通用原子公司的总裁（也可能是副总裁），从此成了工业界的大人物。但在洛斯阿拉莫斯时，他还只是一个洋溢着活力、对一切都充满好奇的热情男孩，他尽己所能，和大家一起为项目出力。

有一天，我们俩一起去富勒小屋吃饭。饭间，他告诉我，他来洛斯阿拉莫斯之前一直在英国工作。

"你在那儿是做什么的？"我问道。

"我做的是金属电镀塑料工艺方面的工作。我是实验室的一名研究员。"

"干得怎么样？"

"发展得还算不错，但也有一些小问题。"

"哦？"

"就在我们开始开发自己的工艺流程时，纽约有一家公司……"

"纽约的**哪家**公司？"

"一家叫麦特普拉斯特的公司。他们的工艺流程比我们更先进。"

"你是怎么知道的？"

"他们一直在《现代塑料》杂志上刊登整页广告，上面展示了他们能电镀的所有东西，然后我们就意识到他们的技术先进不少。"

"你们有他们公司的任何实物产品吗？"

"没有，但是从广告上就能看出他们的技术远远领先于我们。我们的工艺水平是不错，但如果和那样的美国公司相比，我们就不行了。"

"你们实验室有多少位化学家？"

"我们有6位。"

"那你觉得麦特普拉斯特公司有几位？"

"他们呀，肯定有一整个**真正**的化学部门。"

"能和我描述一下，你所认为的麦特普拉斯特公司的首席研究化学家是什么样子吗？你觉得他们的实验室是如何运作的？"

"我猜他们的实验室应该有25～50名化学家，首席研究化学家有一间自己的专用办公室，而且是那种带有大玻璃墙的办公室。你知道那种吧，和电影里演的一样——研究员们拿着手头的研究项目不断走进首席化学家的办公室，然后他会给出建议，之后研究员们匆忙离开去做下一步研究，人们进进出出，接连不断。那可是25～50名化学家呀，你想我们怎么可能竞争得过他们？"

我笑了："你猜怎么着？现在和你说话的正是麦特普拉斯特公司的首席研究化学家，而他的下属只有一名试剂瓶清洗员！"

在普林斯顿那些年

一

别闹了，费曼先生！

当我在麻省理工学院上学的时候，我爱死了那里。我觉得麻省理工是个很棒的地方，所以我想继续在那里读研究生。但当我找到斯莱特教授告诉他我的打算时，他说："我们不会要你的。"

我说："什么？"

斯莱特问："你为什么觉得你应该在麻省理工读研究生？"

"因为麻省理工是美国最好的理科学院。"

"你真这么想？"

"没错。"

"就因为这样你才应该去读别的学校。你应该去看看外面的世界。"

所以我决定去普林斯顿上学。普林斯顿有气质典雅的一面，因为它在某种程度上模仿了英国学校的传统。这也是为什么那里的兄弟会成员了解了我不修边幅的习惯后，开始说一些这样的话："等着瞧，这所学校会知道自己让谁进了普林斯顿！看看他们做的什么错误选择！"所以我决定，到了普林斯顿后我会尽量收敛脾气。

父亲开车把我送到普林斯顿，到了我的房间后，他就走了。我在那里还没待到一个小时，就有人找我，他说话带着一股腔调："鄙人是本宿舍管理员。特在此通知，院长午后举行茶会，希望你们全部列席。不知您可否通知一下您的室友赛睿特先生？"

普林斯顿研究院是我们所有这些学生生活的地方，而这就是我和研究院的第一次接触。这里就像是对牛津或剑桥的模仿，甚至包括口音（宿舍管理员是一位法国文学教授）。楼下有门房，所有人都住在雅致的房间里，我们穿着学院袍，坐在镶嵌着彩绘玻璃的大厅里一起吃每一顿饭。

我到达普林斯顿当天的下午就要去参加院长的茶会了，而我连"茶会"是什么、意义何在都不知道。我没有任何社交能力，对于这类事情我一窍不通。

当我来到门口时，艾森赫院长站在那里，欢迎所有新同学。"哦，你就是费曼先生，"他说，"我们很高兴你能来普林斯顿。"我感觉稍微好了一点，因为不知为何他竟然认识我。

我进了门，里面有一些女士，还有一些女孩。所有人的穿着都很正式，我正在考虑自己应该坐在哪儿：我应不应该坐在这个女孩旁边，我该如何表现……这时我听到身后传来一个声音。

"费曼先生，你的茶里是要加奶还是柠檬？"是艾森赫夫人，她正在倒茶。

"我两个都要，谢谢。"我说，继续寻找我的位置。这时我忽然听到她说："哦呵呵呵呵……别闹了，费曼先生！"

别闹什么？什么别闹？我刚才说了什么？然后我明白了是怎么回事。这就是我和茶会的第一次接触。

后来，当我在普林斯顿待了更长时间后，才明白这"哦呵呵呵呵"的意思。事实上就是在第一次茶会上，当我正要离开时，才明白了它的意思是"你正在犯一个社交错误"。因为我第二次听到艾森赫夫人发出这种"哦呵呵呵呵"的笑声，是有人在离开时亲吻了她的手。

另一次，可能是一年以后，在另一场茶会上，我和维尔特教授交谈，他是一位对金星上的云很有研究的天文学家。他研究出这些云应该是甲醛构成的（能了解我们曾经一度担心的问题是件好事），还搞清楚了甲醛如何沉淀这类的问题，非常有趣。正当我们谈论所有这些的时候，一个小个子女士走过来说："费曼先生，艾森赫夫人找你过去。"

"好的，稍等一下。"我继续和维尔特聊。

那位女士离开后又回来了："费曼先生，艾森赫夫人找你过去。"

"好好好！"于是我去找艾森赫夫人，她正在倒茶。

"你想要一点咖啡或者茶吗，费曼先生？"

"那个啥啥夫人说您想要找我。"

"哦呵呵呵呵。你想要喝点**咖啡**或**茶**吗，费曼先生？"

"茶，"我说，"谢谢。"

几分钟之后，艾森赫夫人的女儿和她的同学走过来，我们互相认识了一下。艾森赫夫人之所以"哦呵呵呵呵"是因为她并不想和我说什么，当她女儿和她的同学过来时，她希望我过去喝茶，这样她们就有人可以聊天了。这时候，我已经知道听到"哦呵呵呵呵"应该怎么做。我不会问"'哦呵呵呵呵'是什么意思"；我知道它的意思是"错误"，所以最好还是赶紧改正。

每天晚上我们都穿着学院袍吃晚餐。第一天晚上这种吃饭的方式把我吓了个半死，因为我不喜欢繁文缛节。但是我很快就意识到这种袍子是非常有用的。刚打完网球的男生如果想要吃饭，可以直接跑进房间，抓起学院袍套在身上。这样他们就不用提前留出时间换衣服或洗澡了。所以我们的袍子下面是赤膊、T恤，以及各种可能性。除此以外，还有一条规矩，那就是不能洗学院袍，所以你可以由此看出谁是一年级学生，谁是二年级学生，谁已经三年级，谁又脏得像只小猪！不能洗学院袍，也不能修补学院袍，所以一年级学生的袍子看起来还是非常不错的，而且相对干净；但等你到了三年级，这件袍子就成了挂在你身上的烂纸壳子，上面还垂着褴褛的布。

我一到普林斯顿，就参加了星期日下午的茶会，晚上还穿着学院袍吃了饭。但到了周一，我最想做的事就是去看看回旋加速器。

———————————

当我还在麻省理工上学的时候，他们建了一台回旋加速器，它真是太美了！回旋加速器在一个房间，控制室在另一个房间。这台机器的设计非常精妙。

电线从控制室出发，通过地下电线管与回旋加速器相连，控制台承载着按钮和仪表。在我看来，这是一台"镶金回旋加速器"。

我读了很多涉及回旋加速器实验的论文，但没有多少来自麻省理工。可能是因为他们刚刚起步。但确实有很多研究结果来自康奈尔大学、加州大学伯克利分校，普林斯顿大学尤其多。所以普林斯顿回旋加速器正是我最期待看到的东西。这里面肯定**大有玄机**！

到了周一，我做的第一件事就是走进物理学院主楼，然后问："回旋加速器在哪儿——在哪栋楼？"

"在楼下，地下室里——大厅的尽头。"

在地下室？那是一栋老建筑。地下室是没有地方放回旋加速器的。我走到大厅的尽头，穿过一扇门，十秒钟内我就明白了为什么普林斯顿就是我该来的地方——一所最适合我的学校。那个房间里**到处**绑着电线！开关从电线上垂下来，冷却水从阀门滴下来，房间里各种东西全都暴露在外，桌子上堆放着各种工具。这大概是你能见到的最恐怖的混乱之地了。整个回旋加速器都在一个房间里，而这个房间本身就处于完全而彻底的混乱之中。

这让我想起了我家里的实验室。在麻省理工时，没有任何东西会让我想起我家里的实验室。我忽然明白了为什么普林斯顿可以取得研究成果：普林斯顿的研究人员和这台机器一起工作。他们**制造**了这台机器；他们知道什么东西在哪儿，也知道所有部件的工作原理；不用麻烦工程师干活，除非工程师也在这里一起工作。这里的回旋加速器比麻省理工的小得多，至于是否也"镶了金"，应该说恰恰相反。当他们需要修理真空系统时，就在真空系统上滴甘酞树脂，所以地上留下了甘酞树脂的斑点痕迹。真是太棒了！因为这里的研究人员和机器一起**工作**，而不是坐在另一个房间里按按钮。（顺便提一句，因为所有这些人为造成的混乱——电线太多了——那个房间着过一次火，而且大火烧毁了回旋加速器。但我还是不要提那个故事了！）

（许多年后，等我到了康奈尔大学，我去看了那里的回旋加速器。可以说这台机器根本不需要一个房间：整个机器大概只有一码见方。这是全世界最小的回旋加速器，但是那里的研究人员仍然获得了极为出色的研究结果。他们有各种各样的特殊技术和小窍门。粒子绕行的D形半圆叫D形盒，如果想改变D形盒里面的东西，他们会拿起螺丝刀，手动卸下D形盒，然后再把它安回去。在普林斯顿做这件事更难，在麻省理工则需要把起重机的吊臂弄到天花板上，再降下钩子，这可**实在**兴师动众。）

我从不同的学校学到了很多不同的东西。麻省理工是一个**非常**不错的地方，我没有贬低它的意思。我很爱麻省理工。这所学校已经发展出了一种精神，因此麻省理工里的每个人都认为它是世界上最棒的地方——它是美国甚至全世界的科技发展**中心**。这就像纽约人眼中的纽约，他们忘记了这个国家的其他地方。虽然你可能搞不清这里的好坏，但是你就是很喜欢**与之共存**、**身处其中**的感觉，并且有动力和欲望想要继续下去：你是被特别选中的人，能在这里你很幸运。

麻省理工很不错，但是斯莱特告诫我去其他学校读研是正确的。我也经常这样建议我的学生。去看看外面的世界是什么样的，见识这种多样性是值得的。

我曾经在普林斯顿回旋加速器实验室做了一个结果惊人的实验。在流体力学教材中，有一个所有物理系学生都要研究的问题：你有一只"S"形洒水器（转轴上安装的"S"形管子），水以和转轴垂直的方向喷出，使管子沿一定的方向旋转。大家都知道管子会朝哪边转——和喷出的水相反的方向。现在问题来了：如果你有一片湖或者一个游泳池（有充分的水量供给），然后把洒水器完全放在水下，把水吸进来而不是喷出去，那么管子会往哪边转？是和在空气中喷水时方向相同还是相反？

乍一看问题的答案非常明确。但问题是，有人觉得很明确就是那个方向，其他人则认为很明确是另一个方向。于是大家就此事讨论起来。我记得在某个学期或茶会中，有人找到约翰·惠勒教授问："**您认为是朝哪边转？**"

惠勒说："昨天费曼刚说服我，管子应该朝后转；今天，他又成功地说服我管子是朝前转的。我不知道明天他会跟我说什么！"

让我先告诉你一种说法，让你认为是一边；然后我再告诉你另一种说法，让你认为是另一边，好不好？

一种说法是，当你在吸水时，你差不多是在用喷嘴把水流拉进来，所以管子会向前，与进来的水流相向移动。

但是另一个人站出来说："假设我们抓住管子，然后看看需要什么样的扭矩才能让它静止不动。在水往外喷的情况下，我们都知道必须握住弯管的外侧，因为水在弯管中流动时会产生向心力。现在当水在同样的弯管中**反方向**流动时，水仍然会产生朝向弯管外侧的相同的向心力。所以这两种情况是一样的，洒水器会朝着相同的方向移动，无论你是在喷水还是在吸水。"

经过一番思索，我终于想清楚了答案是什么，为了证明这个结论，我想做一个实验。

普林斯顿回旋加速器实验室里有一个大玻璃罐，可以说是很大的一瓶水了。我认为这对实验来说再好不过了。我弄到了一根铜管，然后把它弯成"S"形。我在管子中间凿了个洞，塞进了一根橡胶管，然后将橡胶管穿过我装在瓶子顶部的旋塞上的一个洞。旋塞上还有另一个洞，我让另一根橡胶管穿过并将它和实验室的气压供给装置相连。通过把空气吹进瓶子，我可以让水进入铜管，就像管子在吸水一样。现在，"S"形管不会转圈，而是会扭转（因为橡皮管很软），接下来我要通过测量水从瓶子顶部喷出的距离来计算水流的速度。

我把所有东西都准备好后，就打开了气压供给装置，然后"噗"的一声，气压把旋塞推出了瓶子。为了不再让它跳出来，我重新把它绑紧。现在实验进行得很顺利。水喷出来了，橡胶管扭转起来，于是我多加了一点压力，因为速度越快测量越精确。我很仔细地测量了水喷出的角度和距离，然后再一次增加压力。忽然之间，整个装置都炸了，玻璃和水在实验室四散飞溅。一个来观摩实验的人全身都湿了，不得不回家换衣服，他没被玻璃划到真是个奇迹；很多用回旋加速器一点点拍摄的云室照片也湿了。但不知为何我站得够远，或恰好站到了某个淋不到水的地方，所以我身上不太湿。但我总会想起当时负责回旋加速器的德尔萨索教授，他走过来严厉地说："新生实验就应该在新生实验室做！"

科学巨人

当我在普林斯顿读研究生时，我做过约翰·惠勒的研究助理。他交给我一个问题让我研究，问题很难，我毫无进展。因此我回过头研究之前在麻省理工时产生的一个想法：电子不会作用于自身，它们只会作用在其他电子上。

有这样一个问题：当你振动一个电子时，它会释放能量，于是就会出现损耗。这意味着肯定存在一种作用在电子上的力。而且对于一个电子来说，它带电和不带电时的力肯定是不同的。（如果在带电和不带电两种情况下的力完全相同，那么在一种情况下电子会失去能量，而在另一种情况下则不会。对于同一问题不可能有两种不同的答案。）

用标准的理论来解释，那就是电子在自身的作用下产生了力（叫作辐射反作用力），而我当时只知道电子会作用于其他电子。因此在那一刻我意识到自己遇到了一些困难。（我在麻省理工研究这个想法时没有注意到这个问题，但当我去了普林斯顿时，我意识到了问题所在。）

我当时想的是：让这个电子振动，它会让周围的电子也振动起来，而从周围的电子返回的效应会成为辐射反作用力的源头。因此我做了一些计算，然后拿给惠勒看。

惠勒马上说："这是不对的，如果按你的解释，那么这个力的大小会和其他电子间距离的平方成反比，而实际上它不应该受到这些变量的影响。而且按照你的说法，它还应该和其他电子的质量成反比，和其他电子所带电荷成正比。"

让我感到困惑的是，我以为他肯定计算过了。而在此之后我才明白，当你给像惠勒这样的人一个问题时，他能马上**看出**所有东西。我需要计算，而他只要看一眼就够了。

他接着说："它还受到延迟影响，因为波返回较晚，所以你描述的只是反射的光。"

"哦！没错。"我说。

"但是等一下，"他说，"我们可以假设它以超前波的形式返回——逆着时间的反应，所以它在正确的时间返回了。我们可以看到这种效应与距离的二次方成反比，但是假设存在很多电子，遍布空间：电子的数量和它们之间距离的二次方成正比。那么我们或许就能让这些效应全部抵消。"

我们发现这样做是可行的，很容易获得结果，也很匹配问题。这是一个有可能正确的经典理论，即使它和麦克斯韦或洛伦兹提出的标准理论不同。这个理论没有无限自作用的问题，并且具有独创性。它包含作用和延迟，时间上的前进和后退——我们将其称为"半超前半滞后电位"。

惠勒和我认为，下一个问题该转向量子电动力学，（我认为）当时的理论在解释电子的自作用上有问题。我们认为如果我们能首先解决经典物理中的问题，然后在此基础上建立一种量子理论，那么我们就能同时修正量子理论。

由于我们已经改正了经典理论，惠勒便说："费曼，你是个年轻人，你应该开一场关于这个问题的研讨会，好在演讲方面积累经验。同时，我会继续研究量子理论部分，随后再开一个相关的研讨会。"

于是，我即将进行第一次学术演讲，惠勒和尤金·维格纳一起把演讲安排在了常规研讨会日程上。

在演讲前一两天我在大厅里看到了维格纳。"费曼，"他说，"我觉得你和惠勒一起做的那个研究很有趣，所以我邀请了罗素来参加研讨会。"亨利·诺利斯·罗素，那位当代著名天文学家要来听我演讲！

维格纳还在继续："我认为冯·诺依曼教授也会感兴趣。"约翰·冯·诺依曼是当时最伟大的数学家。"瑞士的泡利教授正在美国访问，多巧，所以我也邀请了他。"泡利是一位非常著名的物理学家。此时我已经面无血色了。最后，维格纳说："爱因斯坦教授很少来我们的研讨会，但是你的研究非常有趣，我特别邀请他，所以他也会来。"

我猜这时候我的脸已经绿了，因为维格纳说："不，不！不要担心！我只是提醒你：如果罗素教授睡着了——他肯定会睡着——并不代表你的研讨会很糟糕，所有研讨会他都会睡着。另外，泡利教授会一直点头，看起来像是同意你说的，别往心里去。泡利教授有震颤症。"

我回到惠勒那里，提到所有会来听我演讲的大人物的名字，然后告诉他我感觉心神不安。

"没关系的，"他说，"别担心，我会回答所有问题。"

我开始准备演讲。到了那天，我走进屋，做了一件没有演讲经验的年轻人经常会做的事——把一大堆公式写在了黑板上。要知道，年轻人总是不知道该如何说："显然它们成反比，因此是这样……"因为在座的每个人都已经知道了，他们能看出来。但是**他本人**并不知道。他只能通过实际运算得出结论，于是就有了这成堆的等式。

当我提前在黑板上写等式的时候，爱因斯坦走了进来，很和蔼地说："你好，我来参加你的研讨会。但先问一下，茶在哪儿？"

我告诉他茶在哪里（至少我准确地回答了爱因斯坦的**第一个**问题！），然后继续写等式。

到了我该演讲的时候，这些"科学巨人"就坐在我前面，等我开讲！我的第一次学术报告，竟然有**如此**听众！我猜他们可能会把我折磨得够呛。当他们从棕色信封中拿出我的讲稿时，我清晰地记得自己的双手在颤抖。

然而后来奇迹发生了，幸运的是这样的奇迹在我一生中反复发生：只要我开始思考物理，并把精力都集中在我正在解释的事上，我的脑子就不会被其他任何事占据。我完全摆脱了紧张。因此，当我开始演讲之后，谁在屋子里就已经不重要了。我只是在解释我的想法而已。

研讨会结束，到了提问时间。坐在爱因斯坦旁边的泡利先站起来。"我印（认）为这些拟（理）论是不可能正确的，因为介（这）个和介（这）个，"然后他转向爱因斯坦，"你同意吗，爱因斯坦教授？"

爱因斯坦说："不——"他的德语口音听起来既礼貌又和善，"我只是觉得为引力相互作用提出相应的理论会非常困难。"他指的是广义相对论，他心爱的"孩子"。他继续说："因为在这个阶段还没有积累足够的实验证据，所以我还不太确定正确的引力理论是什么。"爱因斯坦理解有些理论可能与他所陈述的不同，他很愿意接受其他想法。

我真希望当时能记得泡利说的话，因为数年后我发现这个理论在解释量子理论方面确实无法令人满意。伟大的泡利很有可能早就注意到了这个难点并曾经在提问时解释给我听，但我因为不用回答问题而感到很轻松，并没有真正仔细地听。但我记得和泡利一起走上帕尔默图书馆的台阶时，他问我："惠勒的演讲会说什么关于量子物理的事情？"

我说："我不知道。他没告诉我。他正在自己搞研究。"

"哦？"他说，"他自己做研究，还不告诉自己的助理在搞哪些量子物理问题？"他靠近我，压低声音神神秘秘地说："惠勒不会开研讨会了。"

果然被泡利说中了，惠勒没有开研讨会。他以为量子部分很简单，觉得自己手到擒来。但事实并非如此。研讨会日渐临近，他才意识到自己不知道如何着手，所以他也没有什么好说的。

我也没能解决这个问题——一个半超前半滞后电位的量子理论——我还在这上面花了好几年时间。

不同的工具箱

普林斯顿研究生院的物理系和数学系共用一间休息室，每天下午4点我们会在那里喝茶。虽然这看起来是对英式学院的拙劣模仿，但确实可以在下午放松心情。大家会围在一起下围棋，或者讨论定理。在当时，拓扑学是热门话题。

我仍然记得有一个人坐在沙发上竭力思考，另一个人站在他面前说："那这个和那个是真的喽。"

"为什么呢？"坐在沙发上的人问。

"平凡*！平凡！"站着的人说，然后他一口气说出一系列符合逻辑的步骤："首先你假设这样这样，然后我们知道基尔霍夫的这个和那个；因为沃芬斯托弗尔定理，我们减去这个，组成那个。然后你把向量放在这里，之后再这样那样……"沙发上的人努力理解着这一切，而站着的人快速说了整整15分钟！

站着的人终于说完了，沙发上的人说："是啊，是啊。平凡。"

我们这些学物理的一边笑，一边试着弄明白他们说的是什么。我们认为"平凡"的意思应该是"已被证实"。于是我们跟这些数学家开玩笑："我们有了一个新的定理——数学家只能证明平凡的定理，因为所有被证实的定理都是平凡的。"

数学家们不喜欢这个定理，我就继续戏弄他们。我说永远都不会有意外发生，因为数学家只证明显而易见的东西。

拓扑学对于数学家来说一点都不显而易见。因为里面存在各种各样"违反

---

* 数学中，"平凡"（trivial）经常用来形容结构非常简单的对象（比如群或拓扑空间），有时也会用"明显"或"乏趣"这两个词代替。但对非数学工作者来说，它们有时可能比其他更复杂的对象更难想象或理解。

直觉"的奇怪可能性。我忽然冒出了一个想法。我挑衅他们："我打赌任何一个你们能告诉我的定理——只要能用我能理解的语言来表达假设和定理是什么——我都能马上分辨出是真是假。"

情况通常是这样。他们会向我解释："假设你有一只橙子，现在你把橙子切成有限数量的几块，然后把橙子拼回去，橙子会像太阳一样大。是真还是假？"

"有洞吗？"

"没有洞。"

"不可能！不会发生这样的事。"

"哈哈！他输了！大家快过来！是那个谁的不可测度量定理*！"

正在他们认为赢过我时，我提醒他们："但你们说的是一只橙子，你不能把橙子切成比原子还薄的块。"

"但是我们有连续性条件：我们可以一直切下去！"

"不对，你说的是一只橙子，所以我**假设**你说的是一只**真正的橙子**。"

因此我总是能赢。如果我猜对了，很好。如果我猜错了，我总能在他们的简化过程中发现一些他们遗漏的问题。

事实上，我的猜测的确有一些技术含量。我有一套方法，现在每当有人向我解释一些不太容易理解的问题时，我仍然在使用这套方法：我会举实例。例如，数学家们会提出一个很厉害的定理，他们对此也很兴奋。当他们告诉我定理的条件时，我就会在脑中构建一个满足所有条件的东西。当他们说到一个集合，那就是一个球；说到不相交的集合，就是两个球。随着他们增加条件，我头脑中的球会变色或者长毛，或者随便怎么样。最终他们会描述定理，对于我的绿毛球来说，只要有什么地方不符合，我就会说："假的！"

如果定理是真的，他们就都很兴奋，我会让他们兴奋一会儿，然后指出我

---

* 指巴拿赫－塔斯基定理（又名"分球怪论"），是一条数学定理。1924 年，斯特凡·巴拿赫和阿尔弗雷德·塔斯基首次提出这一定理，指出在选择公理成立的情况下，可以将一个三维实心球分成有限（不可测的）部分，然后仅仅通过旋转和平移到其他地方重新组合，就可以组成两个半径和原来相同的完整的球。

的反例。

"哦。我们忘了告诉你这是 2 型豪斯多夫同态。"

"这样的话,"我就说,"平凡!平凡!"这时我就知道该如何往下走了,即使我不知道豪斯多夫同态是什么意思。

虽然数学家们认为他们的拓扑学定理是反直觉的,但大多数时候我都能猜对,实际上这些问题并没有看起来那么难。你会越来越熟悉这门精细切割科学的有趣特性,然后变得很擅长猜测结果。

虽然我给数学家们添了不少麻烦,但他们一直对我很友善。他们是一群快乐的男孩,总是自己创造东西,并且对此兴奋得不得了。他们会讨论自己的"平凡"定理,并且当你问简单的问题时,他们总会努力为你解释一些什么。

保罗·奥卢姆*当时和我共用一间浴室。我们成了好朋友,他想教我数学。他带我学到"同伦群"时我就放弃了。但是在此程度之下的概念我都理解得很好。

我从来没有学会的只有围道积分。高中物理老师巴德先生给了我一本书,我学会的各种解积分方法都来自这本书。

一天巴德让我课后留下。"费曼,"他说,"你话太多了,很吵。我知道是因为你觉得无聊,所以我要给你一本书。你去后面角落里好好看这本书,直到你学会书里的所有东西,你才能开始说话。"

于是,后来的每节物理课我都不会关注帕斯卡定律是怎么回事或者其他人在做什么。我就在后面读这本伍兹写的《高级微积分》。巴德知道我学了一点《给实用主义者的微积分》,所以才给我真正的著作。这是大学的初级或高级教材,里面有傅里叶级数、贝塞尔函数、行列式、椭圆函数……各种我一无所知的好东西。

这本书还展示了如何在积分符号下求参数的微分——一种特定的运算。事

---

* 美国数学家(代数拓扑),数学教授,曼哈顿计划研究员,曾任俄勒冈大学校长。

实证明，大学里并没有教这方面的内容，他们对此并不重视。但是我掌握了这种方法，还一次又一次地使用它。因为我是用那本书自学的积分，所以我解题的方法总是很奇怪。

麻省理工或普林斯顿的人无法解出某些积分，通常是因为他们无法使用在学校学到的标准方法解决问题。如果用的是围道积分，他们可能就解决了；如果是一个简单的级数展开问题，他们也可能解决了。后来我尝试在积分符号下求微分，通常都能奏效。我之所以在积分领域有很高的声誉，只是因为我的"工具箱"和其他人都不一样，在他们把问题交给我之前，他们早已试过所有工具了。

就像1、2、3那样简单

我在法洛克威长大，那时我有一个叫伯尼·沃克的好朋友。当时我们俩家里都有自己的"实验室"，经常做各种各样的"实验"。大概十一二岁时，有一次我们讨论什么事，我说："思考不过就是在内心和自己对话罢了。"

"哦，是吗？"伯尼说，"那你知道汽车曲轴的形状吧？就是样子很奇怪的那根棍。"

"知道啊，那又怎么样？"

"好，你现在告诉我：你如何跟自己描述那个形状？"

因此我从伯尼那儿学到了一点：思维里不仅有语言，还有视觉。

后来上了大学，我开始对梦产生兴趣。我想知道为什么即使眼睛已经闭上了，可梦中的一切看起来却还是那么真实，就好像光线直接落在视网膜上一样。难道视网膜上的神经细胞其实被别的方式激活了吗？可能是大脑在直接刺激那些细胞，或者人的大脑中有一个"判断中心"，而这个中心在做梦的时候失控了？尽管我对大脑如何运转非常感兴趣，可是我从未在心理学那儿得到任何满意的答案。相反，我在心理学中发现的都是关于解梦的东西。

再之后我去普林斯顿读研究生，一篇有点儿蠢的心理学论文引发了广泛讨论。作者信誓旦旦地说大脑通过一个和铁元素相关的化学反应来控制"时间感"。我心想："这实在有点扯了，他到底是怎么得出这个结论的？"

原来，这个人的妻子患有慢性发热疾病，体温长期时高时低。某日他突发奇想，要测试妻子的时间感。具体步骤如下：他让妻子不看钟表，而是在心中默数，他则记录妻子数到60秒所花费的时间。他让妻子从早数到晚（太折磨人了！）。最后他发现，当她体温高的时候，计数更快；而当体温降低的时候，则会慢些。他因此认为，大脑中负责"时间感"的区域在发热时运转得肯定更快。

作为一个很懂"科学"的人，这位心理学家知道，化学反应的速率会随着环境温度的变化而变化，其计算公式取决于反应中产生的能量。他先测量出妻子计数时的速度差异，然后又确定了体温对计数速度的影响程度，之后他试图寻找一个化学反应，这个化学反应的速率随温度的变化要与他妻子计数速度的变化相同。最终他找到了：铁的反应最符合他的要求。他由此推断出妻子的时间感由她体内一个含铁的化学反应决定。

在我看来，这真的是太扯了！他那长长的推理链条中，任何一个环节都可能出错。但问题本身却很有意思："时间感"到底由什么决定？比如说，当你试图以匀速计数时，决定速度的是什么？如果要改变这个速度，你又该如何做？

我决定研究一下这个问题。我也从不看钟表的数秒开始。我按照一个缓慢而稳定的节奏从1开始数，一直数到60。数完后，我发现自己只用了48秒，不过这没什么关系，因为我是要按照固定的速度数秒，并不是一定要精确到1分钟数完60个数。再来一次，这次用了49秒。再次重复这个实验，48秒，再往后是47秒、48秒、49秒、48秒、48秒……因此我发现自己能以非常稳定的速度计数。

如果我只是坐在那里而不计数，直等到自己认为1分钟到了，结果就毫无规律，时间长短不一。因此，我发现完全靠猜难以估算1分钟的长度，通过计数则可以得出非常准确的结果。

既然知道自己能匀速计数，下个问题就是：什么影响了计数速度？

也许和心率有关。我便上上下下地爬楼梯，直到心跳变得极快。然后我冲回房间，一头扎在床上，数到60。

我还尝试在爬楼梯的同时数秒。

其他同学看到我在楼梯间跑上跑下，都乐坏了，道："你这是干什么呢？"

我根本没办法回答他们（这也让我意识到了我不能在计数的同时和别人说话），只能继续在楼梯上跑，看起来傻透了。

（研究生院的同学们对此应该已经习以为常了。还有一次类似的事，是在宿舍发生的。有一位同学来我的宿舍，我当时正在里边做实验，但忘了锁门。他发现：隆冬时节，窗户大开，穿着厚厚羊皮大衣的我站在椅子上，身体探到了窗外；与此同时，我一手拿着锅，一手在锅里不停地搅拌。"不要烦我！不要烦我！"我当时正一边搅拌吉露果子冻一边观察它的变化，因为我想知道，如果一直搅拌低温状态下的果子冻，它还会凝结吗？）

回到正题。在我把跑楼梯计数和躺在床上计数的各种组合试了个遍之后，得出了"惊喜"发现！心率完全不是影响因素。而且由于我在楼梯上跑上跑下导致浑身发热，所以同时也把体温因素排除了（尽管我知道运动并不会让体温升高很多）。所以结论就是，我根本找不到会影响我计数速率的因素。

跑楼梯变得毫无意义了，我就开始在做其他非做不可的事时计数。比如说，在我把衣服送去洗的时候，必须填写一张表格列出所洗衣物的数量（多少件衬衫，多少条裤子等），所以我就一边在脑子里计数一边数衣物。我发现我可以在裤子那一栏填"3"，或者是在衬衫那一栏填"4"，可是根本没法数袜子。袜子实在太多了，我已经开始用我的"点票机"了。当我脑子里数到"36、37、38"的时候，面前待处理的袜子还有一大堆，然后我接着往下数"39、40、41……"这可怎么办？

我想到一个办法：把这些袜子按照几何图形排列放置，比如正方形，就是把4双袜子分别放在正方形的4个角上，这样一个方块就是8只袜子。

我接着按照图形排列法的思路继续计数，发现自己还可以数出报纸上的文字行数，具体方法是：把文章按照3行、3行、3行、1行的方式进行分组，这样一组加起来就是10行文字；然后把这样的10行一组当成一个单位，按照3组、3组、3组再加1组的方式继续组合，就得到了一个100行文字的大组合。我按照这种方法在一份报纸上计数，数到 60 的时候，我就知道处在大组合的什么位置了："我数到了 60，对应的是 113 行。"更神奇的是，我发现自己在计数的同时甚至还能**阅读**文章，而且并不影响我的计数速率。其实，我在计数的时候可以做任何事情，当然大声说话除外。

那么打字行不行呢？用打字机把书上的字打出来。我可以做到，但结果不同，打字影响我的计数速度了。我很兴奋，因为终于找到了一个影响我计数速度的因素！于是我开始深入研究。

我一边快速打简单的字一边计数，心里默默记着数"19、20、21"，继续边打边数，"27、28、29"——"这是什么字？"——"哦，我知道了"，再接着边打边数，"30、31、32"……最后在我数到 60 的时候，我发现我花的时间竟然比 1 分钟要多。

经过反思和进一步观察，我终于意识到是怎么回事了：当遇到一个比较难的单词的时候，我会花费更多的脑力，而这恰恰打断了计数。我计数的速度其实并没有变慢，而是计数本身不时地被迫中断。从 1 数到 60 这件事在我身上已经变成了一种机械行为，所以我一开始并没有注意到计数被打断了。

第二天吃早餐的时候，我把这一系列实验结果告诉了同桌的其他人。我和他们说我可以一边计数一边做任何事情，但唯有一件事不行，那就是和别人说话。

这时，桌旁一个叫约翰·图基的同学说话了："首先，我不信你能一边计数一边阅读；其次，我不明白你为什么不能一边计数一边说话。我和你打个赌：我可以一边计数一边说话，而你肯定不能一边计数一边阅读。"

于是我演示给大家看。他们给我拿来一本书，我一边计数一边阅读。在数到 60 的时候，我说："好了，就是现在！"这次计数用时 48 秒，完全是我的正常速度。接着我告诉大家计数期间读到的内容。

图基大为诧异。轮到他出场了，我们先对他进行了几次普通的计数测试，以了解他的正常计数速度。他开始讲话："玛丽有只小羊羔；我想说啥就说啥，不会有任何差别；我真不知道为什么你不行……"一直"吧啦吧啦"地说个不停。等他说"时间到"的时候，时间和正常计数时间完全一致。我简直不敢相信！

我们对此展开讨论，然后有了一些发现。原来图基用了一种不同的计数方法：他想象面前有一条印着数字且不停移动的带子。他可以一边用眼睛**看着**移动的数字，一边说"玛丽有只小羊羔"。现在一切都清楚了：他得"看着"数字移动，因此没办法阅读；而我在计数的时候一直在心里"自言自语"，所以没办法开口说话！

有了这个发现，我开始尝试找出一种方法，可以让我们在计数的同时大声朗读——我们两人目前都做不到。我的想法是应该利用大脑中既不干扰看也不干扰说的那部分功能。因此我决定用手指计数，这样就只涉及触觉功能。

没多久，我的目标就达成了。我可以在用指头计数的同时大声朗读。但我还是想在大脑中完成整个过程，其间不依靠任何肢体动作，所以我又尝试在大声朗读的时候想象用手指计数的感觉。

很可惜我没能成功，但我觉得这只是因为我练习得不够，或者也许这么做根本就不可能成功——我从未见过有人能做到。

这个实验让图基和我发现，当不同的人认为他们在做同一件事（如计数这种简单的事）时，他们大脑中的情况其实完全不一样。而且我们还发现，从外部就能客观地测试大脑如何工作：你不用询问测试对象的计数方法，也不用依靠测试对象对自身的观察；你只要观察测试对象在计数的同时能做什么和不能做什么就够了。这是绝对客观真实的测试。它无懈可击，也没法作假。

用已知的知识来解释新的想法，这很自然。概念是一层层堆积起来的：这个想法由那个概念解释，而那个概念又由另外一个概念解释；而最基础的概念可能就来自计数这样的事情，而这个概念完全因人而异。

我现在常常会想起这件事，特别是在我教授一些深奥难懂的内容时，比如贝塞尔函数积分。当我看到那些方程式时，那些字母仿佛是彩色的，我也不知道为什么。在我说话的时候，我会隐隐约约看到尤金·扬克和弗利茨·昂德的教科书里贝塞尔函数的图像：j 是浅棕色的，n 是浅浅的蓝紫色，深褐色的 x 到处飞舞。这时我就特别想知道，学生们看到的又会是什么样的景象呢？

我——！

每周三都会有形形色色的人来普林斯顿研究院演讲。演讲者通常都很有意思，在演讲后的讨论环节我们总是能找到很多乐趣。例如，我们学校有一个人强烈反对天主教，因此遇到宗教相关的演讲者时，他会预先给我们这些提问者安排一些刁钻问题，让演讲者下不来台。

还有一次，有人做了关于诗歌的演讲。他谈到诗的结构及其带有的情绪，还把所有东西都归纳到特定的类别中。在讨论环节，他说："在数学中不也是这样吗，艾森赫博士？"

艾森赫博士不仅是研究生院院长，还是一位伟大的数学教授。他也非常机智。他说："我想知道迪克·费曼从理论物理学的角度对此怎么看。"遇到这种情况，他总是安排我上场。

我站起身说："是的，是有很密切的关系。在理论物理中，和词语类比的是数学方程，和诗的结构类比的是理论中某某和某某之间的相互关系。"我做足戏码，给出了一个完美的类比。演讲者听得喜笑颜开。

随后我又说："在我看来，无论你说诗的**哪方面**，我都能编造出它和任何学科之间的类比，就和刚才我说的理论物理一样。我认为这样的类比没有什么意义。"

在镶嵌着彩绘玻璃的大餐厅里，我们总是穿着日渐破旧的学院袍吃饭，艾森赫院长在每顿晚餐前都会用拉丁语做餐前祷告。吃完饭后，他经常会站起来宣布一些事情。一天晚上艾森赫博士站起身说："两周后，一位心理学教授会来做一场关于催眠的演讲。这位教授认为，相比于只是讲讲催眠，进行一场真正的催眠演示的效果好得多。所以他希望能有人自愿被催眠……"

我非常兴奋：没什么好说的，我一定要弄明白催眠是怎么回事。肯定会很好玩！

艾森赫院长继续说，最好有三四个人自愿参与，那么催眠师就可以事先试一试，看看他们中哪些人可以被催眠，所以他强烈建议我们申请参加。（天哪，他这么絮絮叨叨**真是在浪费时间！**）

艾森赫站在大厅的一端，而我站在大厅后面的另一端。屋子里有上百人。我知道每个人都想参加，我很害怕他可能因为我站得太往后而看不到我。**我非要加入这次演示不可！**

终于，艾森赫说："那么现在要问问大家，是否有人自愿……"

我高举着手从座位上弹起来，为了确保他能听到，我以最大的嗓门喊道："我——！"

他确实听见我了，因为没有其他人出声。我的声音在大厅中回响——真的是非常尴尬。艾森赫当即反应道："当然，我就知道**你**会自愿参与，费曼先生，但我在想是否有其他人也想参加。"

最终，还有其他几个人也报了名。在演示前一周，那个心理学家来找我们做试验，想看看我们中是否有人适合被催眠。我知道催眠这种现象，但我并不知道被催眠是一种什么样的感受。

他开始催眠我，很快我进入了一种状态，这时他说："你无法睁开眼睛。"

我心想：我打赌我能睁开眼睛，但我不想破坏现在的局面，再看看后面还有什么。那种情形很有趣：你只是有一点晕，虽然你稍微不知所措，但你肯定**可以**睁开眼睛。当然，你**不会**睁开眼睛……

他做了很多事情，最终认定我还不错。

在演示真正开始时，他让我们走到台上，在整个普林斯顿研究院师生面前催眠了我们。这次的效果更强，我猜我大概是学会了如何进入催眠状态。催眠师做了很多演示，让我做了一些我在正常情况下做不到的事；最终他说，在催眠结束后，我不会按照正常方式直接回到座位上，而是会绕着屋子走一圈然后从后面回去。

在整个演示过程中，我大致知道发生了什么，并一直配合催眠师所说的话，但这一次我决定："管他呢，够了！我要直接回到我的座位上。"

我起身下台后，径直朝座位走去。但这时一种讨厌的感觉袭来：我感到非常不舒服，以至于无法继续走下去。最终我绕着大厅走了一圈。

后来还有一次，我被一个女人催眠了。在我进入催眠状态后，她说："我将要点燃一根火柴，吹灭它，然后马上用它接触你的手背。你不会感觉到疼痛。"

我认为她纯属胡扯！她拿起一根火柴，点燃，吹灭，然后接触了我的手。感觉有点热。我的眼睛一直闭着，但我想："这个简单。她点燃一根火柴，但用另一根火柴接触我的手。这没什么玄机，肯定是骗人的！"

我从催眠状态中苏醒后看到了自己的手背，吃惊得无以复加：我的手背上有一处烧伤。很快那里就起了水疱，但一点都不疼，甚至在它破了的时候我也没感觉到疼。

我认为催眠是一种非常有趣的现象。你一直对自己说"我可以做到，只是我不愿意"，但这只是做不到的另一种说法而已。

读心师

我父亲一直都对魔术表演和小把戏感兴趣，他很好奇这些东西背后的秘密。他了解到的秘密之一就是读心术。他小时候生活在长岛中部的一个叫作帕乔格的小镇上，有一次，他注意到一张贴得到处都是的广告，说读心师下周三即将来到小镇。海报上还说，一些德高望重的市民——镇长、法官、银行家之类，会把一张5美元钞票藏在某个地方，读心师到了之后就能找到。

读心师到了，人们聚集过来看他会怎么做。他抓住银行家和法官的手——正是他俩藏起了那5美元，然后沿着街道开始寻找。他走到交叉路口，转了一个弯，走上另一条街，然后再进入下一条街，找到了正确的房子。他和那两位一起走，一直握着他们的手，走进房子，上到二楼，进入正确的房间，走到一个衣柜前，他松开他们的手，打开了正确的抽屉，里面确实有5美元。真是精彩！

那时候人们很难获得好的教育机会，所以读心师受雇成了我父亲的家庭教师。父亲在上了一节课后，问那位读心师，他是如何在没有人告诉他钱在哪里的情况下找到钱的。

读心师解释道，你要松松地抓住他们的手，在移动时轻轻摇动。走到交叉路口时，你可以往前走、往左走，或者往右走。你向左抖一下，如果不对，就会感觉到一定程度的抗拒，因为他们不希望你去那边。当你方向正确时，他们就更容易配合，因为他们认为你有可能做得到，于是抗拒就更小。因此你必须经常轻轻摇动手，试出哪条路阻力最小。

父亲告诉我这个故事时说，他认为要想做到这种程度仍然需要很多练习。所以他自己没有尝试过。

后来，当我在普林斯顿读研时，我决定在一个叫比尔·伍德沃的家伙身上做试验。我突然宣称我是一位读心师，能读到他的想法。我让他进入"实验室"，那是一间有几排桌子的大房间，桌子上铺满了各种仪器、电线、工具、垃圾。再让他随便挑选某件东西，然后出来。我解释："现在我要读你的想法，并把你带到那件东西跟前。"

他走进实验室，注意到某件东西，然后走出来。我抓住他的手，然后开始轻轻摇动。我们走进一条条过道，找到了那件东西。我们试了三次。第一次我直接找到了那件东西，它在一堆东西中间；第二次我找到了对的地方却找错了东西，偏离了几英寸；第三次也出了点问题。但是这个过程比我想象的顺利。小菜一碟。

之后，在我大概26岁的时候，父亲和我一起去了亚特兰大，那里有各种各样的户外马戏表演。当我父亲去办正事时，我找到了一位读心师。他背对观众坐在舞台上，穿着长袍，戴着大头巾。他有一名助理，这个小个子在观众当中跑来跑去，说着这样的话："哦，大师，这个钱包是什么颜色的？"

"蓝色！"大师说道。

"哦还有，尊敬的大师，这位女士叫什么名字？"

"玛丽！"

有一个人站起来："我叫什么名字？"

"亨利。"

我站起来说："**我**叫什么名字？"

他没理我。那个人明显是"托儿"，但我不知道读心师是如何做到其他事情的，比如判断钱包的颜色。他的头巾下戴着耳机吗？

我见到父亲，告诉了他这件事。他说："他们有一套密码，但是我也不知道是什么。咱们回去看看怎么回事。"

我们回到了那个地方，父亲跟我说："给你50美分，先去那个摊子算算命，咱们半小时后见面。"

我知道他要干什么。他要去给那个人讲个故事，如果他儿子不在那儿"哦！哦！"叫个不停，事情就会进展得更加顺利。他不得不把我支开。

他回来后，把整套密码告诉了我："'哦，大师'代表蓝色，'哦，全知者'代表绿色。"以此类推。他跟我解释："表演结束后我去找他，告诉他我过去在帕乔格表演，我们也有密码，但是表达不了很多数字，颜色的种类也有限。我问他：'你如何记住这么多信息？'"

那位读心师对自己的密码很自豪，于是他坐下来对父亲和盘托出。父亲是一位推销员，他就是能制造出那样的情境，我可做不到。

混合油漆

我说自己"没有文化修养"或"没有艺术细胞"的原因可能要追溯到我上高中那会儿。那时我时刻注意不让自己变得"娘娘腔",我不想活得太精致。对我来说,真正的男人不会在意诗歌这类东西。诗是如何**写出来**的,我从来没想过!因此我对那些喜欢"花哨"事物的男性产生了一种负面印象,比如研究法国文学或花太多时间在音乐和诗歌上的人。相比之下,我更欣赏炼钢工人、焊接工人,或者机械修理工。我一直认为在机械修理店工作,能自己动手做出东西来的人,才是真正的男人。我就是这么想的。所以对我来说,具有实干精神一直是一种优点,而"文化修养"或"有艺术细胞"则不是。前者是对的,但后者则是疯言疯语。

我在普林斯顿读研的时候仍然有这样的想法,后面你就会读到。过去我经常在一家叫作帕帕饭店的精致小餐馆吃饭。有一天,我正在那里用餐,一位油漆匠穿着工作服从楼上下来,坐到我旁边,之前他正在给楼上的房间上漆。不知不觉中我们开始谈话,他说起做油漆匠这一行要知道很多东西。"比如,"他说,"如果让你来决定,你会用什么颜色漆这家餐馆的墙?"

我说我不知道,接下来他说:"在这个高度的地方要刷一条深色,你看,坐在桌边的人时常把手肘顶在墙上,所以那个位置不能是干干净净的白墙,那样太容易脏了。但是在这以上,确实需要白色来让餐馆显得更干净。"

这个人说得似乎挺靠谱,我坐在那里仔细听,这时他又说:"你还得了解油漆颜色,明白怎样混合油漆才能得到不同的颜色。比如,**你把什么颜色混在一起能得到黄色?**"

我不知道如何混合油漆才能得到黄色。如果是**光**，就应该混合绿色和红色，但我知道他说的是**油漆**。于是我说："我不知道如何不用黄色油漆得到黄色。"

"好吧，"他说，"如果你把红色和白色混在一起，就能得到黄色。"

"你确定不会得到粉色？"

"不会，"他说，"你会得到黄色。"我相信他，因为他是一位专业的油漆匠，我一直都对这样的人敬仰有加。但我仍然很纳闷他是如何做到的。

我想到了："肯定是发生了某**种化学**变化。你是用了某种能产生化学变化的特殊颜料吧？"

"没有，"他说，"任何老颜料都能用。你去十元店弄点儿油漆过来，一罐普通红色油漆和一罐普通白色油漆就行。我来混合一下，给你看看怎么才能弄出黄色。"

在这个节骨眼上，我想："有些不合理。我对油漆也算了解，不可能得到黄色，但他那么确定，肯定是有什么有趣的事情发生了。我要知道是怎么回事！"

于是我说："好，我去弄油漆。"

油漆匠回到楼上继续工作，这时餐馆老板走过来对我说："你和那个人争什么？他是个油漆匠，他这辈子一直都做这一行。既然他都说了能得到黄色，你为什么还要和他争呢？"

我有点不知所措，不知道该说些什么。最终我说："我这辈子一直在研究光，而我认为用红色和白色得不到黄色，只能得到粉色。"

于是我去十元店买了油漆拿到餐馆。油漆匠从楼上下来，餐馆老板也在。我把两罐油漆放到一把旧椅子上，然后油漆匠开始混合油漆。他加了一点红色，加了一点白色，但看起来仍然是粉色，然后他又混合了更多。最后他喃喃自语："我过去有一管黄色颜料，可以让颜色更鲜亮一点——然后就是黄色了。"

"哦！"我说，"当然！你加了黄色，你就能得到黄色，但是没有黄色的话你就得不到黄色。"

油漆匠回到楼上继续漆墙。

餐馆老板说："那个人有点胆量，敢和一辈子研究光的人争论！"

这至少说明了我有多么信任这些"真正的男人"。油漆匠告诉了我很多事，所以我有理由相信真的可能出现一种我不理解的奇怪现象。我预计会看到粉色，但我当时的想法是，如果有获得黄色的方法，那一定新奇有趣，我必须看看。

我在研究物理时也会犯错误，觉得某个理论看起来不够好，或觉得会有太多复杂因素对结果造成影响。这是一种"虽然很确定会发生什么，但一切皆有可能"的态度。

是拉丁语还是意大利语？

在布鲁克林能收到一个意大利语广播，我还是个小男孩的时候总是听这个台。我喜欢让高低起伏的声音将我包围，就像待在一片风平浪静的大海里一样。我喜欢静静地坐着，让水漫过自己，沉浸在悦耳的意大利语中。在意大利语节目中总会出现一类家庭场景，其中的母亲和父亲会进行讨论和争执。

高音："Nio teco TIEto capeto TUtto..."

低沉的嗓音："DRO tone pala TUtto!!"（同时还拍手）

真是棒极了！我从中学会了如何表达这些情绪：我可以哭，可以笑，以及所有表达方式。意大利语是一种可爱的语言。

在纽约，我家附近住着一些意大利人。有一次我在骑自行车，某个意大利卡车司机被我弄得很心烦，他从车里伸出头，一边比画一边朝我喊，听起来是："Me aRRUcha LAMpe etta TIche!"

我感到词穷。他跟我说了什么？我应该怎样喊回去？

于是我问了我的意大利同学，他说："你就说'A te! A te!'，意思是'你也一样！你也一样！'"

我认为这是一个绝妙的主意。我也可以一边比画一边"A te! A te!"地喊回去。我因此逐渐建立了信心，还进一步拓展了自己的能力。在我骑自行车时，有些女士驾驶的汽车会挡在我前面，而我就会说"PUzzia a la maLOche!"她会吓得发抖！某个可怕的意大利男孩用恶毒的语言教训了她！

要认出这是假意大利语也不是那么简单的事。我在普林斯顿时，有一次骑着自行车进入帕尔默实验室的停车场，有人挡住了路。按照老习惯，我朝那个人比画着，一边说"PUzzia a la maLOche!"，一边用一只手拍另一只手的手背。

在一片长长草地的另一端，有个意大利园丁正在栽种植物。他停下来，挥着手，开心地喊道："REzza ma LIa!"

我喊回去："RONte BALta!"向他问好。他不知道我什么都听不懂，我不知道他说的是什么，他也不知道我说的是什么。不过没问题！毕竟，当人们听到那种语调的时候，马上就会将其认作意大利语——就算不是罗马方言，也可能是米兰方言，这些都无所谓。你肯定会被认作意大利人！非常不错。但是你要有绝对的自信。照这样说下去，不会出什么差错的。

一次假期我从学校回到家里，妹妹有点郁闷，我看她几乎要哭出来了，原因是她的小伙伴们要举行一场以父亲和女儿为主题的宴会，但是我们的父亲还在外面卖制服，没有到家。于是我告诉她我作为哥哥，会带她去。（我比她大9岁，所以也不是那么离谱。）

我们到了那里之后，我和父亲们一起坐了一会儿，但没多久我就对他们感到厌倦了。所有这些父亲，虽然带着自己的女儿来参加了这次可爱的小宴会，但是他们谈论的只有股票。他们连怎么和自己的孩子说话都不懂，更别说做孩子的朋友了。

在宴会中，孩子们给我们表演了各种节目，包括小短剧、诗歌朗诵等。然后忽然之间，她们拿出了一个很滑稽的东西，这个长得像围裙的东西上面有一个洞，可以让你把头伸进去。女孩们宣布，现在父亲们要来给她们表演节目了。

每个父亲都要站起来，把头伸进去，然后说点什么。有人背了一首"玛丽有只小羊羔"……大家都不知所措了。我也不知道要干什么，但是当我站起来时，我告诉他们我要背诵一首小诗，我很遗憾这首诗不是英文的，但我确信他们会喜欢：

A TUZZO LANTO

—Poici di Pare

TANto SAca TULna TI, na PUta TUchi PUti TI la.

RUNto CAta CANto CIANta MANto CHI la TI da.

YALta CAra SULda MI la CHAta PIcha PIno TIto BRALda

Pe te CHIna nana CIUNda lala CINda lala CIUNda!

RONto piti CA le, a TANto CINto quinta LALda

O la TINta dalla LALta, IENta PUcha lalla TALta!

　　我这样朗诵了大概三四节，用到了我在意大利语广播中听到的所有情绪，孩子们兴奋地在过道上跑来跑去，开心地大笑着。

　　宴会结束后，活动组织者和一位老师走过来告诉我他们一直在讨论我的诗。其中一位认为诗是意大利语的，而另一位认为是拉丁语的。那位老师问我："我们谁说得对？"

　　我说："你得问问孩子们，她们一下就明白这是什么语言了。"

阿琳

一

你为什么要在乎别人怎么想?

在我还是个13岁的少年时,不知不觉结识了一群比我大一点儿也更成熟的男孩。他们认识很多不同的女孩,而且经常和她们一起出去玩,通常是去海滩。

有一次我们在海边,大部分男孩都和女孩子们一起去防波堤上玩了。我当时有点儿喜欢其中一个女孩,不小心把心里想的话大声说了出来:"啊,我想带芭芭拉去看电影……"

我就说了这一句话,旁边的男孩就已经激动得不行。他跑到岩石堆上找她,把她推过来,边推边喊:"费曼有话想对你说,芭芭拉!"真是尴尬至极。

很快,男孩们就都围在我身边:"**说吧,费曼!**"于是我邀请她一起去看电影。这是我第一次约会。

我回到家把这件事告诉了母亲。她给了我各种各样的建议。例如,如果我们乘公交车的话,我应该先下公交车,然后让芭芭拉扶着我的手下车;或者我们走在街上时,我应该走在外侧。她甚至还告诉我应该说些什么。她在向我传递一种文化传统:女性要告诉自己的儿子如何礼待下一代女性。

晚餐之后,我打扮得整整齐齐去芭芭拉家接她。我很紧张。是的,她还没打扮好(情况总是如此),所以她家人让我在餐厅等她,他们正在那里和一大群朋友吃饭。大家说了各种各样的话,包括"看他多可爱!"这样的话。我觉得自己并不可爱。这感觉真是糟透了!

我记得关于这次约会的一切。在我们离开她家前往镇上新开的小电影院的路上,我们谈到了弹钢琴。我告诉她在我更小的时候,家人逼我学了一阵子钢琴,但是在学了6个月之后我还在弹《雏菊之舞》,我再也熬不下去了。我以前总担心自己显得"娘娘腔"，连续几周弹《雏菊之舞》已经是我的极限了，所以我选择了放弃。对于"娘娘腔"这件事我实在是太敏感了，甚至母亲叫我去市场上买一些薄荷小饼和仙女小烤饼之类的零食时我都很介意。

我们看了电影，然后我陪她走回家。我赞扬了她手上小巧漂亮的手套。然后在门口跟她说了晚安。

芭芭拉对我说："今晚我很愉快，谢谢你。"

"不客气！"我回答，感觉棒极了。

下次约会时——是和另一个女孩——我也对她说了晚安，然后她说："今晚我很愉快，谢谢你。"

我感觉没那么棒了。

当我对和我约会的第三个女孩说了晚安后，她张开嘴正准备说话，我抢着说："今晚我很愉快，谢谢你！"

她说："谢谢你，嗯——哦！是的，今晚我也很愉快，谢谢你！"

————————

一次，我和那群海滩朋友参加了一个聚会，一个年纪大点儿的男孩和女朋友一起做示范，在厨房里教我们如何接吻，"你的嘴唇得像这样，角度要对，这样鼻子才不会撞上"，等等。于是我去了客厅，那里有一个姑娘。我坐在沙发上抱着她，练习这门"新技术"。忽然出现了一阵骚动："阿琳来了！阿琳来了！"我并不知道阿琳是谁。

然后有人说："她在这儿！她在这儿！"所有人都停下手上正在做的事，跑去看这位公主。阿琳非常漂亮，难怪她受到如此追捧，真是当之无愧。但我不认为因为公主来了，人们就应该改去做其他事，这也太不平等了。

因此当所有人都跑去看阿琳时，我仍然和那个姑娘一起坐在沙发上。

（后来我和阿琳相熟以后，她告诉我，她记得那次聚会上所有人都很友好，除了一个躲在角落里的沙发上，和一个姑娘又抱又亲的人。她不知道的是，两分钟之前，所有人都在做同样的事！）

我第一次和阿琳说话是在一次舞会上。她非常受欢迎，所有人都抢着和她跳舞。我记得我当时也想和她跳舞，然后就开始琢磨着怎么能抢到机会。我一直都没法解决找舞伴这类问题：首先，当她在舞池的另一端和别人跳舞时，现场情况过于复杂，你不得不等他们靠近；其次，当她靠近后，你会想"不，现在的音乐不是我擅长跳的"，所以你得等另一种音乐响起。当音乐变成了你喜欢的类型后，你稍微往前倾了倾身——至少你认为自己已经准备好去"抢人"了，这时就会有其他人在你前面抢到机会。现在，你需要再等上几分钟，因为这时过去对于刚刚跳上舞的人太不礼貌了。几分钟后，他们就又出现在舞池的另一端了，或者音乐又换了，反正总是会出现什么问题！

我时而傻站着，时而到处溜达，过了一阵子，我终于嘀嘀咕咕地说出我想和阿琳跳舞。附近的一个男孩听到我说的话，就大声向其他人宣布："嘿，大家听着，费曼想和阿琳跳舞！"很快他们中的一个人带着阿琳舞到我们这边，其他人把我推进了舞池，我终于"插队"成功了。你能从我对她说的第一句话看出当时的状况，那是一个坦诚的问题："如此受欢迎是一种什么样的体验？"我们才跳了几分钟，就有人过来把她抢走了。

虽然我们不会承认，但我和朋友们都上过舞蹈课。在大萧条时期，我母亲的一位朋友为了维持生计，开了家傍晚上课的家庭舞蹈班。那个地方有个后门，她小心安排我们这些小伙子从后门进入，以免被人看见。

这位女士的舞蹈班时常举行社交舞会。虽然我没有胆量验证我的分析，但我觉得当时姑娘们的情况比小伙子们艰难得多。以前，她们不能主动要求和某个小伙子跳舞，因为这是"不体面"的。所以那些不太漂亮的姑娘只能在边上一直坐着，难过极了。

我想："还是男的更容易，他们想什么时候争取机会都可以。"但其实并非如此。你是"自由"了，但你没有那种能让自己放松下来享受舞蹈的特质或勇气，或某种感觉。事实上，你总会纠结于到底是应该争取机会还是应该邀请一个姑娘和自己跳舞。

比如说，你看到一个没有在跳舞的姑娘，又觉得想和她跳舞，你可能会想："太好了！至少我现在有机会了！"但那个姑娘往往会说："不，谢谢，我累了。这支曲子我还是歇一下吧。"于是你有点受挫地走开了，但你还没有完全失去希望，因为她可能真的累了。可你一回头，就看到另一个人走过去找她，然后她就不累了，开始和那个人跳舞！没准儿那个人是她的男朋友，而她知道他会来，或者她可能不喜欢你的长相，或者出于其他什么原因。这个简单的问题总会变得那么复杂。

有一次，我决心邀请阿琳来参加这样的舞会。那是我第一次约她出来。我的好朋友们也在舞会上，都是我母亲邀请的，为了给她朋友的舞蹈班积攒更多的顾客。这些家伙和我同辈，都是学校里和我年龄相仿的人。哈罗德·加斯特和大卫·莱夫是文艺青年，而罗伯特·斯塔普勒是理工男。我们放学后总是待在一起，到处乱逛，聊东聊西。

言归正传，我最好的朋友们也在舞会上，他们看到我和阿琳在一起后，就把我叫到衣帽间里说："听着，费曼，我们想让你知道，**我们**明白阿琳今晚是**你的**姑娘，所以今晚我们就不去烦你俩了。她不再是我们的目标。"如此这般。但是没过多久，正是这些家伙出来争夺和阿琳跳舞的机会！我终于明白了莎士比亚写的"在我看来，他确实抗议太过"*是什么意思。

你必须知道我那时是什么样子。我当时性格羞怯，因为其他人都比我强壮，所以我总是感觉不舒服，而且我还总害怕被人看作"娘娘腔"。那时所有人都玩棒球，每个人都会做各种体育运动。如果附近有一场比赛，一个球从马路对面滚过来，那么我会因为需要把球捡起来扔回去而吓呆，我肯定会把球扔到不知道什么地方去，然后大家都会嘲笑我。那真是糟透了，我一点儿也不喜欢

---

* 《哈姆雷特》中王后对一个不真诚的角色所说的话。在现实生活中，这句话经常用来表达对某人的诚意存疑。

这样。

有一次我受邀参加在阿琳家举办的聚会。所有人都在，因为阿琳是附近最受欢迎的女孩，她最好，所有人都喜欢她。我坐在一张大椅子里，无事可做，这时阿琳走过来坐在椅子扶手上和我说话。那种感觉就是这样开始的："天哪！世界真美好！我喜欢的人开始注意我了！"

————————

那时候，法洛克威的犹太教堂有一个为犹太孩子设立的青少年中心。那是一个会举办很多活动的大型俱乐部。写作小组的成员会把自己写好的故事读给大家听，戏剧小组会举行演出，还有科学小组和艺术小组。我对科学以外的学科兴趣寥寥，但是阿琳在艺术小组，所以我也加入了那个小组。为了能和阿琳在一个小组里，我硬着头皮学艺术——制作脸部石膏模型之类的东西（事实证明，这项技艺在后来派上了用场）。

但是阿琳在小组里有一个叫杰罗姆的男朋友，所以我没什么机会。我只能当个小配角。

有一次我不在的时候，有人提名我做青少年中心的主席。大人们很紧张，因为当时我宣称自己是一位无神论者。

我是在信仰犹太教的环境中长大的，我家人每周五都去教堂，我上的是"主日学校"，甚至还学了一阵子希伯来文——但与此同时，父亲也教过我世界是什么样的。当我听拉比*说起某些神迹时，比如在没有风的情况下草丛里的叶子突然抖动起来，我就试着把这些神迹融入现实世界，然后从自然现象的角度解释这些事。

某些神迹很难理解，但关于叶子的这个还算简单。我走路上学时，有时会听到一点声音：虽然风轻到无法觉察，但是草丛中的叶子微微摇摆，那是因为叶子所处的位置恰好可以产生某种共振。当时我想："啊哈！这就能解释以利亚

———————
* 拉比是犹太人的特别阶层，主要为有学问的学者，是老师，也是智者的象征。

看到的摇晃的草丛了。"

但有一些神迹，我一直都没弄明白。例如，有一个故事说摩西扔下了自己的手杖，然后手杖变成了一条蛇。我不知道目击者到底看到了什么才觉得他的手杖是一条蛇。

如果我能回想起更小的时候，圣诞老人故事的幻灭可能已经提醒了我。但这还不至于让我怀疑那些超自然故事的真实性，即使它们并不符合自然知识。当我发现圣诞老人并不存在时，我没有感到难过，反而释然了，原来有一个更简单的说法可以解释为什么全世界那么多孩子会在同一天夜里收到礼物。之前的故事太复杂了，我快想不透了。

圣诞老人的事只是我们家的一个特别的庆祝习惯，并不严肃。但我听说的那些神迹却都和真实的事物有关，每周人们都要去教堂，也会去主日学校，拉比会在那里给孩子们讲神迹故事，这更像是在做戏。圣诞老人的故事不会影响教堂这样的庞大体系，因为我知道它们真的存在。

所以我全盘相信在主日学校学到的东西，却没法将这些东西以合理的方式连接起来。当然，危机迟早会到来。

这场危机发生在我十一二岁的时候。拉比给我们讲了一个关于西班牙宗教法庭的故事，在法庭设立期间，犹太人经受了可怕的折磨。他告诉我们有一个叫露丝的人，还具体讲了她做了什么、维护和攻击她的辩词有哪些……好像整件事情都记载在法庭记录里一样。我是个单纯的孩子，听到之后就相信这是一份真实的记录，因为拉比从来没表示过这不是真的。

最后，那位拉比描述露丝在监狱中即将死去的场面："她在临死前，想到……"如此这般。

我震惊了。课程结束后我问拉比："他们如何知道她临死前是怎么想的？"他说："为了更生动地描绘犹太人所受之苦，我们编造了露丝的故事。她不是个真人。"

对我来说这太难承受了。我感觉自己深深被骗：我想要真实的故事，而不是被其他人修饰过的，这样我才能自己决定故事的意义。但是和大人争辩对我来说太难了，我只能眼泪汪汪。我很难过，于是哭了起来。

拉比问："怎么回事？"

我试着解释："我一直都在听这些故事，但现在我不知道你告诉我的所有这些故事有多少是真，有多少是假——我不知道该如何面对我学到的这些东西！"我试着解释我在那一刻失去了一切，可以这样说，我不再相信这些知识了。我一直都努力理解所有这些神迹，而现在——虽然很多神迹出现的原因确实也跟着迎刃而解了，但我很不开心。

拉比说："如果这对你来说如此痛苦，你为什么还要来主日学校呢？"

"是我父母让我来的。"

我从来没跟我父母说过这件事，也一直不知道拉比是否跟他们谈过，但是他们再也没让我去过主日学校。这件事就发生在我即将正式入教之前。

无论如何，这场危机迅速地解决了我的困扰，支持了如下理论：所有神迹大概都是编出来的，为的是让人"更生动"地理解教义，哪怕有悖于自然现象。但我认为自然本身非常有趣，不想让它被如此歪曲。于是我逐渐对宗教这件事产生了怀疑。

总之，犹太长老们组织这个包含各种活动的俱乐部，不仅是为了不让我们上街胡闹，也是为了让我们对犹太人的生活方式感兴趣。所以，如果选我这样的人做主席，他们会感到非常尴尬。我没有当选，这让我们双方都松了一口气，但活动中心最终还是倒闭了。在我被提名时，它已经快不行了，如果我当选的话，它的倒闭肯定要算在我头上。

———————

一天，阿琳告诉我，杰罗姆不再是她的男朋友了——她和他没有关系了。对我来说这是个天大的喜讯，是希望的开始！她邀请我去她家做客，就在离锡达赫斯特不远的西敏寺大街154号。

我在约好的时间去她家，当时天已经黑了，而且门廊也没点灯。我看不见门牌号。我不想敲门询问地址是否正确，因为这样会打扰到别人，于是我悄悄爬上楼梯，用手摸门牌号，确认是"154"。

阿琳正在写哲学课作业，她遇到了一点困难。"我们在学笛卡儿，"她说，"他先说'Cogito, ergo sum'，就是'我思故我在'，最后证明了神的存在。"

"不可能！"我甚至没有停下来想想我正在质疑伟大的笛卡儿。（这是我从我父亲那里学来的：不尊重**任何**权威；不要管话是谁说的，但要关注他说的条件是什么，结论又是什么，然后问自己："这合理吗？"）我说："这是怎么从开头推导出结论的？"

"我不知道。"她说。

"我们来仔细看看，"我说，"他怎么论证的？"

我们研究起来，然后发现笛卡儿说的"Cogito, ergo sum"的意思其实是，只有一件事是不能被怀疑的，那就是怀疑本身。"他为什么就不能直说呢？"我抱怨道，"他只是想说他设法掌握了一个事实。"

接下来的内容大致是："我只能拥有不完美的思想，但要理解不完美，首先要用完美作为参考。因此完美必然存在于某个地方。"（他正在一步步向神推导。）

"完全不对！"我说，"在科学中，你可以在没有完美理论的前提下讨论相对近似的方法。我不知道这是什么东西，但我觉得这就是胡说八道。"

阿琳理解我。她明白，在看这些哲学观点时，无论别人觉得这些哲学玩意儿有多厉害、多重要，你都可以不把它当回事儿——你可以只考虑话语本身，而非说了这些话的笛卡儿。"嗯，我猜从反面看也可以，"她说，"我的老师总是说，'每个问题都有两面，就像每张纸都有两面'。"

"这句话本身也有两面。"我说。

"什么意思？"

我在《大英百科全书》里读到过有关莫比乌斯环的内容，了不起的百科全书！那时候，像莫比乌斯环这样的东西并不是尽人皆知的，但那时的人和现在的孩子一样可以轻松理解它们。这样一种表面真实存在，它不是一个空泛的政治问题，或者任何你需要了解历史背景才能理解的东西。读这些东西就像置身于一个无人知晓的奇妙世界，你感到兴奋，并不仅因为学习这些东西让你愉悦，也因为它让你变得与众不同。

我拿来一张纸条，在中间扭转，然后把它连接成一个环。阿琳很高兴。

第二天在班上，她等着老师再说那个比喻。果然，老师拿出一张纸说："每个问题都有两面，就像每张纸都有两面。"阿琳拿起她自己的纸条，在中间扭一下，然后说："老师，即使是**这个**问题也有两面：存在只有一面的纸！"老师和同学们都很兴奋，阿琳感到很得意，因此我认为她在这次事件后更关注我了。

————————

但在杰罗姆之后，我有了一个新的竞争者——我的"好朋友"哈罗德·加斯特。阿琳总是在我们俩之间左右摇摆。毕业时，她和哈罗德一起参加了舞会，但在毕业典礼上和我的父母坐在了一起。

我是数学、物理、化学等理科的第一名，所以在毕业典礼上上台领了好几次奖。哈罗德是英语和历史学科的第一名，还写了学校演出的剧本，很令人刮目相看。

我英语学得不好——我无法忍受这门课。担心自己拼写的对错在我看来是一件很可笑的事，因为英文拼写只是一种人为的约定，和真正的、本质的东西无关。任何词都可以用另一种方式拼写。我对所有这些英文上的讲究没有耐心。*

纽约州要求每个高中生都参加州会考，会考由一系列考试组成。毕业前几个月，我们参加了英文会考，哈罗德和我另一位擅长文科的朋友大卫·莱夫（他是校报的编辑）问我选择以哪本书为论题。大卫选择了辛克莱·刘易斯的一本具有深刻社会意义的书，哈罗德选了某个剧本。我说我选择了《金银岛》，因为我们在一年级的英文课读过那本书，同时我还告诉他们我打算写什么。

他们笑了。"天哪，你是要放弃吗？写这么简单的东西，还是这么简单的书！"

在论题列表中，我选择了"航空领域科学的重要性"。我想："真是个傻问题，航空中科学的重要性再明显不过了！"

我本来打算写一篇关于这个傻问题的简单论文，但我想起那些擅长文科的朋友一直很能"转文"——用一种显得复杂而深刻的方式组织句子。我打算试一试，只是为了好玩。我想："如果会考真的蠢到居然要讨论航空中科学的重要性，那我就做给他们看吧。"

于是我写下了这样的东西："对航空器后部形成的旋涡、涡流、涡旋的分析，对于航空科学非常重要……"我知道旋涡、涡流、涡旋是同一种东西，但是用三种不同的方式说出来**听起来**更讲究！这是唯一一件我平时不会在考试中做的事。

批改我卷子的老师肯定是被"旋涡、涡流、涡旋"折服了，因为我得了91分；而我擅长文科的朋友们，他们选择的主题更容易被英文老师拿捏，都只得了88分。

那一年有个新规定：如果你在会考中得到90分及以上的成绩，就可以直接在毕业时获得这个学科的优秀奖。所以在毕业典礼上，剧作家和校报编辑都坐

---

* 例证：虽然费曼通读了很多遍手稿，但一直没有注意到他拼写的"阿琳"（"Arlene"）和她自己拼写的方式（"Arline"）不同。——莱顿原注

在自己的座位上，而没文化的物理傻瓜却又一次被叫到台上领奖！

毕业典礼结束后，阿琳在大厅和我的父母还有哈罗德的父母在一起，这时数学部主任（他还是学校的教导主任）走了过来。他块头很大，个子很高，也很有压迫感。加斯特太太对他说："你好，奥格斯巴里博士。我是哈罗德·加斯特的母亲。这位是费曼太太……"

他完全忽略了加斯特夫人，立刻转向我母亲："费曼夫人，我想要告诉你，像你儿子这样的年轻人真的很少见。州政府应该支持像他这样有才华的人。你**必须**让他上大学，上你能负担得起的最好的大学！"他担心我父母不打算送我上大学，因为在那个年代，很多孩子为了减轻家庭负担在高中毕业后就开始工作了。

我的朋友罗伯特就是这样。他也有一个实验室，是他教给我关于透镜和光学器件的知识。（有一天他在实验室出了一场事故。他打开一瓶石炭酸时，一些液体溅到了他脸上。他去看了医生，脸上绑了几周绷带。有趣的是，当绷带被拿下来后，他的皮肤比以前光滑多了——脸上的斑点变少了。后来我发现有一段时间人们曾经用稀释后的石炭酸美容。）罗伯特家境困难，为了减少母亲的负担，他毕业后必须马上工作，所以他无法继续研究他喜欢的科学。

总之，我母亲再次向奥格斯巴里博士保证："我们在尽最大努力存钱，我们打算把他送到哥伦比亚大学或者麻省理工学院。"阿琳听到了这一切，在那之后我在竞争中稍微领先了一点。

———————————

阿琳是个出色的女孩。她是拿骚县劳伦斯高中的报纸编辑，她钢琴弹得很好，也很有艺术天赋。她为我家的房子做了一些装饰，比如壁橱里的鹦鹉图案。随着时间推移，我家人对她越来越了解，她会和我父亲一起去树林里画画。我父亲也像很多人一样，是后来才学的绘画。

阿琳和我开始对彼此的个性产生影响。她生活在一个凡事都彬彬有礼的家庭，她对其他人的感受很敏感。她也教我对这类事物更加敏感。但另一方面，她的家人觉得"善意的谎言"是可以接受的。

我认为人应该有一种态度，那就是"**你为什么要在乎别人怎么想**"。我说："我们应该听取并考虑别人的意见。但是如果这些意见并没有道理，而且我们认为这些意见是错的，那么我们就不用理睬！"

阿琳马上就明白了。在我们的关系中，我们必须对彼此非常坦诚，做到绝对的有话直说，说服她相信这点很简单。这种方式很奏效，我们越来越深爱彼此——这种感情是我从未体验过的。

夏天结束后，我离家去麻省理工上学。（我不能去哥伦比亚大学是因为对犹太人的录取限额。）我开始收到我朋友的来信，上面会说像这样的话："你该看看阿琳和哈罗德是怎么出去玩的"，或者"她都干了什么，而你却孤身一人在波士顿"。事实上，我在波士顿也会和姑娘们一起出去玩，但是她们对我来说什么都不是，我知道对于阿琳来说也是如此。

夏季来临，我留在波士顿做一份暑期工作，工作内容是测量摩擦力。克莱斯勒公司开发出了一种新的抛光方法，通过这种方法能得到一种超级漆面，我们的工作就是测量这种漆面有多大进步。（事实证明"超级漆面"并没有比原来强多少。）

总之，阿琳找到了能和我在一起的方法。她在30千米外的锡楚埃特找到了一份照顾孩子的暑期工作。但我父亲担心我会因为和阿琳腻在一起而荒废了学业，所以他说服阿琳不要来——或者说服了我（我也记不清了）。那个年代和现在非常非常不一样。那时候，在结婚前你必须全力以赴在事业上冲刺。

那年夏天我只见过阿琳几次，但我们约定好等我毕业后就结婚。那时我们已经相识六年。虽然在描述我们之间深厚的感情时我有点词不达意，但是我们当时非常确信，我们就是彼此的另一半。

费曼和阿琳在大西洋城木板路上的合照

我从麻省理工毕业之后去了普林斯顿，我假期会回家看望阿琳。有一次我看见她的一边脖子上起了一个肿块。她是个很漂亮的姑娘，所以她有点担心——好在并不疼，因此她觉得问题应该不大。她去找做医生的叔叔看病，他让她用深海鱼油擦一擦。

一段时间后，那个肿块开始有了变化，似乎是变大了——也可能是变小了，阿琳开始发烧。后来她烧得越来越严重，家庭医生认为她应该去医院。到医院后，她被告知得了伤寒。我马上开始在医学书中查这种病，然后阅读了所有相关内容，如今我仍然保持着不懂就查的习惯。

我去医院看阿琳时，她正在接受隔离，我们必须穿上特殊的袍子才能进入她的房间。医生也在那儿，于是我问他肥达试验的结果如何。肥达试验是一种伤寒病的绝对检验，包括检查排泄物中的伤寒杆菌。医生说："是阴性。"

"什么？**这**怎么可能？"我说，"你在试验里连伤寒杆菌都没找到，那我们为什么还要穿这些袍子？她得的可能根本就不是伤寒！"

这样做的结果就是那个医生跟阿琳的父母谈了谈，然后他们告诉我不要捣乱："毕竟他是医生，你只是未婚夫。"

从那时起我意识到，当某些人不知道自己在做什么时，如果你提出了建议或者批评，他们就会觉得自己受到了侮辱。我**现在**明白了，却只恨当时自己没能更强硬一点，告诉阿琳的父母这个医生是个白痴——他确实是——而且根本不懂自己的本行。但在当时，她的父母说了算。

无论如何，过了一段时间后，阿琳明显好转了：肿消了，烧也退了。但是几周以后肿块再次出现，这次她去找了另一位医生。这位医生摸了摸她的腋下、腹股沟和其他一些部位，注意到这些地方也有肿块。他说问题出在淋巴，但他不知道具体是什么病，要和其他医生商量一下。

我一听说这个消息，马上就跑到普林斯顿的图书馆查找淋巴疾病的相关信息，我看到的是"淋巴结肿大。（1）淋巴结结核。易于诊断……"，所以我猜阿琳得的不是这个病，因为医生在确诊过程中遇到了困难。

我开始阅读其他种类的疾病：淋巴水肿、淋巴瘤、霍奇金氏淋巴瘤，等等；这些病都是癌症，形态千奇百怪。我仔细读了一遍，只能推断出淋巴水肿和淋巴瘤之间唯一的区别就是，如果病人死了，就是淋巴瘤；如果病人至少存活了一段时间，就是淋巴水肿。

总而言之，我通过阅读所有这些淋巴疾病得出的结论是，阿琳最有可能得了一种不治之症。然后我半开玩笑地想："我猜任何人读完一本医学书之后都会认为自己得了绝症。"然而，在仔细读了所有材料之后，我无法找到任何其他可能性。事态很严重。

在这之后，我去帕尔默大厅参加每周例行举行的茶会，然后我意识到自己照旧像往常一样和数学家们聊天，哪怕我刚刚发现阿琳很有可能得了绝症。这种感觉很奇怪，就像我有两颗心一样。

当我去看望阿琳时，我给她讲了那个笑话：对医学一无所知的人读了医学书后，总会觉得自己得了绝症。但我也告诉她我们的处境很艰难，在我看来她得了不治之症。我们讨论了各种疾病，我告诉她每种病是怎么回事。

我跟阿琳说的各种病中也包括霍奇金氏淋巴瘤。下次看到医生时，她问："有可能是霍奇金氏淋巴瘤吗？"

医生说："没错，有这个可能。"

当阿琳去县医院时，医生写下了如下诊断："霍奇金氏淋巴瘤——？"我意识到，这个医生对这种病的了解不比我多。

县医院为阿琳做了各种关于"霍奇金氏淋巴瘤"的检查和 X 光诊断，还为讨论这个特殊病例举行了特别会诊。我记得我在门外的大厅里等她。会议结束后，护士用轮椅把她推了出来。忽然一个小个子从会议室跑出来赶上了我们。"告诉我，"他气喘吁吁地说，"你吐血吗？你咳出过血吗？"

护士说："走开！走开！你怎么能问病人这种事呢！"然后把他推开了。她转头对我们说："那个人是来开会的附近县的医生，他总是惹麻烦。他不能拿这种事骚扰病人！"

我当时没明白是怎么回事。那位医生其实在验证某个可能性，如果我能聪明一些，应该问他到底是怎么回事。

最终，经过一次又一次的讨论，医院的某位医生告诉我他们认为最有可能的情况是霍奇金氏淋巴瘤。他说："有时候可能好转，有时候则需要住院。病情会反复，同时一点点恶化。没有彻底康复的可能。病人的寿命只有几年时间。"

"听到这些我很难过，"我说，"我会告诉她你说的话。"

"可别！"医生说，"我们不想让病人苦恼。我们打算告诉她患的是腺热。"

"不行不行！"我回答，"我们已经讨论过霍奇金氏淋巴瘤的可能性。我知道她能接受。"

"她父母不想让她知道。你还是先跟他们谈谈吧。"

在家里，所有人都在做我的工作：我父母、我的两个姨母、我们的家庭医生；他们全都在劝我，说我是个傻里傻气的年轻人，不知道把患有绝症的消息告诉这个好姑娘会给她带来多大的伤害。"你怎么能做这么可怕的事呢？"他们充满恐惧地问我。

"因为我们约定好必须对彼此坦诚，直面所有问题。瞒来瞒去是没有用的。她会问我她得了什么病，我不能对她撒谎。"

"太孩子气了！"他们说——然后这个，那个，这个，那个。所有人都在做我的思想工作，说我错了。我当时想我肯定是对的，因为我已经告诉阿琳这种病是怎么回事了，我知道她能勇敢面对——告诉她真相是正确的处理方式。

但最后，我妹妹走了过来，她当时十一二岁。她眼泪扑簌扑簌地往下掉，捶打我的胸口，跟我说阿琳是个多么好的女孩，而我是个多么愚蠢、多么固执的哥哥。我受不了了。我终于屈服了。

因此我给阿琳写了一封告别情书，我想，等我告诉她她得了腺热之后，如果她发现了真相，我们就完了。那段时间我一直把这封信带在身上。

谁知老天并不打算轻易放过我，事情变得更复杂了。我去医院看阿琳，已经下定了决心。她就坐在床上，旁边是她的父母，看起来有点心烦意乱。看到我后，她的面色一亮，说："现在我知道我们之间的坦诚有多宝贵了！"然后朝她的父母点点头，继续说，"他们告诉我，我得的是腺热，但我不知道是否应该相信他们。理查德，告诉我，我得的是霍奇金氏淋巴瘤还是腺热？"

"你得的是淋巴腺热。"我心如死灰地说。我感觉很糟糕，太糟糕了！

她的反应很简单："哦！好啊！那我就相信他们了。"因为我们已经对彼此非常信任了，所以她彻底放心了。一切都解决了，一切看起来都很好。

————————

她好转了一些，然后回家住了一阵。大约一周以后，我接到一个电话。"理查德，"她说，"我想和你谈谈。来我家吧。"

"好的。"我确认了一下信是否还带在身上。我能感觉到出了事。

我上楼走进她的房间，她说："坐下。"我坐在她的床角。"好，现在告诉我，"她说，"我得的是腺热还是霍奇金氏淋巴瘤？"

"你得的是霍奇金氏淋巴瘤。"我伸手去拿信。

"天哪！"她说，"他们是怎么折磨你的？"

我刚刚告诉她她得了绝症，并承认我对她撒了谎，而她在想什么？她在担心**我**！我感到羞愧难当。我把信给了阿琳。

"你应该坚持到底。我们知道我们在做什么，我们做得没错！"

"我很抱歉。我感到难过。"

"我理解，理查德。但是不要再这样做了。"

事情是这样的。阿琳躺在楼上，做了一件她小时候做过的事：踮着脚下了床，慢慢走下几级台阶，偷听人们在楼下做什么。她听到母亲在大哭，然后她回到床上想："如果我得的是腺热，妈妈为什么会哭得这么凶呢？但是理查德说我得的是腺热，所以肯定没错！"

随后她又想："有没有可能**理查德**在撒谎？"她开始考虑为什么会有这种可能性。她的结论是，虽然听起来不可思议，但可能有人逼我痛苦地说谎了。

阿琳非常擅长面对艰难的处境，于是她开始考虑下一个问题。"好吧，"她说，"我得了霍奇金氏淋巴瘤。我们接下来怎么办呢？"

我在普林斯顿有一份奖学金，如果我结婚，学校就不会再发给我了。我们知道这种病什么样：有时候会好转几个月，阿琳可以回家住；然后她又要去医院住几个月，可能来来回回两年时间。

所以我想，虽然我读博读了一半，但我可以在贝尔电话实验室找一份研究工作，这是一份很好的工作。我们可以在皇后区租一间离医院和贝尔实验室都不远的小公寓。几个月后，我们可以在纽约结婚。那天下午我们把一切都想好了。

几个月以来，阿琳的医生一直都想给她脖子上的肿块做一次活组织检查，但是她的父母一直都不同意——他们不想"折磨这个可怜的孩子"。但是带着新的决心，我坚持做他们的工作，解释说获得尽可能多的信息是非常重要的。在阿琳的帮助下，我终于说服了她的父母。

几天之后，阿琳给我打电话："他们收到了活组织检查的报告。"

"是吗？结果好不好？"

"我不知道。你过来我们谈谈。"

我到她家后，她给我看了报告，上面写着"活组织检查表明有淋巴结结核"。

我震惊了。我的意思是，这不就是医书上列出来的第一条病症吗！我忽略了这一项，因为书上说这种病很容易诊断，而医生在确诊的过程中遇到了困难。我假设他们已经排除了最明显的情况。而**这**就是最明显的情况：跑出会议室问"你吐血吗？"的那个人是对的。他知道她得的是什么病！*

我感觉自己像个傻瓜，因为对医生能力的过度信任和某些质量不高的旁证而错过了最明显的可能性。否则我就会提出建议，也许那位医生当时就会把阿琳的病诊断为"淋巴结结核"。从那时开始，我知道自己是个笨蛋。

总而言之，阿琳说："所以我没准儿可以活七年，甚至可能会好转。"

"你是什么意思？就是说你不知道结果是好是坏？"

"我们现在不能马上结婚了！"

---

* 1989年，我收到一封斯沃斯莫尔学院的一位80岁退休物理教授的信。以下是信的部分内容："我小时候住在纽约州北部，家里从附近的农夫那里买未经巴氏消毒的牛奶。我和姐姐的脖子上都长了淋巴腺结核。这种病旧称'瘰疬'。我俩的手术都是家庭医生做的，另一位本地医生给我们做了乙醚麻醉。我记得，手术就是在我家餐厅的桌子上进行的。我和姐姐的脖子上从此都留下了疤，但是手术和随后的硝酸银治疗显然都很成功。我很惊讶阿琳的瘰疬没有尽早确诊并进行相应治疗。顺带说一句，在纽约州通过了法案，要求所有牛都要做结核病检查后，那个农夫再也不能卖牛奶了。"——莱顿原注

在知道了她只能再活两年后，我们把所有事情都安排得妥妥当当；从她的角度来看，她甚至为发现自己能活得更久而感到困扰！但我没费太大力气就让她明白，现在的情况更好。

从此我们就知道我们可以一起面对困境。在这之后，我们在面对其他问题时都毫不费力。

────────────

战争来临，我在普林斯顿大学被征募参与曼哈顿计划，当时我正在读博士。几个月后，我拿到了博士学位，我立即向家人宣布我要结婚。

我父亲被吓坏了，因为从很早以前开始，他就看着我一点点成长，他一直认为我会乐于成为科学家。他认为现在就结婚太早，会阻碍我的事业。他还有一个毫无道理的想法：在看到一个身处困境的男人时，他总是说"Cherchez la femme"——注意他背后的女人有什么问题。他认为女人对于男人来说是极大的危险，一个男人应该永远保持警惕，并且在女人面前绝不动摇。当他看到我要和一个得了结核病的女孩结婚时，就担心我也可能得病。

我们全家对此都很担心——姨母、叔叔，所有人。他们把家庭医生叫来，给我解释结核病是一种危险的疾病，如果一意孤行，我一定会得上。

我说："告诉我病是怎么传染的，我们会注意的。"我们已经非常非常小心了：我们知道不能接吻，因为口腔里有很多细菌。

然后他们仔细地向我解释，当我承诺和阿琳结婚时，我并不知道这种情况。所有人都会理解我，所以当时的承诺不算是真正的婚约。

他们认为我之所以要结婚是因为我做出了承诺！我从没有过这种疯狂的想法，我从没这样想过。这不是一个关于承诺的问题；我们一直都在一起，虽然没有一纸婚书或婚礼，但我们是相爱的，我们在情感上已经结婚了。

我说："丈夫知道自己的妻子得了结核病后选择离开她，是妥当的做法吗？"

只有我开旅馆的姨母认为我们结婚可能没有问题。其他人仍然在反对这件事。因为我家人曾经给过我错得离谱的建议，所以这次我的立场更坚决了。反抗和继续反抗并不困难，实际上并没有什么大问题。虽然情形类似，但是他们不打算再劝说我做任何事了。我和阿琳都知道，我们做的是对的。

我和阿琳把一切都安排好了。新泽西的迪克斯堡南边有一家医院，我在普林斯顿的时候她可以待在那里。那是一家慈善医院（名字是黛博拉），由纽约的制衣女工工会资助。虽然阿琳不是制衣工人，但并不影响什么。我是一个为政府项目工作的年轻人，报酬很微薄。但是通过这种方式，我终于可以照顾她了。

我们决定在去黛博拉医院的路上结婚。我去普林斯顿，一个研究生比尔·伍德沃把他的旅行车借给了我。我把它改得像一辆小救护车一样，后面放着床垫和床单，这样阿琳累了的时候可以躺下。虽然这段时间她待在家里，病情看起来不是很糟，但她在县医院里也住了很长时间，还有点虚弱。

我开车到锡达赫斯特接我的新娘。阿琳的家人向她挥手告别，我们出发了。我们穿过了皇后区和布鲁克林区，然后坐渡船去了斯塔滕岛——这是我们的浪漫船游，然后开车去里士满市政厅登记结婚。

我们慢慢走上楼梯，进入办事大厅。那里的工作人员很和善，马上就准备好了一切。他说："看来你们没有证婚人。"于是从另一个房间叫来了书记员和会计。根据纽约州的法律，我们结婚了。我们感到非常幸福，紧握着对方的手相视而笑。

书记员对我说："你们正式成为夫妻了。你该亲吻新娘了！"

羞怯的新郎轻轻地吻了一下新娘的脸颊。

结婚当天

　　我给每个人发了小费并诚挚地感谢了他们。我们回到车上，开车前往黛博拉医院。

　　每个周末我都会离开普林斯顿去找阿琳。有一次，公交车晚点了，我无法进入医院探视。医院附近也没有什么旅店，好在我穿着羊皮大衣（足够暖和），就找了个空地睡觉。我怕早上人们从窗户望向外面的时候会看见我，所以我找了一块远离房屋的地方。

　　第二天早上醒来后，我发现自己睡在垃圾堆里——一个垃圾填埋场！我觉得自己太傻了，不由得大笑。

　　阿琳的医生是个好人，但看到我每月带来的18美元战争债券还是会生气。他能看出我们没有多少钱，因此一再坚持我们不用给医院捐款，但我还是这样做了。

　　有一次在普林斯顿大学，我收到了一箱铅笔。铅笔是深绿色的，上面用烫金字写着"理查德亲爱的，我爱你！喵喵"。是阿琳。（我叫她"喵喵"[*]。）

是的，我也爱她，但是——你知道有时难免不小心把铅笔落在各种地方。比如我给魏格纳教授看一个方程或者别的什么后，就会把铅笔落在他桌子上。

那时候我们也没什么余钱，因此我不能浪费铅笔。我从浴室拿了一把剃须刀，然后把铅笔上有字的部分刮掉，看看铅笔是否还能使用。

第二天早上我收到一封信。开头是这样写的："刮掉铅笔上的名字是什么意思？"

接下来是："你难道不因为我爱你而感到骄傲吗？"然后是："**你**为什么要在乎别人怎么想？"

然后是诗："如果你为我感到难为情，……那你就是笨蛋！你是笨蛋！"下一节也是类似的话，最后两句是："你是傻瓜！你是傻瓜！"每一节都是不同形式的"你是白痴！"

于是我不得不使用那些刻了名字的铅笔。我还能怎么办？

————————

没过多久，我就要去洛斯阿拉莫斯了。罗伯特·奥本海默是项目的负责人，他安排阿琳住进了最近的医院，位于大概160千米外的阿尔伯克基。我每周末都可以去看她，我可以周六搭上便车，下午看望阿琳，然后晚上在阿尔伯克基的旅馆过夜。周日上午我会再去看阿琳，然后下午搭便车回洛斯阿拉莫斯。

在工作日，我经常收到阿琳的信。有一些信导致军方的审查部门给我送来了小纸条，比如那封写在拼图上然后打散装进袋子里的信，就被警告"请告诉你妻子，我们这儿没时间玩游戏！"我什么都没跟她说，因为我喜欢她玩游戏，尽管她经常让我陷于各种尴尬但搞笑的境地。

有一次，大概五月初的时候，洛斯阿拉莫斯几乎每个人的邮箱里都神奇地出现了报纸。整个实验室到处都是报纸，有几百份之多。打开报纸，横跨整个

---

[*]　费曼对"喵喵"（Putsy）的发音和"footsy"（意为"在桌下脚碰脚地调情"）相似。——莱顿原注

头版的粗体头条标题直逼而来："全国上下共同庆祝R.P.费曼的生日！"

阿琳在和这个世界玩游戏。她有很多时间可以用来琢磨。她经常读杂志，然后邮购各种东西。她总是在谋划着些什么。（她的游戏肯定得到了尼克·梅特罗波利斯[*]或者其他经常从洛斯阿拉莫斯来探望她的人的帮助。）阿琳虽然只是待在房间里，但她也处在世界之中，她会给我写疯狂的信，寄来各种各样的东西。

有一次，她寄给我一大本厨具广告目录，里面的东西可能只有监狱那种庞大且人数众多的机构才用得上。从鼓风机到炉子护板，再到巨大的罐子和平底锅，各种设备应有尽有。我想："这是啥玩意儿？"

这让我想起还在麻省理工时，阿琳也寄给我一份巨型船只目录，从战舰到远洋邮轮——都是大船。我写信问她："这是什么意思？"

她回信说："我只是想，当我们结婚时，我们可以买一艘船。"

我又写信说："你疯了吗？这太离谱了！"

然后她寄来了另一份目录，上面都是非常有钱的人才会买的那种大游艇——十几米长的纵帆船之类。她写道："既然你已经否决了其他船，那我想或许能从这里面挑一个。"

我回信："这也太离谱了！"

很快又来了另一份目录，上面是各种各样的摩托艇——克里斯游艇之类。

我写道："太贵了！"

最后我收到一张字条："这是你最后的机会了，理查德。你总是拒绝。"原来是她的一个朋友有一艘二手划艇，想以15美元的价格出售，如果我们买了，明年夏天就可以划船了。

当然，我答应了她。她搞出这么多花样，我怎么能拒绝她呢？

我还在想这一大本工业化厨房设备目录到底是什么花样，另一个关于旅店

---

[*]　即尼古拉斯·梅特罗波利斯，美籍希腊裔物理学家，是曼哈顿计划最早的科学家之一。他参与了世界上第一个核反应堆的研究。

和餐馆的目录又来了，就是那种适合中小型旅店和餐馆的设备。几天后，为乔迁新居准备的厨房设备目录来了。

下个周六去阿尔伯克基时，我终于知道了是怎么回事。她房间里有一个从西尔斯百货邮购的小型木炭烤炉，大概有半米宽，带有几个小支脚。

"我想我们可以做牛排了。"阿琳说。

"我们怎么能在这儿，在房间里用这个东西呢？肯定会有烟什么的！"

"哦，不是的，"她说，"你只需要把它搬到草坪上。然后每周日就可以做牛排了。"

那所医院就在66号公路上，正是那条横跨美国的主要公路！"我可不能这么干。"我说，"我是说，有那么多小车大车经过，还有各种人在人行道上走来走去，我不能就站在那儿，在草坪上烤牛排！"

"你为什么要在乎别人怎么想？"（阿琳又在用这句话欺负我！）"好吧，"她说，打开一个抽屉，"我们可以妥协：你不用戴厨师帽和手套了。"

她拿出一顶帽子——真正的厨师帽——和手套。然后她一边说"试试围裙"，一边打开一条围裙。围裙上印了一句非常傻的话，像是"烧烤之王"之类。

"好吧，好吧！"我吓坏了，"我会在草坪上做牛排！"于是每周六或周日，我都会在66号公路旁烤牛排。

———————

然后就是关于圣诞贺卡的故事了。在我刚到洛斯阿拉莫斯的几周后，阿琳说："我觉得我们应该给所有人送一张圣诞贺卡。你想看看我挑的吗？"

卡片都很好，没错，但是里面写的是"圣诞快乐，查查和喵喵敬上"。"我不能把这些发给费米和贝特*，"我抗议道，"我和他们根本不熟！"

"**你为什么要在乎别人怎么想？**"当然还是这句话。因此我们把贺卡都寄出去了。

---

* 指恩里科·费米和汉斯·贝特，两人都是参与曼哈顿计划的著名物理学家。——编者注

第二年，我已经认识了费米，也认识了贝特。我去过他们的家，也照顾过他们的孩子。我们关系很好。

在年中的某一天，阿琳用一种很正式的语气对我说："你还没问我今年圣诞贺卡的事，理查德……"

我冷汗直冒："啊，好，我们来看看贺卡。"

卡片上写着"圣诞快乐、新年顺利，理查德·费曼和阿琳·费曼敬上"。"挺好的，"我说，"卡片很不错，适合寄给所有人。"

"哦，不是的，"她说，"给费米和贝特那些人可不行。"不出所料，她还准备了另一盒贺卡。

她拿出一张贺卡。上面写着正常的内容，落款是"R.P.费曼博士和夫人敬上"。

我还得把这些贺卡寄给费米和贝特他们。

"贺卡弄得这么严肃干什么，迪克？"他们收到卡片后笑道。他们为阿琳的乐在其中感到开心，而我对此毫无办法。

医院中的阿琳

———————

阿琳并没有把所有时间都花在发明游戏上。她邮购了一本叫作《汉字的发音与字形》的书。那是一本很可爱的书，我现在还保留着，里面有50个用好看的书法字体写的汉字，旁边还有注解，写着"三女为'姦'"之类。她买了宣纸、毛笔和墨汁，开始练习书法。她还买了一本中文字典，好学习其他汉字。

有一次我去看望阿琳，她正在练习。我听见她自言自语："不对。那个错了。"

我这个"伟大的科学家"走过去："你说的'错'是什么意思？这些都只是人为的约定。没有任何自然法则规定了这些字应该是什么样的，你想怎么写就怎么写。"

"我的意思是，它没有错，但是不美。这是让人感觉匀称与否的问题。"

"但是这样写和那样写一样好啊。"我反驳她。

"给，"她递给我一支毛笔，"你自己写写看。"

于是我写了一个字，然后说："等一下。我要再写一个，这个太不连贯了。"（毕竟我不能说我写错了。）

"你怎么知道应该有多连贯？"她说。

我知道她的意思了。要想每一笔都写得好看，必须用一种特别的运笔方式。美的事物有一种特定的姿态和特性，但我无法定义，因此我认为这毫无意义。但因为这次经历，我知道了其中门道，从此之后我就对艺术开始着迷。

恰好我妹妹从她上大学的奥伯林给我寄来了一张明信片，上面有用铅笔写的小字——是中文。

琼小我九岁，也学物理。作为我的妹妹，她要面临很多挑战。她总是要找点儿我做不到的事，这次她偷偷学习了中文。

虽然我不懂中文，但有一件事我很擅长，那就是花大量时间解谜。收到明信片的那个周末，我把明信片带到了阿尔伯克基。阿琳告诉了我该如何查这些汉字。必须从字典的最后开始，找到正确的部首类别，然后数笔画，再翻找字典的正文部分。实际上，每个汉字都可能有好几种含义，你需要先把几个汉字组合起来，然后才能理解。

我以极大的耐心找到了答案。琼的意思大概是"我今天过得很开心"。只有一句话我弄不明白——"昨天我们庆祝了造山日"，这显然说不通。（结果后来发现奥伯林确实有个叫"造山日"的节日，我竟然翻译对了！）

一般来说，人们在明信片上看到的都是些无关紧要的事，但是从这次的形势判断，我知道琼是想通过给我寄中文明信片击败我。

我来回翻那本书法艺术书，然后找出四个放在一起很合适的汉字。我弄来一大叠纸，一遍又一遍地练习，每个字我都写了50遍以上，直到写好为止。

每当碰巧写出一个好的来，我就把这个汉字保存起来。在阿琳的帮助下，我把它们一张挨一张地竖着粘起来。然后在两端各粘上一根小木条，这样就可以把整个作品挂在墙上了。我用尼克·梅特罗波利斯的相机给我的杰作拍了照，把它卷起来，再放进一个圆筒里，寄给了琼。

她明白了。她打开卷轴，但是读不懂。在她看来我就是随便编造了四个字符，然后在卷轴上挨个写下来。于是，她把卷轴拿给她的老师看。

老师说的第一句话是："写得很好！"然后问，"这是你写的吗？"

"哦，不是。上面说的是什么？"

"兄亦可言。"

我真是个坏人——我不会让妹妹赢过我一分。

————————

阿琳的病情恶化，她父亲从纽约赶过来看她。在战时，从那么远的地方跑过来，既辛苦又昂贵，但他知道她的时间可能不多了。一天他给我打电话，我当时在洛斯阿拉莫斯。"你最好赶紧过来。"他说。

我之前就和一位同在洛斯阿拉莫斯的朋友克劳斯·富赫斯说好，在紧急情况发生时借车给我，好让我能尽快赶到阿尔伯克基。我在路上载了两个搭便车的人，以防路上出问题时没人帮忙。

果然，当我们驶入圣菲后，有一个胎瘪了。搭便车的人帮我换了胎。快出圣菲的时候，备胎也瘪了，但好在附近有一家加油站。我记得我当时耐心等候加油站的人先处理其他车辆，但当那两个搭便车的人知道了我的情况后，就去向修车人解释。修车人马上过来处理了我那个瘪了的胎。我们决定不修备胎了，因为修理它会耽误更多时间。

我们再次出发前往阿尔伯克基，我觉得自己太蠢了，时间如此宝贵，而我竟然没想到要跟加油站的人说点什么。大概到了距离阿尔伯克基50千米的地方，我们的胎又瘪了！我们不得不弃车，然后搭便车走完剩下的路。我打电话给拖车公司，跟他们说明了情况。

我在医院见到了阿琳的父亲。他已经在那里待了几天了。"我受不了了，"他说，"我得回家了。"他太伤心，直接离开了。

我最后见到阿琳时，她非常虚弱，有点神志不清。她似乎不知道正在发生什么。大部分时间她都直直地看着前方，偶尔看看周围，同时努力呼吸。她的呼吸偶尔会停止一下，会做一个类似吞咽的动作，然后呼吸就会继续。这种情况一直持续了几个小时。

我去外面散了一会儿步。惊讶的是，我竟然没有人们在这种情况下应该有的那种感觉。也许我是在欺骗自己。我并不高兴，但也没有很难过，可能是因为我们很早以前就知道会发生这种事。

这难以解释。如果火星人（我们假设不出意外的话火星人不会死）来到地球，看到这种奇特的生物——这些知道死亡终会到来，大约能活到七八十岁的人类，他们会认为在这种环境下生活，会产生严重的心理问题，因为我们知道生命只是短暂的。但是我们人类不知何故，找到了顶着这个问题生存的办法：

我们笑，我们逗彼此笑，我们生活。

我和阿琳唯一和别人不同的地方是，我们没有50年的时间，我们只有5年。这只是一个数字上的区别，我们面对的心理问题是一样的。如果说有什么能让我们与别人不同，那可能就是我们对自己说"其他人的生活更好，因为他们可以一起生活50年"，那真是疯了。"为什么我们这么倒霉？上天为何对我们如此不公？我们为什么要遭受这样的报应？"说这些话只会让自己痛苦，如果你理解现实，并且在心中完全接受现实，你就会知道这样的诘问是无关且无解的。这些事情没人能了解。你的处境只是生活的偶然。

我们在一起度过了最开心的时光。

———————

我回到阿琳的房间。我一直在想象她生理上正发生的事情：肺部无法让足够的空气进入血液，使大脑意识模糊、心力衰竭，这又导致呼吸更加困难。我一直以为会出现某种雪崩效应，所有机能同时崩溃，病情急转直下。但是事情并没有这样发展：她只是慢慢地越来越神志模糊，呼吸逐渐越来越弱，直到完全消失——只是在这之前，还有一次非常微弱的呼吸。

当值的护士走进来，确认阿琳已经去世，然后出去了。我想独自待一会儿。我在那儿坐了一阵，然后走过去俯身吻她最后一次。

我惊讶地发现，她头发的味道和过去一模一样。我停下来想了想，在这么短的时间内，她头发的味道当然没理由跟以前有什么差别。但我还是很震惊，因为在我心里，一件天大的事发生了——但同时也什么都没发生。

我看了看我七年前送给她的时钟，那时她刚患上结核病。这台数字时钟当时看起来很不错，你可以通过机械旋钮改变上面的数字。这台时钟很精巧，但也经常会出于这样那样的原因停止，我不得不一次次地修理它，但这些年我一直让它走了下去。现在，时钟又停了——9:22 PM，正是死亡证明书上的时间！

我记起当年在麻省理工的兄弟会里，一个想法突然毫无预兆地钻进了我的脑袋：我的祖母去世了。没过多久真就那样来了一个电话，但电话是找皮特·伯奈斯的，我的祖母没有去世。我之所以要记住这个故事，是为了防止有人给我讲另外一种结局的故事。我猜这种事有时会发生纯属偶然，毕竟我祖母年纪已经非常大了，但是有人可能会认为这类事情是某种超自然现象。

阿琳生病的时候一直把这台时钟放在床边，现在时钟在她去世的那一刻停止了。我能理解对这种事的存在半信半疑或者深信不疑的人（特别是在这样的情况下）不会马上去想到底是怎么回事，他们更愿意相信没人碰过那台时钟，而且无法用正常现象解释。时钟就是停下来了。这就是那类神秘现象的一个戏剧化例子了。

我看到屋子里的光线很暗，然后记起护士曾经把时钟拿起来，为了看清时间而把时钟的正面朝向光。这个动作很可能会让时钟停止。

第二天，我去了太平间。那里的人把从她身上取下来的戒指给我。"你想再看你妻子最后一眼吗？"他问。

"什么意思——不，我不想见她，不要！"我说，"我已经看过她了！"

"没错，但是已经整理好遗容了。"那人说。

我对太平间的工作流程一无所知。已经什么都没了，为什么还要整理遗容？我不想再看阿琳，这会让我更难过。

我给拖车公司打电话，要回了车，然后把阿琳的东西收拾好装进车里。我载了一个搭便车的人，然后开始驶出阿尔伯克基。

还没开几千米……砰！又有一个胎瘪了。我咒骂起来。

搭便车的人看我的眼神就像是我脑子有问题一样。"只是胎瘪了，对吧？"他说。

"是啊，只是一个轮胎——然后又一个胎，又一个胎，然后再来一个！"

我们把备胎换上，一路慢慢开回了洛斯阿拉莫斯，没有修那个坏胎。

我不知道该如何面对洛斯阿拉莫斯的朋友们。我不想让他们拉着脸和我谈论阿琳的死。我回去后有人问我发生了什么。

"她去世了。那个项目怎么样了？"我说。

他们马上就明白了，我不想沉浸在悲伤里。只有一个人表达了同情，结果当我回到洛斯阿拉莫斯时，他刚好出城了。

一天晚上我梦见了阿琳。我马上对她说："不行，你不能出现在这个梦里。你已经不在了！"

过了一会儿，我又梦见了阿琳。我又开始说："你不能出现在这个梦里。"

"不是这样的，"她说，"我骗了你。因为我厌倦你了，所以想出了这个计策，这样我才能远走高飞。但我现在又喜欢你了，所以我回来了。"我的大脑真的在跟自己作对。我连做个**梦**都要跟自己解释为什么她仍然会出现。

我肯定在心理上对自己做了什么。直到一个月后，我才哭出来。当时我正经过橡树岭的一家商场，注意到橱窗里有一条漂亮的裙子。我想："阿琳肯定会喜欢的。"那一刻我崩溃了。

费曼、军队和原子弹

--

熄灭的导火索

当战争已在欧洲打响但美国尚未参战时，很多人都在谈论关于备战和爱国的事情。报纸对自愿去纽约普拉茨堡参加军事训练之类活动的商人大书特书。

我开始想，我也应该在某个方面做出贡献。我在兄弟会里有一个朋友莫里斯·迈耶，他在美军通信兵团工作，我从麻省理工学院毕业后，他带我去纽约通信兵团办事处见了一位上校。

"我愿意为国家出力，上校，我是技术出身，没准儿我能帮上忙。"

"你还是去普拉茨堡的新兵营接受基本训练吧。在这之后你就能派上用场了。"上校说。

"难道没有更直接地利用我才能的方法吗？"

"没有，这就是军队的组织方式。要走正常渠道。"

我出门后坐在公园里思考这件事。我想了又想：可能做出贡献的最好途径**就是**按照他们的方式来。幸好我又稍微多想了一下，对自己说："管他呢，我再等一等。也许会出现能更好发挥我能力的机会呢。"

我去普林斯顿大学读研究生，到了春季，我再次前往纽约的贝尔实验室申请一份暑期工作。我喜欢在贝尔实验室到处转悠。比尔·肖克利，就是后来发明晶体管的那个人，会带我到处参观。我记得某个房间窗户上的标记：窗外乔治·华盛顿大桥正在建设中，实验室的人都在关注施工进展。他们标绘了主缆索刚刚架起时的初始曲线，在桥被吊起，主缆索变为抛物线的过程中，他们测量了每一点小变化。这正是我想去做的事。我羡慕那些人，一直希望有朝一日能和他们共事。

几个在实验室工作的人带我去一家海鲜餐厅吃午餐，他们都因为能吃到牡蛎而高兴。我就住在海边，但我连看都不想看这些海鲜。我不吃鱼，更别说牡蛎了。

我心想："我要勇敢一点。我必须吃一只牡蛎。"

我拿起一只牡蛎，难吃极了。但我又对自己说："这还不能证明你是个男人。你吃之前并不知道会这么难吃。当一切都不确定的时候，这不难做到。"

其他人都在说牡蛎有多好吃，于是我又吃了一只，而这一只比第一只更难下咽。

这大概是我第四次或第五次来贝尔实验室了，这一次他们接受了我的申请。我真的很高兴，那时候很难找到一份和其他科学家共事的工作。

但之后普林斯顿那边也来了个振奋人心的大新闻。军队的特里切尔将军过来宣布："我们必须有物理学家！物理学家对我们军队至关重要！我们需要三位物理学家！"

你得理解，那时候几乎没人知道物理学家是干什么的。连爱因斯坦都被认为是一位数学家，当然没有人需要物理学家。我想，"这就是我出力的机会了"，然后我自愿申请为军队工作。

我询问贝尔实验室是否愿意让我在那个暑假为军队工作，他们回答如果我对此感兴趣的话，他们也有和战争相关的项目。但是我被爱国热情冲昏了头脑，错失了这个好机会。后来我意识到在贝尔实验室工作在当时是更明智的选择，但是在那种情况下，人总是容易犯傻。

我去了位于费城的法兰克福军工厂，工作对象是恐龙一样的庞然大物：一台负责引导炮弹发射的机械计算机。当飞机飞过时，机枪手会通过望远镜观察飞机，而这台带有各种齿轮和凸轮等装置的机械计算机会试图预测飞机接下来的飞行路线。这是一台设计精巧、做工精良的机器，其中最重要的设计理念之一就是非圆齿轮——齿轮不是圆形的，但总是可以啮合。因为齿轮半径在不断变化，所以一根轴会因为另一根轴而转动。然而，这台机器却是同类型中的最后一台。不久之后，电子计算机问世了。

虽然军方说了一大堆物理学家如何如何重要的话，但他们让我做的第一件事竟然是检查图纸，看看齿轮的数量是否正确。就这样过了很长一段时间。后来，部门负责人逐渐发现我在其他事情上也很有用，随着夏天一天天过去，他开始花更多时间和我一起讨论问题。

法兰克福军工厂有一个机械工程师，他一直想设计点儿什么东西出来，但总是缺这少那。一次，他设计了一个装满齿轮的箱子，其中有一个直径20厘米的大齿轮，上面有6根辐条。那家伙兴奋地说："咋样？老大，咋样？"

"很好，"老大说，"你只要明确指出每根辐条的过轴器*，齿轮就能转了！"那人设计了一根直接穿过辐条的轴！

老大继续对我们说，**确实**有这样一种叫作过轴器的东西——我以为他在开玩笑。这种装置是德国人在战时发明的，目的是让英国扫雷艇无法捕获德国人放在水下的缆索，这些缆索使德国的水雷悬浮在水下特定高度。有了这些过轴器，德国水雷的缆索就能让英国扫雷艇的缆索穿过去，就像穿过旋转门一样。也就是说，把过轴器放在所有辐条上**确实**是可能的，但是老大的意思并不是让机械师克服这些困难；那个家伙要做的只是重新设计一下，把轴放在其他地方。

每隔一段时间，军队就会派一位中尉检查我们的工作。老大告诉我们，因为我们是民用部门，所以中尉的级别比我们所有人都高。"什么都别告诉那个中尉，"他说，"一旦他觉得自己明白了我们在做什么，就会对我们胡乱发号施令，把一切弄得一团糟。"

中尉来的时候，我正在设计东西。当他走过来时，我假装不知道自己在做什么，只是在执行命令。

---

* 过轴器是一种假想的装置，能在轴穿过辐条的情况下，让轮子旋转起来。该装置通常出现在书呆子之间的玩笑话中，指傻瓜会犯的错误。

"你在干什么，费曼先生？"

"嗯，我按连续角度画一组线，然后应该根据这张表，从中心开始测量出不同距离，再把它们展开……"

"这是什么东西？"

"我觉得这是个凸轮。"实际上这东西是我设计的，但我假装有人刚刚告诉我应该怎么做。

中尉无法从任何人那里得到有用的信息，我们得以轻松过关，继续忙活那台机械计算机，不再受到打扰。

有一天，中尉来问了我们一个简单的问题："假设观察者和机枪手不在同一位置——你们如何处理这种情况？"

大家吓了一大跳，因为我们是用极坐标、角度和极径设计的整套系统。用一般的X-Y坐标，很容易就能纠正观察者的移位，只是加加减减的问题；但是用极坐标，情况就是一团糟！

事实上，这位我们试图避而远之的中尉告诉了我们一件非常重要的事，一件我们在设计这台设备时没有想到的事：大炮和观察台不在同一个地方的可能性！我们费了很大力气才解决这个问题。

临近暑假结束时，我得到了我第一份真正的设计工作：根据英国一项用来追踪飞机的新发明——"雷达"，设计一台可以通过一组点（雷达上每隔15秒出现一个新点）画出连续曲线的机器。这是我第一次做机械设计，所以我有点害怕。

我去请教另一位同事："你是机械工程师，我不知道怎么做机械设计，我刚得到一个任务……"

"没什么大不了的，"他说，"我来教你。要设计这些机器，你需要知道两条原则。首先，每个轴承上的摩擦力是多少，每个齿轮连接上的摩擦力是多少。由此你就能推断出你需要多大的力才能驱动这个东西。其次，如果你知道齿轮比，比如2∶1，然后你想知道是否应该把它变成10∶5、24∶12或48∶24，就可以查一下'波士顿齿轮'的产品目录再做决定，可以选择排在中间的齿轮。排在前面的齿轮齿数太多，所以很难制作。如果能做出齿更细的齿轮，他们早就把目录搞得更长了。排在后面的齿轮齿数太少，所以很容易坏。因此最好的设计都选用排在中间的齿轮。"

设计那台机器的过程很有趣。只要选择排在中间的齿轮，然后把小扭矩和他给我的两个数字相加就大功告成了，我也可以成为一位机械工程师！

暑假结束后，军队不想让我回普林斯顿继续读书。他们一直给我灌输爱国思想，又说如果我愿意留下来的话，他们可以让我负责整个项目。

这个项目要设计一台类似的机器，军队称其为"指挥器"，但这次我觉得问题更简单了，因为机枪手会在另一架飞机上，以同一高度跟在目标飞机的后面。机枪手在我的机器里输入高度，以及他估计的与另一架飞机的距离，我的机器会自动将机枪调整到正确的角度并点燃引信。

作为这个项目的负责人，我得去阿伯丁试验场拿射击数据表。他们已经有了一些初始数据，然而我注意到，关于飞机飞行的大多数较高高度还没有任何数据。我打电话询问为什么没有数据，结果发现他们打算用的引信并不是钟表引信，而是导火药引信，而导火药引信在这种高度根本没法使用，这种引信在稀薄的空气中会熄灭。

我以为我要做的只是修正不同高度的空气阻力。但事实上，我的工作是要发明出一种机器，在引信没点燃的情况下，让炮弹在正确的时刻爆炸！

我觉得这对我来说太难了，于是就回到了普林斯顿。

洛斯阿拉莫斯：从基层做起

我所说的"从基层做起"是认真的。虽然我目前在业内小有名气，但那时候我还只是个无名小卒。在刚开始接触曼哈顿计划，参与相关的研究工作时，我连博士学位还没有拿到。跟你们说起洛斯阿拉莫斯的那些高层人士，都是决策层的人，我不参与任何重大决策，我就是一个基层工作人员。

有一天，我正在普林斯顿大学的办公室工作，鲍勃·威尔逊*走进来说，他得到资助进行一项秘密研究工作。他还说，本来他不应该告诉任何人，但他要告诉我，因为他知道，我一旦知道他要做什么，就肯定会加入。所以他告诉我，他们要研究铀同位素分离，最终目的是制造一个炸弹。然而用目前的方法分离出来的铀同位素与最终所需的铀同位素不一样，所以他想改进铀同位素分离的技术。他把这些都告诉了我，接着又说："下午有个会议……"

我说我不想掺和这事。

他说："你不要急着做决定，3点钟有个会，我们到时候见。"

我说："你放心，你告诉我这个秘密，我不会告诉任何人，但是我不会参与。"

说完我就转身写我自己的论文。也就写了大概3分钟吧，我站起身，在屋里踱起步来，琢磨鲍勃说的事情。希特勒在德国很有可能也在研究原子弹，他们要是比我们先制造出来就太可怕了。因此我决定去参加3点钟的会议。

4点的时候，我已经在一个办公室摆好桌子，开始演算这种铀同位素分离

---

* 即罗伯特·R. 威尔逊（Robert R. Wilson，1914—2000），费米国家加速器实验室的第一任主任，1967—1978年在任。

方法是否受限于离子束的电荷总量这类问题了。我不打算介绍那些细节。总之，我有一张桌子，有一沓草稿纸，我尽我所能高效工作。负责仪器设备制造的同事们打算就在那里做实验。

那场景就像看动画片似的，咔、咔、咔，一套设备从无到有，我每次抬头，都能看到设备变大了一点儿。那时候，所有的小伙子都决定停下手头的科研项目，投身到这个项目中。战争期间，所有的科学研究工作都中止了，除了在洛斯阿拉莫斯的这一点点科研工作。而在洛斯阿拉莫斯，科研工作并没有占多大分量，大量工作都是工程方面的。

大家把自己原先研究项目中的各种设备搬到一起，以组装用于铀同位素分离的新装置。我也中断了自己的研究。不过，不久之后，我请了六个星期的假，写完了博士论文。因此，去洛斯阿拉莫斯前，我刚刚拿到了博士学位，也就是说，我并不完全像我一开始说的那样无足轻重。

在这个普林斯顿的项目中，我最初获得的有趣经历之一就是结识科学界的大人物，在这之前我还没有接触过多少大科学家。那里有个评审委员会，最终由他们来决定我们该采用哪一种方案分离铀元素，并给我们提供帮助。委员会的成员有康普顿、托尔曼、史迈斯、尤里、拉比和奥本海默等人。[*]他们开会时，我也获准参加，因为我了解正在开展的工作的原理，他们开会时会问我一些问题，然后我们会就那些问题展开讨论。接着，某个人（比如康普顿）会提出一个不同的观点。他会说应该**这样**做，他的观点完全正确。而另外一个人会说，也许是这样，但我们得考虑这种相反的可能性。

于是大家开始围着桌子辩论。我很好奇也很纳闷，康普顿为什么不站出来重申一下他的观点。最后，委员会主席托尔曼开口了："好了，我听了大家的发言，我认为康普顿的观点是最好的。现在，我们要讨论下一个问题了。"

---

[*]　本句提到的科学家：阿瑟·康普顿、理查德·托尔曼、亨利·德沃尔夫·史迈斯、哈罗德·尤里、伊西多·拉比、罗伯特·奥本海默，他们都是当时杰出的物理学家。——编者注

那情景太让我震惊了，委员会能提出那么多不同的观点，每个人都从新的角度看待问题，每个人都记得别人说了些什么，用心倾听别人的想法，最后归纳总结，选出最好的想法，没有必要再申明自己的看法！这太震撼人心了，他们确实非常了不起。

最终的决定下来了，这个项目没有成为分离铀同位素的方法。我们接到通知，停止在普林斯顿的工作，全部人马开拔到新墨西哥州的洛斯阿拉莫斯，开展真正制造原子弹的项目。我们都要到那里去了，要做一些实验，还需要做一些理论工作。我做的是理论论证的工作，其他人去做实验。

接下来的问题是：现在做什么？洛斯阿拉莫斯那里还没有准备好。鲍勃想利用这段时间派我去一趟芝加哥，尽我所能了解要制造的那颗原子弹及其相关问题。之后我们可以在自己的实验室里动手安装所需的设备和各种各样的仪器之类东西，这样我们一到洛斯阿拉莫斯，这些东西就会派上用场，一点儿时间也不会浪费。

我在芝加哥的任务就是拜访每个小组，告诉他们我是他们的同事，如果他们遇到问题，要尽可能详细地告诉我，详细到我能够坐下来研究如何解决这个问题的程度。一旦这个问题明确了，我就去找别人，了解另一个问题。这种方法可以让我透彻地了解所有细节问题。

这确实是个很好的主意，但我心里有点过意不去，因为他们都很卖力地给我解释问题。但我运气不错，一次有人告诉我他遇到了一个问题，我建议："你为什么不试试在积分符号内取微分呢？"半小时后他就把问题解决了，之前他们已经被这个问题困扰了3个月。因此，最终我确实利用"不同的工具箱"做了点工作。从芝加哥回来后，我向普林斯顿的同事描述情况：有多少能量会被释放，原子弹会是什么样的，等等。

我记得一位朋友兼同事数学家保罗·奥卢姆在我讲完后走过来对我说："如果将来有人把这件事拍成电影，会安排一个情节：这个从芝加哥回来的人西装革履，夹着公文包，向普林斯顿的人介绍原子弹的一切情况。尽管这个场面既严肃又激动人心，实际上你却穿着脏兮兮的短袖衬衫来做报告。"保罗饶有兴趣地琢磨着现实与电影情节之间的差距。

看起来大家还要再等些时候才能动身，威尔逊就亲自去了一趟洛斯阿拉莫斯查看进展如何，到底是什么地方出了问题。他到那儿一看，建筑公司正在卖力工作，他们已经驾轻就熟地建好了一个剧院和其他几幢建筑，但是没有人清楚地指示他们该怎样去建一个实验室——要装多少煤气管和水管。于是威尔逊待在施工现场，当场决定该装多少煤气管和水管之类事务，并要求他们动工建实验室。

等威尔逊又回到普林斯顿时，我们都整装待发而且越来越不耐烦了。威尔逊打电话给芝加哥的约翰·曼利[*]，他们一致决定，即使洛斯阿拉莫斯没准备好，我们都应该去那儿了。

顺便说一句，招募我们进这个项目的是奥本海默，他对每个人都很有耐心，也关照每一个人。他很担心我妻子的肺结核病情，还问起洛斯阿拉莫斯是否有医院。这是我第一次和他谈论这种私人问题，他真是一个很好的人。

———————————

我们被告知要留心细节问题，比如，不要在普林斯顿买火车票，因为普林斯顿是个很小的站，如果大家都在这里买去新墨西哥州阿尔伯克基的票，别人就会怀疑出了什么大事。最后，大家选择从别的车站出发去阿尔伯克基，只有我在普林斯顿买了票，因为我想，既然其他人都不在普林斯顿买票……

当我去火车站买票，说"我要去新墨西哥州的阿尔伯克基"时，售票员说："噢，原来那些东西全是给你托运的呀！"此前我们已经花了好几个星期托运那些装满仪器的板条箱，本来希望他们不会注意到这些全是发往阿尔伯克基的。

* 约翰·亨利·曼利（John Henry Manley，1907—1990），美国物理学家，当时在芝加哥大学冶金实验室工作。
——编者注

现在我至少解释了为什么要托运那么多板条箱：因为**我**要去阿尔伯克基。

我们抵达洛斯阿拉莫斯时，宿舍什么的还没有准备好。实际上，实验室也没有完全建好。我们提前到来，催着他们赶紧完工。这下真是把他们逼疯了，为了安置我们，他们把附近农场的房子全部租了下来。我们起先住在农场低矮的平房里，早上开车去上班。开车上班的第一个早晨给我留下深刻印象，对一个从东部来又不怎么旅行的人来说，那里的美丽景色令我大受震撼。那些壮观的悬崖绝壁，你可能在图片上都看到过。从下面向上看，你会惊异于这些台地的高耸。在汽车盘旋上山的时候，我说，现在这里说不定还住着印第安人呢！司机停下车，他绕了个弯，指出一些印第安人住过的洞穴，而且可以进去看看。这真的让人非常兴奋。

第一次到基地时，我看到一块本应有围墙围着的军事科研区，那里还是空旷一片。此外，那里还计划建一个镇子，外头围上一圈更高的围墙。但一切都还在施工，我看见了我的朋友保罗·奥卢姆，他也是我的助手。他正站在门口，手里拿着记事板，检查进进出出的卡车，指挥他们把材料运送到不同的地方。

如果我走进实验室，应该会见到一些圈里的人，以前我只在《物理评论》上读过他们的论文，但从未见过面。他们会介绍说："这位是约翰·威廉斯。"然后一个人会从铺满设计图的办公桌后站起身，袖子挽得老高，他站在窗边，指挥着卡车往不同的方向运送建筑材料。换句话说，实验物理学家在他们的实验大楼和设备还没有准备就绪之前无事可做，所以他们就去盖房子，或是帮着盖房子。

理论物理学家就不同了，他们不用待在农舍，可以直接住在基地里，因为他们马上可以开始工作，所以我们立即投入到工作中。除了一块带轮子的移动黑板，我们没有别的黑板，于是我们推着黑板走来走去。罗伯特·瑟伯尔会给我们讲解他们在加州大学伯克利分校期间对原子弹、核物理和其他这类东西的思考和研究。我不大懂这些东西，我之前做的是不同的研究，所以我有太多工作要做。

每天我都要学习、阅读，再学习、再阅读，那真是一段极其忙碌的日子。我的运气还是不错。那段时间，除了汉斯·贝特，其他大人物碰巧都离开了洛斯阿拉莫斯，魏斯科普夫*不得不回麻省理工学院处理一些事情，爱德华·泰勒那时也不在。而贝特需要有个人一起探讨问题，用不同的意见帮助他完善自己的想法。他来到一间办公室，找到我这个无名小辈，开始阐述他的想法。我说："不对，不对，你疯了。应该是这样子的。"他会说"等一下……"，接着会解释**他**的想法没错，错的**是我**。我们就这么争辩下去。你们知道，一说起物理问题，我眼里只有物理，根本忘了眼前跟我辩论的人是谁，我会说一些不中听的话，比如"不，不，你错了"或者"你真是疯了"。可事实证明，这样的辩论正是贝特需要的。我非但没有得罪他，还因此被提拔了几级，最后成了贝特手下一个小组的头儿，有四个手下。**

如我所说，刚到洛斯阿拉莫斯时我们没有宿舍。但是理论物理学家还是得就地住下。以前这里是个男子学校，给我们安排的第一个住处是个旧校舍。我住在一个叫"机械系宿舍"的地方，里面塞满了上下铺。宿舍安排得不是很好，鲍勃·克里斯蒂***和他的妻子每天早晨去浴室时都要穿过我们的房间，很不方便。

宿舍终于建好了。我去看自己被分配到了哪个房间，分配人员说："现在你还可以挑房间。"你们猜猜我怎么选的房间。我先看好哪儿是女员工宿舍，然后选了一个正对那里的房间。后来才发现，我房间的前方正好被一棵大树挡着。

他们告诉我，现在只能两个人住一间，不过这是暂时的。每两个房间合用一个浴室，而且房间里摆的是上下铺。

---

* 维克托·弗雷德里克·魏斯科普夫（Victor Frederick Weisskopf, 1908—2002），生于奥地利的犹太裔理论物理学家。——编者注

** 在这场演讲中，费曼也描述了贝特是如何擅长解决算数问题。参见《幸运数字》。——莱顿原注

*** 罗伯特·F. 克里斯蒂（Robert F. Christy, 1916—2012），加拿大裔理论物理学家，曾短暂担任加州理工学院的代理校长。——编者注

我搬进来的那个晚上，房间里还没有其他人住进来，于是我决定将房间占为己有。那时，我的妻子因肺病留在阿尔伯克基治疗，她的几箱行李放在我这儿。于是我拿出一件她的小睡衣，随手扔到上铺，还把上铺弄成有人睡的样子。我又拿出她的拖鞋，还在浴室的地面上撒了些化妆粉。我想让别人觉得这间屋子除了我还住进来了一个女人。你猜结果怎样？（这里可是男员工宿舍！）当天晚上我回来发现，我的睡衣被清洁工细心叠好并放在枕头下面，拖鞋被整齐地摆到床底下。那件女式睡衣也叠好了，放在上铺的枕头下；上铺也收拾得整整齐齐，她的拖鞋也被整齐地摆在下铺床底下；撒了化妆粉的浴室地面也被打扫得干干净净。没有人搬进来睡在上铺。

到了第二天我还是这样：早上醒来后，我把上铺弄乱，把女式睡衣扔上去，再把化妆粉撒到浴室里，如此这般。这种小把戏持续了四个晚上，直到每个人都安置完毕，不会再有什么人被安排到我房间里了。每天晚上，我屋里的东西都被收拾得整整齐齐，虽说这是个男员工宿舍。

我那时还不知道，这个小诡计差点儿把我卷进政治事务。这里有各种各样的团体：代表家庭妇女的，代表机械工人的，代表技术人员的，等等。因此，住在员工宿舍里的单身汉和独身女人也觉得要有个团体，因为刚刚颁布了一条新规："女士不准进入男士宿舍！"这也太荒唐了！大家都是成年人了（哈哈），怎么会有这么愚蠢的规定？我们必须行动起来。经过大家讨论，我被推选为宿舍代表，进入了小镇管委会。

在我进入小镇管委会大概一年半以后，我和贝特谈起这些事。他一直担任管委会的高层官员。我告诉他我把妻子衣物放在上铺的小把戏。他一听就大笑起来："哈哈，原来你就是因为**这件事**进的小镇管委会。"

情况是这样的。当时负责打扫宿舍房间的女工一开门就发现问题严重：有人来这里和男人睡觉！清洁工向后勤女总管汇报，后勤女总管向中尉汇报，中尉再向少校汇报。这样一路汇报上去，通过将军，最后直到管委会。

那么，管委会是怎么应对的呢？

他们说要研究研究。与此同时，一道指令从上往下传达，从上校传到少校，再到中尉，再到后勤女总管，最后到那个女清洁工："把东西放到原处，把它们整理好，再继续观察。"

事情又重演了一遍。整整四天，他们为这事伤透了脑筋，不知道该怎么办。最后他们颁布了一条纪律："女士不准进入男士宿舍！"这条禁令引起**轩然大波**，下面的员工不得不选出一个人代表他们加入管委会……

————————

接下来我要给你们讲讲那个时候的审查制度。军队的决定是完全非法的——审查美国国内的信件，他们无权这么做。因此他们在制定审查制度时非常小心翼翼，弄得大家好像自愿接受这些审查似的。我们寄信时自愿不封好信封，我们同意他们拆看我们的来信；没关系，我们都是自愿的。我们往外发的信都不会封口，他们检查后如果没问题，就会替我们封上信封。如果他们认为信的内容有问题，他们就会把信退回来，附上一张字条，上面写着"在我们看来，信上某某段违规了"此类的话。

因此，在这些崇尚自由的科学家中间，信件审查制度也终于和其他很多制度一起建立起来了。如果我们愿意，我们有权评论这里的管理者，可以写信给参议员，坦言我们不喜欢某些管理方式之类。如果遇到什么困难，他们保证会通知我们的。

一切安排完毕，执行审查制度的第一天开始了。"丁零零……"电话铃声大作。

我："什么事？"

"请下楼。"

我来到楼下。

"这是什么？"

"我父亲写给我的信。"

"请问，这又是什么？"

信纸上画满线条，线外还画着小点：有一条线下面四个点，上面一个点的；有线下两个点，线上有一个点的。我回答道："是密码。"

审查员点头："是的，我们知道这是密码，它们是什么意思啊？"

"我不知道。"

他们问："那好，解码是什么？你靠什么解密？"

"我不知道！"

他们又问："那是什么？"

"我妻子给我写的信。信上写着'TJXYWZ TW1X3'，是另一套密码。"

"解码呢？"

"我不知道。"

他们说："你收到密码，却不知道解码？"

我说："正是如此！我在玩一种游戏：让对方用密码给我写信，看我能不能破译。所以对方编好密码就寄过来了，他们不打算告诉我解码。"

审查制度中有一条规定，不能干预人们邮件中的日常事务。最后他们说："那么，请你告诉他们，下次把解码随信一起寄过来。"

我说："可是我不想知道解码啊！"

他们说："没关系，我们会把解码拿出来。"

我们就这样达成了协议。

第二天，我收到妻子的一封信，信上说："这信很难写，因为我感到 ▰▰▰ 从背后监视我。"在空白处是一个精心涂抹过的斑点，那是用墨水消除液留下的痕迹。

于是我找到管理局，我说："你们无权改动我的来信，如果你们不喜欢，可以直接告诉我，但不能动它。你们只能看，但没有权利涂掉信上的内容。"

他们说："别无理取闹了，你以为审查员检查时会用墨水消除液？他们要是想弄掉什么，会用剪刀直接剪掉。"

于是我写信问妻子："你在信上用了墨水消除液了吗？"

她回信说："没有，我的信中没有用墨水消除液，那肯定是 ▢▢▢▢▢▢"信纸这个地方被剪了个洞。

我又去找负责这些事的一位少校，发了一顿牢骚（为这件事我花了一些时间，但我觉得作为代表一定要把事情弄清楚）。少校试图向我解释，审查员都接受过专门培训，已经有一套习惯做法，不理解我们这里谨慎处理信件的新做法。

少校问我："怎么，你觉得我没有诚意？"

我说："不，你很有诚意。但我认为你没有多大**权力**。"

他说："我们走着瞧！"他抓起电话，一切都解决了。再没发生信件被剪掉这种事了。

然而，写信这事还是带来了一堆麻烦。举个例子，有一天我收到妻子的来信，还附带一张审查员的字条："信里有密码，因为没有解码，所以我们截留了密码。"

后来我去阿尔伯克基看望妻子，她问我："对了，那些东西呢？"

我说："什么东西？"

"氧化铅、甘油、热狗、干净衣服。"

"等等，那是一张清单？"

"是呀。"

"那是他们说的'**密码**'。"我说。他们把那张清单——杀虫剂、甘油之类的东西——当作密码了。（她想用氧化铅和甘油制成接合剂，用来修理一个缟玛瑙材质的盒子。）

这些事都发生在开始几个星期里，后来我们终于把事情理顺了。有一天，我鼓捣着那个计算机器，注意到一些奇怪的事情。如果用1除以243，结果是

0.004115226337448559670781893004115…，非常有趣。当你进位时，你会发现559后面的数不符合规律，但是很快它就"自我纠正"并再次遵循这个规律。我觉得这有点意思。

我把这个发现写到信里，可是信被退了回来。它没能通过审查，一起退回来的还有一张小字条："请看第17B条款。"我翻到第17B条款，上面说"信件只能用英语、俄语、西班牙语、葡萄牙语、拉丁语、德语等语言书写"，还说"用其他语言写信需要得到许可，不准用密码"。

于是我写了张小便条回复审查员，向他说明："那些数字当然不能算是密码，如果你**确实**计算了1除以243，确切地说是算出所有这些数，你就会发现0.004115226337…和数字243一样，不包含任何信息。因此，我请求你们允许我用阿拉伯数字写信，我喜欢在信中用阿拉伯数字。"我成功说服了他们。

信件来来往往，总会遇到麻烦。有段时间，妻子一直抱怨写信的时候老觉得那个审查员就在背后监视着她，这种感觉让她很不舒服。按照规定，我们不能提到审查制度。我们不能提，但审查员又怎么告知她呢？所以他们总是给我写便条："尊夫人又提到审查制度了。"她**确实**提到这个了。最后，他们给我寄送了便条："请告诉尊夫人不要在信中提及审查制度。"

我给她写信："他们要求我通知你不要在信中提及审查制度。"

"咻——"我的回信直接被打回来。

我给他们回了一张字条："是你们要求我跟她说不要提审查制度的！我究竟要怎么做？再说，**凭什么**非让我要求她不提审查制度不可？难道你们向我隐瞒了什么？"

有趣的是，审查员不得不亲自出面，请我转告妻子让她不要再告诉我……但他们有自己的理由。他们担心从阿尔伯克基寄过来的信件半路被人截获，如果有人看了信，会觉察到我们这里实施审查制度，所以请她尽量表现得若无其事。

后来我去阿尔伯克基的时候，就跟她说："以后我们就不要提审查制度了。"我们惹的麻烦实在太多了，所以我们最后约定了一种暗号——又是非法的东西。我们约定：如果我的签名后面多了一个点，就说明我又惹上麻烦了，那她就换用另一种密码。（因为她生病了，整天坐在那儿，就老琢磨着找一些事情来做。）她做的最后一件事，是寄给我一张广告，她以为这广告完全合法。广告上写着："用拼图给你男朋友写封信吧。我们售卖空白拼图，你把信写在上面，然后把拼图拆开，放在一个袋子里寄出。"我收到了这封信，随信还附有审查员写的一张便条："我们实在没时间玩游戏，请告诉尊夫人写一些普通信件！"

好吧，事实上我们已经准备好要在签名后再加一个点了，但由于审查员及时解决了问题，所以我们也就没必要那么做了。其实我们早就准备好了另一个方法。下封信我会这样开头："你还记得吧，打开这封信时要小心一些，我们说好的，信里给你带了一些治胃病的碱式水杨酸铋。"信封里会装满药粉，我们希望审查的人在办公室里一打开信，粉末就撒得满地都是，他们会被弄得手忙脚乱。按照规定，他们不能把信里的任何东西弄乱，所以他们得把撒落的这些碱式水杨酸铋全部收集起来……不过，我们没必要这么整人。

和审查员打交道多了，我能准确地判断什么样的信能通过检查，什么样的信不能通过。在这方面谁也没有我在行。我还因此和人打赌赢了点儿钱。

有一天，我发现了一件事：住在外面的工人懒得绕一大圈从大门进来，就在围栏上挖了个洞，方便进出。于是我就从大门出去，绕到被挖的围栏那里从洞口钻进来，然后又从大门出去，再钻洞进来。就这样进进出出，直到那个守大门的中士开始困惑：这是怎么回事？怎么总见这人往外走，从来没见到他进来呢？自然，这位中士的反应是报告中尉，还准备把我送进监狱。我向他们解释："围栏上有个洞。"

知道了吧，我总喜欢给人指点迷津。因此我和一个人打赌，说自己可以把围栏上有个洞这件事写在信里，并把这封信寄出去。我确实做到了。我在信上说："你们该看看他们是怎么管理这个地方的：离某个地方20多米远的围栏上有个洞，有那么宽那么高，你可以轻轻松松钻过去。"

现在他们还有什么办法吗？他们不能告诉我那里没有洞。我的意思是，他们能做什么呢？那里确实有个洞，他们只有自认倒霉，他们本来应该把洞补上！我就这样用指责管理层的方式把这事儿摆平了。

我还给上面寄过这样一封信，信里反映了我组里的一个男孩如何在深更半夜被军队里那些白痴叫醒，并在刑讯室的强光照射下被严厉拷问，而他们之所以这么做，只是因为他们查出了他父亲的一些事情。这个男孩的名字叫约翰·凯梅尼，现在他可是个名人了。

还有其他一些事情。我总是想方设法以间接方式点明一些问题，就像指出围栏上的洞一样。而在这些事情当中，有一件我想特别提一下。项目刚开始的时候，我们掌握了一些至关紧要的机密：大量关于原子弹和铀的信息，以及铀是如何起作用的，等等。所有数据资料都被记录在文档中，而这些文档就保存在木制的文件柜里，配的还是那种很常见的普通小挂锁。当然了，厂家还在文件柜里设置了各种机关，比如一个可以落下并用挂锁固定的挡杆，但那充其量是个挂锁。更严重的是，你甚至不必开锁就能把文档从这些木头柜子中拿出来。你只需要把柜子向后倾斜一下。在最下层的抽屉里，固定文件的只是一根小棍，而底下的木板上又有个又长又宽的缝隙。你完全可以从下面把文件抽出来。

因此我经常去撬锁，并指出开锁是件很容易的事情。每次所有人一起开会时，我都会站起来提出不应该把手上的这些重要机密保管在那些木头柜子里。这些锁太差劲了，我们需要更好的锁。

有一天，泰勒在会上站起来对我说："别担心，最重要的机密材料我是不会放在文件柜里的，我把它们放在我办公桌抽屉里了。这样是不是就更保险了？"

我说："这我可不敢保证，因为我没看过你的办公桌抽屉具体是什么样子的。"

那次会上，泰勒的座位比较靠前，而我坐的靠后。于是我偷偷溜出会议室，下楼去查看他办公桌的抽屉，尽管当时会议还在继续进行。

我甚至都不用打开他办公桌抽屉上的锁。事实上，你只要把手从办公桌背面放到抽屉下边，你就可以够到里边的文件并把它们抽出来，就像从厕所的抽纸盒里抽纸一样。抽出一张纸，就会带出另一张纸，然后再带出下一张……我掏光了整个抽屉，拿出了里面所有东西，再把这些东西放到一边，然后上楼继续参加会议。

会议正好结束，大家正往外走，我混进往外走的人群中，快步赶上泰勒，对他说："嘿，顺便让我看一下你的办公桌抽屉吧？"

他说："没问题。"我们一起走进他的办公室，他把自己的办公桌指给我看。

我看了看他的办公桌，对他说："这桌子看起来真棒。我们来看看里面放了些什么吧。"

"我很想让你看看，"他一边说，一边拿出钥匙开抽屉，"如果你之前还没有亲自看过的话……"

跟泰勒先生这样高智商的人开玩笑事实上很没劲，因为他的反应太快了，从他觉察到事情有些不对劲，到他完全弄明白到底发生了什么，这个过程非常短暂——短到你丝毫享受不到捉弄人的乐趣！

————————

我在洛斯阿拉莫斯还遇到了另外一些很有趣的问题。其中一个和田纳西州橡树岭工厂的安全问题有关。当时负责制造原子弹的是洛斯阿拉莫斯，而分离铀同位素的工作则放在了橡树岭工厂，他们要在那里分离铀-238和铀-235（只有铀-235可以裂变）。那会儿他们刚从实验室中获得微量的铀-235，与此同时还在探索大量提炼铀-235的化学实验。这里将会建一个大工厂，囤放大量化学品，他们会对已经提纯的产物再次提纯，为下一阶段的工作做好准备。（这些材料必须经历好几个阶段的提炼。）也就是说，他们一方面只在实验室得到一点点试验性质的样品，另一方面已经在大规模处理化学品了。他们努力研究怎样分析它，以确定其中铀-235的含量。虽然我们会指导他们，但他们总是做不到位。

埃米尔·塞格雷[*]最后决定，要想解决这个问题，唯一的办法就是他亲自到橡树岭看看那边的人是怎么干活儿的。但军方不同意这么做，理由是"纪律规定，洛斯阿拉莫斯的所有信息均不得外泄"。

橡树岭的人压根儿就不知道铀-235的用途。那里的高层管理人员只知道他们在分离铀同位素，而炸弹有多大威力或者具体工作原理是什么之类，他们一概不知。一线工人则根本不知道自己在干什么（完全不知道是分离铀同位素）。两地信息没有往来，正是军方希望看到的。但是，塞格雷坚持认为橡树岭那边做不对实验，整个计划快要完蛋了。最终，塞格雷如愿以偿到橡树岭去查看那里的人在干什么。当他在厂区里四处走动的时候，碰见工人们用车拉着一大玻璃罐绿汪汪的水——其实那是硝酸铀酰溶液。

塞格雷问："这水被提纯以后，你们也这样搬运吗？你们都是这么干的吗？"

那些工人说："当然啦，有问题吗？"

他再问："难道这样不会爆炸吗？"

工人很奇怪："啊？**爆炸**？"

军方这才说："看到了吧！我们就不该告诉他们任何信息。现在可好了，他们都害怕了。"

事实证明，军方那时已经知道造一颗原子弹需要多少材料了——20千克之类；他们意识到工厂里根本不会有那么多提纯过的原材料，所以没有爆炸的危险。但是，他们**不知道**，当中子在水中减速后，它的活跃度会大大提高。在水

---

[*] 埃米利奥·吉诺·塞格雷（Emilio Gino Segrè，1905—1989），意大利裔美国物理学家，1959年获得诺贝尔物理学奖。——编者注

中，只需不到原材料百分之一的量，就会引起化学反应，造成足以杀死周围所有人的辐射。这**非常**危险，而上面根本不关注这些安全隐患。

因此，奥本海默给塞格雷发了一封电报："把整个厂区走一遍，留意所有我们应该格外关注的地方，还有那里的人设计的工作流程。为防止爆炸发生，我们还需要计算那里最后会堆积多少物质。"

有两个小组负责这项计算任务，克里斯蒂的小组负责计算液态的临界量，我这边则负责计算装在盒子里干粉的临界量。我们算出了那些安全值。克里斯蒂本打算去橡树岭通知那里的人该怎么做，可他得了肺炎，只能换我去了。

在这之前，我从未坐过飞机。他们把这些机密资料绑好，放在我背上的小包里。那时候的飞机就像是公共汽车，只是"车站"之间的距离远多了。你在每站都得逗留一阵。

候机的时候，有个家伙站在我旁边，他一边甩着钥匙链，一边叨咕着"这年头，如果没有个优先权，恐怕就**很难**上飞机喽"之类的话。

我实在没忍住，回了一句："呵呵，虽然不知道现在是什么形势，但我倒是有优先权。"

没过一会儿，他又说："来了几位将军。看来工作人员要赶几个我们这样的三等乘客下飞机了。"

"没关系，"我说，"我是二等乘客。"

那家伙也许会写信给当地国会议员——如果他自己不是国会议员的话，质问为什么在战争期间让这些毛头小伙子优先坐飞机到处跑，他们到底想干什么。

不管怎么说，我到了橡树岭。我做的第一件事是请他们带我去厂区走走，但我什么也没说，只是仔细观察每一样东西。我发现情况比塞格雷报告的还糟糕，有很多问题他没有发现。比如，他只注意到某个房间里堆着大量盒子，却没发现隔壁房间里也堆着一大堆这样的盒子。

我仔细检查了厂区的每个角落。虽然我记忆力不是很好，但在高强度工作时，我的短期记忆力还不错，所以我记得所有"奇葩"现象，比如9207号建筑、某号大桶，等等。

那天夜里我回到住处，把整体情况捋了一遍，确定了所有存在安全隐患的地方和解决方法。这其实很容易，你可以在溶液里加入镉来吸收中子，然后按照规定把装有铀原料的盒子分开存放，不要堆得太密集。

第二天要开个大会。我忘了说，在我离开洛斯阿拉莫斯之前，奥本海默告诉我："呃，你去橡树岭的时候，那里有些技术骨干，比如朱利安·韦伯*先生，还有这位先生、那位先生，等等。你要保证这些人都到会，然后在会上告诉他们如何保证工厂的安全；你务必让他们真正**明白**安全问题事关重大。"

我问："如果他们不来开会呢？到时，我该怎么做呢？"

他说："那你就说，'否则，洛斯阿拉莫斯将不会对橡树岭工厂的安全负责！'"

我说："你的意思是，我——小人物理查德，到那儿去对他们说这些？"

他说："是的，小人物理查德，你必须这么做。"

我成长得可真快！

当我到会场的时候，工厂的所有人，包括大人物和我要求到会的技术人员都来了，将军们以及其他对工厂安全问题感兴趣的人也都来到会场。情况之所以还不错，是因为如果没有人关注工厂安全问题的话，这厂子现在可能已经炸没了。

当时有个叫朱姆沃尔特的中尉负责关照我，他告诉我："主管上校说了，你不能给橡树岭工厂的人们讲中子如何发生作用这些细节，因为我们希望这两个部门在如此机密的信息上保持相互隔离。你只需要告诉他们如何安全保管这些

---

* 朱利安·黑尔·韦伯（Julian Hale Webb，1902—1988），美国物理学家，曼哈顿计划时期从事铀元素分离工作，后来任柯达公司研究实验室物理部主任。——编者注

化学品就可以了。"

我说："在我看来，除非他们知道其中的原理，否则就不可能理解并遵守那一大堆规则。所以我认为必须告诉他们原理，**否则洛斯阿拉莫斯将不对橡树岭工厂的安全负责**！"

这么说果然很有用。中尉向上校报告了我的态度，上校说："给我5分钟考虑一下。"他向窗口走去，停下来，站在那里思考。他们最擅长这个了——做决定。"是否向橡树岭工厂的人们透露原子弹的工作原理？"能为这样的事情做决定，并且能在5分钟内果断做出决定，我觉得他十分了不起。因此我非常钦佩这些军方人士，不管给我多长时间考虑，我都没有魄力为任何一件重要事情做出决定。

5分钟过去了，他说："好吧，费曼先生，你去讲吧！"

我坐了下来，告诉大家所有和中子相关的信息：中子如何工作，中子如何过量聚集，怎样让原材料保持分离状态，镉如何吸收中子，以及速度慢下来的中子为何比快速运动的中子性质更活跃，等等。在洛斯阿拉莫斯，这些只能算基本常识，但在橡树岭，他们可从来没有听说过这些知识。在他们眼里，我成了了不起的天才，是天神下凡来了！所有这些他们以前不理解甚至闻所未闻的现象，我全知道，还能举出事例、给出数据……因此，我这个在洛斯阿拉莫斯名不见经传的小人物，竟成了橡树岭的超级天才！

我的这次橡树岭之行促使厂子里的人们做了一些决定。他们成立了若干小组，自己学着计算。他们还着手重新设计工厂。工厂的设计师们——建筑设计师、工程师和化工工程师都来了，还打算建立另外一个工厂专门处理分离后的化学物质。

他们让我几个月后再回来看看，那时这些设计师应该已经完成新工厂的设计了。

几个月之后，我该回去看看他们的设计成果了。

如何去检验一个还没有建成的工厂呢？我完全没有头绪。我身边总跟着一位"全职保姆"——朱姆沃尔特中尉，他的职责就是护送我。他把我带到一个房间，那里有两位来自斯通—韦伯斯特公司的工程师，还有一张超——级——长的桌子，这张桌子被一大摞设计蓝图完全盖住了，规划中的新工厂的所有东西全部都在这摞图纸里了。

我虽然在学校学过机械制图，可是并不擅长看图纸。他们直接展开图纸，开始跟我解释，因为他们认为我是个天才。现在，新工厂必须避免的其中一个问题就是积料。问题是这样的：工厂里有一个蒸发器，只要它在工作就会造成积料，假如阀门堵塞，积料过量，就会发生爆炸。所以他们向我解释，在整个工厂的设计中，每处至少有两个阀门，这样即使有一个阀门堵塞了，也不会发生事故。

他们接着解释工作原理：四氯化碳从这儿进来，硝酸铀从这儿进去，它从这儿上去又下来，它穿过楼板，顺着这些管道上去，再从二层上去……他们在图纸旁上上下下地比画着，飞快地解释着这个万分复杂的化学工厂。

我整个人都蒙了，更糟糕的是，我根本不知道图纸上那些符号代表着什么。有一个符号到处都是，它是个中间有十字的正方形，我一开始以为那代表窗户。不，那怎么可能是窗户呢？因为它并不总出现在建筑外沿。我真想问问他们那是什么。

你一定有过这样的经历：有问题没有马上问。不懂就问，早就解决了。但是，他们实在已经解释了太久，你也犹豫了太久。如果你现在问他们，他们会说："敢情你是在浪费我们的时间呀？"

我真不知道如何是好。有了，就猜它是个阀门吧！然后我伸出手指，按在第3页图纸中心的那个神秘小十字上，说："如果这个阀门堵塞了，会发生什么情况？"说这句话的时候，我还想着他们会回答："不，先生，那不是阀门，那是个窗户。"

一位工程师看了他的同伴一眼，说："噢，如果那个阀门堵住了……"他开始在图纸上上下查看，另一个家伙也围着图纸上下前后地忙活起来。最后他们对视了一眼，然后回过头看着我，嘴张得像条受惊的鱼："先生，您说得太对了！"

最后，他们卷起图纸走了，我们也走出房间。形影不离跟着我的朱姆沃尔特中尉说："您真是个天才！那天您只在厂里走了一遍，就能在第二天一早和他们探讨 9207 号楼里的 C-21 蒸发器的问题，当我发现您知道所有关于中子的事情时，我就知道您是一位天才。但是您刚才的表现简直是不可思议。我就想知道，到底——您到底是怎么做到的？"

我告诉他还是先弄明白那东西是不是阀门再说。

———————

我还研究过另一个问题。当时我们要做大量计算，用的计算工具是"Marchant"牌机械计算器。我顺便讲讲洛斯阿拉莫斯的工作情况——那种计算器是一种带有数字的手动计算器，你得用手去摇，它们才能做乘法、除法和加法运算。不过，那时的计算器用起来很费劲，不像现在的这么容易操作，而且它们只是些机械装置，总出故障，又必须送回厂家去修。很快，我们就没有计算器可用了。于是我和其他几个人试着动手打开计算器的外壳。（我们不该这么做，因为有规定："禁止打开机器外壳，否则概不负责……"）我们卸下机器外壳，学到了很多维修知识，手艺越修越精。当问题过于复杂时，我们还是要把它们送到厂家维修，但简单的维修我们自己就能解决，计算工作也就能继续开展了。最后由我负责修理所有的机械计算器，而打字机则交给机械车间的一个哥们儿。

言归正传。我们确定了核心问题：弄清楚原子弹爆炸过程中具体发生了什么（在核爆炸时，我们把中子推进去，随后中子又被大量释放出来），这样才能精确地计算出爆炸释放出来的能量。而这需要海量的计算，远远超出了我们的能力。这时，一个名叫斯坦利·弗兰克尔*的聪明同事，忽然想到IBM的机器也许能完成这样的计算。IBM公司生产商用的计算器，比如被称为制表机的加法机，可以算出列表数字的和；还有一种乘法机，这种机器像一个大盒子，你把卡片放进去，它可以从每张卡片上取两个数字相乘或相加；此外还有卡片整理机和分类机等。

弗兰克尔想出一个好计划：如果在房间里放上足够多的机器，我们就可以循环处理卡片。我想，每个从事过数值计算的人，都清楚我在说什么，但在当时，利用机器进行大规模数据处理还是一件新鲜事。通常情况下，所有的计算步骤都得自己来。但是这次不同：你首先得用加法器计算，然后再用乘法器，之后又是加法器……这样循环操作。我们都认为这是一个好办法，它可以解决我们面临的问题，于是，弗兰克尔设计了一套程序，并向IBM公司定制了一批机器。

我们需要一个人维护IBM的机器，保证它们可以正常工作。军队一直说要给我们派个人，但一直耽误着。我们现在的任务又总是那么急，**所有事情**都要尽快完成。在这种特殊情况下，我们研究出了机器计算的所有步骤——乘这个数，然后加这个数，再减那个数。换句话说，我们设计好了程序，却没有机器能测试它！因此我们布置了一个房间，里面坐满了女孩子，每人面前都有一台机械计算器：一个女孩负责乘法运算，一个女孩负责加法运算。还有一个女孩负责算出立方数，她的工作就是算出索引卡片上的数字的立方值，然后把计算结果传给下一个人。

我们通过这种人力代替机器进行循环运算的方法，仔细检查了这套循环程序，最终排除了程序中所有的故障和错误。结果显示，比起一个人完成所有计算步骤，我们目前这种方法的计算速度快得多。这个速度完全符合我们对IBM机器的预期！唯一的不同就是IBM机器不会累，可以日夜工作，但女孩子们工

---

* 斯坦利·菲利普斯·弗兰克尔（Stanley Phillips Frankel），美国计算机科学家。

作一会儿就累了。

总之，我们解决了程序中的问题，也等到机器运来了，可维修人员还是没有到位。这在当时算是非常复杂的高科技机器了，这些大家伙运过来的时候只有部分是组装好的，还附带了很多线缆和安装图纸。我、斯坦利·弗兰克尔和另外一人只能亲自动手组装，还遇到了一些麻烦。主要就是不断有"大人物"跑过来唠叨："你们肯定会弄坏什么！"

我们把机器组装起来，它们有时候能运行，有时候会因为没装好或装错了而运行不了。在我组装最后一台乘法机时，我看见里面有个弯了的部件，但我不敢掰直它，怕它折断了，而且总有人过来说我们肯定会搞出什么不可逆的破坏。维修人员终于来了，他把我们没有装好的那些机器组装好了，一切得以顺利运行。但那台曾经把我难倒的乘法机，他也搞不定。三天了，他还在那台机器边上忙活着。

我说："噢，我发现那个地方弯了。"

他说："噢，我就说嘛，原来问题出在这儿！"他上手一掰，就全部弄好了。

这时，整个计划的发起人弗兰克尔先生却得了一种"计算机病"，现在每个用计算机工作的人都知道这种病。这种病非常厉害，完全妨碍工作。计算机的问题在于你总是"玩"它们，它们真是太神奇了。你掌握着一大堆开关：如果是偶数，你就做这个；如果是奇数，你就做那个。你只要够聪明，很快就可以在一台机器上做越来越复杂的事情。

没过多久，整个系统瘫痪了。弗兰克尔既不对工作上心，也没督促手下。整个系统就如蜗牛般缓慢地运行着。与此同时，他却一直坐在办公室里，琢磨怎么让制表机自动打印出反正切值：机器开始工作，成排成排地打印，"哗哗——哗哗——哗哗"，一边打印一边自动计算着反正切值，一次操作就制出一整张表。

其实这根本没用！因为我们人手一份反正切表。不过，如果你用过计算机，你就会理解他为什么会得这种病了。计算机能让你知道自己究竟能做多少事情，这是一种乐趣。但这个发明了程序的可怜家伙第一次接触计算机，就染上了这种病。

我被要求停下手上的工作去负责IBM组，因此我尽力避免染上这种毛病。而且我还有个很出色的团队，尽管他们在9个月里只完成了3个项目。

关键问题就在于没有人告诉这群小伙子真相。军方从全国各地的高中挑选有工科潜力的聪明男孩，组成了这支"特殊工程派遣队"，然后再把他们送到洛斯阿拉莫斯来。军方把这帮小伙子安置在军营里，可是什么情况都不向他们透露。

他们做的就是在IBM计算机上工作，整天打孔，和一些莫名其妙的数字打交道，却从没有人告诉他们这到底是什么。工作进展很慢。

我说，现在的首要任务，就是让这些技术岗位上的小伙子知道他们在干什么。奥本海默去和安全局的人交涉，最终争取到了特别许可。我因此才能给他们做一次鼓舞人心的演讲，明白地告诉他们我们做的工作。结果他们都非常振奋：我们在为这场战争服务，我们明白这意味着什么。现在他们明白这些数字的意义了。算出来的压力值越高，意味着释放出来的能量越多，如此种种。他们现在终于明白自己正在做什么了。

他们的工作态度有了180度的大转变！他们开始发明更好的办法，改进工作方案；他们熬夜加班，而且不需要监督。他们什么都不需要了。他们已经明白一切，还发明了好些程序供大家使用。

这些小伙子真的扛过来了，他们需要的仅仅是知道真实情况。虽然在之前的9个月里，他们只完成了3个项目，但现在他们仅用3个月就做了9个项目，速度是之前的将近10倍。

我们掌握了更快完成项目的窍门。在工作时，一组卡片需要循环运算一番，先加，然后再乘。卡片就这样在房间里的机器中一圈一圈地缓慢循环着。我们想出一个方法，让其他不同颜色的卡片也参与循环，但与上一组并不同时运作。这样，我们就可以同时处理两三个问题。

这种方法也带来了另一个问题。战争接近尾声，原子弹即将在阿尔伯克基试爆，我们遇到了一个问题：爆炸将会释放多少能量？我们已经计算过不同方案中被释放出来的能量值，但却从来没有在计算机上演算过最终选用的那个方案。所以鲍勃·克里斯蒂过来了，他说希望在一个月内知道结果，或者更快，比如3个星期。

我说："这不可能。"

他说："但你们一个月就能处理两三个问题！"

我解释说："我知道。但解决每个问题的时间实际更长，因为我们同时运作好几个问题。运作过程很费时间，而且也没有办法让它更快。"

他听完就走了，我则开始思考：有没有什么办法能算得更快一些呢？如果我们不让机器做其他任何事情，排除一切干扰呢？我在黑板上写下**"我们能做到吗？"**，向小伙子们下达战书。他们齐声作答："能！我们所有人两班倒！我们加班干！"大家说着诸如此类的话，"我们拼了！"

于是，我们商量好，其他工作都要让路，我们集中精力只做这一件事。他们很快就投入了工作。

那时，我的妻子阿琳患了非常严重的肺结核。她看起来随时都会发生状况，我就提前和我的舍友兼好友约好，如果有紧急情况，我就借他的车快速赶到阿尔伯克基去。这位朋友就是克劳斯·富赫斯。他其实是个间谍，而且他就是用这辆车把情报从洛斯阿拉莫斯带到圣菲的。但当时没人知道这些。

病危的消息传来了。我借了他的车，一路上爆了三次胎。最后我只得弃车，靠搭便车把剩下的近50千米的路赶完。

我到医院几小时后，阿琳去世了。护士进来填了死亡证明，就又出去了。

我又陪了她一会儿。

我出去走了走。我惊讶于自己并没有感到别人在这种情况下应有的感受，也许是我在自欺欺人。我并不高兴，但也没感到非常难过，可能是因为我早在七年前就已经知道今天的结果了。

当我回去接着工作的时候，发现那里完全人仰马翻：白色卡片、蓝色卡片、黄色卡片混作一团，到处都是。我说："你们不是应该只做一个项目吗？只做一个！"他们说："你先出去，先出去。等一下再给你解释。"

我就等着，原来事情是这样的：卡片通过时，有时机器会出错，有时卡片上的数字是错的。我们之前的处理方法是：停下来，倒回去，让卡片重新走一遍。但是他们注意到，如果在一轮计算中某张卡片出了问题，它只会影响相邻的几张卡片，而在下一轮计算中就会影响与这几张卡片相邻的卡片，以此类推。问题就这样在卡片组中慢慢发展。举个例子，如果50张一组卡片的38号卡片出错了，只会影响37号、38号和39号卡片。这组卡片再经过一轮计算，出问题的就是36号、37号、38号、39号、40号——错误像传染病一样扩散开来。

因此他们在一组白色卡片中发现一张出现问题时，就想了一个办法：只计算错误附近的另外一小组10张蓝色卡片。10张卡片通过机器的速度比50张卡片通过机器的速度快得多，因此，当"带着传染病"的那50张卡片还在机器里跑的时候，他们就快速把这10张卡片再过一遍。由于10张的小卡片组计算得更快，他们就可以把这个小卡片组插回去纠正错误。他们很聪明！

那帮小伙子就是这样为工作提速的。没有别的办法：如果停下来纠正错误，我们就会浪费很多时间，而这意味着我们将无法按时完成任务。

自然，你就知道他们这么做的时候发生什么了：蓝色卡片组出错了！于是他们就用一组张数更少的黄色卡片替换，这些黄色卡片在机器里走一遍的速度比那组蓝色卡片更快。他们那一刻已经趋于崩溃——纠正了蓝色卡片，还要再纠正白色卡片，而正在这紧要关头，我这管事儿的又进来了。

"别烦我们！"他们说。我识趣地闪到一边，结果也出来了。我们按时完成了任务，情况就是这样。

———————————

最开始，我只是一名基层员工；一段时间之后，我成了小组长，有幸见着了一些大人物。能在洛斯阿拉莫斯认识那些非常伟大的科学家，绝对是我人生的一大幸事！

恩里科·费米自然是其中之一。他曾经从芝加哥过来当了一阵子顾问，如果我们有什么问题，他可以帮助解决。我们和他一起开过会，当时我负责计算工作，并且取得了一些成果。这些计算很复杂，算起来很困难。我通常是这方面的专家，总能预料到计算结果；或者在得到结果后，我总能解释原因。但那一次的计算实在太复杂了，我根本没法解释**为什么**会得出那个结果。

于是我告诉费米我正在处理这个问题，然后开始向他描述计算结果。他对我说："等等，在你说出结果之前，先让我想想。结果应该是这样的（他是对的），因为那样，结果才是这样……"

他做的本应是我所擅长的事情，而且做得还比我好——好10倍。这给我好好上了一课。

还有约翰·冯·诺依曼，他是位非常伟大的数学家。那会儿我们常在周日一起散步。我们常去峡谷，通常贝特和鲍勃·巴彻*也会加入进来。和他们一起散步真是一大乐事。冯·诺依曼给我讲了一个有趣的想法："你没有义务为你所在的这个世界负责。"正是这句话让我卸掉个体所背负的"社会责任感"，让我从此变成一个很快活的人。也正是冯·诺依曼在我心里种下种子，教我积极地"不负责任"。

我还认识了尼尔斯·玻尔。他那时化名尼古拉斯·贝克，和他的儿子吉

———————————

* 罗伯特·巴彻（Robert Bacher, 1905—2004），美国核物理学家，曼哈顿计划的领导人之一。——编者注

姆·贝克（原名奥格·玻尔*）一起来到洛斯阿拉莫斯。他们来自丹麦，是众所周知的大科学家。即便与其他物理学大腕儿相比，玻尔也可称得上是神。

玻尔第一次来洛斯阿拉莫斯时，我们正在举办研讨会，所有人都想近距离一睹伟大的玻尔的风采，所以一场关于原子弹问题的研讨会挤满了人。我坐在后面的角落里，只能从众多脑袋的缝隙里看他一眼。

他预定再来的那天早上，我接到一个电话。

"你好，是费曼吗？"

"是的。"

"我是吉姆·贝克，我父亲和我想跟你交流一下……"

"和我？我是费曼不错，可我只是个——"

"没错，就是你。8点整怎么样？"

于是，早上8点，在别人还没有睡醒时，我和玻尔走进技术区的一间办公室。伟大的玻尔对我说："我们一直都在思考让原子弹威力更大的办法，现在已经有了这些思路……"

我说："不行，这没有用，因为这样那样，所以效果不好。"

他又问："那么，那样这样行不行？"

我说："这个听起来稍微好一点点，但是里边还包含这个馊主意呢。"

我们就这样讨论了两个小时左右，反复考虑了许多想法，你来我往，争论了半天。那期间"大神"玻尔一直都在点烟斗，因为它总是熄灭。玻尔说话总是含混不清，很难理解。他儿子的话倒是容易理解一些。

"好了，"玻尔终于说，然后把烟斗再次点着，"我想，**现在**可以叫那些大人物过来了。"于是他们把其他所有人都召集过来，开始讨论。

奥格·玻尔后来告诉我，事情是这样的。上一次开会时，父亲对他说："你记得坐在后面那个小伙子的名字吗？他是唯一一个不怕我的人，如果我的想法

---

* 奥格·玻尔（Arge Bohr，1922—2009），1975年诺贝尔物理学奖获得者。

不靠谱，他会直接说出来。所以下次我们讨论问题时，不能找那些只会说'对，对，玻尔博士'的人。把那个家伙找来，我们得先和他谈。"

在这种事上，我总是不开窍，我从来没有意识到自己是在跟谁说话。我眼睛里只有物理，如果我觉得一个想法很糟糕，我会直接说它不好；如果我认为某个想法不错，我也会直接说它好。我说话就是这么直截了当。

我一向都是如此。如果你也能做到这一点，你就会知道这么做的感觉有多痛快。很幸运，我能够做到这一点。

————————

我们完成计算后，接下来当然是试爆了。那时因为我妻子去世了，我正好在家休短假。其间我收到从洛斯阿拉莫斯寄来的一封信，上面说："**孩子要出生了，预产期是 7 月 16 日。**"

我飞了回去，正好赶上班车要出发去试爆现场，我连自己的房间都没进就直接上车出发了。到了之后，我们远远地等着，离试爆中心现场大概 30 千米远。我们有台无线电收音机，可以通过它了解试爆什么时候开始。但收音机无法正常工作，所以我们对前方情况一无所知。而就在离预定时间还有几分钟的时候，收音机开始工作了，我们得知还有 20 秒就要试爆了。

我们每人配发了一副墨镜，这样就可以观看原子弹爆炸。墨镜？ 30 千米之外，戴着墨镜你还能看到什么呀？我觉得真正会对眼睛造成伤害的光线只有紫外线，而强光是无害的。于是我躲在一辆卡车的挡风玻璃后面，因为紫外线无法穿透玻璃，这样我就可以直视原子弹爆炸了。

时间到了，那边发出的巨大闪光实在太耀眼了，我只能低头暂避一下，这时我在卡车地板上看到了一个紫色光斑。我自言自语："不对，那是视觉后像。"于是我又抬头看，那道白光逐渐变成了黄色，之后又变成了橘色。空中出现了蘑菇云，然后又消失了，那是在冲击波作用下，空气被挤压和膨胀的结果。

最后出现了一个巨大的橘色球。爆炸中心过于明亮，变成了橘色的球，它开始上升，小幅度地翻滚着，而且球体边缘还有点发暗。后来你会发现，其实这是一大团烟雾，里面的火焰往外喷射光和热量。

这一切只发生在1分钟之内。这个从亮变暗的整个过程，我都看到了。我恐怕是唯一真正看到这个过程的人——第一次"三位一体"试验*。我身边的人都戴着墨镜，而距离试爆点10千米左右的人们则因为被要求趴在地上、闭上眼睛而看不到这一景象。我大概是唯一一个用肉眼直视爆炸现场的人。

最后，大约过了一分半钟后，突然传来一声巨响，"嘭！"然后就是如打雷一般的轰隆隆声——我这才相信原子弹确实爆炸成功了。整个过程中，没有人说过一句话，大家只是静静地看着。但是这一声巨响终于让大家松了一口气——特别是我，因为相隔了这么远传来的巨大声响，依然如此真切。试验真的成功了。

站在我身边的一个人问我："那是什么东西？"

我说："那就是原子弹。"

那个人是威廉·劳伦斯**，他来此是为了写一篇文章记述整个过程。本来由我负责接待他，但后来发现，这对他来说技术性过于强了。后来史迈斯先生来访，我就改为带他参观洛斯阿拉莫斯。我们曾走进一个房间，在一个狭窄架子的最里头看到一个镀银的小球。你把手放在上面，会感到一丝暖意。它有放射性——那是钚。我们站在房间门口，聊起了那个小球。这是一种人造新元素，之前地球上从未有过——也许在地球形成初期短暂存在过。而现在，它就在这个房间里，与世隔离，带着放射性和自身的一些属性。我们造出了这种元素。它是无价之宝。

你也知道，人们在说话的时候，手脚免不了有些小动作。史迈斯先生也不例外，聊天的这会儿，他就在一下一下地踢着门挡，于是我说："这门挡确实很

---

* "三位一体"（Trinity Test）是第一次原子试爆试验的代号。

** 威廉·伦纳德·劳伦斯（William Leonard Laurence，1888—1977），曼哈顿计划的官方历史学家，两次获得普利策奖。——编者注

配这扇门。"门挡是用一颗直径25厘米的黄色金属半球做成的——事实上就是黄金。

我们之前需要做一个实验，测试不同材料反射中子的情况，为了节省中子，我们没有用太多材料。我们测试了很多种金属，如铂金、锌、黄铜和黄金。做完实验后剩下这些金片，有人想出了一个绝妙主意：用这些黄金给这个保存钚的房间做个金门挡。

原子弹成功试爆后，洛斯阿拉莫斯沸腾了。所有人都在狂欢，大家跑来跑去。我坐在一辆吉普车的后座上敲鼓庆祝。但我记得有一个人——鲍勃·威尔逊——那个把我拉进项目的人，只是坐在那儿闷闷不乐。

我问他："你怎么不太高兴啊？"

他说："我们造出了一个可怕的东西。"

我说："可这一切都是你启动的，还把我们都拉了进来。"

你知道，对我来说，或者对我们来说，开始时是为了一个正义的目标。我们努力地工作，结果也很圆满，这是一件值得高兴的事，非常激动人心。之后你就不再思考了，是的，你停止思考了。但唯有鲍勃·威尔逊不一样，在那个特殊时刻，他依旧在思考。

之后不久，我回到"文明社会"，去康奈尔大学教物理。开始时我有种奇怪的感觉，我自己也不知道是什么原因，但感觉却很强烈。当我坐在纽约的一个餐馆里，看着外面的建筑时，我会想，在广岛爆炸的原子弹，它的破坏半径有多大呢？能覆盖从这里到第34街的区域吗？这个范围内的所有建筑，都会被夷为平地。我在大街上走着，看见人们在造桥，或者在修一条新路，我就会想，他们真是不可理喻，他们就是不懂。为什么还要铺桥修路呢？这毫无意义。

幸运的是，这毫无意义的日子已经过了30年了。我认为铺桥修路全无意义，很明显，是我错了。我很高兴其他人有这样的远见。

开锁风云

我跟一个叫利奥·拉瓦泰利的人学会了开锁。事实证明，开普通的弹子锁（比如耶鲁锁）非常简单。你可以试着把螺丝刀斜插进锁眼里来转动锁芯——只有从一边插进去才能让锁眼空出来。锁之所以不转，是因为里面有一些锁针，必须把锁针抬到正确的高度（通常用钥匙才能做到）锁芯才能转。因为制作锁的工艺并不是完美无缺的，所以锁通常不是被所有锁针卡住，而是被一根卡住。如果你再把一小根金属丝（可能是枚一端扭曲不直的回形针）插进锁里，然后在里面捅来捅去，你最终就能把那根阻止锁转动的锁针推到正确的高度。只把锁转动一点，于是第一根锁针会保持这个状态——被卡在边上。现在主要吃劲的是其他锁针了，这时你只要重复几次以上的过程，就可以把全部锁针都推开。

螺丝刀经常滑动，你会听到"嘀嘀嘀"的声音，这让你感到不耐烦。这是因为取下钥匙后，有一些小弹簧会把锁针重新压下去，而当你抽出螺丝刀时，你就能听到这些锁针发出的咔嗒声。（有时候你会特意抽走螺丝刀，为的是看看进展如何——比如，你可能推错了方向。）这个过程有点像西西弗斯：巨石总是跌回山下。

这个过程虽然很简单，但很有必要练习。你需要掌握使劲的力度：足以不让锁针落下来，但不能太大，以免它们一开始就没法被抬起来。很多人都意识不到，他们总是把自己锁在到处是锁的地方，但这些锁其实一点用都没有。

———

当我们在洛斯阿拉莫斯启动原子弹项目时，一切都很仓促，实际上很多东西都没准备好。人们把这个项目中所有关于原子弹的机密都保存在文件柜里，

2022

- 01 -

CATALOGUE

未 讀 之 書
-
未 經 之 旅

UNREAD

01 门罗脑洞科普系列
What if/ How to/ 万物解释者

[美] 兰道尔·门罗 著
孙璐 等译

比尔·盖茨推荐他的每一本书。美国国宝级科普作家带你学知识、开脑洞

02 世界奇幻动物大图鉴
博物学家的神秘动物图鉴/超自然变形动物图

[法] 让-巴普蒂斯特·德·帕
樊艳梅 译

还原神秘动物不为人知
密。一睹《神奇动物在
《魔兽》等诸多角色原型

03 中科院物理所趣味科普三部曲
1分钟物理1+2/物理君大冒险

中科院物理所 编

"中科院物理所"趣味科普代表作三剑合璧。爱上物理就看又皮又萌的"物理君"

04 科学的转折系列
薛定谔的猫/巴甫洛夫的狗/斐波那契的兔子

[英] 亚当·哈特-戴维斯
张雨珊 阳曦 杨惠 译

《薛定谔的猫》荣获
届"文津图书奖"科
荐图书

05 欢乐数学

[美] 本·奥尔林 著
唐燕池 译

一本充满"烂插画"的快乐数学启蒙书，小学到大学都能读的数学书

06 一想到还有95%的问题留给人类，我就放

[巴拿马] 豪尔赫·陈
[美] 丹尼尔·怀特森 著
苟利军 张晓佳 郝小楠 尔欣中 译

与 What if 异曲同工的极客
默，点击超6000万、火爆全
校的PHD Comics科普漫画
集结

07 日本原创力

[美] 马修·阿尔特 著
张佩 译

一部关于匠人、艺术家、天才和怪人的商业史，"日本制造"如何打造席卷世界的消费浪潮？

08 所有工具都是锤子

[美] 亚当·萨维奇 著
王岑卉 译

一个超级创客的自我修养，
言终结者》制作人、主持人的
工作手册

有些人根本不上锁；有的人只上那种有三根锁针的挂锁，开这种锁对我来说简直就是探囊取物。

为了提高文件柜的安全性，卖柜子的商家为每个柜子加了一根长长的不锈钢条，钢条穿过抽屉的把手，由一把挂锁锁住。

有人跟我说："看看这个新玩意儿——你现在还能开柜子吗？"

我看了一下柜子的背面，发现抽屉的底部并不结实。每个抽屉都有一条窄缝，里面有一根装着一块可滑动板的棍子，这块板的作用是把文件固定在柜子里。我从柜子背面伸进手去，把那块可滑动板向后推，然后从窄缝中抽出了文件。"看！"我说，"我都用不着开锁。"

洛斯阿拉莫斯是一个需要大量协作的场所，我们认为自己有责任指出任何需要改进的地方。虽然大家都认为文件柜十分保险，因为上面有钢条和挂锁，但我一直在唱反调，那些东西一点用都没有。

为了证明那些锁不中用，只要我需要某人的报告而那人又不在，我就会去他的办公室，打开文件柜把文件拿出来。等我用完了，我就会把文件还给那个人，说："谢谢你的报告。"

"你在哪儿拿的？"

"从你的文件柜里拿的。"

"可是我锁了呀！"

"我知道你锁了。但是那些锁没什么用。"

————————

最终，他们新进了一批带有密码锁的保险柜，这些锁是莫斯勒保险公司制作的。柜子上有三个抽屉。把顶层的抽屉拉出后，其他抽屉也会在机关的作用下打开。要想打开顶层的抽屉，需要按密码，把密码盘先左旋，再右旋，再左旋，然后右旋到数字10，如此锁闩才会被拉回。要想锁住整个文件柜，需要先关上最下层的抽屉，然后是顶层的抽屉，而后把密码盘拧到10以外的数字上，锁闩就会顶上去。

这些新文件柜立刻成为我眼前的挑战。我喜欢谜题：有人想方设法把别人拦在外面，那也肯定能找到解决问题的办法！

首先，我必须理解这种锁的原理，所以我把我办公室的那个锁给拆了。这种锁的工作方式是这样的：一根轴上有三个圆盘，每个圆盘在不同位置有一个缺口。开锁原理是将缺口排成一线，这样当你把密码盘转到10时，通过摩擦传动的微小力量就能把锁闩拉到圆盘缺口产生的锁槽里。

转动圆盘的是从密码盘后面伸出来的一根锁针，同时第一个圆盘也伸出一根锁针，两根锁针旋转的半径相同。密码盘转动第一圈，第一个圆盘也一起旋转。

第一个圆盘的背面和第二个圆盘前面也各有一根转动半径相同的锁针，密码盘旋转两圈的时候，第二个圆盘也旋转起来。

一直转动密码盘，第二个圆盘背面的锁针会遇到第三个圆盘前面的锁针，此时你已经通过密码的第一个数字把第三个圆盘调整到了正确的位置。

现在你要让密码盘朝另一个方向转一圈，这样才能从另一个方向接触到第二个圆盘，然后把密码盘旋转到密码的第二个数字的位置，让第二个圆盘就位。

和刚才一样，再改变密码盘的方向，让第一个密码盘转到合适的位置。现在，三个圆盘的缺口已经连成一线，把密码盘转到10，你就能打开柜子。

我纠结了一段时间，但毫无进展。我买了几本关于保险箱的书，但内容千篇一律。书的开头通常都有一些故事，描述了一些开锁专家的伟大成就，比如一位被关进肉类冷冻室的女士快被冻死了，但是开锁专家"倒挂金钟"，在两分钟内打开了门锁。或者有一些珍贵的皮草或金条被沉入了海底，然后开锁专家潜入水中打开了宝箱。

这些书的第二部分会开始讲如何打开保险箱。你会发现各种傻头傻脑的陈词滥调，比如"尝试某些日期的组合，因为很多人都喜欢用日期作为密码"，或者"想想保险柜主人的心理,他可能会用什么作为密码",以及"秘书总是担心自己会忘记保险柜的密码,所以她肯定会把密码写在以下地方中的一个:她办公桌抽屉的边沿上、写着姓名和地址的名单上……"凡此种种。

关于如何打开普通的保险箱,书中确实有一些有用的内容,也很好理解。普通保险箱大多装有一个手柄,如果你在转动密码盘的同时把手柄向下扳,手柄的力会试图把锁闩推入缺口(尚未连成一线),此时阻止锁闩进入缺口的往往只是某一个圆盘。当那个圆盘上的缺口转到锁闩下方时,你可以通过听诊器听到很轻的"咔嗒"声,或者感觉到摩擦力减少了一点点(不需要用砂纸打磨指尖也能感觉到),这时你就知道,"找到一个数字了"!

虽然你不知道这是密码中的第几个数字,但是有一个办法可以让你猜得八九不离十:把密码盘向反方向旋转,看看要转几圈才能听到相同的"咔嗒"声。如果是将近一圈,那么这就对应第一个圆盘;如果是差不多两圈,那么就是第二个圆盘(你要根据锁针的厚度来做一些修正)。

但是这个实用小技巧只对多装一个手柄的普通保险箱有效,于是我又进入了停滞状态。

我在文件柜上尝试了各种招数,比如在不打开顶层抽屉的情况下拆掉下层抽屉的插销:取下抽屉前面的螺丝钉,然后用一截衣架上的金属线往里面戳。

我尝试过快速旋转密码盘,然后拧到10,为的是增加一点摩擦力,我期望这能让某个圆盘莫名其妙地停在正确的位置上。我尝试了各种各样的办法,走投无路。

我还做了一些系统研究。比如,有一个典型的密码组合"69–32–21"。要想打开保险箱,数字偏差范围是多少呢?如果密码是69,那么68行得通吗?67呢?对于我们手中的这种锁来说,这两者皆可,但是66不行——向左或向右偏差两个数字都不行。这就是说,每5个数字中你只需要验证1个,那么你可以用0、5、10、15来试。在一个最大数字为100的密码盘上,有20个这样的数字，也就是8000种可能性，但如果你要每个数字都验证，就会有1000000种可能性。

现在的问题是：我需要多长时间才能验证完8000种密码组合？假设我已经找到了密码中的前两个数字。比如密码是"69-32"，但我不能完全确定，我可能认为是"70-30"。现在，我就可以验证第三个数字的20种可能性，而不必每次重新设置前两个数字。再假设我只找到了密码的第一个数字。当我验证过第三个圆盘上的20个数字后，我只把第二个圆盘稍稍挪动一点，然后再在第三个圆盘上尝试20种可能性。

我一直在自己的保险柜上练习，这样我就可以尽我所能加快这个过程，而不会让思维陷入混乱，比如记不起已经验证到哪个数字，而把第一个数字搞乱。就像练习魔术的人一样，我找到了一种节奏，可以在半小时之内尝试400种数字组合。这意味着我打开一个保险箱最多花8个小时，平均花4个小时。

洛斯阿拉莫斯有一个叫斯泰利的人也对开锁感兴趣。我们时不时交流经验，但却没有取得什么进展。当我算出自己平均花4小时就可以打开一个保险柜后，我想给斯泰利演示一下怎么做，所以我走进计算部某个人的办公室问："能用一下你的保险柜吗？我想给斯泰利看点东西。"

与此同时，一些计算部的人聚了过来，其中一个说："大家快看，费曼要给斯泰利展示怎么开保险柜了，哈哈哈！"我并没打算开保险箱，只是想给斯泰利演示如何在不重复设置第一个数字的情况下，快速验证后两个数字。

我开始了："假设第一个数字是40，然后我们来验证第二个数字是不是15。我们要来回转，再转到10；往回转5格然后转回来，再转到10；以此类推。现在我们已经试过第三个数字的所有可能性。接下来看看第二个数字是不是20：来回转，10；往回转5格然后转回来，10；往回5……"咔嗒！我的下巴都快掉下来了：我竟然就这么猜对了第一个数字！

因为我背对着大家，所以没人看到我的表情。斯泰利看起来也很惊讶，但我们俩很快就意识到是怎么一回事，于是我很浮夸地拉开第一个抽屉，然后宣布："这就打开了！"

斯泰利说："我知道你的意思了，这是个很好的策略。"然后我们就大步走开了。大家都对此惊叹不已。虽然纯属巧合，但从此我在大家眼里成了开锁专家。

———————————

我花了一年半的时间才取得这些进展。（当然，我也在研制原子弹！）但我想，现在我算是征服了保险柜这个难题，在出现真正的问题（比如有人消失了或者死了，没人知道密码是什么，但我们必须获取保险柜中的东西）时，我可以开锁。在读了各种开锁专家的荒唐吹嘘后，我觉得自己取得了相当令人尊敬的成就。

我们在洛斯阿拉莫斯没有什么娱乐项目，不得不设法自得其乐，于是摆弄文件柜上的莫斯勒锁成了我的爱好之一。

一天我发现了一件有趣的事：当柜锁被打开，抽屉被拉出，而且密码盘停留在10的位置时（人们打开文件柜拿文件时柜子就是这样的），锁闩仍然没有弹起来。这说明什么呢？这说明锁闩仍然在三个圆盘形成的锁槽里，那么三个圆盘仍然整齐地排成一线。哈哈！

现在，如果我把密码盘稍微旋离数字10，锁闩就会弹起来；如果这时马上旋回10的位置，锁闩就又回到锁槽中了，因为我还没有打乱它。如果我以5个数字为一步，把密码盘从10上移开，到达某个点之后，当我再转回到10时，锁闩不会再回去——锁槽已经被打乱了。而那个点的数字，也就是最后一个还能让锁闩回去的数字，就是密码的最后一位数字！

我发现可以用同样的方式找到第二个数字：一旦我知道了最后一个数字，就可以把密码盘向反方向旋转，用五步法一点点地推动第二个圆盘，直到锁闩抬起来。而这之前的那个数字就是密码的第二位。

如果我有足够的耐心，我就能用这种方式找到密码的三个数字，但是通过这种精巧的方案找到密码的第一个数字所耗费的时间要比另一种方案多得多，因为在我知道密码的另外两个数字且文件柜关闭的情况下，我可以直接验证第一个数字的20种可能性。

我不厌其烦地练习，直到我能在不看密码盘的情况下，从打开的文件柜上搞到后两位数字为止。接下来，当我在某个人的办公室里讨论物理问题时，我就会靠在他打开的文件柜上，就像人们说话时心不在焉地摆弄钥匙一样把密码盘拨来拨去。有时候我还会把手指放在锁闩上，那样我就不用去看锁闩是否弹起来了。通过这种方式，我弄到了很多文件柜密码的最后两个数字。等我回到自己的办公室，就立刻把那两个数字写在一张纸上，我把这张纸保存在我文件柜的锁里。每次我都要把锁拆开才能拿到那张纸，我觉得这是一个非常安全的地方。

过了一段时间，我声名鹊起，因为经常会发生这样的事情，有人说："嘿，费曼！克里斯蒂不在，我们需要他保险柜里的文件，你能打开吗？"

如果是我还没搞到最后两个数字的保险箱，我就说："抱歉，我这会儿没时间，有个工作要做。"如果是相反情况，我就会说："没问题，我先去拿工具。"我不需要任何工具，但我需要回办公室打开文件柜，然后看一眼我的小纸片——"克里斯蒂：35，60"。然后我会拿起一把螺丝刀去克里斯蒂的办公室，并且把自己关在屋里。当然不能让所有人都知道这是怎么一回事！

我一个人待在房间里，只要几分钟就能打开保险箱。我需要做的只是找出第一个数字，顶多试20次就可以了，然后我会坐在那里，在接下来的15～20分钟里读个杂志什么的打发时间。让整个过程看起来太简单没有好处，人们会发现里面有鬼。过一段时间，我才会打开门，摆出一副很辛苦的样子说："门开了。"

大家都以为我是从头开始开保险柜的。从和斯泰利一起经历的那次意外开始，我一直让大家这么想。没有人发现我实际上从他们的保险柜上拿到了最后两个数字，即使——或者说因为——我一直都这么做，就像是随身带着一副牌的"老千"一样。

————————

我经常去橡树岭检查那里的铀工厂是否安全。战时，所有事情总是很仓促，有一次我必须在周末去那里。那天是星期天，一名将军、某个公司的一名副总裁、几位其他大人物，然后还有我，都待在某个人的办公室里。我们聚在那里讨论一份报告，而那份报告保存在那个人的保险柜（一个机密保险柜）里，但他突然想起自己不知道密码。他的秘书是唯一知道密码的人，所以他给秘书家打电话，结果发现她去山上野餐了。

这时我问："我能摆弄一下这个保险柜吗？"

"哈哈——没问题！"于是我走到保险柜前，开始装模作样地开锁。

他们开始讨论怎么搞到一辆车去找那位秘书，而那个人开始越来越局促不安，因为他让所有人在这里干等，自己却是个连保险柜密码都不知道的傻蛋。办公室里气氛紧张，对他的不满越来越严重，正在这时"咔嗒"一声响——保险箱开了。

我在10分钟之内打开了装有所有工厂机密文件的保险柜。他们惊呆了。很明显，保险柜并不保险！这真是让所有人受到了惊吓：所有这些"亲启过目"的最高机密都锁在这个绝妙的机密保险柜中，而这个从洛斯阿拉莫斯来的家伙竟然10分钟之内就把它打开了！

我之所以能够打开这个保险柜，当然是因为一直以来"获取"最后两个密码的习惯。上个月在橡树岭办事的时候，我就在这间办公室里，当时保险柜是开着的，于是我就用那种心不在焉的方式找到了密码——我总是在练习。虽然我并没有把密码写下来，但是我能隐约记得一点。我先试了"40-15"，然后是"15-40"，但是这两个都不对。接下来我试了"10-45"和所有第一个数字的组合，然后保险箱开了。

我在橡树岭的另一个周末也发生了一件类似的事情。我写了一份报告，需要由一位上校批示通过，而这份报告当时放在他的保险柜里。所有人都把文件放在文件柜里，和洛斯阿拉莫斯那里的柜子一样，但是这位人物可是上校，所以他有一个更加高档的双开门保险柜，门上还装有能拉开4个将近2厘米厚的钢制锁闩的把手。上校打开这两扇巨大的黄铜柜门，拿出我的报告读了起来。

考虑到没什么机会接触真正的好保险柜，我说："在您读报告的时候，我能否看看您的保险柜？"

"去吧。"他说，确信我变不出什么花样。我看了看结实的铜门背后，发现密码盘连在一把小锁上，那把锁看起来和洛斯阿拉莫斯文件柜上的小部件一模一样。同样的厂家，同样的小锁闩，除了在锁闩落下来时，保险柜上的把手会把一部分钢条移到一边，然后你就能通过一堆控制杆拉回这些2厘米厚的钢条。整个控制系统看起来完全依赖锁文件柜的那个小锁闩。

为了在专业技能上精益求精，确定两种保险柜确实是一样的，我用对付文件柜的方式拿到了后两个数字。

在这个过程中，上校一直在读报告。他读完后说："好，可以。"他把报告放进保险柜，抓住门把手，然后把巨大的黄铜柜门关上。门关闭的声音好听极了，但我知道这些都是心理作用，因为它其实还是那把破锁。

我忍不住想刺激他一下（我总是喜欢逗弄身穿光鲜制服的军人），于是说："看您关保险柜的样子，好像觉得保险柜里的东西很安全。"

"当然。"

"您之所以认为东西安全，只是因为平民们管它叫'保险箱'。"（我加入"平民"这个词是为了让他感觉自己好像被平民骗了。）

他生气了："你是什么意思——保险柜不安全？"

"一个好的开锁匠可以在30分钟内打开它。"

"你能在30分钟内打开吗？"

"我说了是好的开锁匠。我大概要花45分钟。""好，"他说，"我妻子已经做好了晚饭在家等我，但我还是会留在这里看你表演，而你在接下来的45分钟内必须坐在那儿给我开锁，我倒要看看你能不能打开！"他坐进他的大皮椅，把脚放在办公桌上，然后开始看书。

我搬了一把椅子到保险柜前面，然后坐下。我把密码盘随意地拧来拧去，只是为了弄出点动静。

大概5分钟后（如果你只是坐在那儿干等，5分钟就很长了），他就已经没了耐心，问："有进展吗？"

"像这样的东西，要么你能打开，要么你打不开。"

我估计一两分钟内就能打开，然后我开始认真尝试，两分钟后，咔嗒——保险柜开了。

上校瞠目结舌。

"上校，"我用严肃的语气说，"我这就告诉你这些锁是怎么回事：当保险柜的门或者文件柜顶层的抽屉处在打开状态时，获得密码非常简单。你在读报告的时候我就这么做了，但我只是为了向你演示有多危险。你应该要求所有人在工作时把文件柜的抽屉关上，如果抽屉打开，保险柜就非常容易被攻破。"

"我知道你的意思了。很有趣！"我们对此达成了共识。

下一次去橡树岭的时候，所有认识我的秘书和其他工作人员见了我都说："别从这边走！别从这边走！"

上校给工厂里的所有人都发了消息："在费曼先生上次访问的过程中，是否进过或穿过你的办公室，或者出现在你办公室附近？"有人回答"是"，有人回答"否"。回答"是"的人收到了另一条消息："请更换你保险柜的密码。"

这就是他的解决方案：把我认定为危险源。所以那些人都因为我而更换了密码。换密码然后记住新密码是一件很恼人的事，所以他们都很生我的气，也不想让我再接近他们——他们怕自己还要再换密码。当然，他们在工作时，文件柜还是开着。

在加州理工学院温纳特学生中心讲述开锁故事，1964年

———————

洛斯阿拉莫斯的主图书馆保存着我们的所有文件，那是一个坚固的混凝土房间，漂亮的大门上有一个可以转动的金属轮盘——就像保险库一样。在战争期间，我曾试图仔细研究这个金库大门。我认识这里的图书管理员小姐，就求她让我摆弄一会儿门上的锁。我为它着迷——那是我见过的最大的锁！我发现没法用老办法搞到最后两个数字。事实上，因为我在大门开启时旋转门上的球形把手，锁闭上了，门卡住了，所以在管理员小姐过来再次把锁打开之前，门一直无法关上。这是我最后一次摆弄**那**把锁。我没时间搞明白它的工作原理，这超出了我的能力范围。

战争结束后的那个夏天，我有一些文件要写，还有一些工作要收尾，所以我从授课的康奈尔大学回到了洛斯阿拉莫斯。在工作中，我需要参考一份之前写过的文件，但我想不起来内容了，所以我又回到了图书馆。

我想去拿文件，但是那里有一个士兵来回巡逻，还带着枪。那天是周六，战争结束后图书馆周六闭馆。

于是我想起一个好朋友弗雷德里克·德霍夫曼做的事情。他在解密部门工作。战后，军队想要解密一部分文件，他不得不频繁往返于图书馆和办公室之间——看看这个文件，看看那个文件，查证一下这个，查证一下那个，搞得他快疯了。因此他复制了每一份文件（所有关于原子弹的秘密），放在他办公室的九个文件柜里。

我到了他的办公室，发现灯还亮着。似乎这里的人（可能是他的秘书）几分钟前刚刚出去了，所以我等了一会儿。在等待的过程中，我摆弄起某一个文件柜的密码盘。（顺便说一句，我没有德霍夫曼保险柜密码的后两位数字；这些柜子是战后才放进来的，那时我已经走了。）

我一边鼓捣其中一个密码盘，一边想起那些关于开锁专家的书。我想："我从来不觉得书里写的那些办法有什么用，所以我从来没试过。但现在可以看看按照那本书上所说的做，到底能不能打开德霍夫曼的保险柜。"

第一招，从秘书下手：她怕忘记密码，所以一定会写在某个地方。我开始查看书中提到的地方。办公桌抽屉锁上了，但是那只是普通的锁，利奥·拉瓦泰利教过我怎么开——乒！锁开了。我看了看抽屉的边沿，什么也没有。

我又开始查看秘书的文件。我看到一张所有秘书都有的纸，上面仔细地写着希腊字母，这样他们就能在数学公式中认出这些字母了。在文件的顶部潦草地写着，pi（圆周率）=3.14159。这是6位数字。为什么一个秘书要知道圆周率的数值？答案很明显，不太可能有其他原因。

我走到文件柜前，先尝试"31-41-59"，锁没有开；然后又试了"59-41-31"，也不行；然后是"95-14-13"，向前、向后、颠过来、倒过去——都不对！

我关上秘书的办公桌抽屉，正要走出门去，这时我又想起了开锁专家书里的内容：下一步，试试心理学的办法。我提醒自己："弗雷德里克·德霍夫曼不正是那种喜欢用数学常数当保险柜密码的人吗？"

重要性仅次于圆周率的数学常数是自然对数的底数：$e=2.71828\cdots$我回到第一个文件柜前，用"27-18-28"试了一下——咔嗒，开了！

一共有九个保险柜，我打开了第一个，但是我需要的文件却在别的保险柜中——文件是按照作者名字的字母顺序排列的。我用"27-18-28"在第二个文件柜上试了试——咔嗒，门开了，密码是相同的。我想："棒极了！我已经揭开了原子弹的秘密，但是如果我要向其他人讲这个故事的话，我就要确保所有密码确实都是一样的。"还有一些文件柜在另一个房间，所以我在其中一个文件柜上试了"27-18-28"，柜门打开了。现在我已经打开三个保险柜了——密码都是一样的。

我想："现在我自己也可以写一本远胜其他人的开锁书了，因为在书的开头我会写下，我如何打开容量如此大、内容如此珍贵的保险箱，其价值远胜我的前辈们打开的任何一个保险箱——当然，除了生命——但是和皮草或金条相比，我绝对赢了：我打开了装有原子弹所有秘密的保险柜——钚的生产流程、提纯工序、需要的原料量，原子弹的原理，中子如何产生，设计和规格是什么样——洛斯阿拉莫斯掌握的所有信息：整个方案！"

我回到第二个文件柜前，拿出了我需要的文件。然后拿起一支红色纸卷蜡笔和一张在办公室里随便找到的黄色纸，在上面写下："我借用一下编号为LA4312的文件——开锁人费曼。"我把便条放进文件柜各种文件的最上面，然后关上了门。

然后我走到我打开的第一个保险柜前，写了另一张字条："开这个并不比开另一个更难——聪明人。"然后关上了柜子。

在另一个房间的那个柜子里，我写了字条："当密码一样时，开哪个都是一样的——同一个人。"然后我关上柜门，回到办公室继续写报告。

———————————

当天晚上我去食堂吃饭，弗雷德里克·德霍夫曼也在。他说他正要去办公室工作，为了看笑话，我跟他一起去了。

他开始工作后不久，就去另一个房间打开了一个文件柜，这我可没料到。他第一个开的柜子正好是我放进第三张字条的文件柜。

他打开抽屉，看到了一个奇怪的东西——一张亮黄色的纸，上面还用红笔潦草地写着什么。

我在书里读到过，当一个人害怕时，他的脸会变成灰黄色，但我从来没见过。书上写的是真的，德霍夫曼的脸变成了暗淡的黄绿色，看起来非常可怕。他拿起那张纸，手在发抖："看——看看这个！"他声音也在发颤。

字条上写着："当密码一样时，开哪个都是一样的——同一个人。"

"这是什么意思？"我说。

"我保险柜的密——密码，都是一———样的！"他结结巴巴地说。

"那可不是一个好主意。"

"我——我现在知道了！"他说，整个人都在发抖。

脸上没有血色的另一个作用，可能是脑子也不好使了。"他写下了他是谁！他写下了他是谁！"德霍夫曼说。

"什么？"（我没在那张字条上写我的名字。）

"没错，"他说，"就是那个试图进入奥米伽大楼的人！"

在战争期间，甚至之后，总是流传着这样的谣言："有人试图进入奥米伽大楼！"要知道，在战争期间科学家们要做原子弹试验，好看看要多少原料才恰好让链式反应启动。他们会让一种物质穿过另一种物质，物质穿过后引起反应，然后他们会测量得到了多少中子。由于物质穿过的速度很快，所以不会累积什么，也不足以引发爆炸。但是会有足够的链式反应产生，这样他们就能确定启动的过程是否正确，速率是否刚刚好，以及一切是否都按照预测进行——这是一项非常危险的试验。

自然，他们不会在洛斯阿拉莫斯的中心进行试验，而是在几千米之外相隔好几座平顶山的峡谷里，那里与世隔绝。这座奥米伽大楼有围墙，还有守卫塔。夜半时分，万籁俱寂，一些兔子会从灌木中跑出来，撞在围栏上，弄出点声音。卫兵开了枪，负责守卫的中尉前来巡视。卫兵还能说什么——说那只是一只兔子？不行。"有人试图进入奥米伽大楼，但我把他吓退了！"

于是德霍夫曼脸色煞白，浑身发抖，没有意识到他的逻辑中有个漏洞：试图进入奥米伽大楼的人和站在他身边的人说不定是同一个人。

他问我该怎么办。

"先看看是否少了文件。"

"看起来没什么问题，"他说，"我看没丢什么。"

我想让他打开我拿走文件的那个文件柜："嗯，如果密码都是一样的话，可能他拿走了别的抽屉里的东西。"

"确实！"他说，然后他回到自己的办公室打开了第一个文件柜，找到了我写的第二张字条："开这个并不比开另一个更难——聪明人。"

对于他来说，"同一个人"和"聪明人"并没有什么不同：肯定就是那个试图闯入奥米伽大楼的人！因此，说服他打开装有我第一张字条的文件柜格外吃力，我已经不记得我是如何劝服他打开那个柜子的了。

他准备开文件柜的时候，我已经走到大厅里了，因为我有点害怕当他发现我就是罪魁祸首之后会打死我。

不出所料，他跟着我跑进大厅——但他不但没有生气，反而抱住了我，如释重负，因为原子弹的秘密没有被泄露出去，一切都只是我的日常恶作剧。

———————

几天之后，德霍夫曼告诉我他需要唐纳德·科斯特*保险柜里的东西。科斯特已经回到了伊利诺伊大学，很难取得联系。"如果你能用心理学方法打开我所有保险柜，"德霍夫曼说（我已经告诉他我是怎么做的了），"也许你也同样可以打开科斯特的保险柜。"

那时故事已经传开了，所以在我准备徒手打开科斯特的保险柜时，很多人都来围观我的精彩"表演"。我没有必要独自开锁。我并不知道科斯特保险柜密码的最后两个数字，而且，要使用心理学方法开锁的话，我就需要有了解科斯特的人在旁边。

我们都去了科斯特的办公室，我检查了他的抽屉，想看看里面是否有线索——什么都没有。然后我问他们："科斯特会用什么样的密码——一个数学常数吗？"

"不，不会！"德霍夫曼说，"科斯特会用很简单的密码。"我试了"10-20-30""20-40-60""60-40-20""30-20-10"，一无所获。

然后我说："你们觉得他会用一个日期吗？"

"是的！"大家说，"他就是那种会用日期当密码的人。"

我们试了各种各样的日期："8-6-45"，原子弹爆炸的那天；"86-19-45"；这天，那天；项目启动的日子。都不对。

这时很多人都已经走开了。他们没耐心看我开锁，但是解决这类问题的唯一途径就是耐心。

然后我决定从1900年开始逐一试起。听起来很吓人，但事实并非如此。第一个数字是月份，从1到12，我只需要3个数字：10、5，还有0。第二个数字是日期，从1到31，6个数字就够。第三个数字是年份，当时只有47个数字，这样9个数字就都包括了。所以8000种组合已经减少到了162种，我大概用15～20

---

* 唐纳德·威廉·科斯特（Donald William Kerst, 1911—1993），美国物理学家，致力于先进粒子加速器概念（加速器物理学）和等离子体物理学。

分钟就能试完。

倒霉的是，我是从大到小试月份的，当我最终打开时，密码是"0-5-35"。

我转向德霍夫曼："1935年1月5日左右，科斯特身上发生了什么事吗？"

"他女儿是1936年出生的，"德霍夫曼说，"肯定是她的生日。"

我已经徒手打开两个保险柜了，技艺越来越精湛。现在我是名副其实的专业人士了。

还是那个夏天，物资管理部的人打算收回政府采购的一些东西，再次出售以赚点利润。上尉的保险柜也在其中。我们都知道这个保险柜。战争期间，上尉来到这里，认为对于他的秘密来说，现有的文件柜不够保险，所以他需要一个特殊的保险柜。

上尉的办公室位于一栋不结实的木质建筑的二楼，我们在那栋楼里都有自己的办公室。麻烦的是，他订购的是一个特别沉的钢制保险柜。工人不得不放置木质平台，还要用特殊的千斤顶才能把保险柜弄上楼。因为我们当时能找到的乐子不多，所以大家都目睹了工人把这个大保险柜抬到他办公室的艰辛过程，我们还开了各种玩笑，猜测他要往里面装什么样的秘密。有些人说我们应该把我们的东西放进他的保险柜，让他把他的东西放到我们那儿。反正所有人都知道有这么个保险柜。

物资管理部的人想要赚钱，但首先要把保险柜清空，知道密码的人只有人在比基尼岛的上尉，以及忘记了密码的路易斯·阿尔瓦雷茨*。于是物资管理部的人让我去开保险柜。

我来到上尉的老办公室，然后问他的秘书："你为什么不给上尉打电话，问问他密码是多少？"

"我不想打扰他。"她说。

"那你就想打扰**我**吗？打开这个保险柜可能要占用我8个小时。除非你给他打电话，否则我是不会干的。"

"好，好。"她说。她拿起电话，我去另一个房间查看保险柜。保险柜就在那里——那个上尉的钢制大保险柜，而且保险柜的门是敞开着的！

我回到秘书那里："保险柜开了。"

"太棒了！"她说，放下了电话。

"不是，"我说，"保险柜**就是**开着的。"

"哦！那么物资管理部看来是能打开它喽。"

我下楼找那个物资管理部的人："我去看保险柜的时候它已经开了。"

"没错，"他说，"抱歉没告诉你。我派了我们的常驻锁匠去钻开保险柜，但在钻之前他先试了试能不能打开它，然后就开了。"

原来如此！信息一：洛斯阿拉莫斯现在有了一位常驻锁匠。信息二：这个人知道如何钻开保险柜，而我对此一无所知。信息三：他能在几分钟之内徒手打开保险柜。这是一位**真正**的专业人士，能提供**货真价实**的知识。我一定要见见这个人。

我了解到他们是在战后（这时他们对安全的重视程度有所下降）雇这位锁匠解决这类问题的。结果他没有足够多开保险柜的工作可以做，所以他也修理我们用过的机械计算机。在战时我也总是修理那些东西——所以我有办法可以见到他。

和别人交往时，我一向不偷偷摸摸也不要什么手段，通常都是直接走上前去介绍自己。但是这次见面实在是太重要了，而我知道在他告诉我任何开锁的秘密之前，我必须先证明我自己。

我找到了他的房间位置——我工作的理论物理部的地下室，而且我知道他傍晚开始工作，因为那时没人要用机器。所以，一开始我就在傍晚去办公室时路过他的门口。仅此而已，我只是路过。

过了几晚，我只是打声招呼。又过了一阵，当他发现总是同一个人经过后，他也会说"你好"，或者"晚上好"。

这种缓慢的过程持续了几周，我看到他在修理机械计算机。我什么都没说，还不到时候。

我们逐渐开始比之前多说一点儿话："你好！我看你工作挺卖力……""是啊，挺忙的……"——这类东西。

终于，突破口出现了：他邀请我一起喝汤。一切进展得不错。每天晚上我们都一起喝汤。我开始谈一些关于加法机的话题，然后他告诉我他遇到了问题。他想把一连串装满弹簧的齿轮放回一根轴上，但没有合适的工具。他研究了一周，也没找到好办法。我告诉他在战时都是我在处理这些机器的问题，我说："这样好不好，你今晚把这个机器放在门外，我明天看看。"

"好。"他说，因为已经想不出别的办法了。

第二天我看着那坏机器，试着把所有齿轮抓在手里，然后安装在轴上，但它们总是弹回来。我想，如果这事儿他已经干了一周，我试了之后也不行，那这个方法肯定有问题！我停下来仔细观察机器，然后注意到每个齿轮都有一个小孔——只是一个很小的孔。然后我豁然开朗：先给第一个齿轮装好弹簧，然后把一根小铁丝穿过那个小孔；再给第二个齿轮装好弹簧，把铁丝穿过去；然后下一个，再下一个，就像在线上穿珠子一样。用这个方法，我第一次尝试就把整个东西拼起来了，所有齿轮排成一线，再把铁丝抽出来，问题解决了。

那天晚上我给他展示了那些小孔和我的办法，从那以后，我们讨论了很多关于机器的事情。我们成了好朋友。在他的办公室里，很多小文件架上放着拆了一半的锁，还有一些保险柜的零件。天哪，它们多么美丽！但我仍然一句都没有提锁和保险柜的事。

终于，我感觉时机已经成熟了，于是我决定放出诱饵，谈论一点儿关于保险柜的话题。"兄弟！"我看着那些小文件架说，"我看到你在弄莫斯勒保险柜。"

"是啊。"

"你知道吗？这些锁不太结实。如果锁是打开的，你就能拿到密码的最后两个数字……"

"你能吗？"他说，终于显示出了一些兴趣。

"是的。"

"给我看看。"他说。我给他展示了我的做法，然后他转向我："你叫什么名字？"这么长时间以来我们从来没有问过彼此的名字。

"迪克·费曼。"我说。

"天哪！你就是费曼！"他惊愕地说，"那个开锁大师！我听说过你的事，我一直都想见你！我想跟你学如何开保险柜。"

"什么意思？你已经知道如何徒手开保险柜了呀。"

"我不知道。"

"听着，我听说了你打开上尉保险柜的事，我这段时间费了这么大劲就是为了好好跟你聊聊。现在你告诉我你不知道如何徒手开保险柜？"

"没错。"

"好吧，那你肯定知道如何给保险柜钻孔。"

"我也不知道如何钻孔。"

"**什么？**"我大喊，"物资管理部的人说你拿了工具去钻上尉的保险柜了。"

"假设你的职业是锁匠，"他说，"然后你的上司要你给保险柜钻孔。你会怎么做？"

"那样的话，"我回答，"我会像煞有介事地整理工具，然后拿上工具去保险柜那儿。我会把钻头随便放在保险柜的什么地方，开始'嗡嗡嗡嗡嗡嗡'一顿猛钻，这样我才能保住我的工作。"

"我就是打算这么做。"

"但是你打开了保险柜！你肯定知道如何开锁。"

"我不知道。但我知道那个工厂造出的锁初始密码都是"25-0-25"或"50-25-50"，所以我想，'谁知道呢——万一那个人懒得换密码呢'，果然第二个就是。"

我**确实**从他身上学到了一些东西——原来他开锁的方式和我一样不可思议。但更滑稽的是那个讲派头的上尉，他要求必须有又大又沉的钢制保险柜，还让别人费那么大劲把东西抬到他的办公室，而自己甚至连密码都懒得换。

我用那两个出厂密码把楼里的办公室试了个遍，结果打开了大约五分之一的保险柜。

山姆大叔不需要你！

第二次世界大战结束后，美军为了招募驻扎德国的占领军而大费周章。在那之前，美军缓服兵役的标准不以体格问题为优先（我因为研究原子弹而缓服兵役），但现在政策变了，所有人都要接受体检。

那年夏天，我在纽约州斯克内克塔迪的通用电气公司为汉斯·贝特工作，我记得要去一个很远的地方（可能是奥尔巴尼）做体检。

到了那个临时搭建的体检场地，我拿到一沓要填的表格，然后就开始辗转于各个小房间。一个房间测视力，一个房间测听力，另一个房间抽血样，等等。

总之，最后来到第13号房间：精神科医生。我在其中一把长椅上坐下，一边等待一边看发生了什么。屋里有三张桌子，每张桌子后面坐着一个精神科医生，而"犯人"穿着内衣坐在医生对面，回答各种各样的问题。

那时候已经有了很多讲精神病医生的电影，比如阿尔弗雷德·希区柯克的《爱德华大夫》；还有一部电影，讲的是一个女人曾经是很出色的钢琴家，但是她的手僵持在一个奇怪的姿势上，家人找来精神科医生帮助她，精神科医生和她一起上楼进了一个房间，你看到医生关上门，这时她的家人们就在楼下讨论会发生什么，后来她从房间里出来，手还是那样僵持着，她动作夸张地来到楼下，走到钢琴前坐下，在键盘前抬起了手，"叮叮当，叮叮当"，她又能弹琴了。我有点忍受不了这类胡说八道，认定精神科医生都是骗子，不想和他们扯上任何关系。这就是当时轮到我和精神病医生谈话时我的心理状态。

我坐在桌子前，那位医生开始翻看我的记录。"你好，迪克！"他用愉快的声音说，"你在什么地方工作？"

我想：他以为自己是谁，就直呼我的名字？我冷淡地说："斯克内克塔迪。"

"你为谁工作，迪克？"那个医生说，又开始微笑。

"通用电气。"

"你喜欢你的工作吗，迪克？"他说，脸上同样挂着大大的微笑。

"还行吧。"我不想和他有什么交流。

三个友善的问题结束后，第四个问题全然不同："你认为别人会谈论你吗？"他问，声音低沉而严肃。

我来了精神："当然！我每次回家，我妈都会告诉我她是怎么和朋友们说我的。"他没有听我的解释，而是在我的记录上写了些东西。

然后，他再次用低沉而严肃的声音说："你认为别人会**盯**着你看吗？"

我正打算否认，他又说："比如，你觉得长椅上坐的那些人中，有人正盯着你看吗？"

我在等候和精神科医生谈话时，注意到长椅上大概坐着12个人等待接受3个医生的检查，他们没有别的什么可以看，所以我用12除以3，也就是每个医生对应4个人，但谨慎起见，我说："有啊，可能有两个人在看着我们。"

他说："那你回头看看。"他自己却看都不看！

我回过头去，果然有两个人正在看我。所以我指着他们说："没错——那个人，还有那个人在看我们。"当然，就在我转过身指来指去的时候，其他人也开始看我们，于是我说："现在还有他，还有那边的两个人——现在是长椅上坐着的所有人了。"医生还是没有抬头查看，他正忙着在我的记录上写更多东西。

然后他说："你脑子里会听到声音吗？"

"很少。"我正要描述两次发生这种情况的情形，他就又说："你自言自语吗？"

"有时会，在我刮胡子或者思考的时候，偶尔吧。"他写下了更多东西。

"我看到你的妻子去世了——你和**她**说话吗？"

这个问题真的把我惹恼了，但我忍住了，说："当我爬山时，有时候会想起她。"

他又写下更多东西。然后他问："你家族中有人在精神病院吗？"

"有，我有一个姨母在疯人院里。"

"你为什么要说疯人院呢？"他不无怨怒地说，"你为什么不称之为'精神病院'？"

"我觉得它们是一回事。"

"那你认为发疯是怎么一回事？"他气愤地说。

"这是人类身上一种奇怪、特殊的疾病。"我诚实地说。

他反驳："这种病并不比阑尾炎更奇怪、更特殊！"

"我不同意，我们对阑尾炎的成因知道得更多，也知道它的机理，但是发疯却更复杂、更神秘。"我就不在这里详述这场争论了，重点是我认为发疯在**生理**上很特殊，而他认为我在说这种病在**社会意义**上很特殊。

直到这时，虽然我对这位医生很不客气，但对所有问题我都以诚相告。然而当他让我把手拿出来的时候，我还是忍不住玩了个小花招，是排队抽血时一个人教我的。我还以为永远没有机会玩这招了，但既然我已经差不多被认定为精神病了，那玩玩也无妨。于是我把双手拿出来，一只手掌朝上，一只手掌朝下。

医生并没有发现。他说："翻过来。"

我把手翻了过来。本来朝上的手掌变成朝下，朝下的变为朝上，但他还是没有注意到，因为他总是在很仔细地检查一只手，查看有没有发抖的迹象。所以这个小花招没有产生什么效果。

最终，在问完所有问题后，他又变得和蔼了。他面露喜色，说："我看到你有一个博士学位，迪克。你在哪儿上的学？"

"麻省理工和普林斯顿。**你**又在哪儿上的学？"

"耶鲁和伦敦。你学的是什么呢，迪克？"

"物理学。**你**学的又是什么呢？"

"医学。"

"这就是**医学**？"

"是啊。那你**觉得**这是什么？你去那边坐一下，稍等几分钟。"

因此我又在长椅上坐下了，一个排队的人试探地走过来，说："天哪！你在里面待了25分钟！其他人只待5分钟。"

"是啊。"

"听我说，"他说，"你想知道怎么骗他们吗？你只需要像这样拨弄指甲就行了。"

"那你自己为什么不那么做呢？"

"哦，"他说，"因为我想参军啊！"

"你要是想骗医生，"我说，"直接告诉他就可以了。"

———————————

过了一会儿，我被叫到另一张桌子前，和另一个精神科医生谈话。第一个医生看起来很年轻、很单纯，这位医生却是满头灰发，看似一位重要人士——很明显是刚才那位的领导。我想，所有这些问题现在终于要说清楚了，但我无论如何都不会笑脸相迎的。

这位新医生看了看我的记录，脸上挂起一个大大的微笑，说："你好，迪克，我看到你战时在洛斯阿拉莫斯工作。"

"是的。"

"那里过去是个男子学校吧？"

"没错。"

"学校里有很多建筑吗？"

"不多。"

三个普通问题——相同的技巧——下一个问题则完全不同："你说你脑子里会听到声音。请描述一下。"

"这种情况很少出现，我听到的是一个带有外国口音的声音。在我正要睡着的时候，我听得很清楚。第一次是我在麻省理工上学时发生的，我听到老教授巴利亚塔*说'辣（那）个颠（电）磁场'；另一次发生在战时，当时我在芝加哥，听到泰勒教授向我解释原子弹是如何工作的。我对各种现象都很感兴趣，所以一直很好奇为什么我能清楚地听到这些带有口音的声音，但我自己却无法模仿得很像……是不是所有人多少都会有类似的经历呢？"

那位医生把手放到了脸上，从他的手指缝隙中我看到他微微笑了一下。

然后医生开始问其他问题："你说你会和已故的妻子谈话。你会和她说什么？"

这次我真的生气了。我想这件事跟他半毛钱关系都没有，就回答："我告诉她我爱她，如果你没有意见的话！"

来回交锋几次后，他说："你相信超常现象吗？"

我说："我不知道'超常'是什么东西。"

"什么？作为一位物理学博士，你不知道超常是什么吗？"

"没错。"

"就是奥利佛·洛奇爵士**和他的学派***相信的东西。"

虽然他没给我什么有用的信息，但我知道他说的是什么。"你说的是'**超自然**'。"

"你想这么叫也可以。"

---

* 曼努埃尔·桑多瓦尔·巴利亚塔（Manuel Sandoval Vallarta，1899—1977），墨西哥物理学家，墨西哥和拉丁美洲物理学的杰出先驱。——编者注

** 奥利佛·洛奇爵士（Sir Oliver Lodge）是一位物理学家，无线电专利的关键持有人。他和赫兹同时独立发现了电磁辐射的存在。1900—1920 年任伯明翰大学校长。

*** 除了科学贡献外，洛奇爵士还因他在心理学研究和唯心论上发表的观点而闻名。他年轻时即对心理学现象有过相关研究。后来电磁辐射相关科学成果让他相信"以太"充满宇宙空间，而灵魂存在于"以太"中。虽然他的理论饱受批评，但仍然不乏支持者，其中包括赫兹和普朗克，他们明确表达了对他心灵感应相关研究的兴趣。

"好啊，我就这么叫。"

"你相信心灵感应吗？"

"不相信。你呢？"

"我对此持开放态度。"

"什么？你，一个精神科医生，竟然对此持开放态度？哈！"我们就这样你来我往了一阵子。

就快结束的时候，他说："你认为生活价值几何？"

"64。"

"你为什么说'64'？"

"那你该如何衡量生活的价值？"

"不，我的意思是说，你为什么要说'64'，而不是'73'之类的？"

"如果我说了'73'，你会问我完全相同的问题！"

这位医生以三个友好的问题作为结尾，和另一个医生一样。他把记录递给我，我就去了下一个小房间。

当我在排队的时候，我看到记录上有到目前为止我接受过的所有检查的摘要。为了找点儿乐子，我把我的记录给旁边的人看，并用一种听起来傻乎乎的声音问："嘿！你在'精神科'那儿结果怎么样？哦！你得到一个'N'啊。我其他所有项都得了'N'，但在'精神科'那里得了个'D'。你知道这是什么意思吗？"我知道是什么意思："N"代表正常，"D"代表有缺陷。

那个人拍拍我的肩膀说："兄弟，这不是事儿，说明不了任何问题，不要担心。"然后他走向了房间的另一角，吓得够呛：那是个疯子！

我开始看精神科医生写的记录，问题似乎很严重。第一位医生写的是：

　　　　认为其他人在讨论自己。

　　　　认为其他人在看自己。

入睡前听觉幻觉。

自言自语。

对死去的妻子说话。

姨母现在在精神病院。

非常特殊的盯视。（我知道他在说什么——当我说"**这**就是**医学**？"的时候）

第二位医生明显更为重要，因为他的字迹潦草，很难看懂。他写的内容包括"入睡前听觉幻觉已证实"。（"入睡前"的意思是问题发生在你似醒非醒的时候。）

他还写了很多其他看起来很专业的记录，我都看了一遍，说得非常糟糕。我想我必须用某种方法跟军队澄清这些问题了。

在整个体检流程的最后，有一位军官来决定你是否入选。例如，如果你的听力有问题，就是他来决定问题是否严重到无法入伍。由于军队当时正不遗余力地招募新兵，所以这位军官不会放过任何一个有用之人，他铁面无私。比如，我前面的人有两根骨头从脖子后面支了出来，应该是某种脊椎移位，这位军官也一定要从桌子后面走过来亲手摸一摸才行。他要确认真的有这么回事！

我想**这**就是我即将澄清误解的地方了。轮到我时，我把记录交给这位军官，然后准备好解释所有问题，但是他根本没有抬头。他看见"精神科"旁边有一个"D"，就马上把手伸向了"拒绝"印章，没问我任何问题，什么都没说。他在我的记录上盖上了"拒绝"两个字，然后把写着"4F"*的记录递给我，这时他仍然盯着桌子看。

于是我走出门去，坐上一辆开往斯克内克塔迪的公交车。我在车上想着我

---

*　"4F"是1948—1975年美军使用的兵役登记结果的一种，代表因既定的生理、心理或道德问题而被认定为不符合征兵标准。——编者注

刚刚经历的这场疯狂的闹剧，忍不住放声大笑，我对自己说："天哪！如果他们看见我现在的样子，就更加**确定**我是疯子了！"

我终于回到斯克内克塔迪，就去找汉斯·贝特。他坐在桌子后面，用开玩笑的口气对我说："迪克，你通过了吗？"

我拉着个长脸，慢慢摇头说："没有。"

他突然一副难过表情，以为体检时肯定发现我身体有什么严重问题，所以他用关切的声音问："怎么了，迪克？"

我用手指了指前额。

他说："不会吧。"

"没错！"

他大喊："不——会——吧！"然后笑得前仰后合，都快把通用电器公司的屋顶给震塌了。

———————

我给很多人讲过这个故事，大家都觉得很好笑，但有几个人例外。

我回到纽约时，父母和妹妹去机场接我，在开车回家的路上我把整个故事告诉了他们。听完之后我母亲说："那我们该怎么办，梅尔？"

父亲说："别开玩笑了，露西尔。这太扯了！"

虽然如此，但妹妹告诉我，我们到家后，在父亲母亲独处的时候，父亲说："露西尔，你不应该在他面前这样说。现在说说，我们**该**怎么办？"

母亲那时已经反应过来，然后她说："别开玩笑了，梅尔！"

还有一个人因为这个故事感到困扰。在物理学会会议的晚宴上，我在麻省理工的老教授斯莱特说："费曼，给我们讲讲你那个入伍选拔的故事。"

我给在座所有物理学家讲了来龙去脉——除了斯莱特教授，这些人我一个都不认识。他们从头笑到尾，但最后有一个人说："可能那位精神科医生有自己的想法。"

我笃定地说："**您**是哪个专业的呢？"当然，这个问题很傻，因为在座的都是参加专业会议的物理学家。我只是很惊讶一位物理学家竟然能说出这样的话。

他说："嗯，我本不应该在这里，我只是应兄弟的邀请来到这里，他是个物理学家，我是一个精神病学家。"我直接就揭开了他的真面目。

过了一会儿，我开始担心了。一个人在战时一直缓服兵役，因为他是原子弹的研发人员，入伍选拔委员会收到一封信，信上说这个人很重要，而现在他在精神科得了个"D"——原来他是个疯子？很明显他并不是疯子，他只是想被认为是个疯子——看我们怎么收拾他！

情况对我来说有点糟糕，所以我必须想个办法。过了几天，我想到一个办法。我给入伍选拔委员会写了一封信，内容大致如下：

尊敬的长官：

　我认为我不应该参加入伍选拔，因为我正在教授理科学生，而国家的发展和国民的福利正仰赖于他们的未来。尽管如此，你们可能认为我缓服兵役的原因在于体检报告的结果，具体来说，就是我在精神方面不合格。我觉得这份报告无论如何都不具有任何意义，因为我认为它是一个严重的错误。

　我之所以要主动向你们指出这个错误，是因为我疯狂到不希望因此占到任何便宜。

真诚的

R. P. 费曼

结果：**因医疗原因 4F 缓服兵役。**

从康奈尔到加州理工，带点儿巴西风情

–

庄重的教授

我想我的生活应该离不开教学。原因就在于，当我没什么想法或者止步不前的时候，我有事可做，并且我还可以对自己说，"至少我还活着，至少我在做一些有意义的事，我还在做贡献"。这是一种心理安慰。

20世纪40年代，当我还在普林斯顿大学的时候，我看到高等研究院里那些伟大智者经历的困境，这些人正因为杰出的头脑而被特别选中，得以获得坐在树林边可爱房子里思考的机会，不需要教课，也没有任何义务。这些可怜的家伙现在肯定也已经明白过来了吧？他们很久没冒出新鲜想法了：虽然有取得成就的大好机会，但他们那时脑子里空空如也。我认为在这样的环境下，你会自然而然地产生一种愧疚或沮丧的心情，然后开始**担心**自己什么成果都没有。而事实也正是如此。什么想法都没有。

没什么想法冒出来，是因为那里缺乏实际的活动和挑战：在那里你接触不到做实验的人。你不用思考该如何回答学生的问题。什么都没有。

在任何思考过程中，都有一切顺利、好想法接踵而至的时候。那时候，教学是一种干扰，是世界上最痛苦的事。但在思考的过程中，更多的是毫无进展的状态。你脑子里空空如也，这时候如果你什么都不做的话，就会发疯。你甚至不能说："好吧，至少我还有课可教。"

如果你从事教学工作，你就可以反复思考那些自己已经非常了解的基础知识。这些知识有趣且令人心情舒畅。反复思考这些东西没有坏处：有更好的讲解方式吗？是否有哪些新问题与之相关？能从中得到什么新想法吗？思考基础知识是件**简单**的事；如果你没有产生新想法，也没关系——你之前的想法对于教学来说已经足够了。如果你**确实**想到一些新东西，则会很高兴自己获得了一种看待旧问题的新方式。

学生们提的问题经常会成为新研究的源头。他们经常会问出很有深度的问题，这些问题我也曾经思考过，但放弃了一段时间。再次思考这些问题，看看现在我是否能比过去走得更远，对我来说完全没有坏处。学生们可能看不到我想回答的问题，或者我想思考的微妙之处，但是他们却能让我有所收获，因为他们提出的问题经常离我所关注的问题不远。要自己想到这些问题并不容易。

是的，我发现教学和学生可以让生活继续，所以我**绝不**接受别人特别为我定制的不需要教学的轻松工作。绝不。

但有一次，我**确实**得到了这样一份工作。

"二战"期间，当时我还在洛斯阿拉莫斯，汉斯·贝特在康奈尔大学给我找了一份工作，年薪3700美元。虽然其他地方给我的职位工资更高，但我喜欢贝特，所以我决定接受康奈尔大学的工作而不考虑钱的问题。但贝特总是很照顾我，当他发现其他地方给我开出了更高的工资时，他要求康奈尔大学给我提薪到4000美元，而我那时甚至还没开始工作。

康奈尔大学通知我，我将教授一门关于物理学中数学方法的课程，他们告诉我该在哪天到校——11月6号，但我觉得有点儿可笑，那时候一年都快结束了。我从洛斯阿拉莫斯坐火车到伊萨卡，途中大部分时间都在写曼哈顿计划的最终报告。我仍然记得我在从水牛城开往伊萨卡的夜车上才开始准备课程。

要知道，洛斯阿拉莫斯的工作压力非常大。你要尽可能快地完成所有事情；大家都工作得非常努力，但所有事情仍然要到最后时刻才能完成。因此提前一两天在火车上准备课程在我看来再正常不过了。

教授物理学中的数学方法对我来说非常合适。我在"二战"期间所做的就是这件事——把数学应用在物理学上。我知道哪些方法真的有用，哪些又不太行。我那时已经积累了大量经验，在过去四年间一直在忙碌的工作中大量使用数学技巧。所以我列出数学的不同分支和相应的处理方法，我仍然保存着当时的资料——我在火车上写的笔记。

我在伊萨卡下了车，像平时一样把沉重的旅行箱背在肩膀上。有一个人朝我喊："先生，要打车吗？"

我从来没想过要搭乘出租车：在大家眼里我一直是个年轻人，既缺钱又我行我素。但当时我想：现在我是个**教授**了——必须庄重一点儿。所以我把肩上的旅行箱拿下来，提在手里，然后对那个人说："是的。"

"去哪里？"

"旅馆。"

"哪个旅馆？"

"伊萨卡随便哪家旅馆就行。"

"你有预约吗？"

"没有。"

"找房间可不容易。"

"咱们一个个旅馆看下去。你在外面等我一下。"

我去伊萨卡宾馆碰运气：没有房间。我们又去了旅行者宾馆：他们也没房间。我对出租车司机说："这么拉着我跑来跑去也不是事儿，车费肯定很贵。我还是自己步行着找吧。"我把行李留在了旅行者宾馆，就开始到处转悠，想找一间空房。作为新晋教授，我就准备了这么多。

我发现还有其他人在到处转悠，找住宿的地方。事实证明，找到一间空房基本是不可能的。过了一阵子，我们溜达到一座小山上，渐渐意识到我们离大学校园已经很近了。

我们看到一个看起来像宿舍的建筑，窗户开着，可以看到里面有一些上下铺。这时已经到了晚上，所以我们决定去找人问一下看看是否可以睡在这里。门是开着的，但是整个地方一个人都没有。我们走进其中一个房间，另一个人说："来吧，咱们就睡这儿吧。"

我认为这个主意不怎么样。对我来说这就像偷东西一样。有人已经把床铺好了，他们可能会回来，看到我们睡在床上，然后麻烦就来了。

因此我们出去了。继续往远处走了一段路，我们看到路灯下厚厚一堆从草坪上扫起的落叶（正值秋季）。我说："嘿！我们可以趴在这堆树叶里，就睡在这儿！"我试了一下，感觉软软的。我不想再走来走去了，如果这堆叶子不在路灯的正下方的话，对我来说就是非常完美的床了。但是我可不想刚来到这里就惹上麻烦。在我敲鼓或干别的事儿的时候，洛斯阿拉莫斯的那些人还笑话我来着，他们会说康奈尔大学这是找了个什么"教授"。他们说我肯定会做一些"出名"的傻事，所以我要试图庄重一些。我好不容易才说服自己不要睡在那堆叶子上。

我们又转悠了一会儿，最后来到一栋大建筑前，看起来这应该是校园里比较重要的一栋楼。我们走了进去，走廊里有两张沙发。一个人说："我就睡这里了！"然后倒在了沙发上。

我可不想惹麻烦，所以我在地下室里找到了清洁工，问他我是否能睡在沙发上，他说"没问题"。

第二天早上睡醒后，我找了个地方吃早饭，然后就开始以最快的速度到处打听我的第一堂课什么时候开始。我跑进物理学院问："我第一节课什么时候开始？我错过了吗？"

那个人说："你不用担心。课程8天后才会开始。"

我吓了一跳。我说的第一句话是："好吧，那你为什么要我提前一周来？"

"我觉得你在授课之前可能想要先熟悉一下环境，找个地方安顿下来。"

我虽然回到了文明世界，但我对文明世界的规则一无所知。

吉布斯教授让我去学生会找住处。学生会的地方很大，有很多学生走来走去。我走到一张写有"住宿"的大桌子边说："我是新来的，正在找住的地方。"

那个人说："兄弟，现在伊萨卡的住宿情况非常严峻。你知道房间紧缺到什么程度吗？信不信由你，昨晚有一位**教授**就是在这个大厅的沙发上过的夜！"

我四下一看，忽然意识到这就是我昨晚待过的大厅！我转回头对他说："我就是那个教授，教授可不想再睡在这里了！"

———————————

我在康奈尔大学执教的早期时光非常有趣，有时甚至说得上滑稽。在我到达那里的几天后，吉布斯教授来到我的办公室对我解释，通常在一个学期已经开始了这么久的时候我们不会接收新的入学申请，但是在个别情况下，当申请的学生特别优秀的时候，我们仍然可以破例接收。他递给我一份申请书，让我看看。

过了一会儿他回来找我，说："你怎么看？"

"我认为他是第一流的，而且我觉得我们必须接收他。他能来这里是我们的荣幸。"

"话倒是没错，但你看到他的照片了吗？"

"看没看照片对结果能有什么影响？" 我很惊讶。

"当然没有，教授！很高兴能听到你这么说。我就是想看看我们的新教授是一个什么样的人。"吉布斯喜欢我不假思索地回击，而不是"他是部门领导，而我是个新人，所以我说话前最好想一想"。我脑筋其实没那么快，我只是第一反应很快，而又把最先想到的东西说出来而已。

然后又有一个人来到我的办公室。他想跟我谈哲学，我已经记不清他到底说了些什么，但他想要我加入某个由教授组成的俱乐部之类的组织。那个俱乐部某种程度上是个反犹团体，他们认为纳粹分子其实没那么坏。他试图向我解释有太多的犹太人在做这样那样的事——都是一些疯话。我等他说完之后，告诉他："你知道吗？你犯了一个大错误：我就是在犹太家庭中长大的。"他出去了，从这时开始，我不再尊敬康奈尔大学人文及其他学科的一些教授。

妻子去世后，我想要重新来过，我想去接触一些女孩子。那时候很流行交谊舞会，康奈尔大学里也有很多舞会，目的是让大家彼此认识，尤其是大一新生以及其他刚刚返回学校的人。

我还记得我参加的第一场舞会。因为一直待在洛斯阿拉莫斯，我有三四年时间没有跳舞了；我脱离了社会，更别说社交了。于是我去参加了这场舞会，跳得非常卖力，我觉得我跳得还不错。当有人和你共舞的时候，你可以通过对方的反应来判断自己表现如何。

当我们跳舞的时候，我会和对方聊几句；她会问一些关于我的问题，我也会问一些关于她的问题。可我想再和她跳舞时，就不得不再寻找她。但在我终于找到她后，她却说"抱歉，我要出去透口气"，或者"哦，我要去趟卫生间"——都是这样那样的借口，接连两三个女孩都是这样。

我有什么问题吗？我跳得很烂吗？我的性格很糟糕吗？

我又和另一个女孩跳起了舞，还是那些问题："你是本科生，还是研究生？"（有很多学生看起来并不年轻，因为他们刚从军队回到学校。）

"不，我是个教授。"

"哦？什么教授？"

"理论物理。"

"我猜你是研究原子弹的。"

"是的，战争期间我在洛斯阿拉莫斯。"

她说："你真是个该死的骗子！"然后走开了。

这让我松了一口气。一切都清楚了。我告诉这些姑娘的都是傻乎乎的大实话，我不知道这有什么问题。很明显，我被女孩们一个接一个地排挤，而我的行为都很友善、自然、礼貌，对于她们的问题我也是有问必答。一切看起来都很愉快，然后忽然之间——一切都失灵了。我一头雾水，直到我"有幸"被这个女人称为"该死的骗子"。

于是我开始回避这些问题，收到了相反的效果："你是大一新生吗？"

"啊，不是。"

"你是研究生吗？"

"不是。"

"那你**到底**是什么？"

"我不想说。"

"为什么不告诉我们你是什么呢？"

"我不想……"——然后她们就会一直和我聊下去！

最终有两个姑娘跟我一起回了住处，其中一个姑娘告诉我，我不应该因为自己是大一新生而感到不好意思，像我这样刚上大学的人多了去了，真的没有什么。她们自己也刚上大学二年级，两个人一起对我百般安慰。她们一起做我的心理工作，但我不想让事实继续歪曲下去，也不想继续让她们误解，所以我还是告诉她们我是一个教授。她们因为我欺骗了她们而非常生气。可以说作为康奈尔大学的一位年轻教授，我确实惹上不少麻烦。

总之，我开始教授物理学中的数学方法，我记得还教了另外一门课——电磁学，应该是这个名字。我当时还打算做研究。在战争开始前，当我还在攻读博士的时候，我有很多想法，我发明了用路径积分计算量子力学的新方法，还有一大堆课题想研究。

———————

在康奈尔大学，我大部分时间都用来准备课程，还经常会去图书馆，在那里一边读《一千零一夜》一边对路过的姑娘暗送秋波。但到了该做研究的时候，我就是无法静下心来。我总是感觉疲惫，经常提不起兴趣。我就是没办法做研究。我感觉这种状态持续了有几年，但当我回过头仔细计算时间的时候，我发现其实没有那么久。或许换作现在的我，我不会觉得那段时间有那么长，但在当时，那是一段**相当**漫长的时间。我无法沉下心来研究任何问题。我记得当时曾经写下一两句关于伽马射线的想法，但之后再也没有继续研究下去。我那时确信，在战争和妻子的离世之间，我已经将自己消耗殆尽。

现在我已经对当时的情况有了更好的理解。首先，一个年轻人意识不到好好筹备课程需要耗费多少时间，特别是在初登讲台的时候，如何讲好课、如何设计考题并且检查这些问题是否合理，都是耗费时间的工作。我课教得很不错，每堂课都花了很多心思。但是我没有意识到背后的工作量居然有**那么大**。所以我被"消耗殆尽"了，一边读《一千零一夜》一边自怨自艾。

在那段时间，我收到了很多来自不同地方的工作邀请，包括学界和业界，开出的薪水都比我当时的高。我每次收到这样的邀请，都会感到更加郁闷。我会对自己说："看，他们给了我多好的机会啊，但他们不知道我已经精疲力竭。我当然不能接受这些邀请：他们希望我做出成绩，其实我**什么都做不成**。"

最终我收到一封来自普林斯顿高等研究院的邀请：爱因斯坦……冯·诺依曼……赫尔曼·外尔……这些伟大的智者都在那里。**他们**给我写信，并且邀请我去**那里**做教授！而且不是普通的教授：也不知怎么，他们了解到我对这所研究院的态度——过于理论化，缺少足够的**实际**活动和挑战。于是他们写道："我们知道你对实验和教学领域抱有很大的兴趣，所以我们已经做出安排，创立一种新型的教授制度，如果你愿意的话，可以一边在普林斯顿大学做教授，一边在研究院搞研究。"

这可是普林斯顿高等研究院！为我破例！这个职位甚至比爱因斯坦的还好！太理想，太完美，也太荒谬。

这**太荒谬**了。其他的工作邀请在一定程度上让我感到难受，他们只是期待我在研究上取得成绩。但这份来自高等研究院的邀请太荒谬了，我根本不可能达到他们的期待，他们真是太高估我了。其他邀请可能只是错误，这个邀请却荒唐至极！我在刮胡子时想到这件事甚至都会笑出声。

但之后我对自己说："知道吗？他们把你想得那么厉害，你却不可能达到那个水平。但你也没有责任要达到那个水平！"

这真是个绝妙的想法：我没有责任达到别人觉得我应该达到的水平，取得"理所应当"的成就。我没有责任满足他们的期待：这是他们的错误，不是我的失败。

普林斯顿高等研究院把我想得那么优秀并不是我的失败，我不可能成为那样的人。这显然是个错误——在我认识到他们可能犯错的可能性之后，我意识到对于其他地方来说情况也是这样，其中也包括我当时所在的大学。我就是我，如果他们期待我变得优秀并且还为此付给我钱，那是他们的问题。

在此几天之后，也不知道为什么——可能是不小心听到了我说这件事，或者只是因为对我非常了解——康奈尔大学实验室的负责人鲍勃·威尔逊让我去见他。他用严肃的语气对我说："费曼，你的课教得很好，你做得不错，我们对此很满意。我们对你抱有的其他期待都是运气问题。当我们雇用一位教授的时候，我们就接受了各种各样的风险。如果结果是好的，没问题。如果结果不好，那就遗憾了。但你不需要过分担心你做的和没做的事。"他说的比这好听多了，我终于不再感到内疚。

然后我有了另一个想法：现在我对物理有些抵触，但我曾经那么**喜欢**物理。我当初为什么喜欢呢？因为我那时其实是在**玩**。我过去做那些"研究"都是兴趣所至，跟是否有利于核物理的发展没有关系，我只在乎对我来说是否有趣、好玩。我上高中时，注意到水龙头里流出的水越来越细，就想搞清楚到底是什么决定了这个曲线。我发现，这对我来说易如反掌。我不是**非做**不可，这件事对于科学的未来并不重要，也已经有人做过了。但对我来说这些都不是问题，我搞这些新花样都是因为好玩。

从此，我的态度发生了转变。既然我**已经**被"消耗殆尽"了，也就不可能取得什么成就，而且我还有一份我很喜欢的工作（在大学教书），就像我读《一千零一夜》是为了好玩一样，我想**玩**物理的时候就要玩物理，不再担心我所做的是否有意义。

又过了不到一周，我在食堂里看到有一些人在打闹，把一个餐盘抛向空中。我看到盘子上升的时候在摆动，还注意到盘子上面的红色康奈尔校徽也在旋转。在我看来，校徽的旋转速度明显比摆动速度更快。

我刚巧没什么事做，于是就开始研究盘子的运动轨迹。我发现在角度非常小的时候，校徽旋转的速度是摆动速度的两倍——比值是2比1*。通过复杂的公式竟然能得出如此简单的结论！然后我想："我是否能通过一种更根本的方法，比如力学或动力原理，来知道为什么是2：1？"

我不记得我是怎么做的了，但是最终我搞明白了盘子上质点的运动是怎么回事，以及各种加速度如何互相平衡，使比例保持在2：1上。

我仍然记得我去找汉斯·贝特的情形，我说："嘿，汉斯！我发现了一件有趣的事。当盘子这样旋转时，速度之比是2：1的原因在于……"然后给他展示了加速度是怎么回事。

他说："费曼，这挺有趣的，但是这件事的意义何在呢？你为什么要研究这个？"

"哈哈！"我说，"一点意义都没有。我研究这个只是为了好玩。"他的反应并没有令我感到气馁；我已经下定决心，我打算享受物理，爱怎么玩就怎么玩。

我继续研究摆动的等式。然后我想到电子轨道如何开始受到相对论效应影响，接着是电动力学中的狄拉克方程，以及量子电动力学（QED）……不知不觉中（一切发生得很快）我就"玩"（其实是研究）上了我曾经那么喜欢的老问题——在我去洛斯阿拉莫斯之后就没再碰过的论文型问题，那些传统而美妙的东西。

我不需要刻意努力。玩这些东西非常轻松，就像拔掉瓶塞一样：所有东西

---

* 新泽西的洛厄尔·C. 特林（Lowell C. Thelin）感到费曼故意颠倒了这个比例，为的是让读者们自己尝试这个实验。特林录制了一段盘子旋转、摆动的影像，证实应该是两次摆动对应一次旋转。事实上，费曼在校对后仍然没有找到这个错误，吸引他的是这样复杂的运动之下竟隐藏着如此简单的比例。——莱顿原注

都毫不费力地流淌出来。我几乎要抗拒一直玩下去的诱惑了！我正在做的事情无关紧要，但最终是有意义的：为我赢得了诺贝尔奖的图表和所有研究，全部来自那个晃动的餐盘。

有问题吗？

当我在康奈尔大学的时候，学校让我每周去水牛城的航空实验室做一次讲座。康奈尔大学此前已经和实验室商量好要派一个人去做晚间的物理讲座。虽然已经有人在做这件事了，但是学校收到了一些不满的反馈，所以物理学院希望我能帮忙。当时我只是一个年轻的教授，这样的事不能说拒绝就拒绝，所以最终我把这事儿答应下来。

学校安排我搭乘一家小型航空公司的飞机去水牛城。这家公司名为罗宾逊航空（后来更名为莫霍克航空），当时只有一架飞机。我记得第一次飞往水牛城时，飞行员正是罗宾逊先生。他清理完机翼上的冰，我们就起飞了。

对我来说，最重要的是我并不想每周四晚上都去水牛城。除了正常开支外，学校还会额外支付我35美元。我是经历过大萧条的一代，我琢磨着把这35美元存起来，在当时这可是个不小的数目。

然而我忽然想到：支付我这35美元的目的正是让水牛城之旅变得更有吸引力，而要想达到这个目的，我需要把钱花掉。所以我决定每次去水牛城的时候都把这35美元花在让我高兴的事儿上，我期待这能让我不虚此行。

在大学和研究机构以外的世界里，我没什么经验。我不知道该如何开始，于是我问了那位在机场接我的出租车司机，让他指导我如何在水牛城玩得开心。他帮了我很大的忙，我直到现在还记得他的名字——马尔库索，他的车号是169。每周四我到达机场后都会找他。

在第一次演讲之前，我问马尔库索："哪里有热闹好玩的酒吧？"我觉得酒吧里应该会发生不少有趣的事情。

"艾莱柏酒吧，"他说，"那个地方很热闹，你可以遇见很多人。等你讲完课我带你过去。"

讲座结束后，马尔库索来接我，送我去艾莱柏酒吧。在路上，我说："哥们儿，我在那里必须要点儿喝的。有什么好威士忌推荐？"

"你就要黑白狗，另外再要一杯水。"这是他给我的建议。

艾莱柏酒吧是一个很优雅的地方，里面有很多人，也有很多活动。女士们穿着皮草，每个人都很友善，电话铃响个不停。

我走向吧台，点了黑白狗和一杯水。酒保很友善，很快安排一位美丽的女士坐在我旁边并且为我介绍。我请她喝了酒。我喜欢这个地方，决定下周还来。

每周四我都要去水牛城，车号169的车载我去上课，然后拉我去艾莱柏酒吧。我走进酒吧，然后点黑白狗和一杯水。几周后，事情变成了这样，只要我一走进酒吧，在我到达吧台前，黑白狗和一杯水就已经等在那里了。"像往常一样，先生。"酒保会这样欢迎我。

我会一口干掉杯中的酒，表明我是一个硬汉，就像我在电影里看到的那样，然后过20秒左右我再喝水。过了一阵，我就不需要喝水了。

酒保总会安排美丽的女士坐到我旁边的椅子上，确保椅子不会空太久，开始时一切都很顺利，但在酒吧打烊之前，她们都去其他地方了。我想可能是因为我那时已经喝得烂醉。

有一次，艾莱柏酒吧正要关门的时候，那晚和我一起喝酒的女孩建议我们去另一个地方，那里有很多她认识的人。那个地方在另一栋楼的二层，从外面完全看不出楼上还有一间酒吧。水牛城的所有酒吧都必须在深夜2点前关门，所有从酒吧出来的人都会来到这个位于二层的大厅里，然后一切继续——当然，这都是非法的。

我想要找到一种待在酒吧里观察周围发生的事而又不喝醉的方法。有一晚我注意到有个艾莱柏的常客来到吧台，点了一杯牛奶。所有人都知道他是怎么回事：他得了溃疡，可怜的家伙。于是我有了一个主意。

等到下一次我去艾莱柏的时候，酒保说："像往常一样吗，先生？"

"不，可乐。只要可乐。"我说，脸上带着失望的表情。

其他人凑过来对我表示同情，有一个人说："唉，我三周前也不能沾酒来着。"另一个人说："很痛苦，迪克，确实很痛苦。"

他们都很尊敬我。虽然我处于"禁酒期"，但我仍然有**胆量**去酒吧，在那么多的"诱惑"下只点可乐。当然，这是因为我得去见朋友们。我坚持了一个月的"禁酒期"——可真是个铁骨铮铮的汉子。

————————

有一次我在酒吧的男厕所看到一个男的站在小便池旁边。他真是醉得可以，还用非常欠揍的声音对我说："我不喜欢你的脸。我要把它捏扁。"

我被吓得脸都绿了，但我用同样欠揍的声音回答："滚远点，否则我就尿在你身上！"

他又说了点什么，我猜我俩大概快要打起来了。我从来没打过架，既不知道具体做什么，也怕受伤。但我想到了一件事——从墙边移开，因为如果我挨打了，站在墙边会让我的后背也撞到。

然后我感到眼睛那里发出奇怪的嘎吱声，但不是很痛；紧接着我发现我正下意识地把那个浑蛋猛推回去。对我来说这相当了不起，因为我发现有些事根本不需思考，身体"机器"知道该怎么做。

"行，咱们现在谁也不欠谁了，"我说，"你还想继续打吗？"

那个人往后退了一步，然后离开了。如果那个人跟我一样愣的话，我们非得把对方杀了不可。

我去洗手盆那边清洗。我的手在颤抖，血从牙龈里流了出来（我牙龈上有一个地方很容易受伤），而且眼睛也很疼。冷静下来之后，我回到吧台，神气十足地对酒保说："黑白狗和一杯水。"我猜这样可能会让我平静下来。

我没注意到，那个被我在卫生间打了一拳的人正在吧台的另一边坐着，和其他三个人说话。很快这三个膀大腰圆的家伙来到我旁边，朝我靠了过来。他们俯身威胁道："和我们朋友打架是怎么一回事啊？"

我当时很迟钝，甚至都没意识到自己正在被恐吓，我知道的只有对与错。我只是转过身来厉声说："在你们闯祸之前，为什么不先问问到底是谁先动的手？"

这些大块头为自己的恐吓没有产生作用而感到惊讶，于是他们向后退了退，离开了。

过了一会儿其中一个人回来了，对我说："你说得对，科利总是这样。他总是找人打架然后让我们去摆平。"

"那还用说？就是我说的那样！"我说，那个人坐在了我旁边。

科利和另两个人走过来坐到我另一边，隔着两个座位。科利说我的眼睛看起来不太好，我说他的看着也不怎么样。我继续说着狠话，因为我猜真正的男人在酒吧里就应该这样。

气氛变得越来越紧张，酒吧里的人开始担心即将要发生的事情。酒保说："这里不能打架！你们冷静一下！"

科利发出嘘声："没关系，等他出去的时候我们再收拾他。"

接着有一个"高手"走了过来，每个领域都有一流的专家。这个家伙走过来对我说："嘿，丹！我不知道你回来了！你怎么样？"

然后他对科利说："这不是保罗吗？我想让你认识一下我的好朋友，丹。我觉得你们俩肯定能处得来。快来握握手！"

我们握了手。科利说："哦，你好。"

然后那位专家俯身对我耳语道："趁现在，赶紧离开这里！"

"但是他们说他们要……"

"快走！"他说。

我拿起大衣，快步走了出去。为了防止他们出来找我，我一直贴着墙边走。没人出来，于是我回到了宾馆。刚巧那天是我最后一次讲座，所以我很久都没再去艾莱柏酒吧，直到几年后。

（我大概在十年之后又回到了艾莱柏酒吧，但那里已经大不一样了。酒吧的环境已经不像之前那么好，里面都是些看起来有点粗俗下流的人。酒保已经换人了，我和他聊了聊，还告诉他以前这里是什么样的。"哦，是啊！"他说，"这里原来是那些赌马业者和他们的女伴们来玩儿的地方。"我那时才明白为什么这里过去有那么多友善又优雅的人，而且电话一直响个不停。）

第二天早上起床后，看着镜中的自己，我才明白一件事：原来被打青的眼圈需要几个小时才能完全显现出来。那天回到伊萨卡后，我去校长办公室送了点东西。一位哲学教授看到我的眼圈，叫道："哦，费曼！别告诉我你早上撞到门上了……"

"不不不，"我说，"我在水牛城的一间酒吧里，和人在厕所打了一架。"

"哈哈哈哈！"他大笑。

更糟糕的是，我还要顶着眼圈照常上课。我低头走进教室，研究着教案。准备好后，我抬起头直直看向学生们，说出我每次讲课前都会说的那句开场白："有问题吗？"——只是这次的语气更加凶悍。

我要我的一美元！

我在康奈尔大学执教期间，经常会回法洛克威老家看看。有一次我在家的时候，电话响了：从加州打过来的长途电话。那时候人们只有为了非常重要的事才会打长途电话，而且电话还是从千里之外的加州打来的，要知道加州可是个了不起的地方。

电话另一端的人说："请问你是康奈尔大学的费曼教授吗？"

"没错。"

"我是某某飞机制造公司的某某。"那是加州最大的飞机制造公司之一，但遗憾的是我记不起是哪一家了。那个人继续说："我们计划建设一座研发核动力火箭飞机的实验室。每年的预算有几百万美元。"——总之是一个大数字。

我说："请等一下，您跟我说这些干什么呢？"

"您先听我说，"他说，"您先听我把事情说完。请不要打断我。"他继续自说自话，有多少人会参与这座实验室的工作，多少多少人在这个层次，多少多少博士在那个层次……

"不好意思，"我说，"我觉得你们找错人了。"

"你是理查德·费曼，理查德·P. 费曼吧？"

"是我，但是你……"

"您**请**让我说完，**然后**我们再讨论具体问题。"

我坐下来闭上眼睛，听他说这些那些，关于这个大项目的所有细节，但对他为什么要告诉我这些信息，我仍然一无所知。

最后，他终于说完了："我之所以跟您讲我们的这个项目，是因为我们想知道您是否愿意担任这座实验室的主管。"

"你**真的**没搞错人吗？"我说，"我是理论物理学教授，不是火箭工程师，也不是飞机工程师，跟这些专业也没什么关系。"

"我们很确定，您就是我们要找的人。"

"你们是从哪儿找到我的名字的？为什么要给**我**打电话呢？"

"您的名字写在核动力火箭推进飞机的专利上。"

"哦。"我说，终于意识到**为什么**我的名字会出现在那个专利上，接下来我要讲的就是这个故事。我对那个人说："抱歉，我想继续在康奈尔大学做教授。"

事情是这样的。"二战"期间，洛斯阿拉莫斯有一个负责管理政府专利的人，是个不错的家伙，我们叫他史密斯上校。史密斯给每个人都发了消息，大概是这样说的："我们代表专利局，愿意为你们的每个想法申请专利，只要这个想法有利于美国政府且和你们现在的工作相关。任何关于核能及其应用的想法，不管是你认为大家都知道的，还是除了你之外**无人**知晓的，都来我的办公室，把想法告诉我。"

我在吃午餐的时候见到了史密斯，当我们谈到技术话题的时候，我对他说："你给大家发的那条消息有点儿夸张，你让我们把每个想法都告诉你，这根本不可能。"

我们你来我往地讨论了一会儿，这时已经走到他的办公室了。我说："有关核能的想法实在是太多了，而且大家都能想得到，如果要我告诉你所有这些想法，我得说上一天。"

"比如？"

"容易极了！比如，核反应堆……水下……水进去……蒸汽从另一面出来……'扑哧扑哧'——这是潜艇。或者，核反应堆……空气从前面进来……

经过核反应堆加热……从后面出去……在空中'砰'——这是飞机。或者，核反应堆……让氢气通过……'嗖'——这是火箭。或者，核反应堆……不用普通铀而改用浓缩铀和高温氧化铍，这样就能提高效率——这是发电机。这样的想法我能想到**一百万**个！"我一边说一边往门外走。

什么都没发生。

三个月后，史密斯把我叫到他的办公室："潜艇的专利已经有人申请了，但其他三个都是你的。"因此当加州的飞机公司在规划他们的实验室时，想要找到谁是火箭推进方面的专家，他们只找到了一条线索：申请了这个专利的人！

书归正传，史密斯让我签署了一些文件，证明我同意把三个想法交给政府申请专利。虽然接下来都是一些无聊的法律事务，但如果要把专利交给政府，你所签署的法律文件只有在进行交易之后才生效，这就是为什么我签的文件上写着："我，理查德·P. 费曼，将这个想法交给政府，代价是一美元……"

我把笔交给史密斯："我的一美元呢？"

"这只是一种形式，"他说，"我们还没有建立支付这种一美元的基金。"

"可是这上面说了，**我签字**了就应该拿到钱。"我说。

"你别闹了。"史密斯抗议道。

"不，不是那么回事。"我说，"这是一份法律文件。你让我签了，而我是个诚实的人。如果我签了一美元的合同，那我就要得到一美元。这事儿不能含糊。"

"行，行！"他说，气得不行，"我就**给**你一美元，我自己掏钱！"

"可以。"

我拿了那一美元，也想好了要做什么：我要去小卖店买上一美元的饼干和小零食，那些包裹着巧克力的棉花糖和一大堆好吃的，那时候的一美元还是挺值钱的。

我回到理论物理实验室，把吃的都分给大家："大家听着，我拿到了一笔奖金！来，吃块饼干！我拿到了奖金！用我的专利换的一美元！我拿到一美元了！"

所有申请过专利的人（有很多人都去找史密斯说过自己的想法）都跑到史密斯上校的办公室跟他说："我也要我的一美元！"

他只能自掏腰包，但很快就意识到这会让他大出血。于是他马不停蹄地建立了一项基金，用来给这些一定要拿到钱的人支付一美元。我也不知道他最后是怎么付清的。

你就直接问了？

刚到康奈尔大学的时候，我和新墨西哥州的一个女孩仍然有联系，我们是在研制原子弹的时候认识的。联系过程中，她提到了自己认识了另外的人，我感到大事不妙，这一学年正好即将结束，我决定尽快回到新墨西哥州并挽回局面。但是回去之后，我发现一切都已经太晚了，所以最终我在阿尔伯克基的汽车旅馆里度过了一个自在的暑假，每天无所事事。

卡萨格兰德旅馆坐落在66号公路旁，这是一条横穿城市的主干要道。沿路往下走经过三座房子后，你会看到一家小夜店。我因为无事可做，而且也喜欢在酒吧里跟人打交道，所以经常去这家夜店。

我第一次去那里时，和吧台边的一个哥们儿聊上了，我们注意到旁边一桌坐满了年轻漂亮的女士（我猜是环球航空公司的空姐），看起来她们正在为谁庆祝生日。那个哥们儿说："走，打起精神，我们请她们跳舞。"

于是我们请她们中的两位跟我们一起跳舞，跳完之后她们邀请我们和其他姑娘一起坐在桌前。几杯酒下肚之后，服务员走过来问："各位要点单吗？"

我喜欢假装醉酒。我当时虽然完全清醒，但还是转过身，用醉醺醺的语气对刚才和我跳舞的姑娘说："你要啥？"

她问："我们能点什么？"

"啥啊啊啊啊啊——都行！"

"那好，那我们要香槟！"她开心地说。

我用所有人都听得见的大嗓门喊道："行！每——每人一杯香——香槟！"

然后我听到我的朋友和那个女孩说"因为他喝醉了就要榨干他"的做法可

真不怎么样，于是我自己也开始琢磨，我可能确实犯了个错误。

还好，服务员朝我走过来，弯下身低声对我说："先生，16美元一瓶。"

我决定让大家打消喝香槟的念头，于是我用比之前更大的嗓门喊道："不用劳烦了！"

几分钟以后，当服务员带着一堆浮夸的东西回来时，我感到万分惊讶——他手臂上挂着一条白毛巾、托着放满玻璃杯的托盘、拎着一桶冰，冰块中还躺着一瓶香槟。他以为我的意思是"不用劳烦告诉我"，但实际上我的意思是"不用劳烦拿香槟了"！

服务员给每个人都倒上了香槟，我付了16美元，而我的朋友则对跟我跳舞的那个女孩很生气，认为她这么做就是想榨干我。我当时以为这就是故事的结局，但事实证明，这是一场全新冒险的开始。

———————————

我经常去那家夜店，几周过去，那里的娱乐方式也发生了改变。一帮正在阿马里洛和得州其他地方巡演的演员来到了这家夜店。夜店里也有一位驻场歌手，名叫塔玛拉。每当有新的表演团体来到夜店时，塔玛拉都会把我介绍给里面的某一位姑娘。那个姑娘会走过来和我一起坐在桌旁，我会给她买喝的，然后我们聊天。当然，如果能做聊天以外的事儿我也很乐意，但在最后时刻总会冒出点儿什么事来。所以我一直都不明白塔玛拉为什么要费劲把我介绍给这些漂亮姑娘，即使一切进展顺利，我一直在买酒、一晚上都在聊天，最终也什么都不会发生。我的那位朋友，虽然得不到塔玛拉的介绍，但也没有什么进展——我们俩都是冤大头。

几周过去了，换了不同的表演和不同的女孩，新的表演团体来了，塔玛拉把某个姑娘介绍给我，就像往常那样——我给她买喝的，然后聊天，她人也很友善。她去表演完了之后，又回到了我这里，我感觉也很好。周围的人纷纷看过来，心想："这人有什么过人之处，这个姑娘为什么要去他那儿呢？"

但是，到了夜晚即将结束的时候，她说了一句我之前听过很多遍的话："我本来想让你今晚来我的房间，但是我们还要开一场派对，所以也许明天晚上……"——我知道这个"也许明天晚上"的意思：我再也没有机会了。

整个晚上，我注意到这个名叫葛洛丽亚的姑娘经常和负责表演活动的主管说话，比如在表演间隙以及进出卫生间的路上。有一次她正在卫生间时，那位主管刚巧经过我旁边，我突然有了一个猜想，我对他说："你妻子是个好人。"

他说："是啊，谢谢夸奖。"然后我们聊了几句。他猜是她告诉我的。葛洛丽亚回来后，她猜是他告诉我的。所以他们俩又一起和我聊了几句，并且邀请我在酒吧关门后去他们住的地方坐坐。

凌晨2点，我和他们一起去了他们住的汽车旅馆。当然，那里没有什么派对，我们聊了很长时间。他们给我看了一本相册，里面有葛洛丽亚以前的照片，那是她丈夫在爱荷华第一次遇见她的时候，当时她是一个健康、丰腴的姑娘；我还看到了一些她减肥后的照片，现在的她已经相当轻盈可爱了！他教给她很多东西，但**他**却不会读写，这一点尤为有趣，因为他作为表演活动主管的工作包括在业余比赛中读出节目和表演者的名字，而我根本没有注意到他不会读他"读出"的东西。（第二天晚上我看到他们是怎么做的了。当她把一个人带上或带下台的时候，她会在经过时瞟一眼他手上的纸片，然后轻声告诉他下一个表演者和节目的名字。）

他们是非常有趣、友好的一对，我们进行了很多有趣的对话。有一天，我回想起我们相遇的经历，我问他们塔玛拉为什么总要把新来的姑娘介绍给我。

葛洛丽亚回答："塔玛拉把我介绍给你的时候说：'现在我要把你介绍给这里真正的**土豪**了！'"

我想了一会儿才意识到，原来我花16美元买下的香槟，以及那句虽然中气十足，但让人误解的"不用劳烦了！"已经成了一笔不错的投资。很明显大家都认为我是某种怪人，虽然外表不修边幅，不穿精致的套装，但却**时刻**准备着在姑娘身上花上一笔。

我最后把我的困惑告诉了他们："我这个人还挺聪明的，但可能只限于物理方面。不过酒吧里还有很多聪明人——钻井的人、挖矿的人、重要的生意人，等等——他们一直都请姑娘们喝酒，但却什么都没得到。"（到了这个时候，我已经开始推断没有人能通过请姑娘们喝酒而有所收获了。）"为什么会是这样？"我问，"一个'聪明人'进了酒吧之后怎么就变成一个大傻瓜了？"

那位主管说："这个我太清楚了。没人比我更懂这里面的门门道道。我会教你一些东西，以后你在泡吧的时候就能跟某个姑娘有进一步发展了。但在此之前，我得证明我确实没有吹牛。具体来说就是，葛洛丽亚会设法让一个**男士给你买一杯香槟鸡尾酒**。"

我说"好啊"，但我同时也在想："他们怎样才能做到呢？"

主管继续说："现在你必须按照我们说的来做。明天晚上在酒吧里，你要坐在离葛洛丽亚有一点距离的位置上，当她给你信号的时候，你只要走过去就行。"

"没错，"葛洛丽亚说，"很简单。"

第二天晚上我到酒吧之后，找到一个角落坐下，在那里我可以隔着一段距离看到葛洛丽亚。过了一会儿，果然有一个男士坐到了她旁边；又过了一会儿，那个人看起来很高兴，葛洛丽亚朝我使了个眼色。我站起身，漫不经心地踱步到那里。就在我经过他们的时候，葛洛丽亚转过身用非常友好而响亮的声音说："哦，你好啊迪克！你是什么时候回来的？你去哪儿了？"

此时，那个人转过身来想看看这个"迪克"是谁，我在他眼中看到的东西是我再熟悉不过的，因为我经常也处于这样的情境中。

第一眼："哦哦，有竞争对手来了。我已经给她买了喝的，但他却要把她带走。接下来该怎么办？"

第二眼："不，这就是个普通朋友。他们看起来已经认识很久了。"这些我都**看**得到。我能从他的脸上读到这些。我对他正在经历的事情一清二楚。

葛洛丽亚转过身对他说："吉姆，给你介绍我的一位老朋友，迪克·费曼。"

下一眼："我知道我要怎么做了。**我要对他友善一点，这样她就会更喜欢我了。**"

吉姆对我说："你好，迪克，喝一杯怎么样？"

"好啊！"我说。

"你想喝什么？"

"她喝的就行。"

"服务员，再来一杯香槟鸡尾酒。"

————————

那天晚上酒吧关门后，我又去了主管和葛洛丽亚的汽车旅馆。他们笑得很开心，对结果还算满意。"好吧，"我说，"我现在绝对确定你俩就是这方面的专家。什么时候给我上课呢？"

"没问题，"他说，"原则是这样的：男人想成为绅士。他不想显得没礼貌、粗暴，尤其是小气。只要女人对男人的动机了如指掌，那么摆布他对她来说就易如反掌。"

"所以，"他继续说，"在任何情况下，都**不要**做绅士：你**不要**太尊重这些姑娘。此外，最重要的原则就是，不要给她们买任何东西——一包烟都不行——直到你问她晚上是否愿意跟你在一起，而且你还要确信她确实会这么做，而不是在撒谎。"

"呃……你的意思是……你不……嗯……你就直接**问**？"

"好吧，"他说，"我知道这是你的第一节课，这样直率对你来说可能有点困难。那你在问她之前，可以给她买一样东西，一样小东西。但实话实说，这样做只会让事情更难办。"

行，只要有人能告诉我原理，我就知道该怎么做。接下来的一整天，我都在用完全不同于以前的方式给自己做心理建设：我接受了一个想法——这些酒吧里的女孩都是坏女人，她们不值得我为她们花一分钱，她们在酒吧里待着就是为了让你给她们买酒喝，而她们什么都不会给你；我不会对这些一文不值的坏女人有什么好态度，等等。我一直练习，直到我不需要再刻意为之。

那天晚上我已经准备好要试一试了。我像平时一样去了酒吧，刚一到我的朋友就说："嘿，迪克！来看看今晚我认识的姑娘！她去换衣服了，马上就回来。"

"行，行。"我无动于衷地回答，然后坐到另一桌看演出。表演刚一开始，我朋友认识的姑娘就走了进来，我想："她长得多漂亮跟我都没关系，她所做的只是为了让他给她买酒喝，而她则什么都不会给他！"

第一场节目结束后，我朋友说："嘿，迪克！我想让你认识一下安。安，这是我的一个好朋友，迪克·费曼。"

我说了"你好"之后继续看节目。

几分钟之后，安对我说："你过来和我们一起坐吧。"

我想："典型的坏女人：**他**给她买喝的，而**她**却邀请别人去他们那里坐。"我说："我在这里看得很清楚。"

过了一会儿，一位来自附近军事基地的中尉走了进来，他身穿笔挺的制服。没过多久，我们就注意到安已经在酒吧的另一端和那位中尉坐在了一起。

那天晚上晚些时候，我坐在酒吧里，安在和中尉跳舞，当中尉背对着我，而她面对着我的时候，她对我愉快地微笑。我又想："真是个坏女人，现在她又开始在中尉身上使花招了！"

然后我有了一个想法：直到中尉也能看见我时，我才看她，同时对她报以微笑。这样中尉就知道是怎么回事了。就这样，她的花招并没奏效太久。

几分钟之后，她和中尉已经分开了，她朝酒保要她的大衣和手提包，还故意大声说："我要出去走走。有人想和我一起去吗？"

我对自己说："你可以一直说不，把她们都推开，但你不能一直这么做，否则你就会一无所获。肯定有一个时机是需要你主动配合的。"于是我冷淡地说："我去和你走走。"我们走了出去，走过几个街区，看到一家咖啡馆，她说："我有个主意——我们买点咖啡和三明治，然后去我家吃吧。"

这个主意挺不错的，于是我们进了咖啡馆，她要了三份咖啡和三份三明治，然后我付了钱。

走出咖啡馆的时候，我暗想："有问题……三明治太多了！"

在去她住的汽车旅馆路上，她说："其实，我没时间和你一起吃这些三明治了，因为中尉要过来……"

我想："看吧，我搞砸了。师傅教我怎么做，我却搞砸了。我给她买了1.1美元的三明治，却什么都没问她。现在我知道了，我将一无所获！我必须扳回一城，哪怕是为了我师傅的荣誉。"

我突然停下来对她说："你……比**妓女**还不如！"

"你说什么？"

"**你让我**给你买这些三明治，而我能得到什么呢？什么也没有！"

"得了吧，你这个小气鬼！"她说，"如果你真是这么想的，我会给你三明治的钱！"

我觉得她这是在虚张声势："那你倒是给啊。"

她震惊了。她伸手掏钱包，拿出她的那份钱给我。于是我拿着我的三明治和咖啡离开了。

吃完之后，我回到酒吧向师傅报告情况。我跟他说了事情经过；告诉他我搞砸了，但尝试过扳回一城。

他冷静地说："没事儿，迪克，没关系。因为你没有给她买任何东西，所以她今晚会和你在一起。"

"啥？"

"没错，"他自信地说，"她今晚会和你在一起的。我确定。"

"但她人都不在**这儿**！她和中尉一起在家里呢——"

"没关系。"

就快2点了，酒吧马上要关门，安仍然没有出现。我问主管师傅和他妻子我是否能再去他们住的地方，他们说可以。

正当我们走出酒吧时，安来了，穿过66号公路走向我。她抓着我的胳膊，把我拉过去，说："来吧，一起去我那儿吧。"

师傅是对的。这堂课真是太棒了！

————————————

当我在秋季返回康奈尔大学后，有一次我和一个研究生的姐姐跳舞，她是从弗吉尼亚来的，人很好。我突然有了一个想法，我说："我们一起去酒吧喝一杯吧。"

在去酒吧的路上，我鼓起勇气想在普通女孩身上试一试师傅教给我的东西。毕竟，通过无礼地对待一个想让我帮她买酒的女孩，我得到了不错的效果。这个方法在一个普通南方姑娘身上是否适用呢？

我们走进酒吧，在我坐下之前，我说："听着，在我给你买酒之前，我想知道一件事：今晚你会和我在一起吗？"

"好啊。"

所以这个方法对于普通女孩同样适用！但无论这个方法有多奏效，在此之后我都没再用过。我不喜欢这样做。但这确实是有趣的一课，从此我知道了世界上有很多事都跟我小时候学到的大不相同。*

————————————

* 在这条2005年的"页下注释"中，我感到有必要指出——在他的坚持下讲述（并非因为他为此自豪，而是因为他想让所有人知道传说中的英雄也只是一介凡人）的这些故事中所出现的一些不当举动，其可能的原因——在这些故事发生的那些年间，参与制造原子弹的经历可能仍然让费曼饱受折磨，失去挚爱的妻子阿琳也给他带来了沉重的打击。我认为，他在巴西短暂逗留期间发生的事情也与之类似。——莱顿原注

又是那个美国佬！

战争结束几年后，有一次我载了一个搭便车的人，他告诉我南美洲特别好玩，让我一定要去。我随口抱怨语言不通，他却说去学就好了。我想这是个好主意：我要去南美洲看看。

康奈尔大学有一些外语课延续了"二战"时期的教学方法：学生们分成一些小组，每组大概有十个学生，其中一个学生以这门外语为母语，小组内只说这门外语。我在康奈尔是一位看起来很年轻的教授，于是我决定像普通学生那样去上课。我也不知道最终会去南美洲的哪个国家，所以我决定学西班牙语，因为南美洲的大部分国家都说西班牙语。

在登记课程的时候，我们站在教室外面等着，这时候一位风姿绰约的金发美女走了过来。你一定也曾有过这种感觉：哇！她看起来太美了。我想："可能她也要上西班牙语课呢——那就**太好了！**"但是没有，她走进了葡萄牙语课教室。我想，管他呢——那我就学葡萄牙语吧。

就在我跟在她身后朝教室走的时候，有一个盎格鲁-撒克逊式的想法冒出来："不行，这可不是决定学哪种语言的好理由。"所以我返回去，报了西班牙语课，这件事让我非常后悔。

不久之后，我出席一场在纽约举办的物理学会会议，坐在我旁边的是巴西人雅伊梅·提欧姆诺*旁边，他问我："你下个暑假有什么打算？"

"我考虑去南美洲看看。"

"哦！那你可以来巴西！我会在物理研究中心给你搞一个职位。"

---

* 雅伊梅·提欧姆诺（Jayme Tiomno，1920—2011），巴西物理学家。

现在我要彻底转学葡萄牙语了！

我在康奈尔大学找到一位葡萄牙研究生，他每周给我上两次课，好让我"转学"。

在飞往巴西的飞机上，我旁边坐的是一个只说西班牙语的哥伦比亚人。（我没跟他说话，因为我不想再把两种语言搞混了。）但是坐在我前面的两个人说葡萄牙语。我从没有听到过**真正的**葡萄牙语，我的老师说的葡萄牙语又慢又清晰，而这两个人说话像连珠炮一样。我什么都听不清，甚至连"我"或"那个"这样的词都没有听到。

终于，当飞机在特立尼达停留加油时，我找到那两个人，然后用非常慢的葡萄牙语（或者说是我认为的葡萄牙语）说："不好意思……请问你们能听明白……我现在说的话吗？"

"Pois não, porque não?"——"当然，为什么这么问？"他们回答说。

我尽力解释了情况：我已经学习葡萄牙语好几个月了，但是我并没有听过葡萄牙语对话，我在飞机上听到他们说话，但一个词都听不懂。

"哦，"他们边说边笑，"Não e Portugues! E Ladão! Judeo!"原来他们所说的那种语言和葡萄牙语之间的关系就像是意第绪语*之于德语，所以你大概能想象一个学习德语的人坐在两个说意第绪语人的后面，想要听懂两人对话的情景。虽然听起来很明显就是德语，但是你仍然什么都听不懂——你肯定觉得自己德语学得不怎么样。

当我们回到飞机上时，他们为我指出一个真正说葡萄牙语的人，我就坐到了那个人旁边。他之前在马里兰大学学习神经外科，所以跟他说话十分轻松——只要谈话内容与神经外科手术或者大脑这样的"复杂"东西有关。把长单词从英语翻译到葡萄牙语其实很容易，区别仅仅在于这些词的结尾：只要把英语里面的"–tion"换成葡萄牙语中的"–ção"，或者把"–ly"换成"–mente"，

---

* 意第绪语（Yiddish）是东欧犹太人及其在各国的后裔所说的一种从高地德语派生的语言。

做类似这样的变化即可。但当他望向窗外，说一些非常简单的话时，我却彻底听不懂了：我不懂"天空可真蓝啊"这样的话。

我在累西腓下了飞机（巴西政府会支付我从累西腓到里约的费用），接我的是塞萨尔·拉特斯*的岳父岳母，以及另一个人。塞萨尔·拉特斯是里约物理研究中心的主管。两位男士去帮我取行李，拉特斯太太用葡萄牙语和我对话："你说葡萄牙语吗？太好了！你为什么要学葡萄牙语呢？"

我费力地慢慢回答："我先学的是西班牙语……然后我发现了我要去巴西……"接下来我想说"所以我学了葡萄牙语"，但我想不起来"所以"怎么说。幸运的是，我知道怎么造**大**词，所以我以这句话作结："**Consequentemente, aprendi Portugues!**" **

当那两位男士带着行李回来的时候，她说："哦，他会说葡萄牙语！而且还会用**Consequentement**这样的词！"

这时广播里传来通知，去里约的航班取消了，下周二之前都不会有飞往里约的客机——但我最晚周一就要到达那里。

我非常沮丧。"可能还有货运飞机，那我就乘货运飞机吧。"我说。

"教授！"他们说，"累西腓是个很不错的地方。我们会带你到处走走的。放轻松吧——你现在到**巴西**了！"

那天晚上我在街上溜达，看到一小群人围在马路当中一个长方形的大坑（可能是为了安排水管道挖的）边上，而在大坑正中间，有一辆车。这景象颇为奇特：车子完美地嵌在坑里，车顶高度刚好和路面平齐。工人们挖了坑之后没有在附近留下任何标识或指示牌，这辆车的司机直接开进了坑里。我注意到了这里和美国的一点不同：当**我们**挖坑的时候，为了保护行人或车辆的安全，会放上各种各样的绕路标志和警示灯。在巴西，当有人挖了坑之后，干完活他们

---

* 塞萨尔·拉特斯（César Lattes），巴西实验物理学家，介子的发现者之一。——编者注

** "所以，我学了葡萄牙语！"这里"Consequentemente"一词就是按前文所说的造词法从英文单词"consequentely"而来。——编者注

就会径直离开。

总之，累西腓确实是个不错的地方，我也确实直到下个周二才飞往里约。

我到里约就见到了塞萨尔·拉特斯。巴西国家电视台想要拍摄一些我们会面的照片，于是他们一声不响地开始拍摄。摄影师说："要看起来是在说话一样。说点什么——什么都行。"

拉特斯问我："你找到'字典情人'了吗？"

那天晚上，巴西的电视观众们看到了物理研究中心的主管在欢迎一位来自美国的访问教授，但不知道的是他们谈话的主题竟然是如何找一个姑娘过夜！

到达中心后，我们需要确定授课时间是上午还是下午。

拉特斯说："学生们更喜欢下午。"

"那就下午上课吧。"

"但是下午的沙滩更好，不如你还是上午上课吧，这样下午就可以去沙滩上玩了。"

"但你不是说学生们更喜欢下午上课吗？"

"不用担心。**你怎么方便就怎么来**——下午去沙滩好好玩吧！"

我学到了如何用一种完全不同的方式来看待生活，这种方式完全不同于美国：首先，巴西人不像我这样匆忙；其次，如果你觉得某种方式更好，那就不用管其他的了！于是我上午上课，下午去海滩玩。如果我之前就学会了这一点，那我一开始就会选择学葡萄牙语，而非西班牙语。

我本来计划用英语讲课，但我注意到了一件事：当学生们用葡萄牙语给我解释什么的时候，即使我学过一点葡萄牙语，我还是不能清楚地理解。我分不清他们说的是"增加"还是"减少"，是"没有增加"还是"没有减少"或"慢慢减少"。但当他们费劲地说英语时，即便他们的发音很蹩脚，语法也错乱，我还是能听懂他们说的是"伤"还是"瞎"。我意识到，如果我想跟他们交流并且教给他们东西，最好还是用葡萄牙语，这样他们才能更好地理解，虽然我的葡萄牙语也很烂。

我第一次去巴西待了6周，在这期间巴西科学院邀请我做了一次演讲，内容是我最近完成的某项关于量子电动力学的研究。我觉得我应该用葡萄牙语来演讲，研究中心的两个学生说愿意帮助我。我的葡萄牙语演讲稿一开始十分蹩脚。我之所以要自己写，是因为让他们帮忙写的稿子里一定会有太多我不认识、也读不出的单词。在我写完之后，他们帮我改正了语法错误、润色了用词，但仍然是我能轻松朗读的程度，而且大体上我也知道我在说什么。他们陪我练习直到发音完全正确："de"的发音应该在"deh"和"day"之间——必须如此。

到了巴西科学院的会场，第一个演讲者是一位化学家，他站起来用英语做了演讲。他是为了表示礼貌吗？我听不懂他说的话，因为他的发音实在太糟糕了，但参会的其他人可能都有相同的口音，所以他们能听得懂——我也不知道。然后下一个人站起来做演讲，也是用英语。

轮到我的时候，我站起来说："抱歉，我不知道巴西科学院的官方语言是英语，所以我没有用英语准备演讲。请原谅，我会用葡萄牙语来演讲。"

我读了演讲稿，大家对此都很满意。

下一个演讲者说："和我的美国同事一样，我也用葡萄牙语演讲。"于是乎，据我所知，我改变了巴西科学院的发言用语传统。

几年后，我遇到了一个巴西人，他完整引用了我在巴西科学院演讲开头的几句话。那次演讲确实给听众们留下了很深的印象。

但葡萄牙语对我来说一直很难，我一直努力学习，比如读葡语报纸之类。我继续用葡萄牙语演讲——我将其称为"费曼葡萄牙语"；我知道这和真正的葡萄牙语不太一样，因为我能理解自己说的话，却听不懂街上的人在说什么。

————————————

因为第一次来巴西的体验非常好，所以一年后我又回到巴西，待了10个月。这次我在里约大学授课，费用本来应由大学支付，但他们没有付，所以研究中心承担了本该由大学支付的钱。

我最终在科帕卡巴纳海滩上的一家名叫米拉玛的宾馆住了下来。在很长一段时间里我都住在13层，从窗户望出去可以看到大海，还能看到海滩上的姑娘们。

后来我发现泛美航空公司的飞行员和乘务员在"停候"（我一直觉得这个词怪怪的）的时候会住在这家宾馆。他们一直都住在四层，到了后半夜，电梯里经常会有一些满脸倦容的人上上下下。

有一次，我离开宾馆旅行了几个星期，等我回来的时候，宾馆经理告诉我他已经把我的房间让给别人了，因为那是当时唯一一间空房，他已经把我的东西搬到一个新房间了。

这个房间位于厨房上方，住客一般不会在这里逗留太久。经理肯定觉得我是唯一一个清楚了解这间房间优势的人，所以我能忍受从厨房传出来的味道并且不会抱怨。我不抱怨：房间位于四层，离空姐们很近。搬到这里为我省了不少麻烦。

奇怪的是，航空公司的工作人员们或多或少都感到自己的生活很无聊，他们晚上常去酒吧喝一杯。我喜欢这些人，为了维持正常的社交生活，我会和他们一起去酒吧喝上几杯，每周都会去几次。

有一天下午3点半，我走在科帕卡巴纳海滩对面的人行道上，经过一家酒吧。我忽然有一种强烈的感觉："这**正是**我想要的，感觉正合适，我现在非常想去喝一杯！"

我开始往酒吧里走，但我忽然想到："等一下！现在才刚刚下午。酒吧里面没人。现在喝酒可不是为了社交。为什么我有那么强烈的感觉想要喝一杯呢？"——我感到有点害怕。

从那之后，我就再也没喝过酒。我猜我的情况可能并没有很危险，因为戒酒对我来说很简单。但我所不能理解的那种强烈感觉让我感到害怕。要知道，我从**思考**中得到了那么多的乐趣，我可不想毁了我的大脑——这个让生活如此激动人心的美妙机器。也是出于相同的原因，在很久以后，纵使我对幻觉深感好奇，我也不太愿意尝试致幻剂。

在那一年即将结束时，我带一位空姐——一个梳着辫子的可爱姑娘，去参观博物馆。当我们经过埃及展区的时候，我发现我在和她说这样的话："石棺上的翅膀代表了……人们过去把内脏放在这些瓶里，等会儿我们肯定会看到……"我对自己说："你知道你是怎么知道这些的吗？是玛丽·露告诉你的。"——想起她让我感到孤单。

我在康奈尔大学遇到玛丽·露，当我后来去帕萨迪纳之后，我发现她也去了不远的西木区。我曾经喜欢过她，但我们经常吵架；后来我们认识到我们两个在一起是不可能的，于是就分开了。但是在和空姐们约会了一年后，我的感情生活没有任何进展，我感到灰心丧气。就在我给这个姑娘讲解这些东西的时候，我想，玛丽·露真是个不错的人，我们当初不应该那样争吵。

我给玛丽·露写了一封信并向她求婚。如果当时我身边有一位智者，他一定会告诉我这样做很危险：你远离家乡，感到孤独寂寞，而你手边除了书信之外什么都没有，你只会记得那些愉快的事情，而想不起你们当初吵架的原因。事实证明这样确实不行：争吵马上再度开始，这场婚姻只持续了两年。

———————————

美国大使馆的一个人知道我喜欢桑巴音乐。我跟他说我第一次来巴西的时候，在街上听到桑巴乐队在练习，从此我就想更多地了解巴西音乐。

他说有一个叫"地区"的小乐队每周会在他的公寓练习，我可以过去听他们演奏。

乐队有三四个人，其中有一个人是那栋公寓的看门人，他们当时在公寓里演奏的都是比较安静的音乐；除了此地之外，他们没有其他地方可以练习。一个人敲着被他们称作"潘得鲁"（pandeiro）的小手鼓，另一个人弹着一把小吉他。我总是能听到鼓点声，但却没看到鼓！最终我搞明白那原来是小手鼓发出的声音，鼓手的演奏方式很复杂，他扭着手腕用拇指敲打鼓皮。我觉得这很有趣，多多少少学了一点潘得鲁的演奏方式。

狂欢节马上就要到来。在那段时间里，新的音乐层出不穷。在巴西，人们不会全年无休地出新音乐和新唱片；他们会在狂欢节期间把新的音乐一股脑地拿出来，这真是令人兴奋！

我后来发现，那个看门人是一个来自科帕卡巴纳海滩的小桑巴音乐创作群的作曲人，这个群组叫作"Farçantes de Copacabana"，意为"科帕卡巴纳的伪装者"。这个名字很对我的胃口，他邀请我加入他们。

这个桑巴流派的成员来自棚户区——城市的贫民窟，位于陡峭的山坡上。他们从山上下来，在未完工公寓楼的建筑工地的后面会合，在那里练习为狂欢节准备的新音乐。

我选择演奏一种叫"弗利吉得拉"（frigideira）的乐器，这东西很像一个金属制成的玩具平底锅，直径大约15厘米，用一根小金属棒敲击演奏。这是一种能发出清脆、急促声音的伴奏乐器，可以配合桑巴主旋律，让整个音乐更加丰富。我试着演奏，感觉一切还算顺利。练习的时候，音乐声澎湃向前，速度越来越快，突然，打击乐声部的首席乐师、一个大块头黑人喊："停！等等——等一下！"所有人都停了下来。"弗利吉得拉敲得有问题！"他用低沉的声音说，"又是那个美国佬！"

我觉得很不爽，所以不停地练习：我走在沙滩上都会用随手捡到的两根棍子练习手腕的动作，不停地练习、练习、练习。虽然我这样练习，但我仍然感觉低人一等，觉得自己是个累赘，拖了别人的后腿。

狂欢节的日子越来越临近，一天晚上我看到乐队的头儿和另一个人说话，说完之后他走过来，开始点名。"你！"他对一个小号手说。"你！"他对一个歌手说。"你！"——他指着我。我猜我们要完了。他说："到前面来！"

我们五六个人走到建筑工地前面，有一辆老凯迪拉克敞篷车停在那里。"上车！"头儿说。

车里的空间非常小，有几个人必须坐在椅背上。我问旁边的人："他在干什么？是要把我们赶走吗？"

"我不知道。"

我们一路往高处开，最终来到一个离悬崖很近的地方，下面就是大海。车停下来，头儿说："下车！"——然后他们带我们走向悬崖边！

不出所料，他说："排好队！你先，然后你，然后你！演奏开始！往前走！"

要不是前面有条下行的陡峭小路，我们就从悬崖上掉下去了。我们的小乐队——小号手、歌手、吉他手、敲潘得鲁的、敲弗利吉得拉的——沿着小路走下去，来到一个在树林中举办的室外派对。我们被挑出来并不是因为乐队的头儿想要开除我们，他是想让我们去这个需要桑巴音乐的私人宴会上演奏！表演结束，他还从雇主那里收钱，用于置办乐队的服装。

在此之后我感觉好了一点儿，因为我意识到当他挑选弗利吉得拉演奏者时，他选了**我**！

为我增加信心的还有另一件事。不久后，一个其他桑巴流派的人来到我们这里，那个流派位于更远一些的莱布隆海滩。他想加入我们。

老板说："你从哪里来？"

"莱布隆。"

"你演奏什么乐器？"

"弗利吉得拉。"

"行。我听听你敲得怎么样。"

这个人拿起自己的弗利吉得拉和金属小棒，然后开始"布拉——嗒——嗒，其——咔——其"地演奏。我的天哪！敲得真不错！

老板对他说："你去那边，站在那个美国佬旁边，学学怎么演奏弗利吉得拉！"

我是这么理解的，这就像一个说法语的人来到美国。起初他会犯各种各样的错误，你也几乎听不懂他在说什么。随着不断练习，他英语说得越来越好，你会发现他的口语有一种悦耳又奇怪的转变——一种讨人喜欢的好听口音。所以我在演奏弗利吉得拉的时候肯定也带有某种"口音"，因为我比不过那些从小到大一直演奏这种乐器的人；他们喜欢我的演奏，肯定是因为某种傻乎乎的腔调。无论如何，我成了一个还挺成功的弗利吉得拉演奏者。

狂欢节前一周的某天，我们乐队的头儿说："我们要练习一下在街上游行。"

我们从工地走到街上，街上到处都是人和车。科帕卡巴纳的街道总是处在混乱状态。信不信由你，街上还有一条有轨电车道，汽车则走另一条车道。正值科帕卡巴纳的交通高峰时段，而我们要在大西洋大道*当中游行。

我心想："老天爷！头儿没有申请许可证，也没有跟警察备案，他啥也没准备，就要带我们出去游行了？"

我们走到街上，周围的人都很兴奋。观众里产生了一些志愿者，他们用绳子在乐队周围围出一个很大的方形，这样行人就不会从我们当中穿过去。人们开始从窗户上探出头来。大家都想听最新的桑巴音乐，真是激动人心！

我们刚开始往前走，我就看到远处路的另一端有一个警察。他看到了正在发生的情况，然后开始疏导交通！一切都很随意，没有人提前安排，但进展得很顺利。人们在我们周围拿着绳子，警察在疏导交通，行人挤得水泄不通，车辆堵得一塌糊涂，但是我们的游行很顺利！我们沿着路往下走，绕过街角，经过整个科帕卡巴纳海滩，而这一切完全是随性而为！

最后我们来到老板母亲居住的公寓前的小广场上。我们站在这里演奏，老板的母亲、姨母和其他各种亲戚都从楼上走下来。她们身上系着围裙，刚才还

---

* 大西洋大道（葡萄牙语：Avenida Atlântica）是巴西里约热内卢一条重要的海滨大道，全长4千米。每年都有盛大的新年庆祝活动沿大西洋大道举办，吸引游客数十万。

在厨房里干活,很明显她们都很激动,几乎都快哭出来了。走在人群中间,为他们带去音乐,这种感觉非常好!而且有那么多人从窗口探出身来——气氛棒极了!我想起上次来巴西的时候也见过这样的桑巴乐队,成为我热爱这种音乐并为之疯狂的理由,而我现在居然身在其中了!

顺带一提,那天我们在科帕卡巴纳街上练习游行的时候,我看到人行道上的观众中有两个来自美国大使馆的年轻女士。下一周我收到大使馆的通知,上面说:"你做的事情很有意义……"好像我做这些事的目的是增进美国和巴西的关系一样。因此我做的事是"有意义"的。

参加这些彩排时,我不想穿平时在大学穿的衣服。乐队里的其他人都很穷,他们只有又旧又破的衣服。所以我就穿上旧汗衫、旧裤子,这样我看起来就不会太与众不同。不过,我这副打扮没法从坐落于科帕卡巴纳海滩大西洋大道的高级宾馆大堂走出来,所以我总是乘电梯到地下,再从地下室走上来。

狂欢节前不久,众多海滩的桑巴音乐团体之间要举行一场特殊的比赛。这些海滩包括科帕卡巴纳、伊帕内马,还有莱布隆,一共有三四个音乐团体,我们都要穿着演出服装沿着大西洋大道游行。对于穿着这样浮夸的狂欢节服装游行,我感到有一点儿别扭,因为我不是巴西人。但我们要打扮成希腊人,我猜我不会比他们更不像希腊人。

比赛当天我在宾馆餐厅吃饭,那里的服务员领班经常看到我在桑巴音乐响起的时候敲桌子,他走过来对我说:"费曼先生,今晚的活动你肯定**喜欢**!绝对是巴西风情:在宾馆前面就能看到桑巴乐队游行!他们的音乐非常好,你一定要听听。"

我说:"但是我今晚有点忙,不一定能赶得上。"

"哦!但你一定会非常喜欢的!你可不能错过!那绝对是巴西风情!"

他一再坚持,而我一再告诉他我可能没时间,他十分失望。

那天晚上我穿上旧衣服,像平时一样从地下室钻出来。我们在工地穿上演出服，沿着大西洋大道游行。一百个"巴西希腊人"穿着混凝纸做的衣服，我在队伍的最后，敲着弗利吉得拉。

成群的人站在大道两侧，大家都从窗户里伸出头来，我们走到了我住的米拉玛宾馆。宾馆里人们都站在桌子和椅子上，也是人山人海。我们从宾馆门口经过，起劲地演奏着。突然我看到一个服务员跳起来挥舞着胳膊，即使现场声音很嘈杂，我还是听到了他的叫喊："是教授哦哦哦哦哦——"领班终于知道我为什么那天晚上没时间看比赛——我要参加比赛！

第二天，我碰到一位总能在沙滩上见到的女士，她有一处可以俯瞰大西洋大道的公寓。那天她邀请了一些朋友去她家看桑巴乐团游行，我们经过的时候，她的一个朋友叫道："听！那个敲弗利吉得拉的演奏得多好！"我成功了。我做成了一件原本不该擅长的事，我为此激动不已。

当狂欢节真正到来的时候，我们乐团中的很多人都没有出现。我们专门为这个场合定做了很多特殊服装，但是穿衣服的人却不够了。我不知道为什么，可能他们认为我们不可能赢过城市里那些真正的大桑巴乐团。我知道的是，我们日复一日地练习演奏和狂欢节游行，但是当狂欢节真正到来的时候，团里的很多人却没来，所以我们的战绩并不怎么样。即使我们在街上游行，有些人也走着走着就掉队了。这真是一个奇怪的结局！我一直都不太明白这是怎么回事，也可能真正激动人心、让人快乐的地方在于努力赢得海滩间的比赛，大部分人感觉这才是他们能够达到的高度。（顺便说一下，我们确实赢了。）

在巴西的10个月里，我对较轻原子核的能级产生了兴趣。我在宾馆房间里完成了相关理论，但我想知道实验产生的数据是否与之相符。加州理工学院的专家正在凯洛格实验室从事这项全新的研究，我通过业余无线电联系到他们——时间当然是安排好的。我在巴西找到了一个业余无线电话务员，我差不多每周会去他家一次。他会联系帕萨迪纳的一个业余无线电话务员，因为这件

事有那么一点儿不合法性质，所以他会给我一些呼号，然后说："现在我要把你转接到WKWX了，他现在正坐在我旁边，他想和你通话。"

我会说："这里是WKWX。你能告诉我上周说过的那个硼的能级间的间距吗？"如此这般。我会用实验数据调整理论中的常量，并检查我的研究方向是否正确。

后来第一个话务员去度假了，但他给我介绍了另一个业余无线电话务员。第二个话务员是个盲人，他经营着自己的电台。这两个人都很不错，通过业余无线电和加州理工的联系对我来说非常有用。

至于物理本身，我完成了不错的研究，得出了合理的结论。这项研究随后被其他研究人员证实。但我觉得这项研究里有太多参数需要调整——需要太多"按现象调整常量"才能让一切相符，我不确定这套理论是否有大用。我想要的是对原子更深层的理解，而我从未觉得这些东西有多重要，因此也从未用过这次研究的成果。

———————

说到巴西的教育，我有一次非常有趣的体验。我教的那群学生未来会成为老师，因为巴西当时没有为受过高等教育的科学人才提供多少机会。这些学生已经上过很多课，而我所教的将是他们在电和磁方面学习的最高等的课程——麦克斯韦方程之类。

这所大学分布在城市各处的办公楼里，我在一栋能够俯瞰海湾的建筑里授课。

我发现了一个非常奇怪的现象：我问一个问题，学生们可以马上回答出来；但是下次我再问这个问题的时候——在我看来完全是同样的主题、同样的问题——他们却完全答不上来！举例来说，一次在我讲到偏振光的时候，我给了他们每人一些偏振片。

偏振片只会通过特定电矢方向的光，于是我解释可以通过偏振片的明暗判断光偏振的方向。

我先拿起两条偏振片，然后旋转它们直到透过光线最多。这样我们就能判断，两条偏振片现在正允许相同方向的偏振光穿过——穿过一条偏振片的光也能穿过另一条。接着我问他们，只用一条偏振片，如何判断它偏振的绝对方向。

他们不知道。

我知道解决这个问题需要一定的创造力，于是我给了一个提示："看看外面海湾反射的光。"

没人说话。

于是我说："你们听说过布儒斯特角吗？"

"老师，我知道！如果从具有某个折射率的介质反射出去的光是完全偏振的，那么这个反射角就是布儒斯特角。"

"那么光反射出去之后的偏振方向是什么？"

"光的偏振方向垂直于反射面。"即使是现在，我也要想想才能答得上来，他们却直接就能回答出来——他们甚至知道角度的正切等于折射率！

我说："然后呢？"

没有回应。他们刚刚告诉我，从具有某个折射率的媒介（比如外面的海湾）反射出去的光是偏振光，他们甚至还告诉我偏振的方向是什么。

我说："通过偏振片看看外面的海湾。现在旋转偏振片。"

"哦，这是偏振光！"他们说。

经过大量调查研究，我终于搞清楚，这些学生记住了所有知识点，却不知道任何一个知识点背后的意义。当他们听到"从具有某个折射率的介质反射出去的光"时，他们不知道这里说的物质就是水之类的东西。他们不知道"光的方向"就是你看某个东西时的方向，等等。所有知识都是死记硬背的，没有任何知识具有实际的意义。因此，我问"布儒斯特角是什么？"，就是在计算机里输入了正确的关键词；但如果我说"看水面"，那就什么反馈都没有——因为他们没有背过"看水面"。

随后我参加了一个工程学校的讲座。这个讲座的内容翻译过来是这样的："如果相等的力矩……产生……相等的加速度……那么两个物体……就被认为是等效的。如果相等的力矩，产生相等的加速度，那么两个物体就被认为是等效的。"学生们都坐在那里记笔记，当教授重复句子的时候，他们会检查自己写得是否正确。然后他们会开始写下一句，就这样不停地写。教授说的是具有相同惯性力矩的物体，但想听出来并不容易，我是唯一知道教授在说什么的人。

我不知道他们能从这样的课程中学到什么。他在台上说的是惯性力矩，但却没有任何讨论关于推门的时候把力用在铰链附近和门边上的对比，任何联系实际的讨论都没有！

下课之后，我问一个学生："我看你们记得很认真——你们要怎么使用这些笔记呢？"

"哦，我们会研究这些内容，"他说，"我们会考试。"

"考试会考些什么？"

"很简单。我现在就能告诉你会出什么样的题。"他看着他的笔记说，"'两个物体在什么时候是等效的？'答案就是，'如果相等的力矩，产生相等的加速度，那么两个物体就被认为是等效的'。"所以你看，他们可以通过"学习"这些东西通过考试，除了死记硬背的东西，他们什么都不会。

在此之后，我又去看工程学校的入学考试。正在进行口试，我被允许进去旁听。我发现有一个学生非常出类拔萃：所有问题他回答得都很漂亮！考官问他反磁性是什么，他回答得非常好。然后他们问："当光以某个角度穿过一个折射率为 N 且有一定厚度物质时，光会发生什么情况？"

"光会平行射出——但是有偏移。"

"会偏移多少？"

"我不知道，但我能算出来。"然后他就算了出来。他很优秀。但是，在与很多学生有了一定接触后，我对这种情况抱有怀疑。

考试结束后，我找到这位聪明的年轻人，跟他解释说我是从美国来的，想问他一些问题，对这些问题的回答绝对不会影响他考试的结果。我问的第一个问题是："你能给出我一些反磁性物质的例子吗？"

"不能。"

然后我问："假设这本书是玻璃做的，我通过它看桌上的一样东西，如果把玻璃倾斜一下，我看到的图像会有什么变化？"

"图像会发生偏转，偏转角度是你转动书的角度的两倍。"

我说："你没把这个和镜子搞混吧？"

"没有！"

刚刚在考试中，他才告诉过我们光会发生偏移，和自身平行，所以图像会移到一边，但角度不会发生改变。他甚至还算出来图像会偏移多少，但没有意识到玻璃正是一个带有折射率的物质，他的计算完全可以回答我的问题。

我在工程学校还教授一门数学物理方法的课程，我在授课过程中给学生们展示如何通过试错法解决问题。人们通常不会学这种东西，所以我先通过简单的算术例子解释这种方法。让我感到惊异的是，80个学生中大概只有8个学生交了第一份作业。所以我在课堂上严正教导他们自己动手的重要性，不能只是坐在那里看**我**动手。

在这堂课之后，一些学生组成了小代表团来找我，他们对我说，我不理解他们所处的背景，他们不需要解决这些问题就能学习，他们已经学过算术，所以这些内容他们早就会了。

我继续跟进这个班级，发现无论作业多么复杂或高阶，他们都从来不会交。当然我也意识到了问题的关键：他们不会做！

还有一件我一直没能让他们做到的事，那就是问问题。最后有一个学生向我解释："如果我在课堂上问了一个问题，那么接下来所有人都会告诉我：'你为什么要在课堂上浪费我们的时间？我们想要学东西。但你却因为要问问题而耽误老师讲课。'"

这就是高人一等的态度。虽然大家其实全都不懂，但他们会看扁其他同学，就好像他们自己知道答案似的。他们全部假装自己学会了，如果一个学生提出问题，哪怕有一刻承认了自己没搞明白，其他人就会居高临下地看他，让他知道自己在耽误时间，似乎这个问题没有一点儿值得说明的地方。

我向他们解释大家团结合作、讨论问题的重要性，但是他们还是不愿意照办，因为他们问其他人问题的话就会很丢脸。可悲！他们做了那么多的作业，但却把自己禁锢在这种奇怪的思维模式里，这种奇特的自我陶醉式"教育"毫无意义——完全无意义！

在这个学年即将结束的时候，学生们请我讲一讲我在巴西的教学体验。听我演讲的不光有学生，还有教授和政府官员，于是我让他们保证我可以畅所欲言。他们说："当然没问题。这是一个自由的国家。"

我走进大教室，带着大一学生的初级物理学教科书。他们觉得这本书特别好，因为书里用了不同的字体——粗体代表需要记住的重要内容，没那么重要的内容则用常规字体，诸如此类。

看到我后马上有人说："你不会打算说这本教科书不好吧？写这本书的人今天也来了，而且人人都觉得这本教科书很好。"

"你说过我可以畅所欲言。"

大教室里坐满了人。我开始演讲，我把科学定义为对大自然现象的理解。然后我问："教授科学的原因是什么？当然，如果不懂科学，没有国家可以自称是文明的……"他们全都点头表示认同，因为我知道这正是他们的想法。

接着我说："这当然全是扯淡，为什么我们认为自己一定要和其他国家看齐？这么做必须有一个原因，一个合理的原因，而不仅仅是因为其他国家这么做。"然后我谈到了科学的用处，以及科学对改善人类生活的贡献，还有一些类似的话——我确实挖苦了他们。

然后我说："我演讲的主要目的就是要向你们证明，在巴西，根本没有人在教科学。"

我可以看到他们在骚动，他们肯定在想："什么？没有人在教科学？这真是疯了！我们有那么多课程。"

于是我告诉他们，刚到巴西的时候，最让我感到震惊的就是看到小学生在书店里买物理书。有那么多巴西孩子在学习物理，比美国孩子起步早得多，但是在巴西你却找不到几个物理学家——为什么会这样？那么多孩子都努力地学习，但却没有成果。

然后我提出一个类比。有一位热爱希腊语的希腊学者，他知道自己的国家没有多少孩子学习希腊语。但他去另一个国家时，却欣喜地发现每个人都在学习希腊语，即使是正在上小学的孩子。当他去参加一个学生的希腊语学位考试时，他问学生："苏格拉底对于真理和美的关系有什么看法？"那个学生答不上来。然后他又问学生："苏格拉底在《会饮篇》中对柏拉图说了什么？"那个学生马上眉飞色舞，用优美的希腊语回答了问题，背出苏格拉底说的所有内容，一字不差。

但是苏格拉底在《会饮篇》里说的，正是真理与美的关系！

这位希腊学者发现，另一个国家的学生首先通过字母发音来学习希腊语，之后他们才会学习单词、句子，以及阅读。他们可以一字不差地背诵苏格拉底的话，却不理解这些希腊单词的实际意思。对学生来说，这些话只是用嘴发声而已。从没有人把这些东西翻译成学生们可以理解的内容。

我说："在我看来，这就是你们在巴西教孩子们'科学'的方式。"（算是一记重击了吧？）

接着我拿起他们用的那本初级物理学教科书："这本书完全没有提到任何实验结果，只有一个地方提到了一个球从一个倾斜的平面上滚下来，书上分别写了球在一秒后、两秒后、三秒后走了多远。这里的数字存在'错误'，也就是说，你看着这些数字时会以为你在看实验结果，因为和理论值相比，这里的数字或多或少。书中甚至谈到了修正实验误差的必要性——这非常好。但问题是，当你用这些数值计算加速常数时，你会得到正确的答案。但是如果你**实际动手**让一个球从倾斜的平面滚下来，如果你真正做了这个实验，就会发现由于球存在惯性，你只能得到正确答案的5/7，因为球的转动需要额外的能量。因此，这个关于实验'结果'的例子来自一个**假**实验。没人滚过这样一个球，否则他们不会得到这些结果！"

"除此之外，我还发现了一些东西。"我继续说，"把书翻到任意一页，把我指到的句子读出来，我都能向你们展示这是怎么回事——这不是科学，而是背诵。因此为了证明我所说的话，我现在就敢在各位面前随便翻开一页，把手放在上面，然后读出我指的那句话。"

我就这么做了。哗啦啦——我把手指放进去，接着开始读："摩擦发光，晶体受挤压后，发出的光即为摩擦发光……"

我说："你们看，这里面有科学吗？没有——你们只是用其他词解释了一个词的意思。这里面没有任何关于自然的东西——什么样的晶体受挤压后会发光，为什么会发光。你们看到任何学生回家后试着做这个实验了吗？没有，因为他们做不了。"

"但是，如果你这样写，'当你在黑暗中用钳子碾碎一块糖时，你就能看到一丝蓝色的光。其他晶体也是这样的。没人知道为什么。这种现象被称作'摩擦发光'。这样就会有人回家试着做这个实验，他就获得了一次对自然的体验。"我用这个例子向他们说明问题，但我把手指放在书中的哪个地方都不会有任何区别，这样的例子比比皆是。

最后我说，我认为没有人能够在这个自我陶醉式的系统中获得真正的教育，在这个教育系统中，学生们的目标只有通过考试，而老师们的目标只有教别人考试，没有人拥有真才实学。"然而，"我说，"我肯定是错的。因为我们班上有两个学生学得很好，我认识的一位物理学家也完全是在巴西接受的教育。所以，虽然这个系统糟糕透顶，但肯定有一些人可以在这样的系统中脱颖而出。"

我讲完之后，科学教育部的部长站起身说："费曼先生对我们说了一些非常逆耳的话，但他看起来是真正热爱科学的人，他的批评也很真诚。因此，我认为我们应该仔细听取他的意见。在来这里之前，我就知道我们的教育系统有一些顽疾；但现在我知道，我们得的是癌症！"说完他坐了下来。

其他人终于可以畅所欲言了，大家都跃跃欲试。每个人都站起来提出了自己的建议。学生们成立了一个委员会，在演讲前就把讲稿油印出来，还组织其他各种委员会做这做那。

紧接着发生了一件我完全没有料到的事情。一个学生站起来说："我就是费曼先生在演讲最后提到的两位学生之一。我以前并不是在巴西接受教育，我是在德国上的学，今年才来到巴西。"

另一个在班级中学习还不错的学生也说了类似的话。我提到的那位教授也站起来说："我是'二战'期间在巴西接受的教育，幸好当时所有的教授都离开了大学，我的学习方式就是独自阅读。所以我并没有真正在巴西的制度下接受教育。"

这是我始料未及的。我知道这个教育系统很糟糕，但是一个好学生都教育不出来？真的太糟了。

我去巴西是因为参与了一个由美国政府资助的项目，美国国务院要求我把在巴西的经历写成一份报告，所以我把演讲的核心内容写了下来。通过小道消息，我获悉国务院中有人对此的反应是这样的："这件事告诉我们把一个如此天真的人送到巴西去是多么危险的事。这个笨蛋只会惹麻烦，他根本不理解问题的关键。"

恰恰相反！我认为国务院的这个人才天真，他以为有这样一系列课程和描述的地方，就可以是大学了。

生活得更好

20世纪50年代的时候，我坐船从巴西回美国，中途在特立尼达岛停留一天，于是我决定去主城西班牙港看看。那时候，我游览一座城市时最想看的是最穷的贫民窟——我想看看底层人民的生活是什么样的。

我花了一些时间在山里，又去了镇上的黑人聚居区，徒步转了转。在回去的路上，一辆出租车停了下来，司机对我说："嘿，兄弟！你想进城转转吗？只要5元。"

我说"好"，然后进了出租车。

司机马上准备出发带我去看一些宫殿，他说："我带你看看那些贵气的地方。"

我说："不用了，谢谢。那些东西在哪个城市都一样。我想看看城市的底层，穷人生活的地方。我已经去过那边的山区了。"

"哦！"他震惊地说，"我很愿意带你到处转转。等我们逛完了，我有一个问题要问你，所以我希望你能仔细观察周围的一切。"

他带我到一个印度社区，这里肯定在建住宅什么的。他停在一栋混凝土砖建的房子前。里面什么都没有。一个男人坐在屋前的台阶上。"你看到那个人了吗？"他说，"他有一个儿子在马里兰学医。"

为了让我更好地了解这里的居民都是些什么样的人，他给我介绍了这个社区的某个人，那是个满嘴坏牙的女人。继续往前走，他停下来向我介绍他十分欣赏的两位女士。"她俩的钱加起来可以买一台缝纫机，现在她们为这个社区的人提供裁缝服务。"他自豪地说。当他把我介绍给这些人的时候，他说："这是一位教授，有意思的是，他想看我们的社区。"

我们看到了很多东西，最后出租车司机对我说："教授，现在我的问题来了：你看到了，印度人就和黑人一样穷，有时甚至比他们还穷，但是他们的生活逐渐有了起色——这个男人把自己的儿子送进了大学，那些女人正在建立自己的裁缝生意。但是我的同胞们却毫无进展。这是为什么？"

我当然告诉他，我不知道——这是我面对几乎所有问题的回答。但是他不肯罢休，他不相信一位教授会没有答案。我试着猜了一些我认为可能合理的原因。我说："印度人生活方式的背后有着悠久的传统，这些传统来自已经存在了几千年之久的宗教和哲学。就算这些人不在印度生活，他们仍然会把这些代代相传了很多个世纪的重要生活传统传递下去——为了未来和后代而努力。"

我继续说："我认为你的同胞们可能没有幸运到有机会建立这样悠久的传统，或者就算他们曾经做过，这样的传统也因为战争和奴役而丢失了。"我不知道是不是这么回事，但这是我能想到最好的解释了。

出租车司机认为这是一个不错的观点，他说他也要为未来而努力：他花了些钱赌马，如果赢了，他就能买自己的出租车，从此让生活真正好起来。

我感觉很难过。我告诉他赌马不是个好计划，但他坚持说这是他唯一的办法。他的初衷那么美好，但他的方法却完全仰赖运气。

我不想一直用哲学说教，于是他把我带到一个有钢鼓乐队演奏卡利普索音乐的地方，我在那里度过了一个美好的下午。

幸运数字

一天我坐在普林斯顿大学的休息室，偶然间听到几个数学家在讨论e^x的级数：$1+x+x^2/2!+x^3/3!$的阶乘——每一项都是前一项乘以x再除以下一个数字。例如，$x^4/4!$的下一项就是用这项乘以x再除以5。非常简单。

我小时候觉得级数非常好玩，所以摆弄过一阵子。我用这个级数的算式计算过e，我知道算式中的新增项很快就会变得非常小。

我嘀咕了一句，用那个级数算式计算以e为底的任何幂函数都很简单——只要把幂换成x就行了。

"是吗？"他们说。"那e的3.3次幂是多少？"有个人开玩笑说，我记得好像是约翰·图基。

我说："简单。是27.11。"

图基知道要心算出答案并不简单："嘿！你是怎么做到的？"

另一个人说："你们还不知道费曼吗？肯定是骗人的。答案肯定不对。"

他们去找了一张对数表，当他们查表的时候，我又填上了几位数："27.1126。"

他们在对数表里找到了。"没错！你是怎么**做到**的！"

"我就是把级数加起来而已。"

"没人能算得这么快。你肯定是刚巧知道这个。e的3次幂呢？"

"嘿，"我说，"这种计算很难！一天只能算一个！"

"哈！那就是假的！"他们开心地说。

"好吧，答案是20.085。"我说。

他们在查表的时候，我又加了几位上去。他们现在都提起了兴致，因为我又答对了。

这就是那个时代最伟大的数学家们，为我能算出 e 的任何次幂而迷惑不解！他们中的一个说："他**不可能**只是代入数字然后做加法——那样太难了。肯定有什么猫腻。你不可能所有幂都能算，比如 e 的 1.4 次方。"

我说："这个很难，但既然你说了，我就告诉你，答案是 4.05。"

他们查表的时候，我再次加了几位，说："这是今天最后一个了！"然后我就离开了。

事情是这样的。我恰好知道三个数字：以 e 为底的 10 的对数（需要把底数 10 转化成底数 e）是 2.3026（所以我知道 e 的 2.3 次幂非常接近 10）；从辐射研究（平均寿命和半衰期）中，我知道以 e 为底的 2 的对数是 0.69315（所以我也知道 e 的 0.7 次幂约等于 2）；我还知道 e（的 1 次幂）是 2.71828。

他们问我的第一个数字是 e 的 3.3 次幂，这个数字等于 e 的 2.3 次幂（也就是 10）乘以 e，即 27.18。在他们争论我是怎么做的时候，我又修正了另外的 0.0026——取 2.3026 有点高。

我知道再算一个我就要露馅了。这纯属侥幸。但是接下来那个人问的是 e 的 3 次幂，那就是 e 的 2.3 次幂乘以 e 的 0.7 次幂，也就是 10 乘以 2。所以我知道结果肯定是 20 点几几，就在他们琢磨我是怎么做出来的时候，我又调整了 0.693。

接下来我很确定我不能再算了，因为上一个能算出来也纯属侥幸。但是他们说的是 e 的 1.4 次幂，这个数等于 e 的 0.7 次幂自乘。所以我要做的只是找出 4 后面的几位小数而已！

他们一直没搞明白我是怎么做的。

————————

当我还在洛斯阿拉莫斯的时候，我发现汉斯·贝特其实是顶尖的计算高手。举个例子，有一次我们正把一些数字代入方程式里，得出 48 的平方。我去找机械计算器，但他说："是 2300。"我开始按计算器上的按键，他说："如果想要精确的结果，答案是 2304。"

计算器上显示的是 2304。"天哪！真了不起！"我说。

"你不知道如何计算 50 上下的数字的平方吗？"他说，"用 50 的平方，也就是 2500，减去你的数字和 50 之间差值（这次是 2）的 100 倍，就能得到 2300。如果想要更精确的结果，把差值的平方加上就可以了。得出 2304。"

几分钟之后，我们又要求出 2.5 的立方根。当时想在机械计算器上求立方根需要先在对数表上找出第一近似值。我打开抽屉找对数表（这次找的时间有点长），贝特又说："结果大概是 1.35。"

我在机械计算器上试了一下，果然没错。"这个你又是怎么做的？"我问，"难道你有秘诀算出 2.5 上下数字的立方根？"

"哦，"他说，"2.5 的对数是多少多少。这个对数的三分之一在 1.3 的对数和 1.4 的对数之间，所以我用内插值替换了一下。"

我有所发现：首先，他了解对数表；其次，单单插值这部分的算术工作，要我做的话，时间会比找对数表然后用计算器敲出来的时间还要长。我很是佩服。

在那之后，我自己也试着做这样的计算。我记住了一些对数值，并开始留意身边出现的一些数字。例如，如果有人问 "28 的平方是多少"，我会注意到 2 的平方根比 1.4 稍微大一点，而 28 是 1.4 的 20 倍，所以 28 的平方肯定比 400 的 2 倍（也就是 800）小一些。

如果有人想算 1 除以 1.73，你可以马上告诉他们答案是 0.577，因为 1.73 很接近 3 的平方根，所以 1 除以 1.73 的答案差不多就是 3 的平方根的 1/3。如果要算 1 除以 1.75，就等于 4 除以 7，而你已经记住了 1/7 是个循环小数，所以答案是：0.571428…

在和贝特一起用小技巧速算的经历中，我得到许多乐趣。很少有我能看到但他看不到的东西。比如，你想计算174乘以140，这个结果接近173乘以141，而这就像用3的平方根（约1.732）乘以2的平方根（约1.414），也就是6的平方根（约2.449），于是就得出答案大概是24×××。因此，想赢他很难，我偶尔赢他一次，他会笑起来，衷心为我高兴。他几乎总能找到任何问题的答案，而且误差在1%之内。这些事对他来说非常轻松——任何数字都离他知道的另一个数字不远。

有一天我感觉自己精神焕发。正当午饭时间，我也不知道自己是怎么想的，对周围的人宣布："我可以在60秒内解答任何人可以在10秒内说出来的问题，误差不超过10%！"

大家开始给我出一些他们认为有难度的题，比如求 $1/(1+x^4)$ 的积分，在他们给定的范围内，答案并没有什么大变化。他们出的最难的一道题是求 $(1+x)^{20}$ 中 x^{10} 的二项式系数，但我也及时给出了答案。

大家纷纷给我出题，我感觉棒极了，这时保罗·奥卢姆刚好经过。在来到洛斯阿拉莫斯之前，保罗和我在普林斯顿大学共事过一阵，他总是比我聪明。举个例子，有一天我心不在焉地摆弄一个卷尺，就是那种按下按钮后就会弹回你手上的卷尺。这种尺子总会甩回来打在我手上，感觉有点疼。"天哪！"我大叫，"我是不是傻？我总玩这东西，但它每次都把我弄疼。"

他说："你拿的方式不对。"然后他拿走了那个破卷尺，拉出尺子，按下按钮，尺子顺利地收回来，不疼。

"哇！你是怎么做到的？"我惊呼。

"我琢磨出来的。"

接下来的两周，我在普林斯顿无论走到哪儿都不停地按卷尺，直到我的手都破皮了。最后，我终于忍不下去了："保罗！我放弃了！到底怎么按卷尺才能不弄疼自己？"

"谁说不疼了？我也疼！"

我感觉自己好蠢。他骗我走来走去还把自己的手弄伤，整整两周！

保罗正经过吃午饭的地方，大家兴奋极了。"嘿，保罗！"他们喊，"费曼可太厉害了！我们在10秒钟之内说出一道题，他1分钟之内就能得出误差不超过10%的答案。你也来给他出一道吧！"

他脚步几乎没停，说："10的100次方的正切值。"

我傻眼了：这要用一个100位数除以 π，完全没戏。

有一次我吹牛："任何别人需要用围道积分才能解的积分问题，我都可以用其他办法来做。"

于是保罗把他那个可怕的积分问题拿了出来，他从一个知道答案的复变函数开始，把实部去掉，只留下虚部。这个问题就被拆解到只有用围道积分才能解开的程度。他这家伙太聪明了，总是这样让我泄气。

第一次去巴西的时候，我有一次去吃午餐，不知道当时几点（我总是在错误的时间出现在餐馆），我是餐馆里唯一的顾客。当时我在吃牛排配米饭（我很爱吃的一道菜），旁边大概站着四个服务员。

一个日裔*男子走进餐厅。我之前见过他在附近转悠，以卖算盘为生。他开始和服务员交谈，随后向他们发起挑战：他说自己算数字加法的速度比他们任何人都快。

服务员不想丢脸，于是他们说："好好。要不你去挑战一下那位顾客？"

那个男人走过来。我抗议："但我葡萄牙语不好！"

服务员笑了。"数字很简单。"他们说。

他们给我拿来了纸和笔。

那个男人让侍者说一些数字来加。我败得体无完肤，因为在我写数字的时

----

* 巴西拥有数量很大的日裔人口。——莱顿原注

候，他已经开始用算盘算了。

我建议侍者写下两组完全相同的数字，然后再同时交给我俩。这样做也没什么变化。他的速度仍然远超我。

但是，那个男人有点得意忘形了，他想进一步证明自己。"来算乘法！"他说。

有人写下了问题。他仍然打败了我，但这次相差并不多，因为我很擅长乘法。

接下来这个人犯了一个错误：他提出继续比赛除法。他还没有意识到，问题越难，我的机会就越大。

我们俩都做了一道很长的除法题。结果是平手。

这让日本人焦躁异常，因为他显然在使用算盘方面训练有素，却被一位在餐馆里用餐的食客打败了。

"来算立方根！"他说，要一雪前耻。立方根！他想用算术方法求立方根！基础算术中，很难找到比这更难的问题了。这肯定是他在算盘领域受到的顶尖训练。

他在一张纸上写下数字——随便一个数字——我至今仍然记得：1729.03。他立刻开始计算，嘴里嘀嘀咕咕的——像个疯子一样！他一丝不苟地解着这个立方根。

与此同时，我只是坐在那里。

一位侍者说："你在干吗？"

我指了指我的头。"思考！"我说。我在纸上写下"12"。

过了一小会儿，我得到了"12.002"。

那个用算盘的人擦了擦额头上的汗。"12！"他说。

"哦，不行！"我说，"更多小数！更多小数！"我知道在用算术方法求立方根的时候，求每一位新的小数都比前一位更难。这项工作可不轻松。

他又开始埋头苦干，嘟哝着"啊啊啊嗯嗯嗯"，与此同时我又加上两位小数。这时他终于抬起头来说："12.0！"

侍者们都很高兴。他们告诉那个人："看！他只用脑子想就行，你还要用算盘！他算出的小数更多！"

他彻底心灰意冷，于是悻悻地离开了。服务员们互相庆祝了胜利。

食客如何打败了算盘？数字是 1729.03。我刚巧知道 1 立方英尺等于 1728 立方英寸，所以答案比 12（1728 的立方根）略高一点。多出来的 1.03，只是接近 1/2000，我在微积分中学到，对于小分数来说，立方根多出来的部分是那个分数的 1/3 再乘以立方根。所以我需要做的就是算出 1/1728，然后乘以 4（除以 3 然后乘以 12）。于是我用这种方法算出了很多位小数。

几星期后，那个日本人来到了我所在宾馆的酒廊。他认出了我然后走了过来："跟我说说，你是怎么在那么短的时间里算出立方根的？"

我开始解释，我说那是一种近似法，有一定的误差率。"假设你给我的数字是 28。那么 27 的立方根是 3……"

他拿起算盘：啪啦啪啦——"哦，没错。"他说。

我发现了问题：他不懂数字。有了算盘，你就不需要记忆很多算法组合，你需要做的只是学会如何把算珠拨上拨下。你不需要记住 9+7=16；你只需要知道当你加 9 的时候，要把代表"10"的算珠拨上去，把代表"1"的算珠拨下来。所以，我基础算术题算得比较慢，但是我懂数字。

此外，他根本无法理解这种近似的思想，即使立方根通常无法用任何方法精确算出。所以我永远没能教给他我算立方根的方法，也没能告诉他多亏他选择的数字是 1729.03，我才能算出来。

老大，没问题！

有段时间，我每年夏天都要自驾穿越美国，试图抵达太平洋岸边。但是因为各种各样的理由，我总会滞留在某处——通常是拉斯维加斯。

我记得最清楚的是第一次去那里的经历，当时我玩得很开心。和现在一样，拉斯维加斯那时也靠来赌博的人赚钱，那里的宾馆和酒店面临的最大问题就是如何招揽更多的顾客去那里赌博。因此，在这里任何人都可以花很少的钱（几乎免费）看表演和用餐。你不需要预订，只要直接走进去，坐在任何一张桌子前，就可以好好看表演了。对于一个不赌博的人来说，这个地方真是太棒了，我享受到了所有福利：房间不贵，吃饭几乎免费，表演也很棒——而且我也很喜欢那里的姑娘们。

一天我躺在我汽车旅馆的泳池旁，有个人走过来跟我说话。我不记得他开头说了什么，但中心思想是，他看我是个上班族，但像我这样工作真的很蠢。"看我过得多简单，"他说，"我只要在泳池边待着，然后享受拉斯维加斯的生活。"

"如果你不工作，怎么在这里潇洒？"

"很简单：我赌马。"

"我对赌马一无所知，但我觉得靠赌马没法赚钱。"我充满怀疑。

"当然可以，"他说，"我就是这么赚钱的！跟你说，我教你怎么玩。我们去试试，保证你能赢100美元。"

"你怎么保证？"

"我跟你赌100美元你会赢，"他说，"如果你赢了，你不用花任何钱；如果你输了，你也能得到100美元！"

我想："确实！如果我赌马赢了100美元，虽然要给他钱，但我没什么损失；这只是个练习，只为了证明他的系统有效。如果他输了，我就能赢100美元。这真不错！"

他把我带到一个赌马的地方，那里有全国的马匹和跑马场的名单。他把我介绍给其他人，他们都说："可不，他很厉害！我赢了100美元！"

我逐渐发现，我需要用一些自己的钱做赌注，我有点紧张了。"我需要押多少钱？"我问。

"哦，三四百美元吧。"

我没有那么多钱。而且，我开始担心：如果我把这些钱都输了怎么办？

于是他说："这样，我的建议只需要花你50美元，而且前提是建议有效。换句话说，如果我的办法有效，你赢了100美元，我们就一人50美元。如果我说得不对，我就把你本该赢的100美元给你。"

我想："哇哦！我现在两边都能赢——要么赢50美元要么赢100美元！他为什么要那么做呢？"然后我明白过来，如果这是一种还算公平的游戏的话——不考虑在一段时间内因为要熟悉规则而产生的小损失，你赢得100美元和你输掉400美元的概率之比应该是4∶1。所以如果他在别人身上用这个方法的话，5次里有4次那些人会赢100美元，而他会获得200美元（还会跟他们说自己多聪明）；第五次他要给出100美元——与此同时那个接受他建议的傻瓜会输掉400美元。所以平均来看，他每获得200美元，就要给出100美元。于是我终于知道他是怎么赚钱的了。

这个过程持续了几天。他会想出一些乍一听很不错的方案，但只要稍微想想就能弄明白他搞的是什么名堂。终于，处于某种绝望之下，他说："好吧，你看这样行不行：你只要为我的建议花50美元，如果你输了，我会还给你所有的钱。"

这样我可就稳赢了！于是我说："好吧，就这么说定了！"

"好！"他说，"但是很遗憾，我这周末要去旧金山，所以你把结果邮给我就好，如果你输了，我会把400美元寄给你。"

他一开始的方案还只是通过实实在在的算术来赚钱。现在，他要出城了。这样他赚钱的唯一方式就是不给我寄钱。

因此，最终我没和他达成任何合作，但是观察他的套路也很有意思。

在拉斯维加斯，另一件有意思的事情就是结识舞娘。我猜她们趁表演间隙在酒吧里游荡是为了吸引顾客。我就是通过这种方式认识她们的，和她们聊过之后，我发现她们其实都是很和善的人。有人会问："哈？舞娘？"这些人头脑中已经对舞娘形成了偏见。但是对任何群体来说，只要你仔细观察，就会发现里面有各式各样的人。比如，有一名舞娘是东部一所大学校长的女儿。她很有舞蹈天赋，也很爱跳舞；她在暑假无事可做，而舞蹈工作又很难找，于是她加入了拉斯维加斯歌舞团。大多数舞娘都是很和善的好人。她们都很漂亮，而我又那么喜欢漂亮女人。事实上，我喜欢拉斯维加斯的真实原因就是我喜欢那里的舞娘。

一开始我有点害怕：这些姑娘太漂亮了，而且名声在外。虽然我试着结识她们，但我说话的时候总是有点儿手足无措。一开始很难，但后来我逐渐没那么紧张了，最终我有了足够的自信，不再惧怕任何人。

我有一种认识新人、体验新鲜事物的方法，但是这种方法很难解释：就像钓鱼一样，你把渔线放出去，接下来你需要的是耐心。当我告诉某个人我那些新奇的经历时，他们可能会说："来吧——咱们就这么干！"于是我们就去酒吧，看看是否会发生什么事，但大概只要20分钟，他们就会失去耐心。一般来说，你需要等上几天好事才会发生。我把很多时间都花在和舞娘们聊天上。一个舞娘会把我介绍给另一个，通常过一阵子，好玩的事情就来了。

我记得有一个姑娘爱喝吉布森鸡尾酒。她在火烈鸟酒店跳舞，那时候我和她很熟。我一去拉斯维加斯，就会事先为她点一杯吉布森放在她桌上，这样她就知道我来了。

有一次我走过去坐在她旁边，她说："我今晚有伴了——一位得州土豪。"（我听说过这个人。只要他在双骰子赌桌上玩，大家都会聚过来看。）他回到我们坐的那桌，我的舞娘朋友把我介绍给他。

他对我说的第一句话是："你知道吗？我昨晚输了6万美元。"

我知道怎么做：我转向他，完全不为所动，然后我说："这是聪明还是蠢呢？"

我们在餐厅吃早餐。他说："来，我给你签单。我在这里赌得太多了，这些东西他们都不收我钱。"

"我的钱足够多，不关心谁为我的早餐买单，谢谢。"每次他想让我折服，我就故意轻视他。

他什么方法都试过了——他有多少钱，他在得州有多少石油——但都不奏效，因为我知道这里面的规矩。

最终我们在一起玩得很开心。

有一次我们在酒吧的时候，他对我说："看到那桌姑娘了吗？她们是洛杉矶来的妓女。"

她们看起来都很友善，而且有点儿格调。

他说："这样如何，我把她们介绍给你，你想要哪一个我来付钱。"

我当时不太想结识这些姑娘，也知道他这么说是为了让我对他高看一眼，所以我拒绝了。但我又一想："这事挺有意思的！这个人这么努力地想让我高看他，甚至愿意为我花这种钱。如果我以后还想跟别人讲这个故事的话……"于是我对他说："好吧，为我介绍一下。"

我们去了她们那桌，他把我介绍给那些姑娘，然后说要离开一下。一位女服务员过来问我们要喝什么。我点了水，旁边的姑娘对我说："我能喝一杯香槟吗？"

"你想喝什么都行，"我冷冷地回答，"反正都是你付钱。"

"你有毛病吧？"她说，"你是小气鬼吗？"

"没错。"

"你绝对不是一位绅士！"她愤怒地说。

"你一下就读懂我了！"我回答。我在新墨西哥州学会了不要做绅士。

没过一会儿，她们就说要给我买喝的——局势彻底逆转了！（顺便说一句，那位得克萨斯州石油商再也没有回来。）过了一会儿，其中一个姑娘说："我们去埃尔兰乔吧，可能那边的气氛更好。"我进了她们的车。那是一辆很不错的车，她们都是很好的人。路上她们问我叫什么名字。

"迪克·费曼。"

"迪克，你从哪里来？你是做什么的？"

"我来自帕萨迪纳，在加州理工学院工作。"

有一个姑娘说："哦，那不就是那个叫鲍林*的科学家待的地方吗？"

我已经来过拉斯维加斯很多次了，一次又一次，但我没见过一个对科学略有所知的人。我和各种各样的商人聊过，对于他们来说，科学家是无足轻重的小人物。"是啊！"我惊讶地说。

"好像还有一个叫'盖尔兰'的人，是个物理学家。"我简直不能相信。我坐在一辆载满妓女的车里，但她们竟然知道这些事！

"没错！他叫盖尔曼！你是怎么知道这些的？"

"《时代周刊》上有你们的照片。"这是真的，有一期《时代周刊》刊登了十位美国科学家的照片。我在其中，鲍林和盖尔曼也是。

---

* 莱纳斯·卡尔·鲍林（Linus Carl Pauling，1901—1994），美国化学家，量子化学和结构生物学的先驱者之一。1954年因在化学键方面的工作获得诺贝尔化学奖，1963年因反对核弹在地面测试的行动获得诺贝尔和平奖。

"你是怎么记住他们的名字的？"我问。

"我们当时在翻看杂志上的照片，想找出最年轻和最帅的！"（盖尔曼比我年轻。）

我们到了埃尔兰乔之后，这些姑娘对待我的方式就和所有人对待她们一样。"你想赌一把吗？"她们问，"我们付钱，赢的钱你可以留一半。"我用她们的钱赌了一会儿，大家玩得都很开心。

过了一会儿她们说："看，那儿有一个愿意花钱的主儿，那我们就先走了。"于是她们回去工作了。

————————

有一次我坐在酒吧里，看到两个姑娘和一个上岁数的男人在一起。后来他走开了，她们就走过来坐到我这边：更漂亮更活泼的那个坐在我旁边，她有点闷的朋友帕姆，坐在我对面。

我们马上就打成一片。她表现得很友善。没过多久她就靠在我身上，而我用胳膊搂着她。两个男人走进来坐在附近的一张桌子旁，但在服务员招待他们之前，他们就出去了。

"你看到那些人了吗？"我的新"朋友"说。

"看到了。"

"他们是我丈夫的朋友。"

"是吗？怎么回事？"

"我刚和约翰老大结婚"——她提到了新闻出版行业里一个大人物的名字——"但我们吵了一架。我们正在度蜜月，但约翰却总是赌博。他对我丝毫不在意，所以我就自己出来玩了，但是他经常派眼线跟着我，查看我在干什么。"

她让我带她去她住的汽车旅馆，于是她们进了我的车。路上我问她："约翰在哪儿呢？"

她说："别担心。看看周围有没有一辆又大又红、有两根天线的车。如果没有的话，他就不在附近。"

第二天晚上，我带"吉布森女孩"和她的一个朋友去银拖鞋赌场看夜场演出，这场演出的时间比其他酒店都要晚。在其他地方演出的姑娘都爱来这里，各色舞者走进来时，演出主持人会宣读他们的名字。当我搂着这两个可爱的舞者进场的时候，他说："现在到来的是火烈鸟酒店的某某小姐和某某小姐！"大家都看向这里，想知道是谁来了。这种感觉非常爽！

我们坐在一张离吧台不远的桌子前，不久出现了一阵骚动——服务员在挪桌子，持枪的保安在往里走。他们在给一位名人腾地方。约翰老大要来了！

他直接来到离我们不远的吧台前，这时马上有两个人过来邀请我带来的两位姑娘跳舞。他们去跳舞后，我独自坐在桌前，约翰走过来，在我桌旁坐下。"你好啊！"他说，"到维加斯干吗来了？"

我确信他已经发现了我和他妻子的事情。"瞎胡混呗……"（我得装得像个硬汉，是吧？）

"你来这里多久了？"

"四五天吧。"

"我认识你，"他说，"我在佛罗里达见过你吧？"

"嗯，这我可不知道……"

他说了好多地方，却一个也没说中，我不知道他想说什么。"我知道了，"他说，"是在摩洛哥饭店。"（摩洛哥饭店是纽约的一家大夜店，有很多大人物会去那里——比如理论物理学的教授……）

"肯定是那里了。"我说。我很好奇他到底什么时候才会说重点。终于他凑过来对我说："嘿，等跟你一起来的姑娘们跳舞回来了，能否帮我介绍一下？"

原来他想的是这个，他没有在查我。于是我向姑娘们介绍了他，但是我的舞娘朋友们说她们累了，想要回家。

第二天下午，我在火烈鸟酒店看见了约翰老大，他站在吧台前，和酒保聊着关于相机和摄影的话题。他肯定是个业余摄影师：他有各种各样的闪光灯和相机，但是说的话却很不懂行。最后我认定他连业余摄影师也不是，只是一个给自己买了一些相机的有钱人。

我猜那时候他还不知道我和他妻子在一起鬼混的事，他想跟我说话都是因为跟我在一起的姑娘们。我想，为什么不玩个游戏呢？我给自己创造了一个角色：约翰老大的助手。

"嘿，约翰，"我说，"咱们照几张照片吧。我给你拿闪光灯泡。"

我把闪光灯泡放进口袋，然后开始照相。我把闪光灯泡递给他，然后给他这样那样的建议；他喜欢这样。

我们一起去"最后边疆"赌场赌博，他赢了一些钱。酒店不喜欢富豪离开，但我能看出来他想走了。问题在于他如何才能优雅地离开。

"约翰，我们得走了。"我认真地说。

"但我正在赢钱呢。"

"没错，但我们今天下午已经有约了。"

"好，去把车开来。"

"老大，没问题！"他把车钥匙给我，告诉我车长什么样——我没告诉他其实我知道车子长什么样。

我来到停车场，一眼就看到了那辆又大又红又拉风的车，上面还有两根天线。我爬进车，转动钥匙——车却没有启动。车子安装了自动变速器，这种车刚刚上市，我对这种新事物一无所知。过了一会儿，我无意中把车子调到P挡，车子启动了。我小心翼翼地把车开到酒店门口，就好像这辆车价值百万一样。我下了车，走进赌场，看到约翰老大仍然在赌桌前赌博，我说："先生，您的车已经准备好了！"

"我得走了。"他大声说，然后我们离开了。

他让我开车。"我想去埃尔兰乔，"他说，"那里有你认识的姑娘吗？"

我跟那儿的一个姑娘很熟，于是我说"有啊"。到了这时我已经非常确信，他跟我玩这场游戏的唯一原因就是他想结识一些姑娘，于是我提起了一个敏感话题："有一天晚上我遇到你妻子了……"

"我妻子？我妻子不在拉斯维加斯。"

我把我在酒吧遇到那个姑娘的事告诉了他。

"哦！我知道你说的是谁。我是在洛杉矶遇到那个姑娘和她朋友的，我把她们带到了拉斯维加斯。她们干的第一件事就是用我的电话给她们得州的朋友打了一个小时电话。我很生气，就把她们赶走了！你是说，她到处跟人说自己是我老婆，是吗？"

于是这个误会解开了。

我们进了埃尔兰乔，演出15分钟后开始。这个地方已经坐满了人，一个座位都找不到。约翰找到经理，对他说："给我一张桌子。"

"好的！请您稍等几分钟。"

约翰给了他一些小费，然后赌博去了。这时我绕到后台，姑娘们正在做上台前的准备，我问她们我朋友在哪儿。她出来了，我跟她解释说约翰老大和我在一起，表演结束后他想找人陪陪他。

"没问题，迪克，"她说，"我会带一些朋友过去，演出结束后见。"

我绕到前台找约翰。他仍然在赌博。"你先去吧，"他说，"我马上就到。"

最前面摆着两张桌子，就在舞台边上。其他桌子都已经坐满了人。我独自坐下。约翰还没来，表演先开始了，舞娘们走了出来。她们看到我独自一人坐在那张桌子前。在此之前她们还以为我是个三流教授，现在她们看到我其实是个大人物。

约翰终于走过来，很快就有人坐到我们旁边的桌子——约翰的"妻子"和她的朋友帕姆，还有两个男人！

我凑近约翰说："她在另一张桌子呢。"

"是啊。"

她看到是我在照应约翰，就从那张桌子倾身过来，问："我能和约翰谈谈吗？"

我一言不发。约翰也什么都没说。

等了一会儿，我凑近约翰说："她想和你谈谈。"

过了一会儿。"好吧。"他说。

我又等了一会儿，然后凑近她说："约翰现在可以和你谈谈。"

她来到我们桌旁，开始和"约翰尼"（"约翰"的爱称）说好话，并且坐得和他非常近。看得出来，误会似乎慢慢解开了。

我总是喜欢捣乱，每次他们的关系有点缓和了，我就提醒约翰："别忘了那通电话……"

"对了！"他说，"打一个小时电话是怎么回事？"

她说电话是帕姆打的。

误会又解开了一点，于是我指出是她要带帕姆来的。

"是啊！"他说。（这个游戏很好玩，他们说了好一阵子。）

表演结束后，埃尔兰乔的姑娘们来到我们桌旁，我们一直聊天，直到她们不得不回后台准备下一场演出。约翰说："我知道一家不错的小酒吧，离这里不远。我们去那儿吧。"

我开车把他拉到那家酒吧，我们走进去。"看到那边那个女人了吗？"他说，"她是一个非常不错的律师。来，我给你介绍一下。"

约翰介绍我俩认识，然后借口去了洗手间。他没有回来。我猜他想回到他"妻子"身边，而我太碍事了。

我跟那个女人打了招呼，然后为自己点了一杯喝的，玩的仍然是不为所动的把戏，我可不能做绅士。

"你知道吗？"她对我说，"我是拉斯维加斯最好的律师之一。"

"不，你可不是，"我冷冷地回答，"你白天可能是个律师，但你知道现在是什么吗？你只是维加斯一家小酒吧里的酒客。"

她还挺喜欢我的，我们去了几个不同的地方跳舞。她舞跳得很好，我也爱跳舞，所以我们玩得很开心。

正当我们跳舞的时候，我的背突然疼了起来。那是一种钻心剧痛，来得非常突然。现在我明白了是怎么回事：我三天三夜没有睡觉了，一直在到处疯玩，我已经精疲力竭了。

她说她会带我回家。我躺到她的床上就昏睡过去，不省人事。

第二天早上，我在这张漂亮的床上醒了过来。太阳已经升得很高，她也没了踪影。但是那里却有一个女佣。"先生，"她说，"您醒了吗？我已经准备好早餐了。"

"哦，那个……"

"我会把早餐拿过来。您想吃什么？"然后她把早餐菜单完整念了一遍。

我要了早餐，在床上吃——一个我不认识的女人的床；我不知道她是谁，也不知道她从哪里来！

我问了女佣几个问题，她对这个神秘女人也一无所知；她刚刚被雇用，这是她第一天上班。她以为我是这间房子的主人，很好奇为什么我会问她那些问题。最终我穿好衣服，离开了。从此我再也没见过那个神秘的女人。

————————

我第一次来维加斯的时候，认真地算出了所有赌博方式的胜率，我发现双骰子赌桌的胜率大概是0.493。如果我用1美元做赌注，只需要花费1.4美分。于是我想："我为什么那么不愿意赌博呢？这几乎不花钱！"

我开始下注，但马上就接连输了5美元——1、2、3、4、5。我本应只花7美分，实际上却输了5美元！那次之后，我就再没有赌过——当然，是没用自己的钱赌过。很幸运，我的赌博经历是从输钱开始的。

有一次我正在和某位舞娘一起吃午餐。正值午后，周围很安静，不像平时那样闹闹哄哄的，她说："看到那边穿过草坪的人了吗？那是希腊人尼克，他是一个职业赌徒。"

那时我已经知道拉斯维加斯所有勾当的胜率，于是说："他是怎么成为职业赌徒的？"

"我叫他过来。"

尼克走过来后，她介绍我俩认识。"玛丽莲跟我说你是一位职业赌徒。"我说。

"没错。"

"我很好奇你怎么通过赌博赚钱，因为我知道赌桌上的胜率是0.493。"

"你说得没错，"他说，"我给你讲讲。我不在赌桌或者类似的东西上赌博。我只在胜算大的时候赌博。"

"哦？什么时候胜算才大？"我并不相信。

"这很简单，"他说，"我站在赌桌旁，假设有一个人说：'是9！肯定是9！'这个人很激动，认定是9，而且他想下注。这时我已经知道所有数字的胜率了，所以我会对他说：'我跟你赌4赔3，不是9。'长期来看，我可以赢。我不在赌桌上赌博，但我和赌桌上有偏见的人赌——那些迷信幸运数字的人。"

尼克继续说："现在我名声在外，这样就更简单了，因为人们在明知胜率不高的情况下还会跟我赌，他们这么做只是为了多一个讲故事的机会。如果他们赢了，这个故事就是他们如何打败了希腊人尼克。所以我确实能靠赌博赚钱，这种生活真是棒极了！"

希腊人尼克确实是一个有见识的人。他很和善也很有趣。我感谢他告诉我这些事情，现在我终于明白了。知道了吧，我总是要理解这个世界。

一个必须拒绝的邀请

我对康奈尔大学的很多学科都没有太大兴趣。（并不是说这些学科有什么问题，只是我对它们不感兴趣而已。）这些学科包括家政学、哲学（这个学科的人尤其呆滞），还有一些和文化相关的，比如音乐什么的。当然，大学里也有一些跟我谈得来的人。在数学系有卡克教授和费勒教授，在化学系有卡尔文教授；还有一个很优秀的人——来自动物学系的格里芬博士，正是他发现蝙蝠通过回声来导航。但是这样谈得来的人并不多，还有很多我认为完全是闲扯淡的事情。另外，伊萨卡只是个小地方。

那里的气候不是很好。一天我正在开车，忽然开始下起小雪，完全出乎意料，我当时没有任何准备，我想："雪应该不会积得很厚，我就继续往前开吧。"

但是雪越积越厚，车开始有点打滑，我必须把防滑链拿出来。我下了车，把防滑链放在雪地上；好冷，我开始浑身发抖。接下来要把车倒回防滑链上，于是产生了一个问题——或者说那个时代有这样的问题，我不知道现在是不是这样了——车内侧有一个钩子，必须先钩上。因为防滑链必须绷得很紧，所以钩子很难钩上。我不得不用几乎冻僵的手指把锁的夹钳按下来。我在轮胎外侧，而钩子在内侧，手冻得冰凉，所以很难控制。夹钳一直在打滑，天气好冷，雪一直在下，我使劲想按下夹钳，手疼得不行，可那个鬼东西就是不肯下来——就是在这一刻，我发觉一切都太疯狂了：世界这么大，肯定有一个地方不需要面对这种问题！

我想起之前在康奈尔待过的巴彻教授邀请我访问过几次加州理工学院。我去找他的时候，他表现得相当聪明。他对我非常了解，于是他说："费曼，我有一辆闲置的车，借给你。这是去好莱坞和日落大道的路线，好好玩吧。"

所以我每天晚上都开他的车去日落大道玩——夜店、酒吧，还有各种活动。自从上次去过拉斯维加斯后，我就很喜欢这类东西——漂亮姑娘、大赌场什么的。所以巴彻知道如何让我对加州理工感兴趣。

你知道站在两堆干草当中的驴子的故事吧？这头驴子没有走向任何一堆干草，因为两边的干草量完全相等。听了我的事情你就知道这不算什么。康奈尔和加州理工开始给我开出各种条件，一旦我有点动心了，心想加州理工其实更好，康奈尔就会提高条件；当我想留在康奈尔大学的时候，加州理工也会再次提高某个条件。所以你可以想象，这头站在两堆干草当中的驴子要面对怎样复杂的情况，只要它开始向一堆干草移动，另一堆就会变得更高。情况真是难以处理！

最终说服我的是为期一年的公休假。我想再去一次巴西，这次是10个月，而我刚刚在康奈尔大学获得了公休假。我不想失掉这次机会，既然已经有了一个可以让我做决定的理由，我就给巴彻写信告诉他我的决定。

加州理工回信说："我们会马上雇用您，然后把您入职的第一年算作公休假。"他们就是这样：无论我如何决定，他们总会打乱一切。所以我在加州理工任职的第一年其实是在巴西度过的。我第二年才回到加州理工任教，事情就是这样。

————————

从1951年开始，我一直在加州理工任职，我在这里生活得很好，工作得也很开心。这样的生活正是像我这样只对某些事情感兴趣的人所需要的。这里有各种各样顶尖的人才，他们都对自己做的事情非常投入，我也非常喜欢和他们交流。我在这里过得很舒服。

但是在刚来加州理工的时候，我们经历了一场非常严重的雾霾。那时的情况比现在糟糕得多——至少眼睛更疼。我站在角落里，被呛得直流眼泪，我想：

"这真是疯了！太扯淡了！康奈尔可没有这样的情况。我要离开这里。"

于是我给康奈尔大学打电话，问他们是否有可能让我回去。他们说："当然可以！我们安排一下，明天再给你打电话。"

第二天，对于面临重要决定的我来说是非常幸运的一天。肯定是老天为了帮我决定而做出的安排。我正朝办公室走去，一个人跑过来对我说："嘿，费曼！你听说了吗？巴德＊发现了两种不同的星族！我们之前做的所有星系距离的测量都是以一类造父变星为基础的，但是竟然还有另一类，所以宇宙其实比我们想的要古老2倍、3倍，甚至4倍！"

我知道这个问题。根据当时的推算，地球似乎要比宇宙还古老。地球的年龄是45亿年左右，而宇宙的年龄只有20亿或30亿年。这是一个巨大难题。而巴德的发现解答了所有疑问：现在可以证明宇宙比过去想的要更古老。而我第一时间就得到了这个消息——那个人跑过来就是为了告诉我这些事。

我还没穿过校园走到办公室，就有另一个人走了过来——马特·梅塞尔森，一个辅修物理的生物学家。（我是他博士学位的评审委员会成员。）他建造了第一座现在被称为"密度梯度离心机"的装置——可以用来测量分子的密度。他说："看看我得出的实验结果！"

他证明了当一个细菌产生新的细菌时，有一个完整的分子会原封不动地传递过去——这个分子就是我们现在说的DNA（脱氧核糖核酸）。在此之前，我们总觉得一切都在分裂。所以我们认为细菌中所有部分都会分裂，细菌会把自己的一半分给新细菌。但这是不可能的：在细菌的某个地方，包含遗传信息的那个最小分子不能分裂成两半；它要复制自身，给新细菌一份拷贝，给自己留一份。梅塞尔森是这样证明的：他先在重氮中培养细菌，然后再在普通氮中培养细菌。在实验进行期间，他用密度梯度离心机给分子称重。

＊ 威廉·海因里希·沃尔特·巴德（Wilhelm Heinrich Walter Baade，1893—1960），德国天文学家，在美国度过了大部分科研生涯。

第一代新细菌所有染色体分子的重量，都介于重氮细菌分子和普通氮细菌分子之间——如果包括染色体分子在内的细菌的所有部分都在分裂，就有可能发生这种情况。

但当你预测接下来几代细菌的染色体分子重量将是轻重两种分子重量差的1/4、1/8、1/16时，实际上分子的重量却只有两种情况。一种是和第一代新细菌的重量相等（介于重分子和轻分子之间），而另一种分子更轻——刚好是普通氮细菌分子的重量。尽管更重的分子出现的比例在接下来的每一代中会逐级减半，但整个细菌的重量却没有减轻。这个重大发现令人兴奋，因为它是一个根本性变革。当我终于走到办公室的时候，我意识到，这才是我应该留下来的地方：来自不同科学领域的人会告诉我各种各样的新消息，所有消息都那么振奋人心。这就是我真正想要的东西。

所以当康奈尔大学稍后给我打电话，并告诉我他们已经把一切准备就绪的时候，我说："非常抱歉，我又改变主意了。"但我那时也决定再也不做决定了。我绝对不会再改变主意了。

当你还年轻的时候，你总是担心各种各样的事情——你该去那里吗？你妈妈怎么办？你愁得不行，想做出决定，但这时候其他事情又会冒出来……直接决定吧，这样简单得多。不要担心——你不会后悔的。还在麻省理工学院上学的时候，我就这样做过。我厌烦了，懒得决定在餐厅点哪种甜点，就决定以后永远点巧克力冰激凌，从此不再为吃什么甜点而发愁——我找到了这种问题的解决方案。无论如何，我决定一直留在加州理工。

————————

有一次，有人想动摇我留在加州理工的决心。当时费米刚刚去世，芝加哥大学的那所学院正在找人接替他的位置。两个芝加哥大学的人来找我，要到我家拜访我——我不知道他们要做什么。他们开始给我讲应当去芝加哥大学的理由：我可以做这个、做那个，他们那里有很多非常棒的人，我有做各种各样绝妙研究的机会。我没问他们会给我多少薪水，但他们一直暗示如果我问的话他们就会告诉我，最后他们问我是否想知道薪酬。"不想！"我说，"我已经决定要留在加州理工了。我妻子玛丽·露就在隔壁，如果她听到薪水是多少，我们就要吵架了。除此之外，我已经决定不再做决定了，我要永远留在加州理工。"因此我没让他们告诉我他们打算开出的薪酬。

大概一个月之后，我参加了一个会议，利昂娜·马歇尔*过来跟我说："你为什么没接受大学的邀请呢？可把我们失望坏了，而且我们也想不明白你怎么能拒绝这么棒的条件。"

"很简单，"我说，"因为我就没让他们告诉我薪酬到底是多少。"

一周之后我收到一封她寄来的信。我打开信，第一句话就是："他们给出的条件是___"——一笔数额巨大的钱，是我现在薪水的三四倍。真是令人震惊！她接下来写道："我让你在看其他内容之前先看到薪水。可能你现在想重新考虑了，因为他们告诉我这个职位仍然空缺，而我们非常期待你的加入。"

于是我在回信中这样写道："在我看到这个薪酬之后，我决定必须拒绝这个邀请。我拒绝这样好的条件，是因为一旦接受我就可以做我一直想做的事——找一个很棒的情妇，给她公寓住，给她买好东西……用你们给我的这笔钱，我就真的能这样做了，而我也知道接下来会怎么样。我会担心她，想她在做什么；我会在回家后陷入争吵……所有这些麻烦都会让我不舒服、不开心。我就不能好好研究物理，会把工作搞得一团糟。我一直想做的事对我有害，所以我决定必须拒绝这个邀请。"

---

* 利昂娜·伍兹·马歇尔（Leona Woods Marshall, 1919—1986），美国物理学家，曾协助建立人类史上首个核反应堆并参与制造首枚原子弹。

一个什么都会说的人

我在巴西的时候，花了很大气力学习当地的语言，因为我决定用葡萄牙语讲物理课。来加州理工之后，我受邀参加了巴彻教授举办的一场聚会。在我到达聚会地点之前，巴彻告诉其他来宾："这位费曼因为自己会一点儿葡萄牙语，就觉得自己厉害得不行，我们要让他知道天高地厚：这位史密斯夫人在中国长大，就让她用中文欢迎费曼吧！"

我在全然不知情的情况下来到聚会现场，巴彻把我介绍给了所有人："费曼先生，这位是……"

"很高兴见到你，费曼先生。"

"这位是……"

"很荣幸，费曼先生。"

"这位是史密斯夫人。"

"Ai, choong, ngong jia!"她一边说一边鞠躬。

我可没料到会有这一出，所以我猜我能做的大概只有用同样的精神来回应她。我也向她礼貌地鞠躬，然后充满自信地说："Ah ching, jong jien!"

"哦，天哪！"她喊道，瞬间失了方寸，"我就知道会是这样——我说的是普通话而他说的是广东话！"

一个物理学家的世界

一

你能解一下这个狄拉克方程吗？

留在巴西的那年年末，我收到惠勒教授的一封信，上面说日本将要举办一场理论物理学的国际会议，问我想不想去。虽然在战前日本有一些很有名的物理学家——汤川秀树（获得了诺贝尔奖）、朝永振一郎，以及仁科芳雄，但这次会议可以说是战后日本复苏的第一个信号，所以我们都觉得自己有责任去那里出一把力。

惠勒还附上了一本军队的常用语手册，并在信中说希望我们每个人都学一点日语。我在巴西找到了一名日本女士帮助我纠正发音，我还练习了如何用筷子夹起小纸片，此外还了解了很多关于日本的事。那时，日本对我来说很神秘，我觉得去这样一个陌生而奇特的国家旅行肯定很有意思，所以我准备得很起劲。

抵达日本后，有人在机场接机，然后把我们送到东京的一家由弗兰克·劳埃德·赖特*设计的酒店。这间酒店完全是对欧洲酒店的模仿，连酒店侍者都穿得像菲利普·莫里斯香烟广告上的小孩。我们不像是在日本，这里可以是欧洲或美国的任何一个地方。把我们领进房间的侍者赖着不走，把窗帘拉上拉下，就是为了拿小费。这里所有的东西都和美国一样！

东道主帮我们把一切都安排好了。第一天晚上我们在酒店顶层吃晚餐，服务员是一位日式装扮的女性，但菜单却是用英语写的。我费好大劲才学了几句日语，因此不愿意放过任何使用日语的机会，用餐快要结束的时候，我对服务员说："Kohi-o motte kite kudasai。"她鞠了一躬，然后走开了。

我的朋友马沙克连连发问："什么？怎么回事？"

---

* 弗兰克·劳埃德·赖特（Frank Lloyd Wright，1867—1959），美国建筑师、室内设计师、作家、教育家。

"我会讲日语。"我说。

"哈，你这个骗子！你总是骗我们，费曼。"

"怎么可能？"我用严肃的语气说。

"好吧，"他说，"你刚才说了什么？"

"我让她给我们拿点儿咖啡。"

马沙克不相信我的话。"我要和你打个赌，"他说，"如果她带着咖啡回来……"

服务员带着咖啡出现在我们眼前，马沙克输了。

事实证明，我是一行人中唯一学了点儿日语的人——甚至惠勒也一点儿没学，他还说让我们每个人都必须学日语呢——我再也忍不下去了。我曾经读过对日式宾馆的介绍，这种宾馆按理来说应该和我们所住的酒店区别非常大。

第二天早上，我给负责安排一切（也包括房间）的日本人打电话说："我想住日式宾馆。"

"这恐怕不行，费曼教授。"

我读到过日本人很有礼貌，但也很顽固——你必须坚持不懈才能劝服他们。所以我决定像他们一样顽固，但也和他们一样礼貌。这是一场意志的决斗：来来回回耗费了30分钟左右。

"你为什么要去住日式宾馆？"

"因为在这间酒店，我感觉自己不像在日本。"

"日式宾馆没什么好的。你得睡在地板上。"

"我就想这样，我想看看是什么样的。"

"而且还没有椅子——在桌前你要坐在地上。"

"没关系，会很有趣的。这就是我想要的。"

最终，他坦白了真实情况："如果你住另一间宾馆，大巴就要在去会议地点的路上新增一站。"

"不用，不用！"我说，"早晨我会先来酒店，然后在这里上车。"

"那好吧。那就这样吧。"原来问题出在这里——但我们用了半小时才谈到真正的问题。

他正要打电话给另一家宾馆，但突然停了下来——进展又停滞了。这次花了15分钟，我才找到问题出在邮件上。如果会议要传达任何信息，收件地址已经安排在了这家酒店。

"没关系，"我说，"我早上来这里搭大巴的时候，会留意是否有给我的信息。"

"好吧。就这样吧。"他拨通了电话，我终于可以去住日式宾馆了。

一到那里，我就知道我来对了：这家宾馆太可爱了！前台有一个地方给你脱鞋，然后一个身着传统和服和拖鞋的姑娘拖着脚走出来，帮你拿东西；你跟着她走过一条地上铺着垫子的走廊，穿过纸做成的拉门，与此同时，她一直迈着小步走路，发出"哧—哧—哧—哧"的声音。一切都很美妙。

我们进了房间，负责安排一切的那个人完全趴下来，俯伏在地，鼻子直碰到地上；她也趴了下来，鼻子碰地。我感觉很尴尬。我是不是也应该用鼻子碰地？

他们互相问候后，帮我办了入住，然后离开了。这真是一间很棒的房间。屋里都是你现在熟知的标准摆设，但对当时的我来说却十分新奇。有一个小壁龛，里面挂着一幅画，一根精心摆放的银柳插在花瓶中；地上有一张矮桌，旁边还有一个垫子；房间的另一边有两扇拉门，打开后外面是一座花园。

负责照顾我的是一位中年女性。她帮我宽衣，然后给了我一件浴衣——在宾馆里穿的一件蓝白相间的袍子。

我推开门，欣赏美丽的花园，然后坐在桌边做了一点工作。

我到那里还不到15或20分钟，抬起头望向花园，看到花园入口处的门边上，角落下坐着一位非常漂亮的年轻日本女子，穿着非常可爱的衣服。

我读了很多日本的习俗，我想我可能知道为什么她来到我的房间。我想："这可能会非常有趣！"

她懂一点英语。"您想看看花园吗？"她问。

我穿上鞋，身着浴衣，和她一起走进花园。她抓着我的手臂，给我介绍。

事情原来是这样的：因为她懂一点英语，所以宾馆经理觉得我可能想要她给我介绍一下这座花园——就是这么回事。当然，我有点失望，但这是一场文化交流，我知道很多人可能会往别处想。

又过了一会儿，负责照料我房间的女士进来用日语说了些什么，是关于沐浴的。我知道日式沐浴非常有趣，所以很想尝试一下，于是就说了一句"Hai"。

我读到的东西上说，日式沐浴非常复杂。他们要用很多在室外加温的水，你不能把香皂弄进水里，这样做会破坏水质，下一个人就没法用了。

我起身走到盥洗区，水池就在那里，我能听到闭着的门另一边有人洗澡的声音。突然门拉开了：正在洗澡的人想看看是谁闯了进来。"教授！"他用英语对我说，"在别人洗澡的时候走进盥洗室是一个很严重的错误！"那人正是汤川教授！

他告诉我那个女人肯定是在问我是否要沐浴，如果我说需要，她会为我做准备，等浴室空出来之后她会告诉我。我犯了这么严重的错误，但幸好我冲撞的不是别人，而是汤川教授。

那家日式宾馆让人非常舒心，特别是当有人来拜访我的时候。人们来到我的房间，然后我们坐在地上说话。我们坐下还不到5分钟，负责我房间的女士就会带着一个盛有点心和茶的托盘进来。这就像是你作为主人，待在自己家里一样，宾馆的工作人员会帮你照顾客人。在美国，如果你在宾馆房间里接待客人，没人会在乎——你必须自己呼叫服务才行。

在这家宾馆吃饭的体验也非常与众不同。端来食物的姑娘会在你吃饭的时候待在那里，这样你就不是孤身一人了。虽然我没法跟她好好聊天，但是并没有什么关系。所有食物都很棒：装在碗里的汤用盖子盖着，你打开盖子后就能看到一幅美丽的画面——好像小片洋葱的东西漂在汤上，感觉美极了。在这里，盘中食物的卖相也非常重要。

我立刻就决定要尽我所能地体验日式生活。这当然也包括吃鱼。我小时候一点都不爱吃鱼，但我发现在日本这样做很孩子气：我吃了好多鱼，还发现鱼真的很好吃。（我回到美国后，第一件事就是找了一家餐厅吃鱼，但那里的鱼糟透了——和以前一样糟，难吃到我无法忍受。在此之后我找到了原因：鱼必须非常非常新鲜才好吃，不新鲜的鱼会有一种我很不喜欢的味道。）

有一次我在这家日式宾馆吃饭，有一道菜是一个又圆又硬蛋黄大小的东西，放在一个杯子里，旁边还有一些黄色的液体。那时我在日本吃饭的原则是来者不拒，但这个东西让我很害怕：它上面纹路纵横，看起来有点像脑子。我问那个姑娘这是什么，她回答"kuri"。但这没有解决我的疑惑。我猜这可能是章鱼蛋之类的东西。虽然感觉很惊恐，但我吃下去了，因为我想尽可能多地体验日本。（同时我牢牢记住了"kuri"这个词，就好像这个词关乎我的性命一样，直到30年后我也没忘记。）

第二天我在会上问一个日本人，那个纹路复杂的东西是什么。我告诉他，那个东西简直太难以下咽了。"kuri"到底是什么鬼东西？

"那是'栗子'的意思。"他回答。

———————

我学的某些日语还是很有效果的。有一次，大巴迟迟不启动，有人说："嘿，费曼！你懂日语，让他们快出发！"

我说："Hayaku! Hayaku! Ikimasho! Ikimasho!"意思是："走吧！走吧！快！快！"

这时我意识到我的日语已经失控。我是从军队常用语手册里学到这些的，听起来肯定特别粗鲁，因为酒店的所有人都开始像老鼠一样碎步急跑，说着：

"好的先生！好的先生！"然后大巴马上就开走了。

日本的这场大会分为两个部分，一部分在东京，一部分在京都。在去京都的大巴上，我把日式宾馆的事情告诉了我的朋友亚伯拉罕·派斯[*]，他说他也想试试。这次我们住在了宫古山宾馆，这里既有美式房间，也有日式房间，于是我和派斯一起住进了一间日式房间。

第二天早上，负责收拾房间的年轻女士为我们做好了泡汤的准备，汤池就在我们房间内。过了一会儿，她带着装有早餐的托盘回来了。虽然我衣衫不整，她还是转向我礼貌地说"Ohayo, gozai masu"，意思是"早上好"。

派斯刚从汤池里出来，赤身裸体，身上还滴着水。她转向派斯，用同样沉静的语调说"Ohayo, gozai masu"，然后为我们放下了餐盘。

派斯看着我说："天哪，我们是不是特别不文明！"

我们知道，在美国，一名女仆送早餐的时候看到一个男人浑身赤裸站在那里，人们会大呼小叫，进而引发一场混乱。但是在日本，人们都对此习以为常，我们觉得他们在这方面比我们先进、文明多了。

———————

我当时正在研究有关液氦的理论，我找到了用量子力学法则解释奇特的超流现象的方法。我对这项成就非常自豪，并打算以此为题在京都大会上发表演讲。

在我演讲的前一天晚上有一场晚宴，坐在我旁边的正是昂萨格教授[**]，他是固态物理和液氦问题方面的顶级专家。他是那种话很少的人，但他只要说话，就全都非同小可。

"费曼，"他语气生硬地说，"我听说你觉得你已经理解液氦了。"

"可以这么说……"

---

[*] 亚伯拉罕·派斯（Abraham Pais，1918—2000），美籍荷兰裔物理学家、物理史学家。
[**] 拉斯·昂萨格（Lars Onsager，1903—1976），美籍挪威裔物理化学家。他因发现非平衡态热力学的一般关系、提出了倒易关系而获得1968年诺贝尔化学奖。

"啧。"他整个晚宴只跟我说了这个！所以，我并没有获得什么鼓励。

第二天我发表了演讲，解释了我对于液氦的理解。最后，我还诉苦说有一些东西我没弄明白：液氦从一个相转变为另一个相是属于一级相变（比如固体熔化或液体蒸发——温度恒定）还是属于二级相变（就像你有时在磁场中看到的那样，温度不断变化）。

接着昂萨格教授站了起来，用阴沉的声音说："费曼教授是我们领域的新人，我认为我们应该对他进行教导。有一些事情是他必须知道的，我们应该告诉他。"

我想："天哪！我到底哪里做错了？"

昂萨格继续说："我们应该告诉费曼，到目前为止还没人能通过基本原理准确判断任何相变的级别，所以即便他的理论无法准确找出相变的级别，也不能说明他对液氦其他方面的理解不够令人满意。"这竟然是一句夸奖我的话，但是听他开头的话，我还以为我要被批评一番呢！

不到一天之后，我待在房间里，这时电话响了，是《时代》杂志打来的。电话那头的人说："我们对你的研究很感兴趣。你是否有拷贝可以给我们发一份？"

我当时还没上过《时代》杂志，所以对此感到很兴奋。我为我的研究感到自豪，在大会上的反响也不错，于是我说："当然可以！"

"好的。请把文件发到我们的东京办事处。"那个人给了我地址。我感觉很不错。

我重复了一遍地址，那个人说："没错。非常感谢，派斯先生。"

"哦，错了！"我说，吓了一跳。"我不是派斯，你们要找派斯吗？抱歉。等他回来我会告诉他你们找过他。"

几小时后，派斯回来了。"嘿，派斯！派斯！"我兴奋地说，"《时代》杂志打电话来了！他们想让你给他们发一份你演讲内容的拷贝。"

"啊，"他说，"出风头没好事！"

我十分震惊。

后来我发现派斯是对的，但在当时我觉得让我的名字出现在《时代》杂志上是件很棒的事。

那是我第一次到日本。离开后，我还想再去日本，于是我就放话说，如果有任何大学需要我，我都愿意去。于是日本方面为我安排了一系列可以拜访的地方，我在每个地方都停留了几天。

那时我还和玛丽·露在一起，我们所到之处都受到了款待。有一个地方准备了一场完整的歌舞表演仪式，这种仪式通常只在有大量游客时才举办，但这次是单单为我们俩准备的。在另一个地方，所有学生都去船上迎接我们。还有一个地方，市长接见了我们。

在我们所有停留之处中，有一个特别的地方，那是森林中一处小巧、朴素的居所，据说天皇经过此处时会在这里下榻。那个地方非常可爱，树林环绕，房子特地选在一个溪水潺潺流过的地方。那里自有一种静谧感，宁静中带着典雅。我想，天皇能来这样的地方住，说明相比于我们这些西方人，他对自然有着更敏锐的感触。

———————

在这些地方，每个在物理领域工作的人都会告诉我他们正在做的研究，然后我和他们讨论。他们粗略告诉我正在研究的问题，然后开始写一堆方程式。

"等一下，"我说，"有没有哪个例子可以大体上代表这个问题？"

"当然有。"

"非常好。给我一个例子。"我需要这个。如果我无法在脑海中想象一个具体的例子，我就无法整体理解任何东西。一些人会在开始时认为我有点反应迟缓，无法理解他们的问题，因为我会问很多这样的"蠢"问题："阴极是正的还是负的？阴离子是这样走还是那样走？"

但再过一会儿，当那个人被困在一大堆方程式中间时，我会发现他话里的问题，并且说："等一下！这里有个问题。不可能是这样的！"

那个人会看看他的方程式，然后不出意料，找到那个错误，并且思考："这个人一开始连问题都搞不清，他是怎么在一大堆乱七八糟的方程式里找到错误的？"

他以为我用数学的方式一步步理解问题，但我不是这么做的。在得到他正在分析的问题的具体实例后，我就根据直觉和经验了解到这个东西的属性。所以当方程式说应该是怎样的时候，我就知道这是错的，我才会跳起来说："等一下！这里有一个错误！"

在日本时，除非他们能给我一个实例，否则我无法理解或讨论任何人的研究工作，但大部分人都找不到这样的例子。就算能找到，通常也是一个很弱的例子，因为例子中的问题可以通过另一个简单得多的方法来分析。

我一直以来都要求了解他们所分析问题的实际情境，而非数学方程式，于是我的历次拜访被总结在一张油印纸上，在科学家们之间流转（这是战后他们发明的一种朴素但有效的沟通系统），标题是"费曼的轰炸，以及我们的对策"。

在访问了几所大学之后，我在京都的汤川研究所待了几个月。我很喜欢在那里工作。一切都很舒适宜人：你去上班后，可以把鞋脱掉，有人会在清晨一个恰到好处的时机给你泡茶。一切都让人感觉很舒服。

在京都，我发了疯似的学日语。我比之前更加卖力了，甚至一度可以自己打车出行，做我想做的事。每天都有一个日本人来给我上半个小时日语课。

一天，他教我"看"这个词。"好，"他说，"如果你想表达'我能看看你的花园吗？'该怎么说？"

我用我刚学到的词造了一个句子。

"不不。"他说，"当你对别人说'你想看看我的花园吗？'用第一个'看'；当你想要看别人的花园时，就必须用另一个'看'，这样说更礼貌。"

第一种情况，你说的其实是："你想瞥一眼我糟糕的花园吗？"但当你想看其他人的花园时，你要说："我可以看看你美丽的花园吗？"就是说，你得用两个不同的词。

然后他给我举了另一个例子："你去了一间寺庙，你想要看看那里的花园……"

这次我用礼貌的"看"造了句。

"不对不对。"他说，"寺庙里的花园通常都精致优雅得多，所以你要说与之相配的话：'我可否有幸一睹你们那至美的花园？'"

同一个意思可以用三四个不同的词来表达：如果是我做的，就是自惭形秽的；如果是你做的，就是美丽优雅的。

我学日语主要是为了应付技术问题，所以我决定试一试同样的情况在科学家中是否存在。

第二天我去研究所的时候，我问办公室里的人："用日语怎么说'我解了这个狄拉克方程'？"

他们说怎样怎样说。

"好。那如果我要说：'你能解一下这个狄拉克方程吗？'——我该怎么说？"

"这样的话，你就要换一个词来表达'解'。"他们说。

"为什么？"我反驳，"我解方程和你解方程是完全一样的啊！"

"是一样，但是要用另一个词——这样更礼貌。"

我放弃了。我承认日语并不适合我，从此我也不再学日语了。

电是火吗?

在20世纪50年代早期，我得过一阵中年病：我到处做关于科学的哲学演讲*——科学如何满足好奇心、它如何让你重新看待世界、它如何让人有能力去做各种各样的事、它如何给人以力量——但问题在于，考虑到最近原子弹的发展，给人以那么大的力量是对的吗？我也开始考虑科学和宗教之间的关系，大概就在这时，我受邀去参加一个在纽约召开的讨论"平等伦理"会议。

这个会已经在长岛某处开过一次，之前参与讨论的人年龄都偏大，所以今年他们想邀请一些年轻人参与，讨论他们在上一次会议中得出的意见书。

在我到达那里之前，他们发来了一张传阅书单——"你可能想要看的书，请把你推荐其他人看的书发给我们，我们会把书存放在图书馆里，方便其他人阅读。"

就是这么一张绝妙的书单。从第一页开始，上面的书我一本都没读过，我感到非常不安——我不属于这个圈子。我开始看第二页，还是一本都没读过。看完整个书单后我发现，上面的书我全部都没读过。我肯定是个白痴，是个文盲！书单有些很不错的书，比如托马斯·杰斐逊的《论自由》之类；还有一些作者我读过他们的作品。有一本书是海森堡写的，有一本是薛定谔写的，还有一本是爱因斯坦写的，但都是一些《爱因斯坦自述》和《生命是什么》这样的书——和我读的东西不太一样。我感觉自己差得太多了，不应该参与这种活动。可能我应该静静坐在那里，听听别人怎么说。

我去参加了第一场大型介绍会。有一个人站起来解释，有两个问题要讨论。

---

* 最好的例子就是《科学的价值》。——莱顿原注

第一个有点儿云里雾里——是关于伦理和平等的，但我不太清楚那个问题具体是什么；第二个问题是"我们将会通过自身努力来证明我们可以在不同领域的人之间建立对话"。现场有一位国际律师、一位历史学家、一位牧师、一位拉比、一位科学家（我），等等。

我的逻辑思维当即决定第二个问题我完全不需要关心，因为如果一件事行得通，那就行得通；如果行不通，那就行不通。如果没有什么可以对话的东西，我们就不需要证明我们可以建立对话或者讨论我们是否可以建立对话。所以问题主要是第一个，那个我不理解的问题。

我已经准备好举手提问了——"你能进一步定义一下问题吗"。但我转念一想："不，我是个无知的人，我还是好好听别人怎么说吧。我可不想马上就惹麻烦。"

我参与的那个小组应该讨论"教育中的平等伦理"。在我们小组的会议上，那位牧师总是在说"知识碎片化"。他会说："教育中的平等伦理面对的真正问题是知识碎片化。"这位牧师回顾了13世纪教堂全权负责教育的时期，当时的世界很简单。一切都来源于神，一切都秩序井然。但是今天，要想理解所有东西变得不那么简单，因为知识正变得碎片化。我觉得"知识碎片化"和我们要讨论的问题毫无关系，但是因为我们要讨论的问题也没有得到明确定义，所以我也无法证明这件事。

最后我说："和知识碎片化有关的伦理问题是什么？"他只会用一大堆云山雾罩的话来回答我，而我说"我不太明白"。这时其他人都会说他们明白了，然后试着给我解释，但是他们说的话我也听不懂。

所以这个小组里的其他人让我写下来，为什么我认为知识碎片化不是一个伦理问题。我回到宿舍，尽我所能仔细写下了我认为"教育中的平等伦理"可能是什么，我把我认为可能正在讨论的问题的一些例子写了下来。例如，教育会增加差异。如果有人擅长某件事，教育系统就会培养他的能力，这就会造成差异，或者说不平等。所以如果教育会加剧不平等，这是否道德？在给出更多例子之后，我继续写：虽然"知识碎片化"是一种困境，因为世界的复杂性会增加我们学习的难度，但是鉴于我对这个话题领域的定义，我认为知识碎片化和教育中的平等伦理可能涉及的任何东西都毫不相关。

第二天我把我的论述带到了会议上，那个人说："好的，费曼先生提出了一些我们必须讨论的有趣问题，但我们暂时要先把这些问题放到一边，留待未来再行讨论。"他们完全没有明白我的意思。我想要定义问题，然后证明为什么"知识碎片化"和我们要讨论的问题无关。任何人都没有在那次会议中取得任何进展的原因就在于他们没有清晰地定义"教育中的平等伦理"这个主题，所以也没人知道自己到底应该说些什么。

有一位社会学家，他写了一篇文章让我们所有人读——是他事前写好的一些东西。当我开始读那该死的东西后，我的眼珠都快掉出来了：我完全看不懂文章在说什么！我猜这大概是因为我没有读过那个书单上的任何一本书。我有一种不安的感觉，总觉得"自己不配"，直到我终于下定决心："我不能再这样了，慢慢读懂一句话，这样我才能搞清楚这里面写的到底是什么。"

于是我在中间某处停下来，开始非常仔细地阅读下一个句子。我记得不是很清楚，但是那句话大致是这样的："社会中的个体成员经常通过视觉或符号渠道接收信息。"我来回看了好几遍。你知道这句话是什么意思吗？"人们会阅读。"

我继续看下一句话，意识到这句也可以"翻译"。这篇文章开始变得空洞无物："有时人们会阅读，有时人们会听广播……"但是这些内容都是用一种装腔作势的方式写成的，以至于我一开始竟然完全看不懂，等到我终于破译了这些内容后，才发现里面都是些很浅显的东西。

那场大会上只发生了一件令人愉悦，或者说很好笑的事。这次会议上，在全体会议上发言的每个人说的每个字都受到了高度重视，所以他们安排了一个速记员在那里记录我们说的话。会议第二天的某个时间，那位速记员走过来对我说："你是什么教授？你肯定不是教授。"

"我是教授。"我说。

"什么教授？"

"物理——科学方面的。"

"哦！那肯定是因为这个了。"他说。

"什么的原因？"

他说："我是个速记员，我会记下所有人在这里说过的话。现在的情况就是，其他人讲话的时候，虽然我会记下他们所说的，但我不明白他们在说什么。然而每次你一站起来提问或者说什么话的时候，我完全能听明白你的意思——问题是什么，你说的是什么——所以我觉得你肯定不是教授！"

————————

会议期间有一场特殊晚宴，那个宗教场地的负责人，一位很和善、很典型的犹太人发表了演讲。他讲得很好，是一位很棒的演说家。虽然现在我要说的听起来有点疯狂，但是在当时，他的主要观点听起来显而易见且真实可信。他谈到各国家之间福利的巨大差异，以及由此产生的嫉妒，以及进一步导致的冲突；而现在我们有了核武器，任何战争一旦爆发，我们就要迎来世界末日；所以，为了摆脱这种困境，我们要通过确保各个地区不存在太大的差异来争取和平。既然美国拥有了那么多的东西，我们就应该把我们拥有的几乎全部东西送给其他国家的人，直到大家完全平等为止。所有人都听得很认真，我们都充满了自我牺牲的热情，认为我们就应该这么做。但我在回家的路上恢复了理智。

第二天我们小组里的一个人说："我认为昨晚的演讲非常好，我们都应该对此表示支持，这项活动应该成为我们会议的总结。"

我开始发言。我说，把一切东西平均分配的想法是建立在世界上只存在X数量的东西的基础上的，也就是我们先通过某种方式从更穷的国家拿来了这些东西，于是我们应该把这些东西还给他们。但是这个理论没有考虑到国家间差异的真正原因——也就是，对种植食物新技术的开发、对用于种植食物和做其他事情的机器的开发，以及开发所有这些机械都需要的资本汇集。重要的并不是东西，而是做东西的能力。现在我明白了，这些人缺乏知识，他们不懂科学。他们不理解技术，也不理解自己所处的时代。

那个会议让我精神紧张，以至于我在纽约认识的一个姑娘不得不劝我冷静下来。"看，"她说，"你在发抖！你情绪太激动了！放松下来，别太当真。先退一步冷静一下，再重新看待这件事。"我开始想关于这个会议的种种，发生了多少疯狂的事，而这一切并不太坏。但是如果有人要我再去参加一场类似的活动，我会一下子躲开——绝无可能！绝对不行！可直到今天，我仍然会收到类似活动的邀请函。

最后到了评估这次会议的时候，其他人都在说他们从中取得了多少收获，会议有多成功，等等。当他们问到我时，我说："这场会议比罗夏墨迹测验还要糟糕。别人问你，你认为你看到的那个毫无意义的墨水斑点是什么，但当你把想法告诉他们时，他们却说你说得不对！"

更糟糕的是，在会议即将结束时他们本来还要再开一场会，这一次公众也会参与进来，可是负责我们小组的那个人竟然说因为我们的工作成果斐然，所以接下来不需要公众讨论部分了，我们只要告诉公众我们讨论的所有成果就行了。我大跌眼镜：我认为我们连个屁都没有得出来！

最后，当我们讨论到我们是否在不同领域的人之间找到建立对话的方式时——我们的第二个基本"问题"——我说，我注意到一件有趣的事。我们每个人说的都是我们所想的"平等伦理"，从自己的观点出发，忽视其他人的观点。举例来说，那位历史学家提出，理解伦理问题的方法就是从历史中找寻人类进化和发展的答案；那位国际律师建议，我们的方法应该是研究人们在不同情境下实际采取行动和制订计划的方式；那位牧师总是在说"知识碎片化"；而我，作为一位科学家，提出我们应该把问题隔离出来，就像伽利略做实验时那样；等等。"所以在我看来，"我总结说，"我们之间完全没有对话。我们有的，只是混乱。"

当然，我被群起而攻之。"你不觉得混乱可以产生秩序吗？"

"哦，是作为总体原则，还是……"我不知道应该如何应对"混乱中会产生秩序吗？"这样的问题。会，不会，问的到底是什么？

参加那场会议的人中有很多傻瓜——自负的傻瓜，而自负的傻瓜能把我逼疯。普通傻瓜不成问题，你可以和他们对话，试着帮他们解除误会。但是我无法容忍自负的傻瓜——掩饰自己的愚蠢并用连篇的鬼话把自己包装成智者的傻瓜！一个普通的傻瓜不是骗子，一个诚实的傻瓜没什么解决不了的，但不诚实的傻瓜令人讨厌。而这就是我在那场大会上遇到的人，一群自负的傻瓜，我为此感到心烦意乱。我不想再经历这种事情了，所以从此不再参加跨学科会议。

———————————

补记：我在参加这次会议时，住在犹太神学院里，这里是年轻的拉比们——我想他们应该是正统派的——学习的地方。因为我有犹太背景，所以我知道一些他们对我说的关于《塔木德》的东西，但我从来没看过《塔木德》。

《塔木德》很有趣：它的书页很大，页角上有一个方块区域，里面是《塔木德》的原文，在方块周围"L"形的页边空白上，是不同人写下的评注。《塔木德》在不断进化，一切都以一种仔细的、中世纪风格的论证方式经过了一次又一次的讨论。我想评注应该在中世纪终止了——书里没有任何来自现代的评注。《塔木德》是一本很棒的书，是关于千奇百怪事物的大杂烩：琐碎的问题、困难的问题——关于老师以及如何教学的问题，然后又是一些琐事，等等。那些学生告诉我，《塔木德》从来没有被翻译过，我对此感到不解，因为这是一本很有价值的书。

一天，两三个年轻拉比找到我，对我说："我们意识到，如果不了解一些关于科学的知识，我们就无法在现代世界中学习并成为拉比，所以我们想要问您一些问题。"

当然，世界上有成千上万个地方可以了解科学，而且哥伦比亚大学就在这附近，但我想知道他们对什么样的问题感兴趣。

他们说："举例来说，电是火吗?"

"不是，"我说，"但是……问题何在?"

他们说："《塔木德》里说，不能在周六生火，所以我们的问题是，我们在周六可以用电器吗?"

我震惊了。原来他们不是对科学感兴趣：他们愿意去了解科学对其生活造成影响的唯一原因，竟然是为了更好地解读《塔木德》! 他们对外面的世界、自然现象都不感兴趣，他们只想知道如何解决《塔木德》里提出的一些问题。

接下来有一天——我猜应该是周六——我想坐电梯上楼，有一个人站在电梯附近。电梯来了，我走了进去，他也和我一起走了进来。我说："去哪层?"同时我的手已经准备好按下楼层按钮。

"不，不!"他说，"应该我来给你按按钮。"

"什么?"

"这里的孩子们周六不能按按钮，所以我来帮他们按。你看，我不是犹太人，所以我可以按按钮。我站在电梯旁边，他们告诉我要去哪层，我就会给他们按按钮。"

这确实让我困扰，所以我决定要让这些学生进行一场带有逻辑陷阱的讨论。我在犹太家庭长大，所以我知道该用什么逻辑，我想："好玩的要来了!"

我的计划是这样的。我会先发问："犹太教的观点是任何人都可以抱有的观点吗? 如果不是的话，那它肯定不是什么对人类真正有价值的东西……"接下来他们就不得不说："是的，犹太教的观点对任何人都是有益的。"

为了进一步引导他们，我会继续问："一个人雇用其他人去做一件他认为不道德的事，这样道德吗？比如，你会雇用一个人替你去抢劫吗？"接着我持续把他们引向逻辑陷阱，一点一滴地，小心翼翼地，直到我让他们……掉入陷阱！

你知道是怎么回事：他们可是拉比学院的学生——比我强十倍！一旦他们看到我可以让他们陷入进退两难的境地，他们就左躲右闪——我也不记得他们具体是怎么做的了——紧接着就逃出去了！我还以为我想到了一个新颖的点子。唉！结果这个问题已经在《塔木德》中讨论了几个世纪了！所以他们收拾我就是小菜一碟。很快他们就解围了。

最后，我试着向这些拉比学院的学生保证，他们按电梯按钮时让他们感到困扰的电火花并不是火。我说："电不是火。电不像火一样是化学反应。"

"哦？"他们说。

"当然，火里的原子之间是存在电的。"

"看吧！"他们说。

"但世界上的任何现象里的原子之间都是存在电的。"

我甚至提出了一个切实可行的消灭火花的方案。"如果你们不想出现火花，可以把一个电容器放到开关上，这样在任何地方，电在启动和关闭时就完全不会产生火花了。"但不知为何，他们也不喜欢这个主意。

这可真让人失望。想象一下，在现在这样的时代，人们为了进入社会、为了有所作为——比如成为一个拉比——而学习，而他们可能想了解科学的唯一原因，竟然是他们古老、狭隘、原始的问题有一点点被新现象所混淆了。

那时还发生了一件值得一提的事。拉比学院的学生们和我花时间讨论的一个问题是，为什么在学术方面——比如在理论物理领域——犹太孩子的比例要比他们在总体人口中的比例大。拉比学院的学生们认为原因在于犹太人拥有重视学习的历史：他们尊重作为老师的拉比，也尊重教育。犹太人一直都在家庭中延续这个传统，所以如果一个孩子是好学生，那么他至少和一个好足球运动员一样优秀。

　　就在当天下午，我意识到了他们说得很对。我受邀去拉比学院的一个学生家里拜访，他把我介绍给了自己的母亲，她刚从华盛顿回来。她拍着手，喜出望外地说："哦！我今天圆满了。今天我见到了一位将军，还有一位教授！"

　　我意识到这世界上没有多少民族，会认为见到一位教授和见到一位将军是同样非同小可、值得高兴的事。所以我猜他们说的话确实有些道理。

宾馆之城

　　一次我在瑞士日内瓦参加一个物理学会的会议，我到处转悠，刚巧走到联合国大厦附近。我想："天哪！我一定要进去看看。"我的衣着并不十分得体——穿着一条脏裤子和一件旧外套——但我发现里面有游客可以随意参加的旅行团，会有一个导游带你到处参观。

　　参观很有意思，但是最令人震撼的部分是那间巨大的礼堂。你知道，为了接待国际大人物，所有东西都会做得有点过火，通常应该是舞台或讲台的一个东西被分成了好几层：你必须爬上所有台阶才能到达这个木质庞然大物的后方，而你的背后是一个巨大的屏幕。你的前方是坐席。地毯很优雅，礼堂后面带有黄铜把手的大门也很好看。这间大礼堂每一面墙的上方都有带窗户的小隔间，这是不同语言的翻译们工作的空间。这是一个神奇的地方，我一直在想："天哪！在这样一个地方讲话一定很爽！"

　　接下来，我们沿着礼堂外面的走廊前行，这时导游指向一扇窗户说："你们看到那些正在建设中的建筑了吗？那些建筑建好后举办的第一场活动将是六周后的'和平利用原子能'大会。"

　　我突然想起来，我原本就要和默里·盖尔曼一起在那场大会上发表讲话，主题是高能物理的现状。我的演讲被安排在全体会议上进行，所以我问导游："先生，那场大会的全体会议演讲将会在哪里举行呢？"

　　"就在我们刚刚经过的那个房间。"

　　"哦！"我欣喜地说，"那我就要在那个房间里演讲了！"那个导游看了看我的脏裤子和皱巴巴的衬衫。我意识到自己说的话在他听来有多傻，但我确实是因为太惊喜太意外才这么说的。

我们又往前走了一段，导游说："这里是各位代表的休息室，他们经常在这里进行非正式讨论。"休息室的门上有一些方形的小窗，你可以透过这些窗子看到里面，所以我们都朝里看去。屋里有几个人正在坐着说话。

我透过窗子看到了伊戈尔·塔姆*，他是一位我认识的苏联物理学家。"哦！我认识那个人！"我说着冲进了那扇门。

导游喊道："不行，不行！不要进去！"这时他已经确定，在他负责的团里有个疯子，但是他却不能去追我，因为他自己也不被允许进入那个房间！

塔姆认出我后喜形于色，我们稍微聊了一会儿。导游看到之后松了一口气，抛下我带团走了，我不得不跑步才能追上他。

———————

在物理学会的大会上，我的好朋友巴彻对我说："听着，'和平利用原子能'大会期间很难订到房间。如果你自己还没预订的话，不如让国务院帮你安排一个房间？"

"不用，"我说，"我不会让国务院帮我做任何事——我自己来。"

我回到宾馆，告诉工作人员我一周后会离开，但会在夏末时再回来："我现在可以订那个时候的房间吗？"

"当然可以！您什么时候回来？"

"九月的第二周……"

"哦，非常抱歉，费曼教授。那段时间我们的房间已经订满了。"

我开始挨家宾馆询问，发现所有宾馆都已经满员了，整整提前了六周！

我想到了一个办法，是我以前和一位物理学家朋友一起用过的，我的这位朋友是一个安静而庄重的英国人。

---

* 伊戈尔·叶夫根耶维奇·塔姆（Игорь Евге́ньевич Та́мм，1895—1971），苏联物理学家，1958 年获诺贝尔物理学奖。

我们当时自驾穿越美国，就在刚刚经过俄克拉何马州的塔尔萨时，前方预报将会出现洪水。于是我们进入这座小城，看到车停得到处都是，很多人躺在车里睡觉，甚至还有一家人挤在一起的情况。他说："我们最好还是停下来吧。很明显我们已经不能再往前走了。"

"啊，得了吧，你怎么知道呢？我们试试看，可能等我们到达那里时，水已经下去了。"我说。

"我们不应该浪费时间，"他回答，"如果我们现在就开始找，没准儿还能找到一间房。"

"啊，那个你不用担心，"我说，"我们出发！"

我们开车出城二三十千米，看到了一条河。是的，即使对我来说，水也是太多了。毫无疑问，我们不会尝试跨过去。

我们掉头回去，我的朋友絮叨地说现在肯定找不到房间了，而我告诉他不用担心。

回到城里后，街上满满都是睡在车里的人，很明显是因为没有房间——所有宾馆都已客满。我看到门上的一个小标志："宾馆"。这是我在阿尔伯克基时很熟悉的那类宾馆，在等待看望我妻子的时间里我在城里瞎转悠时看到过：你要爬上一段台阶，而接待室就在台阶顶端的第一层平台上。

我们走上台阶，进入接待室，我对经理说："我们想要一间房。"

"没问题，先生。我们三楼有一间两床房。"

我的朋友惊呆了：城里到处都是睡在车里的人，而这家宾馆竟然还有房间！

我们上楼去房间里，他逐渐明白过来：房间没有门，只是在门口处挂了一块门帘。房间很干净，还有一个水槽。情况并不是那么糟糕。我们铺好床准备睡觉。

他说："我想小便。"

"卫生间在走廊那头。"

我们能听见姑娘们在外面的走廊上一边咯咯笑着一边走来走去，他很紧张。他不想出去。"没关系，那就尿在水槽里吧。"我说。

"但是这样不卫生。"

"不会的，没关系；你可以把水龙头打开。"

"我在水槽里尿不出来。"他说。

我们俩都很累，于是就躺了下来。天气很热，所以我们没有盖被。这个地方过于嘈杂，我的朋友无法入睡。我迷迷糊糊地睡着了。

过了一会儿，我听到附近的地板吱吱作响，我稍稍睁开了一只眼睛。看到黑暗中他在那里，安静地跨站在水槽上。[*]

言归正传，我知道日内瓦有一家叫"宾馆之城"的小旅店，就是那种只有一个临街门道，要爬一段楼梯才能找到接待室的地方。那里通常都有一些空房，没人会预订。

我走上楼梯来到接待室，告诉前台工作人员我会在六周之后返回日内瓦，届时我想住在他们这家旅店："我可以预订吗？"

"当然，先生。当然可以！"

接待员在一张纸上写下了我的名字——他们连预约簿都没有。我还记得那位接待员为了避免忘记，想要找一个钩子把那张纸挂起来。最后我成功"预订"，一切顺利。

六周后，我回到日内瓦，去了宾馆之城，他们真的已经为我准备好了房间，就在顶楼。这个地方虽然很便宜，但很干净。（瑞士嘛，肯定干净。）虽然床单上有几个洞，但仍然干净。早上他们会把一份欧式早餐端到我的房间；他们很

---

[*]　如果想了解那位"物理学家朋友"是如何讲述这个故事的，请看弗里曼·戴森所著的《宇宙波澜》（*Disturbing the Universe*, 1979）第六章。——莱顿原注

为能有一位提前六周预订房间的客人而感到高兴。

到了"和平利用原子能"大会的第一天，我去了联合国总部。接待处前已经排起了长队，每个人都在签到：一位女士负责写下所有人的住址和电话，以便有信息需要传递时可以找到人。

"费曼教授，您住在哪里？"她问。

"我住在宾馆之城。"

"哦，您说的是'Hotel Cité'吗？"

"不，就是'City'，C–I–T–Y。"（为什么不呢？我们在美国管它叫"Cité"，所以在日内瓦他们就会叫"City"。）

"但这不在我们的宾馆列表里。你确定是'City'吗？"

"你在电话簿里找找看。你会看到的。"

"哦！"在查看过电话簿之后她说，"看来我的列表并不完整！还有人在找房间，那或许我可以把这间宾馆推荐给他们。"

她肯定是从什么人那里听到了关于宾馆之城的一些评价，因为最终没有其他参会的人住到那里。宾馆之城的工作人员偶尔会接到从联合国打来的找我的电话，他们会带着一些敬畏和兴奋，从办公室跑上两段楼梯通知我去楼下接电话。

我记得在宾馆之城发生的有趣一幕。一天夜里我透过窗户望向院子。我用余光捕捉到院子对面建筑里的一个什么东西，看起来像是一个倒扣在窗台上的碗，我好像看到它动了一下。等了一会儿，它没有再动。又过了一会儿，它向一边挪动了一点。我看不清那到底是个什么东西。

过了一会儿，我终于搞清楚了：那是一个男人手拿双筒望远镜，他把望远镜抵在窗沿上做支撑，他的视线正穿过院子看向我下面那层的旅馆房间。

在宾馆之城，还有一幕我经常回忆的情景，我想把这个场景画下来：一天夜里我开完大会返回旅馆，打开最下层通往楼梯的门。旅店的老板站在那里，想显得若无其事的样子，他一手拿着一只雪茄，另一只手把某样东西往台阶上推。再往上，是每天给我端早餐的女士用双手拉那件很沉的东西。在台阶最上端的平台上，站着一个穿假貂皮大衣的女人，她的胸脯几乎挤出来，手插在胯上，傲然地等待着。这位顾客像是有点喝多了，上楼梯都有些费劲。我不知道那位老板是否了解我其实很清楚正在发生的情况。我从旁边走过去，他可能因为他的旅馆而感到不好意思——但对我来说，这一切都很令人愉快。

我听着像希腊语!

不知道为什么，我在出门时总会粗心大意地忘记邀请者的地址、电话号码，或任何相关信息。我总觉得会有人来接我，或者会有其他人知道我们的目的地，毕竟船到桥头自然直嘛。

1957年，有一次我去参加北卡罗来纳大学举办的一场关于引力的研讨会。我的角色是来自其他领域的一位专家，以求为引力的研究提供另一种视角。

研讨会开幕一天后我才到达机场（我第一天有事），我走出机场去打车的地点。我对出租车调度员说："我要去北卡罗来纳大学。"

"你要去哪个？"他说，"是罗利的北卡罗来纳州立大学，还是教堂山的北卡罗来纳大学？"不用说，我对此毫无概念。"这两个地方分别都在哪儿？"我问。这两个地方应该离得不远。

"一个在这儿的北边，一个在这儿的南边，到这里的距离差不多。"

我没带任何能指示我地址的东西，而且机场里也没有像我一样在研讨会第二天才去参会的人。

这让我有了一个主意。"听着，"我对调度员说，"我要参加的大会是昨天开始的，所以昨天肯定有很多人经由这里去参会。我给你描述一下这些人的样子：他们看起来有点不切实际，完全不在意自己要去哪里，他们彼此之间嘀嘀咕咕，说的话类似于'G—缪—纽，G—缪—纽'。"

他的眼神亮了起来。"啊，我知道了。"他说，"你说的是教堂山！"他叫来了下一辆出租车。"把这个人带到教堂山的大学。"

"谢谢。"我说。我顺利到达了会场。

7%的解决方案

我们当时要解决的问题是找到 β 衰变的正确法则。出现了两种粒子，它们被称为 τ 子（陶子）和 θ 子（西塔子）。两种粒子的质量似乎是完全相等的，但一种粒子会衰变成两个介子，而另一种则会衰变成三个介子。它们不仅质量相同，寿命也相同，这是一个非常诡异的巧合。所以所有人都对此疑虑重重。

在我参加的一场会议上，有人报告称，当一台回旋加速器以不同的角度和能量生产出这两种粒子时，两种粒子的比例总是相同的——有多少 τ 子就有多少 θ 子。

当然，现在有一种可能，两者其实是同一种粒子，它有时会衰变成两个介子，有时会衰变成三个介子。但是所有人都觉得这不可能，因为有一个叫作"宇称规则"的东西，而它建立的基础就是假设物理学的所有法则都是镜像对称的，也就是说一个东西如果能变成两个介子，那么它就不能变成三个介子。

在那段时间里，我对很多事情都力不从心：我总比别人慢半拍。每个人似乎都很聪明，我总感觉自己跟不上他们。我当时和一个名叫马丁·布洛克*的实验物理学家同住一个房间。一天晚上他对我说："你们为什么抓着宇称规则不放呢？ τ 子和 θ 子可能就是同一种粒子。宇称规则是错的又会有什么后果？"

我想了1分钟后说："那就意味着宇宙定律分为右旋和左旋两种不同的法则，也可以通过物理现象定义右旋了。我不知道会有多糟糕，但肯定会有一些严重的后果，但我不知道。要不明天你去问问那些专家如何？"

他说："不行，他们不会听我说的。你来问。"

---

* 马丁·M. 布洛克（Martin Moses Block，1925—2016），美国物理学家。——编者注

第二天开会，当我们讨论 τ 子和 θ 子的这个谜团时，奥本海默说："关于这个问题，我们需要听取一些更新鲜、更大胆的意见。"

于是我站起来："我要替马丁·布洛克问一个问题：如果宇称规则是错的会有什么后果？"

默里·盖尔曼总是拿这件事打趣我，说我没有胆量以自己的名义问这个问题。但原因并非如此。我认为这可能恰恰是一个重要的想法。

李政道教授（与杨振宁教授合作）回答了一些复杂的问题，但和往常一样，我并没有太听懂。会议结束后，布洛克问我他说的是什么，我说我不知道，但是就我的理解，这个问题仍然是开放的——仍然存在可能性。我想事实很有可能并非如此，但确实有这样的可能。

诺姆·拉姆齐*问我是否认为他应该做一个寻找宇称规则反例的实验，我回答："这样说吧，我赌50比1，你什么都发现不了。"

他说："对我来说这已经足够好了。"但他却从未有机会做这个实验。

————————

总之，后来吴健雄教授通过实验找到了宇称规则的反例，这为 β 衰变理论带来许多新的机会。在此之后，一系列实验马上展开。一些实验证明了从原子核出来的电子会向左旋，另一些则证明会向右旋；有各种各样的实验，各种各样关于对称的有趣发现。但是由于数据过于混乱，没人能把一切都解释清楚。

这时罗彻斯特大学召开了一场会议——罗彻斯特高能核物理年会。我仍然反应慢半拍，而李政道教授已经交出了关于宇称不守恒的论文。他和杨振宁教授得出宇称规则并非不可违背的结论，他目前正为其提供理论。

在大会期间，我和妹妹一起住在纽约的锡拉丘兹。我把那份论文带回家，对她说："我无法理解李和杨说的东西。这些都太复杂了。"

————————

* 即小诺曼·福斯特·拉姆齐（Norman Foster Ramsey Jr.，1915—2011），美国物理学家，1989 年获诺贝尔物理学奖。——编者注

"不是的，"她说，"你不是理解不了，而是这不是你发明的。你没有用自己的方法从线索开始推想这件事。你应该想象自己又成了一个学生，把这篇论文拿上楼，逐字逐句好好读，检查上面的等式。然后你就能轻松理解了。"

我采取了她的建议，仔细阅读了整个研究，发现论文的内容确实显而易见、简单易懂。我一直都怕读这篇论文，以为内容会过于艰深难懂。

这篇论文让我想起了我很久以前对左右不对称等式的研究。现在一切都更清晰了，我再看李的公式时，所有问题的解决方案都变得简单多了：所有耦合的粒子都会向左自旋。对于电子和 μ 子来说，我的预测和李一致，只是我改变了一些算符。我当时并不理解是怎么回事，但李只讨论了最简单的 μ 子耦合的例子，并没有证明所有衰变后的 μ 子都向右自旋；但是根据我的理论，所有 μ 子都会向右自旋。事实上，我在他的基础上做了一个预测。虽然用了不同的算符，但我没意识到我的结果也是对的。

我预测了一些没有实验证实过的现象，但是在中子和质子的问题上，我没法让我的理论和当时人们所知的中子和质子耦合的情况相容——看起来有点乱。

第二天，我回到会上，为了让我有机会阐述想法，一位名叫肯·凯斯的好心人分了 5 分钟分享论文的时间给我。我说我确信所有粒子都是左旋耦合的，而电子和 μ 子的正负号会颠倒过来，但中子这部分我还没想明白。随后，实验物理学家们问了我一些关于我的预测的问题，然后我就去巴西过暑假了。

当我回到美国后，我想知道关于 β 衰变的研究进行到哪一步了。我去了吴教授位于哥伦比亚的实验室，她当时不在，但是另一位女士给我看了各种各样的数据和各种各样什么都对不上的混乱数字。而在我的 β 衰变模型里都会向左自旋的电子，竟然在某些情况下向右自旋了。什么都对不上。

我回到加州理工后，向一些实验物理学家询问了 β 衰变的情况。我记得有三个人——汉斯·延森、阿尔德特·沃普斯特拉、菲利克斯·伯姆*，他们让我坐在一张小凳子上，开始给我讲他们验证的所有事实：从美国其他地方收到的实验结果，以及他们自己的实验结果。因为我认识这些人，而且知道他们做实验很仔细，所以我在听取他们的结果时比听取其他人的结果更用心。只看他们的结果，数据并没有那么不一致；他们之所以觉得有问题是因为着重考虑了其他实验物理学家的数据。

他们终于把所有情况都告诉我："情况太混乱了，现在连他们已经确认了很多年的东西都受到了质疑——比如中子的 β 衰变应该是 S 和 T。现在情况太乱了，默里说，现在甚至有可能是 V 和 A。"

我从凳子上跳了起来说："这样的话，一切我都明白了！"

他们以为我在开玩笑。所有东西都对上了，除了我在罗彻斯特大会上碰到的那个有关中子和质子衰变问题；但如果中子衰变的结果是 V 和 A，而非 S 和 T，那这一点也对上了。我的理论完整了！

————————

那天晚上我用这个理论计算了相关的一切。我最先计算的是 μ 子和中子的衰变率。如果这个理论正确，两者应该会通过某种关系连接在一起。我的结果与应有答案的误差是 9%。9%，已经很接近了。它们的关系应该更紧密，但是已经足够接近了。

我继续检查其他数字，对得上，新数据对得上，新理论也对得上，我感到很兴奋。在我的职业生涯里，这是第一次也是唯一一次，我知道了一个没有别人知道的自然法则。（当然不是这样，但就算稍后了解到至少默里·盖尔曼——还有苏达山**和马沙克——也研究出了相同的理论，我也没有扫兴。）

————————

* 约翰内斯·汉斯·丹尼尔·延森（Johannes Hans Daniel Jensen, 1907—1973），德国物理学家，1963 年获诺贝尔物理学奖；阿尔德特·沃普斯特拉（Aaldert Wapstra, 1922—2006），荷兰物理学家；菲利克斯·伯姆（Felix Boehm, 1924—2021），瑞士物理学家。——编者注
** E. C. 乔治·苏达山（E. C. George Sudarshan, 1931—2018），美籍印度裔物理学家。——编者注

我之前做的研究都是改善别人理论的计算方法，或用一个方程解释一种现象，比如用薛定谔方程解释氦现象。我们知道方程，我们也知道现象，但是过程是怎样的呢？

我想到了狄拉克，他也享受过方程带来的快乐——一个解释电子运动的新方程，而我现在也有了这个关于 β 衰变的新方程，虽然不如狄拉克方程那么重要，但是也不错。这是唯一一次，我发现了一个新定律。

我给在纽约的妹妹打电话，感谢她让我在罗彻斯特大会期间坐下来研究李和杨的那篇论文。在经过不安和停滞之后，现在我终于回到队伍；因为她的建议，我有了一个新发现。就是说，我又可以进入物理学的殿堂了，我想要为此谢谢她。我告诉她一切都对上了，除了那9%。

我当时非常兴奋，不停地计算，越来越多符合理论的东西喷薄而出——一切都自动归位，毫不费力。那时我已经开始遗忘关于9%的问题了，因为其他一切都没有任何问题。

我努力工作直到深夜，坐在厨房窗边的一张小桌子旁。我正在把所有计算结果整理成和理论相辅的数据，我聚精会神地思考，天已经黑了，万籁俱寂……突然窗户上发出了"嗒嗒嗒嗒"的响声。我一看，窗户上出现了一张苍白的面孔，和我只有咫尺之隔，我惊恐地失声大叫！

这位女士因为我度假归来却没有马上告诉她而怒气冲冲地找到了我。我让她进了屋，想跟她解释我现在非常忙，我刚刚有了一个发现，这件事非常重要。我说："请先出去让我把工作干完吧。"

她说："不行，我不想打扰你。我就坐在客厅里等。"

我说："好吧，但我还要很多时间。"

严格说来她并没有坐在客厅里。最贴切的描述是她蹲在房间的一个角落里，把手抱在一起，不想"打扰"我。当然，她的目的就是尽可能地打扰我！而她确实成功了——我无法无视她。我既愤怒又烦躁。我要做这些计算，我正有一个重大发现，精神亢奋，而这一切似乎都比这位女士重要——至少在当时我是这么想的。我不知道最终我是怎样把她劝出去的，但是过程非常艰难。

紧张地工作了一阵之后，我肚子饿了。我走到阿尔塔迪纳的主要街道上，就像我之前一直做的那样，前往一家24小时营业的小餐馆。

之前我被警察拦过几次，因为我边走边思考，然后停下来——某个想法突然闯进脑子时，你很难再继续行走，你必须确定某些事情。所以我会停下来，有时在空中挥舞手臂，自言自语："这些之间的距离是那样的，而这个会转到这边来……"

我会一边用手做出动作，一边站在街上，这时警察就走过来问："先生，你是谁？从哪儿来？到哪儿去？"

"哦！我正在思考。很抱歉，我住在这里，要去我经常去的一家餐馆……"过了一段时间，他们认识到我是无害的，就不再拦住我了。

我走到餐馆，由于过于兴奋，在吃饭时我告诉一位女士我刚刚取得了一个发现。她也打开了话匣：她是一个什么人的妻子，是消防员还是护林员来着。而她现在非常寂寞……

―――――――――

第二天早上我一上班就去找沃斯普特拉、伯姆和延森，我和他们说："我都算出来了，都对得上。"

鲍勃·克里斯蒂也在那儿，他说："你用的 β 衰变常数是什么？"

"某某书上的那个。"

"但那已经被证明是错的了。最近的测量显示那个数有7%的偏差。"

我想到了那个9%的问题。对我来说这就像是预言：我回到家，得出中子衰变应该调整9%的理论，结果第二天早上他们告诉我，事实上我使用的数字有7%的偏差。但是从9%变到16%，还是从9%变到2%，哪个才是对的？

就在那时，我妹妹从纽约打来了电话："那个9%的问题——怎么样了？"

"我刚刚发现有了一个新数据：7%……"

"是偏多还是偏少？"

"我正在找答案。等我知道了打电话告诉你。"

我已经激动到无法思考了。就像你在赶飞机时，不知道自己到底晚了没有，而就在你觉得自己快赶不上的时候，有人说："现在是夏令时了！"就是这样，但是偏多还是偏少？兴奋之下我无法思考。

克里斯蒂进了一个房间，我进了另一个房间，为了能够仔细思考，我们俩都安静无声：这样的话就是偏多，那样的话就是偏少——问题真的不难，但是非常令人激动。

克里斯蒂走了出来，我也走了出来，我们达成了共识：2%。这是在实验误差之内的。毕竟，如果常数改变了7%话，那这2%也可能是个误差。我给我妹妹回电话："是2%。"我的理论是对的。

（事实上并非如此：实际的偏差是1%，由于一个我们当时尚不理解的原因，后来因为尼古拉·卡比博的研究才被人所知。所以那2%并不全是实验误差。）

默里·盖尔曼和我一起对比并综合了各自的想法，写了一篇关于这个理论的论文。这个理论简洁又简单，可以解释很多事情。但是就像我之前说的那样，存在一大堆混乱的数据。在某些情况下，我们不得不指出某些实验存在误差。

这方面的一个有代表性的例子是瓦伦丁·泰勒格迪[*]的实验，他在实验里测量了中子衰变时每个方向的电子数量。我们的理论预测所有方向上的电子数量应该都是相同的，然而泰勒格迪发现有一个方向的电子数比其他方向多11%。泰勒格迪是一位出色的实验物理学家，他工作非常认真。一次他在某处演讲时，谈到了我们的理论，他说："理论物理学家的问题是，他们总是不看实验结果！"

泰勒格迪还给我们寄来了一封信，信的内容并不十分尖刻，但无疑表明他

---

[*]　瓦伦丁·泰勒格迪（Valentine Telegdi，1922—2006），美籍匈牙利裔物理学家。——编者注

确信我们的理论是错的。在信的最后他写道:"F–G 的 β 衰变理论并不F–G。"*

默里说:"我们怎么办?你知道泰勒格迪还是很专业的。"

我说:"我们等。"(我知道泰勒格迪很优秀,和他对着干会很困难。但是那时我确信,他的实验肯定出了什么问题,而他自己会发现那个问题——他自己去找问题可比我们找容易得多。)

两天后,我们收到泰勒格迪寄来的另一封信。他已经彻底转变思想了。他在我们的研究中发现了之前 直没有注意的一个可能性,因为中子而反冲的质子并不在所有方向上都一样。他过去以为都是一样的。通过修正,我们的理论成功预测了实验结果,而他过去使用的理论却没有。至此,结果得到了澄清,我们彻底达成的共识。

————————

我去找巴彻教授,把我们取得的成果告诉了他,他说:"是啊,你们俩说中子–质子耦合是V,而非T。所有人都以为是T。说是T的基础实验在哪里?你应该去看看那些早期实验到底是哪里出了问题。"

于是我找到了关于那次实验最初说中子–质子耦合是T的文章,同时我感到震惊:我想起自己曾经读过这篇文章(曾经我会阅读《物理评论》上的每一篇文章——当时这本期刊还没有这么厚),当我再次看到这篇文章时,我想起自己曾经看着上面的图表思考:"这什么都证明不了!"

文章的结论是根据数据范围边缘的一两个点得出的,有这样一个原则,数据范围边缘上的点——最后一个点——通常不是很可靠,因为如果它能够证明,后面就会出现更多这样的点。我当时就意识到整篇论文的结论(中子–质子耦合是T)是建立在最后一个点的基础上的,而这个点并不是很好的证明,所以文章无法证明最终的结论。我记得自己曾经注意过这件事!

————————

* 不完整翻译:"费曼－盖尔曼(Feynman–Gell-Mann)的 β 衰变的理论并不……怎么好(f-good)。"——莱顿原注

而当我开始对 β 衰变产生直接的兴趣后，我阅读了所有"β 衰变专家"写的文章，所有人都说应该是 T。我从来没去看过原始数据；如果我是一个优秀的物理学家，当我在罗彻斯特大会上最初产生那个想法时，就应该立刻着手研究"我们有多确定应该是 T？"——这才是明智之举。那样我应该可以马上看出我曾经注意到这并不是一个经得起推敲的结论。

从那以后，我不再去注意那些"专家"写的东西。我会把所有东西都自己计算一遍。当有人说夸克理论非常好时，我让我的两位博士芬恩·兰道和马克·奇斯林格和我一起把整个研究重新检查了一遍。只有这样才能确定这个研究的结果确实可用并且是足够完善的理论。我再也没有犯轻信专家意见的错误。当然，你的生命只有一次：你犯了该犯的错误，学到了什么不该做——而这就是你的终点。

外行科学家

我小时候有一个"实验室"。它并不是能在里面做测量或重要实验的那种实验室，而是一个可以让我玩的地方，我在实验室里做了一个小发动机和一个有东西通过光电管时会狂叫的小玩意儿，还玩过硒；我总是到处鼓捣。为了做灯排我确实做过一点计算，为了控制电压，我用一排开关和灯泡做成了电阻灯排。但我这些都是为了应用，我从来没做过实验室里那种真正的实验。

我还有一台显微镜，我喜欢用显微镜观察东西。这需要耐心：我会把一个东西放到显微镜上，没完没了地看。和像所有人一样，我也在显微镜中看到很多有趣的东西——比如硅藻慢慢滑穿过玻璃片。

然而，有一天我观察草履虫时看到了一个教科书中从未提过的现象——甚至大学教科书里也没有。这些书总喜欢把世界简化成他们想要的样子：一谈到动物的行为，开头总是："草履虫是一种非常简单的生物，它有简单的行为。它以草鞋形状在水中移动，直到它碰到什么东西；这时它会缩回来，转向另一个角度后再继续移动。"

这并不完全正确。首先，大家都知道草履虫经常和其他草履虫结合——它们相遇后会交换细胞核。它们如何决定何时要做这件事？（当我没说，反正我的观察不包括这项。）

我看到这些草履虫碰到什么东西，缩回并转向另一个角度继续移动。按照书中描写的，它们的行为似乎是机械的，就像电脑程序一样——但在我看来并不是这样。在不同情况下，它们移动的距离不同，回缩的距离不同，转向的角度也不同；它们并不总是向右转；它们的行为很没有规律。情况看起来是随机的，因为你不知道它们碰到的东西是什么，也不知道它们嗅到的化学物质都有什么。

我想观察一件事：草履虫所处环境中的水干涸后会发生什么。据说草履虫会干缩成某种硬化的种子。显微镜的玻璃片上有一滴水，水中有一只草履虫和一些"草"——大小和草履虫差不多，看起来就像一团稻草。那滴水逐渐蒸发，大概过了15或20分钟，草履虫进入越来越紧缩的状态：它前前后后的挣扎越来越频繁，直至几乎完全无法移动。它被卡在这些"稻草"中了，几乎不能动弹。

接着我看到了从未见过或听过的一幕：草履虫不再维持形状。它可以像变形虫一样改变自己。它开始把自己推向其中一根"稻草"，然后分成像两头叉子一样的形状，直到这种分裂几乎达到自身长度的一半，这时它认定这不是个好办法，于是又退了回去。

所以我对这些生物的印象就是：它们的行为都被书本过分简化了。实际情况并不像他们说的那样完全机械的或单向度的。人们应该准确描述这些简单动物的行为。如果我们连单细胞生物的行为有多少种维度都搞不清楚，就不可能完全理解更加复杂的动物行为。

———————

我也喜欢看虫子。我十三岁时得到了一本关于昆虫的书。书里说蜻蜓是无害的，它们不会蜇人。但是在我们居住的这个地区，大家都知道"缝衣针"（我们就是这么叫蜻蜓的）蜇人很危险。如果我们在外面玩棒球或者别的什么时有一只蜻蜓飞到附近，所有人都会找地方躲起来，挥舞着胳膊喊叫："有一只缝衣针！有一只缝衣针！"

一天我在沙滩上刚读到这本说蜻蜓不会蜇人的书，一只缝衣针就飞了过来，大家伙儿都尖叫着到处乱跑，而我则坐在那里一动不动。"别担心！"我说，"缝衣针不会蜇人的！"

蜻蜓落在我的脚上。所有人都在大叫大嚷，场面一度失控，因为这只缝衣针停在我脚上不动了。而我，这科学的奇迹，坐在那里，说它绝不会蜇我。

你大概以为这个故事的结尾肯定是蜻蜓蜇了我，但它并没有。书里说得对。但我确实被吓出了点儿汗。

我还有一个小小的手持显微镜。那是一个玩具显微镜，我把里面有放大功能的组件取了出来，虽然那是一个有着40或50倍放大能力的显微镜，但我把它拿在手里像放大镜一样用。如果多加注意，你就能找到焦点。所以我在街上到处走时，可以随时掏出显微镜来看东西。

我在普林斯顿大学读研究生时，有一次我从口袋里拿出显微镜观察一些在常青藤上爬行的蚂蚁。当时我想要大声惊呼，因为我实在是太兴奋了。我看到了一只蚂蚁和一只由蚂蚁照顾的蚜虫——如果蚜虫吃的植物要死了，蚂蚁就把它们从一棵植物带到另一棵植物上。作为回报，蚂蚁将获得部分消化后的蚜虫汁，叫"蜜露"。我知道这个东西，父亲曾经告诉过我，但我还从来没见过。

这有一只蚜虫，果然还有一只蚂蚁，蚂蚁用脚轻拍蚜虫——从前到后拍了个遍，啪，啪，啪，啪。这真是太让人兴奋了！于是汁液从蚜虫身后流了出来。在显微镜的效果下，那团蜜露看起来像是一颗美丽发亮的大球。由于表面张力，它看起来就像气球。因为显微镜不够好，所以那颗液滴因为透镜本身的色差而着上了一点颜色——真是漂亮极了！

那只蚂蚁用两只前脚抓住这颗球，把它从蚜虫身上剥下并举起来。在一个可以剥下水滴再把它举起来的微观世界里，一切都是那么不同！蚂蚁腿上可能带有某种脂类或油类物质，这样它们在举起液滴时就不会打破表面张力。接着蚂蚁用嘴咬破了液滴的表面，于是表面张力把整滴蜜露挤进了它的嘴里。能够目睹整个过程真是一件有趣的事。

我在普林斯顿大学的房间里有一个凸窗，窗台是"U"形的。一天，一些蚂蚁爬到窗台上，在上面徘徊了一会儿。我对它们如何找东西产生了兴趣。我想，

它们如何知道该去哪里呢？它们能像蜜蜂一样告诉彼此食物在哪儿吗？它们有几何感吗？

这都是很外行的想法。所有人都知道答案，但我不知道，所以我做的第一件事就是在凸窗两侧拉了一些绳子，把一块对折后蘸了糖的纸板挂到了绳子上。我的想法是把糖和蚂蚁隔开，不让它们偶然找到糖。我想要控制一切可能的变量。

接着我做了很多小纸条，并且在中间折了一下，这样我就能接起蚂蚁，把它们从一个地方送到另一个地方。我把折好的小纸条放到两个地方：第一处在糖（挂在绳上）旁边，另一处在蚂蚁附近的某个地点。我一下午坐在那里，边看书边观察，直到一只蚂蚁走到了我的小小"纸渡船"上。我把它接到糖上。又有几只蚂蚁被摆渡到糖所在的地方之后，有一只蚂蚁不经意间走上了我放在糖附近的一只"渡船"上，于是我把它接了回去。

我想要知道需要多久其他蚂蚁才会得到去"渡轮码头"的信号。刚开始还很慢，但后来得到消息的蚂蚁突然增加，我不得不疯狂地来回摆渡蚂蚁。

就在一切越来越稳定时，我突然开始把蚂蚁从糖所在的地方运送到另一个不同的地点。现在的问题是，蚂蚁会学习回到它刚刚待过的位置，还是会去它上一次去的地方？

过了一会儿，基本不会有蚂蚁再去第一个地点了（我带它们去找糖的那个地方），但有很多蚂蚁在第二个地点走来走去，想要找糖。所以现在我明白了，它们会回到它们刚刚待过的地方。

在另一个实验里，我摆了很多玻璃显微镜载片，让蚂蚁在上面来回走。当然，它们是为了吃到我放在窗台上的糖。接下来，通过用新载片更换旧的，或重新排列载片，我证明了蚂蚁并没有几何感：它们弄不明白目的地在哪里。当它们通过一条路找到了糖，而有另一条捷径可以回去时，它们永远也找不到那条捷径。

通过重新排列那些玻璃片，我明显发现蚂蚁会留下某种踪迹。于是我又做了一些简单的实验，探索这些踪迹要多久才会消失、是否会被轻易擦去，等等。我还发现这些踪迹并不具有方向性。如果我把一只蚂蚁放到一张纸上，让它在上面转来转去，然后再把它放回那条踪迹上，它就无法知道自己走的方向是否正确，直到遇到另一只蚂蚁。（后来在巴西时，我发现了一些切叶蚁，并在它们身上做了同样的实验。它们在几步之内就能分辨出行进方向是朝着食物还是背离食物——我猜它们大概是通过组成踪迹的气味模式辨认出来的，比如"A、B、空格""A、B、空格"之类。）

我一度想让这些蚂蚁绕圈走，但是我没有足够的耐心搭建这个实验。除了缺乏耐心外，我找不到无法完成这个实验的其他理由。

给实验制造困难的一个问题是，朝着蚂蚁呼吸会让它们手忙脚乱。这肯定是某种本能，为了对付那些会猎食或打扰它们的动物。我不知道是温度、湿度，还是我呼吸的味道打扰了它们，但是为了不打扰它们，在摆渡这些蚂蚁时我总是得屏住呼吸并且把头摆到另一边。

一次，这些蚂蚁发现了我的食品柜，食品柜里放着果冻和面包之类的食物，那里距离窗子很远。一长队蚂蚁穿过起居室的地板，朝着食品柜进军。我心想："在不杀死任何蚂蚁的情况下，我如何才能阻止它们进入我的食品柜？不能用毒药，对蚂蚁要人道！"

我是这样做的：先做好准备，把一些糖放到距离蚂蚁进入房间的入口处15～20厘米的地方，它们对此一无所知。然后我又开始经营我的"摆渡船"，只要有一只蚂蚁带着食物走上了我的小渡船，我就会把它带到有糖的地方。任何朝着食品柜行进的蚂蚁一旦走到渡船上，我就会把它带到糖那里。最终蚂蚁找到了糖和入口之间的路，这条新路得到了双重加固，而使用那条老路迹的蚂蚁越来越少。我知道再过半个小时左右那条老路就会消失，不到一个小时之后它们就会彻底撤出我的食品柜。我没有擦地，除了摆渡蚂蚁之外我什么都没做。

———————————

有个问题一直困扰着我：为什么蚂蚁的踪迹看起来那么笔直、干净？蚂蚁们好像有着不错的几何感，它们似乎知道自己在干什么。但是我所做的实验却证明它们并没有几何感。

很多年后我来到加州理工学院，住在阿拉米达街上的一栋小房子里，一些蚂蚁从浴缸边上钻了出来。我想这是一个不错的机会。于是我把一些糖放在浴缸另一头，整个下午我就坐在那里，直到有一只蚂蚁终于找到了糖——这只是耐心的问题。

蚂蚁找到糖的那一刻，我拿起一只早就准备好的彩铅笔（我之前做过实验，可以证明蚂蚁对铅笔记号并不感冒——它们会径直走过去——所以我知道这样做并不会打扰它们），在蚂蚁走过的地方画了一条线，这样我就能看来它的踪迹了。那只蚂蚁在回洞口的路上走偏了一点，所以那条线歪歪扭扭的，不像一般情况下蚂蚁留下的踪迹。

当第二只找到糖的蚂蚁往回走时，我用另一种颜色的铅笔标记了它的踪迹。（顺带提一句，它是沿着第一只蚂蚁的返回踪迹走的，而不是它自己来时的踪迹。我的理论是，当一只蚂蚁找到食物后，它会留下比随便乱走时更加明显的踪迹。）

第二只蚂蚁很着急，它基本上沿最初的那条踪迹走。但是因为它走得太快，所以在踪迹有点歪扭时，它会直接溜过去，就像在沿岸滑行。这只蚂蚁"滑行"时，它经常重新找回那条踪迹。可以明显地看出，第二只蚂蚁的回程路径比第一只的更直。后来的蚂蚁通过仓促地"跟随"上一条踪迹，都在新踪迹上做了相同的"优化"。

我用铅笔跟踪了8～10只蚂蚁，直到它们的踪迹变成一条沿着浴缸的平滑线条。这就像速写一样：你先画下糟糕的一笔，接着反复描画几次，过一会儿你就能画出不错的一笔了。

我记得小时候父亲告诉过我蚂蚁有多神奇以及它们如何配合。我会用三四个小时仔细观察蚂蚁把一小块巧克力搬回它们的窝。最开始你会觉得这是一场有效且高明的配合，但如果你仔细观察，就会发现实际情况完全不是这么回事儿：它们表现得就好像巧克力由别的什么东西拿着。它们用多种方式拉动巧克力。在其他蚂蚁拖拽巧克力时，可能会有一只蚂蚁突然爬到巧克力上面。于是蚂蚁们和巧克力一起颤颤巍巍、歪歪扭扭地往回走，方向全是乱的。巧克力不会沿着一条完美的路线回到蚂蚁窝。

巴西切叶蚁很了不起，但唯独有一点很愚蠢，这是一个有趣的特征，但我仍然很好奇这一点为什么没有在进化的过程中被淘汰掉。为了得到叶子的一部分，这种蚂蚁要费很大劲才能切出一个圆弧。等它们切完之后，有50%的可能蚂蚁会去拉错的那一边，于是它刚切完的那块叶子就会掉到地上。在一半情况下，蚂蚁会对错误的那边"嘿咻嘿咻"一阵猛拉，直到最终放弃，转而去切另一块叶子。没有蚂蚁会尝试捡起一块它自己或其他蚂蚁已经切好的叶子。很明显，如果你观察得非常仔细，你会发现切了叶子再搬叶子并不是一个好生意；它们找到一片叶子，切一个圆弧，有一半时间会选错误的那边，而切好的叶子就那么掉了。

寻血猎犬实验

我在洛斯阿拉莫斯的时候会有一些休息时间，我经常利用这些时间去看望在阿尔伯克基住院的妻子，路上大概需要几个小时。有一次我不能马上进到病房，就去医院的图书馆看书。

我看到《科学》杂志上有一篇关于寻血猎犬的文章，里面讲了它们的嗅觉如此灵敏的原因。研究者们描述了他们做的各种实验——寻血猎犬可以分辨出哪些东西是他们碰过的之类。我开始思考：寻血猎犬的嗅觉确实很厉害，它们能追踪人的行迹，还能做许多事，但我们的嗅觉实际上又如何呢？

到了可以探望妻子的时间，我走进去说："我们来做一个实验。那边的可乐瓶子（她有六个空可乐瓶等着送出去）你已经好几天没碰过了吧？"

"没错。"

我在不接触瓶子的情况下把那组可乐瓶拿给她，然后说："好。现在我先出去，你拿出一个瓶子，握在手里两分钟左右，然后再把瓶子放回去。我进来之后会猜一猜你拿过的是哪只瓶子。"

我走出去，她拿出其中一只瓶子在手里握了好一会儿——时间确实很长，因为我毕竟不是寻血猎犬！那篇文章上说的可是只要你碰一下它们就能分辨出来。

我回到屋里，结果很明显：我甚至都不需要去闻那些瓶子，首先当然是因为温度不同，同时味道也有明显差异。只要你把它放在脸附近，就能闻到一种更潮湿、更温暖的味道。这项实验以失败告终，因为结果过于明显。

我又看到书架，说："那些书你有一段时间没看了吧？这次我走出去之后，你从书架上拿一本书,把书打开——只打开就好——再把书合上,然后把书放回去。"我又走出去,她拿出一本书,打开,合上,再把书放回去。我回到屋里——又一次成功了,没什么大不了的!非常简单。你只要闻一闻就能知道。这很难解释,因为我们没有描述这种感觉的习惯。只要把每本书都放到鼻子下面闻几下,你就能分辨出来。在那放了一段时间的书有一种干巴巴、了无生趣的味道,但是被手碰过的书,有一种湿润感和一种非常独特的味道。

我们又做了几次实验,我发现,虽然寻血猎犬确实很厉害,但人类也并不像自己想象中那样无能——人类只是把鼻子抬得太高了!(我注意到我的狗可以准确地判断出我在家里的行动路线,特别是当我赤脚走路的时候,因为它闻的是我的足印留下的味道。于是我这样试了一下:我在手和膝盖底下垫了抹布,在家里边爬边闻,我想试试看我是否能分辨出自己走过的地方和没走过的地方,我发现我做不到。所以我家的狗确实比我强。)

多年以后,我刚到加州理工学院时,巴彻教授在家举行了一场聚会,现场来了很多加州理工的人。我不知道怎么就谈到了这个话题,但我把这个闻瓶子和书的故事告诉了他们。自然,他们一点儿都不相信我说的话,因为他们总觉得我是个骗子。我必须证明一下。

我们小心翼翼地从书架上拿下来八九本书,没有直接用手接触,然后我走了出去。三个不同的人碰了三本不同的书:他们拿出一本书,打开,合上,然后再放回去。

接着我回到屋里,闻了每个人的手,又闻了所有书——我也不记得我先闻的是什么了,然后准确地找到了三本书,只认错了一个人。

你一定要自己试试。所有的手都有一种潮湿的味道,抽烟者的手和不抽烟者的手闻起来有很大区别,女士们则经常带有不同类型的香水味,等等。如果某人的衣兜里有一枚硬币,而这个人又刚好把玩过这枚硬币,你就能闻得出来。

但他们还是不相信我,认为这是某种魔术把戏。他们一直想弄明白我到底是怎么做到的。有一类著名骗局，你在这群人里安排一个同谋，那个人会给你发信号，告诉你正确答案是什么，于是他们就一直猜到底谁才是我的同谋。从那时起，我经常想这可能是一个不错的纸牌戏法。你拿出一副牌，让某人挑出一张再放回去，在这期间你待在另一个房间。你回来后说："现在我将告诉你，你拿过的是哪张牌，因为我是一只寻血猎犬——我要闻遍所有牌，然后告诉你拿过的是哪张。"当然，如果你用这种腔调说话，人们就更不会相信你实际的做法了。

一张猫体构造图

在普林斯顿大学的研究生院食堂，大家一般都和自己人坐在一起。虽然我平时和物理学家们坐在一起，但是过了不久我就想，为什么不看看外面世界的其他人在干什么呢？于是我会轮流和其他学者坐一到两周。

和哲学家们坐在一起时，我听到他们非常认真地讨论一本名叫《过程与实在》的书，作者是怀特海。他们的措辞非常古怪，我不太能理解他们在说什么。我不想打扰他们之间的对话或者要求他们不停地给我解释，但为数不多的几次我确实这么做了，而他们也试着让我理解，但我仍然听不懂。最后他们邀请我去参加他们的研讨会。

哲学研讨会有点像上课。他们一周一次开会讨论《过程与实在》里新的一章——某个人先做报告，接下来是讨论。我去参加研讨会前，对自己承诺保持缄默，时刻提醒自己关于这个主题我什么也不懂，我去那里只是旁听。

接下来发生的情况很典型——典型到难以置信，却很真实。首先，我坐在那里一言不发，这也令人难以置信，但这是真的。一个学生针对当周要研读的那一章做了报告。在这一章，怀特海一直以一种特定的专业方式使用"基本客体"（essential object）这个词，我猜测这应该是他之前定义过的，但是我听不懂。

在讨论了一阵"基本客体"的意义后，组织这场研讨会的教授为了阐明某些东西，在黑板上画了一个类似于闪电的图形。"费曼先生，"他说，"你认为电子是一个'基本客体'吗？"

这下我可惹上麻烦了。我先承认并没有读过这本书，所以不知道怀特海想用这个词表达什么，我来这里只是为了旁听。"但是，"我说，"如果教授能先回答我一个问题，我就能试着回答一下你的问题，因为这样我才能对'基本客体'的意义有更好的理解。请问一块砖是一个'基本客体'吗？"

我的目的是搞清楚他们是否认为理论的构想也属于基本客体。电子是我们使用的一个概念，这个概念的作用在于帮助我们理解自然的运作方式。作为概念的电子非常有效，以至于我们几乎可以说它是真实的。我想通过类比把理论的意义说清楚。对于一块砖而言，我接下来的问题会是，"那么砖的内部呢？"——然后我会指出，没有人看过一块砖的内部。每次把砖打碎，你只能看到砖的表面。砖的内部只是一个能够帮助我们更好地理解事物的简单理论。有关电子的理论只是一个类比。所以我开头才会问："一块砖是一个基本客体吗？"

答案纷至沓来。一个人站起来说："作为一块独特、具体的砖，这块砖就是怀特海所说的基本客体。"

另一个人说："不对，单独的一块砖不是基本客体。基本客体指的是所有砖共有的一般特征——它们的'砖性'。"

又一个人站起来说："不，不在于砖本身。'基本客体'指的是当你想到砖时，你脑海中产生的概念。"

一个人站起来，然后又一个。可以告诉你，我从来没见过这么多如此有创意地看待砖的角度。就像所有哲学家的故事一样，场面最终陷入了彻底的混乱。在之前的所有讨论中，他们甚至从没有问过自己，像砖这样的简单物体，是否是一个"基本客体"，更不用说电子了。

———————

在那之后的晚饭时间，我又去生物学家的餐桌旁。我一直都对生物有些兴趣，他们的话题也很有趣。有些人邀请我去上即将开课的细胞生理学。我对生物学略知一二，但这毕竟是一门研究生课程。于是我问："你们觉得我能上吗？

那门课的教授会让我进吗？"

他们问了这门课的老师埃德蒙·牛顿·哈维，他对发光细菌很有研究。哈维教授说只要完成一个条件就可以加入这门专业进阶课程，那就是我要和其他人一样，完成所有作业，并且提交报告。

在第一次课上讨论后，邀请我来上课的那几个人想让我用显微镜看一些东西。他们在显微镜下放了一些植物细胞，我看到一些名为叶绿体的小绿点（在光照下，它们会产生糖）转来转去。我观察了一会儿，抬起头问："它们是靠什么转圈的？是什么在推动它们？"

没人知道怎么回事。事实证明，这件事在当时没人知道。所以我马上就发现了关于生物学的一个特点：你很容易就能找到一个有趣但无解的问题。在物理学中，你必须先对学科有一定深入了解，然后才能找到一个有趣但没人能回答的问题。

上课时，哈维教授先在黑板上花了一个巨大的细胞图，把细胞里的所有东西都标注了一遍，然后开始逐个讲解。他说的大部分内容我都能听懂。

课后，邀请我来上课的人问："你感觉怎么样？"

"还行吧，"我说，"我唯一不理解的是关于卵磷脂的部分。卵磷脂是什么？"

那个人开始用单调的声音解释："所有生物，包括植物和动物，都是由小砖块一样的叫'细胞'的东西组成的……"

"听着，"我不耐烦地说，"这些我都知道，否则也不会来上这门课。卵磷脂是什么？"

"我不知道。"

我要像其他人一样交报告。第一份作业是细胞受压后的反应——哈维教授为我选择这个主题是因为它和物理有关。虽然我能理解报告内容，但是读报告时我把所有词都念错了，在我把"分裂球"读成"分裂牛"或者读错别的什么时，整个班级都会爆发出歇斯底里的笑声。

布置给我的第二个报告是埃德加·阿德里安和德特勒夫·布朗克的研究。他们证明了神经冲动是一种敏锐的单脉冲现象。他们用猫做了很多实验，测量了神经间的电压。

我开始读这份论文。上面总是在说伸肌和屈肌，还有腓肠肌什么的。这块肌肉那块肌肉都有名字，我感到云山雾罩，我不知道这些肌肉的位置和神经或者猫有什么关系。于是我去找生物学部的图书管理员，问她是否能为我找到一张"猫体构造图"。

"先生，一张'猫体构造图'？"她惊恐地问，"你是说生物构造表吧！"从那时起，一个要找"猫体构造图"的傻帽生物研究生的故事就流传开了。

轮到我就这个主题做报告时，我上来就画了一只猫的轮廓，接下来开始注明各部分肌肉。

班里的其他学生打断我："这些我们都知道！"

"哦，"我说，"你们知道？那就不奇怪为什么你们学了四年生物之后我还能和你们上同一门课了。"他们把时间都浪费在记忆这样的东西上了，但是查找这些东西只需要15分钟。

———————————

"二战"结束后，每个夏天我都会在美国自驾旅行。在我去加州理工后的某一年，我想："这个夏天我就不换地方了，不如换个领域。"

詹姆斯·沃森和弗朗西斯·克里克刚发现DNA螺旋不久，又因为马克斯·德尔布吕克就把实验室建在这里，所以加州理工有很多优秀的生物学家。沃森要来这里办一些关于DNA编码系统的讲座。我去生物系参加了他的讲座和研讨会，感到热情满满。对生物学来说，那是一个激动人心的时期，而加州理工也在其中扮演着举足轻重的角色。

我本来没想亲手做真正的生物学研究，所以我把暑假对生物领域的探访看作一次旅行：在生物实验室转转，给别人"洗洗盘子"，顺带看看他们正在做的事情。但当我找到生物学试验室，并说明我的想法时，在实验室里管事的年轻博士后鲍勃·埃德加说这样可不行。他说："你必须得亲自做一些工作，就像研究生一样，我们会给你一个可以研究的课题。"正合我意。

我选了一门关于噬菌体（一种攻击细菌的含有DNA的病毒）的课程，这门课教我们如何用噬菌体做研究。但我马上发现有很多东西我不用学，因为我懂物理和数学。我知道原子在液体中的运动规律，所以离心机的工作原理对我来说一点都不神秘。我了解足够的统计学知识，知道给平皿中的小斑点计数时可能出现的统计误差。所以当生物系的同人们努力理解这些"新"知识时，我可以把时间用在学习生物知识上。

（但我在那门课上学到了一项有用的实验技巧，至今依然沿用。他们告诉我们如何用一只手拿试管并把盖子拿掉——用中指和食指，同时用另一只手去干其他事，比如拿着吸取氰化物的移液管。现在我能一只手拿牙刷，另一只手拿一管牙膏并把盖子拧下来，然后再把盖子拧上。）

生物学家已经发现噬菌体会发生影响攻击细菌能力的突变，我们的目标正是研究这些突变。还有一些噬菌体会进行第二次突变，这次突变会重塑其攻击细菌的能力。一些二次突变的噬菌体和它们突变之前一模一样。而另外一些则不同：它们对细菌的作用会发生细微的改变——比正常情况更快或更慢，而细菌的繁殖也比正常情况更慢或更快。换句话说，存在"回复突变"，但效果并非完美；有时候噬菌体只会复原一部分能力。

鲍勃·埃德加建议我做一个实验证明回复突变在DNA螺旋上发生的位置是否相同。在大量细致且繁杂的研究工作后，我找到了三个发生时间非常接近的回复突变例子（比之前的所有例子都要接近），这次突变恢复了噬菌体的一部分能力。这是一项冗长的工作。研究需要一定的偶然性——必须耐心等待二次突变的发生，因为这是一个罕见现象。

我一直在琢磨让噬菌体更频繁地突变的方法，以及如何能更快地检测到突变，但是在我能想到好方法之前，暑假就结束了，而我也没有再继续研究这个问题。

好在我的轮休年假就要来了，我决定把这一年花在这所生物试验室里，但要选择一个不同的课题。我和马修·梅瑟生合作了一些研究，然后和一个和善的英国人 J.D.史密斯工作了一段时间。这次的课题和核糖体有关，它是细胞中的一种"机制"，通过我们现在称为信使 RNA（核糖核酸）的物质生产蛋白质。利用放射性追踪物，我们证明了 RNA 可以从核糖体中产生，也可以被放回去。

我非常仔细地做了测量并试图控制所有因素，但花了 8 个月的时间才意识到我有一个步骤做得不够周密。在准备提取核糖体的细菌时，当时的做法是把细菌和氧化铝放在研钵中研磨。其余都是可控的化学步骤，但我却无法重复当初研磨细菌时捣杵的动作。所以那项实验没有获得任何结果。

接下来我猜我得说说和希尔德加德·莱姆弗朗*那次合作的经历。我们想研究豌豆和细菌使用的核糖体是否一样。我们关心的是，细菌的核糖体是否可以生成人类或其他生物体的蛋白质。她刚开发了一套方法，可以从豌豆中提取核糖体，让信使 RNA 和核糖体相遇从而产生豌豆蛋白质。我们意识到一个非常令人瞩目且意义重大的问题：来自细菌的核糖体在遇到豌豆的信使 RNA 后，生产的会是豌豆蛋白质还是细菌蛋白质？这将是一个激动人心且影响学科基础的实验。

希尔德加德说："我需要大量来自细菌的核糖体。"

梅瑟生和我为了做其他实验，曾经从大肠杆菌中提取了大量的核糖体。我说："天哪，那我把之前那些核糖体给你好了。实验室的冰箱里有好多。"

如果我是一个优秀的生物学家，这本应是一个绝妙的重要发现。可我不是个好生物学家。我们的想法很好，实验构思不错，设备也合适，但是我把一切

---

* 希尔德加德·莱姆弗朗（Hildegarde Lamfrom，1922—1984），美籍德裔分子生物学家、生物化学家。

都搞砸了：我给了她被感染的核糖体——在一个这样的实验里，没有比这更荒唐的错误了。我的核糖体在冰箱里放了近一个月，早已被其他生物污染了。要是我快速地重新准备一批核糖体，再仔细交付给她，万事俱备，这个实验本会获得成功，而我们也将首先证明生命均一性的存在：生产蛋白质或核糖体的机制对于每个生物来说都是相同的。我们有大好机会，也在做正确的事，但我却像个外行一样做事——愚蠢又粗心。

你知道这让我想起了什么吗？福楼拜小说里包法利大人的丈夫，一个迟钝的乡村医生。他有一些治疗畸形足的想法，但他做的却只是把事情搞砸。我就和那个无知的外科医生差不多。

关于噬菌体的另一项研究我从未写出论文——埃德加总是催促我写，但我却一直抽不出时间。这也是从事自身专业领域之外研究的一个问题：你会不把它们当回事。

我确实写了一些非正式的总结发给埃德加，他边读边笑出了声。那份报告不是生物学家惯用的标准方式——先写步骤，再写其他的。我花了很多时间解释所有生物学家都知道的事。埃德加改写出简短的版本，我却看不懂了。我觉得他们应该不会发表这篇文章。我也从来没有直接发表过。*

沃森觉得我对噬菌体的研究有点意思，于是邀请我去哈佛大学生物系做一场关于发生如此接近的二次突变的演讲。我告诉他们我对此的猜想是，一次突变改变了蛋白质，比如改变了氨基酸的pH值，而二次突变在相同蛋白质里的另一个氨基酸上做了相反的改变，所以这在某种程度上中和了第一次突变——虽然不充分，但是足够让噬菌体恢复运作。我认为对相同蛋白质的两次改变在化学上相互抵消了。

但事实并非如此。几年后，有一群人确实发现了一种更快地引发并检测突变的技术，他们发现了在第一次突变中，整个DNA碱基都消失了；接下来"代

---

* 1962年有一篇论文发表。在网上搜索关键词"埃德加""费曼"以及"噬菌体"可以找到。——莱顿原注

码"发生了转移，并无法再被"读取"。第二次突变要么是重新置入了一个额外的碱基，要么是再取走两个碱基。结果是"代码"又可以被"读取"了。第二次突变发生时间越接近第一次，二次突变能改变的信息就越少，而噬菌体复原的能力就越完整。每个氨基酸都有三个"字母"（碱基）为其编码，这一事实由此得到了证明。

我待在哈佛大学的那一周里，沃森提出了一个想法，于是我们在一起做了几天的实验。那是一个不完整的实验，但我在该领域最优秀的专家身上学到了一些新的实验技巧。

但最令我激动的时刻仍然是我主持了哈佛大学生物系的研讨会！我总是这样——进入某个陌生领域，看看自己能走多远。

我学到了很多生物学知识，也增长了很多经验。我能更好地读专业名词了，知道在论文里或研讨会上该说什么，还能在实验中发现不稳妥的做法。但我爱物理，并迫不及待地想要回到物理身边。

但这真的是艺术吗？

有一次我在一场聚会上敲了邦戈鼓，敲得还不赖。有一个人尤其被鼓声打动。他走进浴室，脱下上衣，用剃须膏在胸前涂出了各种奇怪的图案，出来之后他把樱桃挂在耳朵上，跳得异常狂野。自然，我和这个狂人马上就成了好朋友。他的名字叫杰拉耶·佐西安，是个艺术家。

我们经常花很多时间讨论艺术和科学。我会说："艺术家们已经迷失了，他们没有任何主题。原本还有宗教主题，但现在他们失去了宗教，一无所有。他们不理解自己身处的技术世界。他们对现实世界之美——科学世界之美——一无所知，所以他们心中没有任何可以画的东西。"

杰瑞（杰拉耶的昵称）会反击说艺术家不需要任何实物主题，有很多可以通过艺术表达的情绪。除此之外，艺术可以是抽象的。不仅如此，科学家们还破坏了自然之美，因为他们会把自然拆解成数学方程式。

有一次我去杰瑞家为他庆祝生日，我们这次又糊里糊涂地一直争论到凌晨三点。第二天早上我给他打电话："听着，杰瑞，我们的讨论之所以毫无进展，是因为你是个科学白痴，而我是个艺术白痴。所以每周日轮着来，我给你上一堂科学课，而你要给我上一堂艺术课。"

"好，"他说，"我会教你怎么画画。"

"那是**不可能**的。"我说，因为我在上高中的时候，唯一会画的东西就是沙漠上的金字塔——主要由直线构成，偶尔会加上一棵棕榈树和一个太阳。我一点天赋都没有。我的同桌跟我一样"心灵手巧"。如果有人让他画点什么东西，他会画两个平躺的椭圆，就像互相叠放的轮胎一样，然后一根棍子从"轮胎"

顶上伸出来，在最高处是一个绿色的三角形。这就叫画一棵树。所以我打赌杰瑞没有办法教会我画画。

"当然你需要练习。"他说。

我答应他一定练习，但仍然确信他教不会我画画。我非常想学画画，但一直把原因埋藏在心里：我想表达我感受到的世界之美。这种东西很难描述，因为它是一种情绪。这很像一个人在宗教里感受到的宇宙中全知全能的神：当你想到外形和行为完全不同的事物被"幕后"的同一个组织、同一套物理定律所支配时所感受到的同一性。这是对自然中数学之美及其内在运作原理的欣赏；这是对我们看到的因为原子之间内在复杂运作而产生的现象的理解；这是对自然造化之鬼斧神工的惊叹。我感觉这种敬畏之情——对科学的敬畏——可以通过绘画传递给其他也有这种情感的人。在看到一幅画时，他们会想起这种对浩瀚星河、璀璨宇宙的感叹。

事实证明杰瑞是个非常好的老师。他先让我回家画点东西，什么都可以。于是我试着画了一只鞋，然后又试着画了花盆里的一枝花。画得惨不忍睹！

再见面时，我给他看了我的尝试。"哦，看！"他说，"你看，这后面附近，花盆的线条没有碰到叶子。"（我本意是让线条伸向叶子。）"非常好。这是表达景深的一种方式。这样做很聪明。"

"而且你没有让所有线条的宽度一致（我不是故意的），这非常好。所有线条的宽度都一致的画很无聊。"他继续这样说，用一种积极的方式，利用所有我以为是错误的东西来教我。他从来不说哪里是错的，也从来不批评我。所以我一直努力尝试，逐渐有了一些进步，但我觉得这样还不够。

为了有更多机会练习，我还报名了函授学校。我必须说国际函授学校真是太棒了。他们先让我画锥体和圆柱体，给它们加上阴影之类。我学到了很多画法：素描、粉彩、水彩，还有油画。课程快结束时我就不怎么去了，我为他们画了一幅油画，但没有交上去。

我一直练习素描，越来越乐在其中。如果我在参加一场没什么进展的会议——比如卡尔·罗杰斯来加州理工和我们讨论这里是否应该建立心理学系那次——我就开始画会场里的其他人。我随身携带一个素描簿，随时随地练习。所以，就像杰瑞嘱咐的那样，我很努力地练习。

然而，杰瑞却没有学到多少物理知识。他的思维总是太容易发散。我试过教他一些关于电和磁的知识，但是我一提到"电"，他就跟我说他那些不好使的发动机，问我怎么才能修好。我为了给他演示电磁的原理，用电线做了一个小线圈，把一根钉子挂在一根绳上，当我通上电，钉子就会摆到线圈里，杰瑞会说："啊！这就和做爱一样！"于是我就此放弃了。

现在我们有了新的争论话题：到底是他做老师比我强，还是我做学生比他强。

因为杰瑞作为学生实在是太糟糕了（或者我作为老师实在是太糟糕了），我放弃了让一个艺术家通过领会我对自然的感觉而作画的想法。我现在只能在画画上加倍努力，希望有朝一日可以亲自画出来。这是雄心勃勃的尝试，我没有把我的想法告诉任何人，因为我实现愿望的可能性实在是太小了。

———————————

在学画早期，某位女士看到了我的画，对我说："你应该去帕萨迪纳美术馆看看。他们那里有绘画课，还有模特——裸体模特。"

"不，"我说，"我画得还不够好——我会很不好意思的。"

"你画得可以了，你应该去看看别人怎么画！"

于是我鼓起勇气到美术馆去。在第一节课上，他们跟我们说了新闻纸是什么——一种非常大的低档纸，像报纸那么大——以及需要买的各种铅笔和炭笔。第二节课来了一个模特，她先摆了10分钟的姿势。

我开始画那位模特。刚画完一只腿，10分钟就到了。我看了一圈，发现其他人都已经画了一幅完整的画，后面还有阴影——什么都不差。

我意识到我的水平比他们差很多。但最终，模特还是摆足30分钟姿势。我画得很努力，费了很大劲画下了她的整个轮廓。这次我燃起了一点希望。于是这次我没有像以前那样每次把我的画盖起来。

我们走了一圈看看别人画得怎么样，我这才发现了他们的真正能耐：他们画出了模特的细节和阴影、她所坐长椅上的一个笔记本、讲台——一切！他们从上到下用炭笔唰唰地画个不停，我觉得没戏了，彻底没戏了。

我回去盖住我的画，画上只有几条线，挤在新闻纸的左上角——在那儿之前，我只在笔记本大小的纸上画过——但是课上的其他人站在旁边。"哦，看这幅，"他们中的一个说，"每条线都有用！"

我不知道他们说的具体是什么意思，但这给了我足够的信心上下一节课。与此同时，杰瑞不停告诉我画得太满没什么好的。他的职责是教我不为其他人的看法担心，所以他跟我说那些人画得也没有那么好。

我注意到老师教给大家的东西并不多。他跟我说的唯一一件事，是我在纸上画得太小了。他把更多时间都用在激发我们尝试新方法上。我想到了我们教物理的方式：有很多技巧——那么多数学方法，所以我们总是不停地告诉学生们该如何做。但绘画老师不敢告诉你任何东西。如果你的线条太重了，老师不能说"你的线条太重了"，因为已经有艺术家找到了用较重线条画出好作品的办法。老师不想把你推到某个方向。所以绘画老师的问题是如何不靠指导而用渗透的方式告诉你如何画画，物理老师的问题是总在教技巧而非如何解决物理问题的思想。

他们总跟我说要"放轻松"，要在画画时保持更放松的状态。我觉得这样做毫无道理，就像告诉某个刚开始学车的人要在开车时"放轻松"一样。这是行不通的。只有在你知道如何小心谨慎地开车之后，你才能开始放松。所以我一直抵制他们反复让我放松的劝告。

他们设计了一个旨在帮助我们放松的练习：画画时不看纸，眼睛一直盯着模特，一边看着她一边在纸上画画，不能低头看画得怎么样了。

有一个人说："我就是控制不住。我不得不犯规。我猜所有人都犯规了！"

"我没有犯规！"我说。

"啊，你胡说！"他们说。

我完成了练习，他们过来看我的画。他们发现，我确实没有犯规：一开始我的铅笔笔尖就断了，所以纸上除了压痕什么都没有。

等我终于把铅笔削好，我又试了一次。这一次我发现我的画具有某种力量，一种滑稽的、半毕加索的力量，我很喜欢。我对这幅画的感到满意的原因是，我知道这样不可能画得好，所以没有要求自己画得好——而这正是放轻松的意义。我以为"放轻松"的意思是"画得不用心"，但它的意思实际是放松下来，不去担忧画作最终变成什么样。

我在课上取得了不小的进步，感觉很好。在最后一节课之前，我们见过的所有模特都是肥胖而臃肿的。但是在最后一节课上，我们的模特是一个比例完美的金发美女。就是在那时我才发现我仍然不知道如何画画：我画不出这个漂亮姑娘身上一星半点的美！对于其他模特，你哪里画得太大或太小不会有什么分别，因为这些人整体上是没什么身形。但是当你想画如此完美的模特时，你就不能再欺骗自己了——每一笔都应该恰到好处。

———————

在某次休息时，我不经意听到一个画得很好的人问这个模特是否愿意做私人模特。她答应了。"好极了。但是我还没有工作室，所以我要先解决这个问题。"这人说。

我想我应该可以从这个人身上学到很多东西，而且除非我现在就采取行动，否则再也没有机会画这位美丽的模特了。"不好意思，"我对他说，"我家楼下有一个房间可以作为工作室。"

他们俩都同意了。我把这个人画的几幅画拿给我的朋友杰瑞看，但他却很吃惊："这些画也不怎么样。"他试着解释原因，我却听不太懂。

学画画前，我对赏画这件事一直兴趣寥寥。我对具有艺术气息的东西一直缺乏理解，只有那么一两次，比如参观日本的一间博物馆时，看到一幅在褐色纸上画的竹子。对我来说，这幅画的美丽之处在于一些笔触和成为竹子之间的完美平衡。我可以在真实和虚幻之间来回切换。

绘画课结束后的夏天，我在意大利参加一个科学会议，打算去看看西斯廷教堂。我早上很早就到了那里，第一个买好票，教堂一开门我就跑上台阶。于是我在得以在其他人进来之前的短暂空当欣赏整个教堂，陷入无声的敬畏之中。

很快游客们进来了，人们成群结队地游荡，说着不同的语言，到处指点。我走来走去，看了好一阵天顶。之后我的视线向下挪了一点儿，看到一些巨幅的装裱好的作品，我当时想："天哪！这些我可没听说过。"

遗憾的是，我把游览手册落在了宾馆，但我想："我知道这些画作为什么不出名了，因为它们不是什么好作品。"但当我看向另一幅画的时候，我却不得不承认："哇！这幅画画得真好。"我看向其他作品。"那幅也很棒，那幅也是，但是那个不行。"我从没听说过这些作品，但我认定除两幅外它们都很出色。

接着我走进了一个叫"拉斐尔室"的地方，注意到同样的现象。我对自己说："拉斐尔不靠谱。他不是总能画好。有时候他画得非常好，有时候画的只是垃圾。"

回到宾馆后，我在游览手册里查找西斯廷教堂："米开朗基罗作品的下方是14幅其他画作，作者包括波提切利、佩鲁吉诺"——都是些伟大的画家——"还有两幅是某某（我没听过的画家）所画。"我极其兴奋，因为我也能在不知道作品或画家的情况下，分辨出一幅画是不是杰作。作为一位科学家，你总是觉得你知道自己在做什么，所以在遇到那种说某幅画"很好"或"不行"但又说不出所以然的艺术家时，你总是倾向于不相信，就像杰瑞对我拿给他的那些画做出的评价一样。但我如今也沉浸其中：我也能做到！

"拉斐尔室"中的秘密原来是那里只有几幅画由这位大师绘制，其他都是学生们画的。我喜欢的都是拉斐尔画的。这极大鼓舞了我在艺术欣赏能力方面的信心。

总之，绘画班的那个人和那位美丽的模特来过我家几次，我画她，并向他学习。几次尝试后，我终于画出了一幅自我感觉很不错的画——她的头部肖像。我对我第一次成功感到欣喜不已。

于是我有了足够信心问我的一个老朋友史蒂夫·迪米特里亚德斯，是否愿意让他漂亮的妻子给我当模特，作为回报我会把那幅肖像送给他。他笑了："如果她愿意浪费时间给你当模特的话，那我也不介意，哈哈。"

我非常努力地画她的肖像。史蒂夫看到后，他完全站到了我这边："真是太棒了！"他叫道，"你能找一位摄影师为这幅画拍几张照片吗？我想给我远在希腊的母亲送一张！"他母亲从来没见过和他结婚的姑娘。一想到我的水平已经提高到有人想要我的画的程度，我就兴奋不已。

还发生了一件类似的事情。加州理工有一个人组织了一场小型艺术展，我为那场展览贡献了两幅素描和一幅油画。他说："我们应该给画标上一个价格。"

我想："这可真傻！我也没有想要卖画。"

"这会让展览更有趣。如果你不介意出售的话，就把价格标上。"

在展览结束后，那个人告诉我有一个姑娘买了我的一幅素描，而且想和我聊聊更多关于这幅画的话题。

那幅画的标题是《太阳的磁场》。为了画这幅画，我借来了一张关于日珥的美丽照片，这张照片是位于科罗拉多州的太阳能实验室拍摄的。我理解太阳的磁场如何控制火舌，那时我也已经研究出某种描绘磁场线的技巧（有点像女孩飘扬的长发），所以我想画出一种其他艺术家怎么也想不到的美丽现象：太阳磁场颇为复杂而曲折的磁线，在这里紧紧簇拥，又在那里延展四散。

我向她解释这些想法，并且给她看了让我产生灵感的那张照片。

她则给我讲了一个故事：她和丈夫之前来看这场展览时，两人都很喜欢这幅画。"要不我们就把它买下来吧？"她建议。

她丈夫是那种凡事都要三思而后行的人。他说："我们考虑一下再说。"

她想到他的生日马上就要到了，于是当天就回到展览现场自己把这幅画买了下来。

那天晚上她丈夫下班回家后看起来很沮丧。她再三询问，他终于说出了实情：他想如果能为她买下那幅画，她一定会很高兴；但当他再次来到展厅时，却听人说那幅画已经卖出去了。于是她在他过生日时拿出那幅画，给了他一个惊喜。

我从这个故事里得到了直到今天仍然让我有所收获的启示：我终于理解艺术为什么而存在，至少在某些方面。艺术会让某个人获得专属于自己的乐趣。你可以创造出一件别人十分喜爱的东西，他们会因为你的作品难过或开心！而在科学里，所有东西都是普遍而宏大的，你不会直接认识对此加以欣赏的那些人。

我明白卖画不是为了赚钱，而是为了确保画作会放在一个真正喜欢它的人的家里；如果那个人没有得到这幅画，他会感到难过。这是一件有意思的事情。

我决定要卖画。但是我不想别人买我的画只是因为"这是不该会画画的物理学教授画的，瞧他画得多好"。于是我编了一个假名字。我的朋友达德利·赖特建议我叫"Au Fait"，在法语里是"完成"的意思。我把它拼成"Ofey"，这也是黑人对白人的称呼。但我就是白人，所以这没什么问题。

一个模特想让我为她画一幅画，但她没有钱。（模特们都没有钱，如果有钱她们也不会做模特了。）她提出如果我能送给她一幅素描，她就给我免费做三次模特。

"恰恰相反，"我说，"我给你三幅素描，只要你免费给我做一次模特就行。"

她把我送给她的一幅素描挂在了她的小房间里，很快她的男朋友看到了。

他非常喜欢那幅画，想再订购一幅她的肖像，甚至愿意付我60美元。（在那时我的画的价格已经非常不错了。）

然后这女孩想到要做我的经纪人，可以通过到处帮我卖画赚一点钱。她是这么说的："阿尔塔迪纳来了一位新画家……"能进入一个新世界是件有趣的事：她把我的一些素描放到了帕萨迪纳最有格调的布洛克商场里展览。她和商场艺术部的女士挑选了一些素描——我早期画的一些植物素描（我并不喜欢），并把它们装裱起来。接着我收到了一份签署好的来自布洛克商场的文件，上面说他们正负责代销某某位画家的素描。当然没人买这些画，但是另一方面这也是巨大的成功：我曾在布洛克商场展销素描！那些画放在那里很有趣，这样我也可以在某一天说，我也曾到达过艺术世界的尖峰。

我的大部分模特都是杰瑞介绍的，但我也试过自己找模特。每当我遇到想画的年轻女性，我就会问她是否愿意给我当模特。最后我画的总是她们的脸，因为我不知道提出让她们做裸体模特的具体方法。

一次在杰瑞家时，我对他妻子达布尼说："我没法让姑娘们为我做裸模，不知道杰瑞是怎么做到的！"

"那你问过她们吗？"

"哦！这我可没想过！"

我遇到的下一个想画的姑娘是加州理工的一个学生。我问她是否愿意做裸体模特。"当然。"她说，于是我们就那么做了——所以这并不难。我猜我脑子里有一些陈旧顽固的想法，总以为提出这种要求是不对的。

那时我已经画了不少素描，我逐渐发现自己最喜欢画的就是裸体。在我看来，这并不完全是艺术，而是一种混合体。至于艺术在其中所占比例，谁又能知道呢？

有一个我通过杰瑞认识的模特是一个花花公子的玩伴。她长得高挑明艳。

世界上任何女孩看到她都会羡慕不已，但是她认为自己长得太高了。她进入室内，半弓着背。我试着教她在做模特时尽量站直，因为她既优雅又引人注目。最后我终于说服了她。

接着她又有了新的忧虑：她说她腹股沟附近有几道"压痕"。我不得不拿出解剖学的书给她看，告诉她那只是附在髂骨上的肌肉。我还解释说这种"压痕"可不是所有人都有的，只有像她一样拥有完美的身材比例，一切都不多不少时才能看到这些压痕。我在她身上了解到每个女性都会为自己的外貌感到焦虑，无论她有多美。

为了尝试新画法，我想用粉笔为这位模特画一幅彩色肖像。我计划先用炭笔画一幅草图，随后再用粉笔上色，所以画这幅炭笔素描时我不用担心最终效果如何。画完后，我意识到这是我最好的素描之一。我决定放弃上色，让这幅画保持这个状态。

我的"经纪人"看到这幅画，想要四处推销一下。

"你卖不出去这幅画，"我说，"它是画在新闻纸上的。"

"哦，没关系。"她说。

几周后，她带回了一幅镶在漂亮木框里的画，上面还绑着红丝带、镶着金边。这是一个有趣的现象，但肯定会让大部分艺术家颇为光火——给画镶上框之后，画看起来会提升不少。我的经纪人告诉我有一位女士对这幅素描非常感兴趣，她们一起把这幅画拿给一位专业裱画师。他告诉她们有一种特殊的技术可以把素描固定在新闻纸上：先用塑胶浸透，然后再这样那样做。这位女士在我画的这幅素描上费了好大的劲，然后让我的经纪人把画带回来给我看。"我想艺术家本人肯定想看看镶了框之后这幅画有多棒。"她说。

我当然想看。这是有人从我的某幅画里获得直接乐趣的又一个例子。所以出售素描对我来说是一剂强心针。

————————

曾有一个时期，城里有一些无上装餐厅：你可以去那里吃午餐或晚餐，舞娘一开始只是不穿上衣，过一会儿就什么都不穿了。后来我发现有一家距离我家不到3千米，就经常去那儿。我常坐在一个卡座里，在圆齿花边的纸餐垫上做一点儿物理研究；有时也会练习画画某个跳舞的女孩或某位顾客。

我的第三任妻子格温妮丝是个英国人，她对我去这个地方没有意见。她说："英国人有他们去的俱乐部。"所以这个地方就像是我的俱乐部。

餐厅里到处挂着画，但我不太喜欢这些作品。那些画都是在黑丝绒背景上用荧光色画的（挺难看的），题材通常是脱衣女郎之类。我有一幅挺不错的素描，画的是我的模特凯西，我把这幅画送给这家餐厅的老板让他挂在墙上，他很高兴。

后来证明，我送的素描产生了一些效果。那位老板变得友好，而且总是给我免费饮料喝。现在每次我一进这家餐厅，就会有服务员给我拿来一杯免费七喜汽水。我会看看姑娘们跳舞，做点儿物理研究，准备一下讲义，或者画上一会儿。如果我感觉累了，就看一会儿表演，然后再做一点儿研究。老板知道我不喜欢被打扰，所以如果有醉汉走过来和我说话，马上就会有服务员过来把那人赶走。如果有姑娘过来，服务员就不会干涉。我和餐厅老板关系很好。他的名字叫吉亚诺尼。

我展出的那幅素描产生的其他效果是有人会向老板问起那幅画。一天，有个人走过来对我说："吉亚诺尼告诉我是你画了那幅画。"

"是的。"

"好。我想委托你画一幅画。"

"好啊，你想要什么呢？"

"我希望画上有一个裸体的女斗牛士，正在迎接一头人面牛身公牛的冲撞。"

"嗯，如果你把这幅画的用途告诉我，会对我有一点儿帮助。"

"我想把它挂在我的经营场所里。"

"什么经营场所？"

"是一家按摩院。你懂的，私人房间、女按摩师——明白吗？"

"啊，我懂了。"我不想画一个正在被人面公牛冲撞的裸体女斗牛士，所以我试着劝他放弃这个想法。"你觉得顾客们会怎么看这幅画，姑娘们又会怎么想？男人去了你那里，你让他们因为这幅画起了劲儿。你想让他们这样对待姑娘们吗？"

他不为所动。

"假设警察们进去了，他们看到了这幅画，你还能说这是一家按摩院吗？"

"好好好，"他说，"你说得对。我不能这样。我想要的是这样一幅画：警察看到了，会觉得很适合按摩院；但是顾客看到了，会浮想联翩。"

"好吧。"我说。谈定了60美元的价格，我开始画那幅画。首先，我要先想清楚怎么画。我想了又想，到最后我常常感到如果我一开始就同意画那幅裸体女斗牛士的画就好了！

最终我想清楚我要画什么了：我会画一个虚构的女奴，背景是罗马，她正在给一个重要的罗马人做按摩——也许是一位元老院议员。因为她是一个女奴，所以她脸上会浮现出某种表情。她知道接下来会发生什么，而她对此听天由命。

我在这幅画上花了很大功夫。我找凯西做我的模特，后来又为那个男性角色找了一个模特。我做了很多研究，很快我雇模特的钱就已经达到了80美元。我不在乎花多少钱，我喜欢完成委托作品的挑战。最终我完成的这幅画上有一个肌肉发达的男人躺在台子上，旁边有一个女奴正在给他按摩；她穿着盖住一只乳房的罗马宽袍（另一只乳房暴露在外）。我在她脸上描绘出恰到好处的顺从表情。

我正准备把这幅按照约定完成的杰作交给按摩院，这时吉亚诺尼告诉我订画的人已经被拘捕了，正在蹲监狱。于是我问那家无上装餐厅的姑娘们，是否知道帕萨迪纳附近哪家不错的按摩院愿意把我的画挂在大厅里。

她们给我了一些名字和地址，遍布帕萨迪纳城里城外，还嘱咐我："等你到了某某按摩院，找弗兰克——他是个好人。如果他不在，就别进去。"或者："不要跟艾迪说话。他永远都不会明白绘画的价值。"

第二天我收起我的画，把它放在旅行车的后面。格温妮丝祝我好运，我就起程去帕萨迪纳的各个按摩院卖画。

在我去清单上的第一个地方之前，我想："在去任何地方之前，我必须先去看看蹲监狱那人的按摩院。那里可能还开着，或许新任经理还想要我的画。"我去了那里，敲了门。门打开一点儿，我看到一个姑娘的眼睛。"我们认识吗？"她问。

"不，不认识，但是你们想买一幅很适合挂在前厅的画吗？"

"不好意思，"她说，"我们已经联系了一位艺术家为我们画画，他现在正在画。"

"我就是那个艺术家，"我说，"你们的画已经完成了！"

原来，那个家伙在去坐牢之前把我们的约定告诉了他妻子。于是我走进去，给他们看了那幅画。

现在负责经营的人是他妻子和妹妹，她们对那幅画并不十分满意——她们把姑娘们叫来一起看。我把画挂在大厅的墙上，所有姑娘都从后面的各个房间里走出来，开始评头论足。

一个姑娘说她不喜欢女奴脸上的表情。"她看起来不太开心，"她说，"她应该笑。"

我对她说："你说，当你按摩的那个人不看你的时候，你会笑吗？"

"哦，那不会！"她说，"我的表情会跟她一样！但是这样的情景不应该画下来。"

我把画留给了她们，但经过一周的反复权衡，她们决定不要那幅画。原来她们不想要那幅画的真正理由是那外露的一只乳房。我试着解释说我的画比原本的要求已经收敛了不少，但她们说她们的想法和那家伙不一样。我心想，经营这样一个场所的人竟然会因为一只裸露的乳房而神经兮兮，这不是既好笑又讽刺吗？我把画带回了家。

我的商人朋友达德利·赖特看到了那幅画，我告诉他画背后的故事。他说："你必须把价格乘以三。对于艺术，没人真正了解其价值，所以人们经常会想，'如果价格更高，那肯定更有价值'！"

我说："这太疯狂了！"但出于好玩，我还是买了一个价值20美元的画框，把画装裱好，准备迎接下一位顾客。

有一个天气预报公司的人看到了我给吉亚诺尼的那幅画，问我是否还有其他作品。我邀请他和他妻子来到我家楼下的"工作室"，他们问起那幅新装裱好的画。"那幅画的价格是200美元。"（我用60乘以3，又加上了画框的20美元。）第二天他们回来把画买走了。那幅原本给按摩院画的画，最后挂在了天气预报员的办公室里。

一天，警察突袭了吉亚诺尼的店并拘捕了一些舞者。有人不想让吉亚诺尼继续组织袒胸舞表演，而吉亚诺尼不想停手。法院审理了这起引起轰动的官司，本地所有报纸都争相报道。

吉亚诺尼到处找老顾客，问他们是否愿意出庭做证支持他。每个人都有借口："我在经营日间夏令营，如果父母们看到我来这个地方，他们就不会让孩子们来我的夏令营了……"或者："我是某某行业的，如果公开报道我来这里，我会丢掉客户的。"

我想："我是这里唯一一个自由人——我没什么托词！我喜欢这个地方，想看它继续营业。我觉得袒胸舞没什么问题。"于是我对吉亚诺尼说："好，我很愿意去做证。"

法庭上争论的焦点问题是，袒胸舞是否被社会所接受——社会准则是否允许这样的事发生？辩护方的律师试图把我树立成一个社会标准的专家。他问我是否还会去其他酒吧。

"会的。"

"你每周通常去几次吉亚诺尼的餐厅？"

"一周五六次。"（这条信息上了报：加州理工学院的物理学教授每周去看六次袒胸舞。）

"吉亚诺尼餐厅的顾客代表了社会的哪些阶层？"

"几乎所有阶层：有从事房地产生意的、有城市管理委员会的、有加油站的工人、有工程公司的人、有物理学教授……"

"既然来自社会各个层次的人都在观赏这种表演，你是否同意无上装表演是被社会所接受的？"

"我需要知道你所说的'被社会所接受'是什么意思。没有什么东西是所有人都能接受的，如果要说某件事可以'被社会所接受'，那么社会中必须接受这件事的人的百分比是多少呢？"

那位律师提出一个数字，其他律师反对。法官叫了休庭，他们到里面去讨论了15分钟，随后决定"被社会所接受"的意思是被社会中50%以上的人所接受。

虽然是我让他们对此精确定义的，但我却没有精确的数字可以作为证据，于是我说："我相信袒胸舞被社会里50%以上的人所接受，所以它是被社会所接受的。"

吉亚诺尼暂时输掉了官司，但他的案子和另一家类似餐厅（我不知道是否是他开的）的案子最终上诉到了最高法院。与此同时，他的店仍然开张，我也仍然有免费的七喜汽水喝。

————————

那段时间，有人尝试在加州理工培养一种对艺术的兴趣。有人捐钱将一座植物学的旧教学楼改建成了艺术工作室。学校为学生们购置了设备和绘画用品，还雇了一位南非艺术家来组织协调学校的艺术活动。

各种各样的人都来到这里教课，我也把杰瑞·佐西安弄过来教素描课。有人教平版印刷，这正是我想学的。

有一次那位南非艺术家来我家看我的素描。他说，他认为给我举办一场个人画展会很有意思。这一次我走了捷径：如果我不是加州理工的教授，他们绝不会认为我的画够格。

"我的一些比较好的画已经卖出去了，我不太想麻烦那些人。"我说。

"费曼先生，你不用担心。"他安慰我说，"你不用麻烦他们。我们会安排所有事情，用正式而正确的方式运作这次展览。"

我把一份买过我画的人的名单给他，这些买主很快就收到了他打来的电话："听说您有一幅Ofey的作品。"

"是的……"

"我们打算办一场Ofey作品展，不知道您是否考虑把画借给我们？"

"好，没问题！"

他们挺高兴的。

展览在加州理工学院的教员俱乐部"雅典娜之城"举行。一切都和真正的展览一样——所有画都有标题，那些有画作主人授权的展品上写着"吉亚诺尼先生借予"这样的标志。

有一幅素描画的是绘画班那位金发美女模特，这本来是我用来研究阴影的：我在她一侧大致腿的高度放置了光源，光的方向朝上。她坐下时，我试着如实画下阴影的样子（她的鼻子产生的阴影不太自然地横穿过脸庞），看起来不太丑。我也画了她的躯干，所以你能看到她的胸部及其阴影。在展览上，我把这幅画和其他素描放在一起，命名为《居里夫人对镭辐射的观察》。我试图传达信息：没有人意识到居里夫人和其他女人一样拥有女性特征，她有美丽的头发、裸露的胸部，所有这些——他们只会想到镭。

一位名叫亨利·德莱弗斯的著名工业设计师在展览后邀请各类人去他家参加招待会——捐资支持艺术的女士、加州理工的校长及其夫人，等等。

其中一位艺术爱好者走过来和我攀谈："跟我说说，费曼教授，您是看着照片作画还是看着模特作画？"

"我一直都直接画模特。"

"那您是怎么让居里夫人给您当模特的？"

————————

那时，洛杉矶艺术博物馆正好有一个和我相似的想法——艺术家和科学之间的距离太远了。我的想法是，艺术家们不理解事物的内在普遍性以及自然之美及其法则，所以无法在自己的艺术作品中加以描绘。博物馆的想法是，艺术家们应该对科技有更多了解，他们应该更加熟悉机器以及科学的其他应用。

艺术博物馆发起了一个项目，他们邀请当时一些非常出色的艺术家去各种各样的公司参观，这些公司都自愿付出时间和资金参加这个项目。艺术家们会拜访这些公司，到处走走看看，直到他们发现能出现在自己的作品中的有趣事物。博物馆认为最好有一个懂科技的人，在艺术家访问这些公司时出任某种协调员。他们知道我很擅长给别人讲东西，而且在艺术方面也不全然是一个蠢蛋（事实上，我认为他们知道我当时正在学习素描），所以他们问我是否愿意接受这个任务，我同意了。

和艺术家们一起参观这些公司很有意思。典型状况是，有人给我们看一根能释放蓝色火花的管子，看到火花形成的美丽图案盘旋变换，艺术家们都很兴奋，问他们如何才能把这些东西用在展览上，需要什么条件才能实现这种效果。

艺术家都是有趣的人。有些人则是彻头彻尾的冒牌货：他们声称自己是艺术家，别人也认同他们是艺术家，但是当你坐下来和他们说话时，他们却说不出所以然来。特别有一个人，他是里面最大的骗子，总是穿得怪里怪气，戴着一项巨大的黑色圆顶礼帽。他会用一种不知所云的方式回答你的问题，当你用他自己说过的话向他提问，试图弄明白他在说什么时，他又把话题带到别的方向去了。最终，他为艺术与科技展览做出的唯一贡献就是一幅他自己的肖像。

其他我聊过的艺术家所说的东西一开始听起来也没什么道理，但是他们都会很努力地向我解释他们的理念。为了这个计划，我有一次和罗伯特·厄尔文一起去了一个地方，经过两天，花了很多时间反复讨论之后，我终于明白了他想解释的东西，我认为他的想法很有趣，也很美妙。

还有一些艺术家对真实世界一无所知。他们认为科学家是那种可以变出任何东西的大魔法师，于是会说出这样的话："我想做一幅三维的画，里面有悬浮在空中闪闪发光的数字。"他们按照自己的想法编造一个世界，对于能做什么、不能做什么毫无概念。

最终艺术家们办了一场展览，他们请我加入评委组，一起评价那些作品。虽然有一些好作品是以艺术家对公司的参观为灵感创作的，但我认为大部分所谓的"佳作"都是在绝望中赶着最后1分钟交上来的，这些作品和科技没有半毛钱关系。评委组的其他成员都持反对意见，我发现自己孤掌难鸣。我不擅长评论艺术，我一开始就不应该加入评委组。

洛杉矶艺术博物馆有一个人叫莫里斯·塔奇曼的人，他在艺术方面是货真价实的专家。他知道我在加州理工举办过一场个人画展。他说："你知道吗？你以后再也不会画画了。"

"什么？别胡说！为什么我不能……"

"因为你已经办过一次个人画展了，但你仍只是个外行。"

在此之后，我虽然还画画，但却没有以前那么努力了，创作热情和练习强度都达不到以前的水平。我也没再卖出过一幅画。塔奇曼是个聪明人，我在他身上学到很多东西。如果当初没那么固执，我本可以学到更多。

用封面判断书的好坏

"二战"结束后，物理学家经常受邀去华盛顿给各政府部门提意见，尤其是军方。可能军方认为，既然科学家们制造了举足轻重的原子弹，那应该还有其他利用价值。

一次，我受邀加入一个评估各式武器的委员会，我回信说我只是个理论物理学家，对武器一无所知。

军队回信说，根据以往经验，理论物理学家在协助决策上还是有很多贡献的，所以问我是否愿意重新考虑。

我再次回信说我实在什么都不知道，怀疑自己什么忙都帮不上。

最终我收到了陆军部长的来信，他提出了一个折中方案：我先去参加第一场会议，试试看能否提些建议，再决定是否继续。

我说好吧。不然还能说什么？

到华盛顿后，第一件事是参加鸡尾酒会，和大家见面。出席的有将军首脑和陆军要员，大家互相交谈，气氛融洽。

一个穿制服的人走过来对我说，军方很高兴物理学家能为军队提建议，因为有太多问题亟待解决。其中一个就是坦克燃料消耗过快，走不了太远。所以问题就是如何能在坦克行进时补充燃料。这个人的想法是，既然物理学家能从铀中获取能量，那么能否通过某种方式把二氧化硅（沙子或泥土）变成燃料？如果能实现，那么只要在坦克下方安装一把小铲子，行进时，铲子就可以挖起泥土作为燃料！他认为这是一个很棒的点子，而我只需要完善细节就行了。我想，第二天的会议大概就是要讨论这类问题了。

会议上，我发现昨天酒会上介绍我和大家认识的人，就坐在我旁边。显然他是军方安排的随从。而我另一边，是之前听说过的一位大将军。

会议的第一部分，大家讨论了技术上的问题，我也发表了一些意见。但后来，接近会议尾声时，开始讨论关于后勤的问题，我对此一无所知。讨论的内容是要确定在不同时间，各个地点应该准备多少东西。虽然我努力不发表意见，但是在那种环境下，和"重要人士"坐在一起讨论"重要问题"时，就是很难保持沉默，即使你完全是个门外汉！所以我在这部分讨论里也发表了一些意见。

接下来的休息时间，那位被指派的随从跟我说："您在讨论中发表的观点令我印象深刻。绝对是重要贡献。"

我停下来思考对后勤问题做出的"贡献"，觉得连梅西百货的圣诞采购员，都比我更能处理好这些问题。所以我的结论是：（一）如果我真的做出了重要贡献，那全凭运气；（二）任何人都可以做这项工作，而且大多数人会比我做得更好；（三）这番恭维刚好让我认清一个事实，我在这里做不出多大贡献。

之后，他们就在会上决定，与其讨论具体的技术问题，不如讨论科学研究部门的组织结构（例如，科学研发部门应该属于工兵团还是军需处？）。我知道，如果我还有希望做出真正贡献的话，也只能是在具体技术问题上，而不是陆军内部组织研究的问题上。

直到那时，我都没有把我关于这些情况的感想告诉会议的主席——最初邀请我来的大人物。我们收拾行李准备离开时，他满脸笑容地对我说："既然已经达成合作，那下次会议……"

"不，很抱歉，我不参加了。"我看得出他脸色突变。他很惊讶我在做了那么多"贡献"后，竟然会拒绝。

———————

20世纪60年代早期，我的很多朋友仍然在给政府当顾问。同时，我在社会责任感方面毫无感觉，并尽可能拒绝去华盛顿的邀请，当时这么做需要一定勇气。

我当时在给大一新生上物理课*，一次下课后，协助我做演示的汤姆·哈维说："你得去看看数学教科书是怎么回事！我女儿在学校学了一堆乱七八糟的东西！"

我当时没放在心上。

但是第二天，我接到一个电话，是帕萨迪纳当地很有名的律师诺里斯先生打来的，他当时是州教育委员会的一员。他问我愿不愿意加入州课程设置委员会，他们正在为加州挑选新的教科书。因为州政府规定，所有公立学校的全部教科书都必须由州教委挑选，于是设立了专门的委员会来检查书本，并给出挑选建议。

当时，很多书都采用了一种教算术的新方法，他们称之为"新数学"。因为通常只有学校老师和管理人员才会看这些书，所以这次想找一些懂得数学实际运用的人来帮忙评估，毕竟这样的人知道最终成果是什么，也知道教数学的目的是什么。

那时，我因为一直不跟政府合作而产生了负罪感，所以同意加入这个委员会。

很快，我就开始接到出版商的信件和电话。他们会说这样的话，"很高兴得知您也加入了委员会，我们确实需要懂科学的人……"或者"委员会能有一位科学家真是太好了，因为我们的书正是以科学为导向的……"但他们也会说这样的话，"我们想要给您解释一下我们的书……"以及"我们非常乐意通过任何方式帮您评估我们的书……"在我看来，这简直是疯了。我是追求客观的科学家，既然学生最后拿到的只有课本（老师的是教学手册，也参与评估），那么出版商的多余解释都只会混淆视听。所以我不想和任何出版商沟通，我的回答永远是："你不必解释，我相信书本身就可以说明问题。"

---

* 当时是 1963 年初，这门课的录音后来编为《费曼物理学讲义》。——莱顿原注

我代表的是洛杉矶大部分地区，但不包括洛杉矶市。洛杉矶市的代表是一位很友好的女士，名叫怀特豪斯夫人，来自洛杉矶学校体系。诺里斯先生建议我和她见面，了解一下委员会都做过什么以及如何开展工作。

怀特豪斯夫人首先告诉我，下次会议要讨论的事情（他们已经开过一次会，我是之后才加入的）。"会上要讨论自然数的事。"我不知道是什么意思，后来才知道是我称为整数的东西。他们给所有概念都起了新名字，所以我一开始就遇到很多麻烦。

她还告诉我，委员们一般是如何给教科书打分的。他们会收到每种书的很多册样本，发给本区的老师和管理人员，然后收集这些人对书本的评估意见。因为我不认识老师或管理人员，再加上我认为通过自己的阅读就可以判断书的好坏，于是我决定自己看完所有书。（我所在的地区，有些人也想要看这些书，并希望有机会表达自己的观点。怀特豪斯夫人提出，把他们的报告和她的放在一起，好让他们感觉舒服点儿，而我也不用担心他们的抱怨。他们确实满意了，我也没有惹什么麻烦。）

几天后，书库的人打电话过来说："我们准备好给您送书了，费曼先生，一共有300磅（约136千克）。"

我吓傻了。

"没关系，费曼先生，我们会找人来帮你看书的。"

我不懂怎么帮我看：要么自己看，要么不看。我在楼下书房里安了一个特别书架（那些书摞起来有5米多高），然后开始读所有会在下次会议上讨论的书。讨论将从小学课本开始。

这项工作颇为费力，我一直在地下室忙个不停。我妻子说，那段时间她就像生活在一座火山上。沉寂一段时间后，突然"轰隆隆隆！"——火山就爆发了。

原因就是那些书都糟透了，漏洞百出，潦草仓促。他们想显得严谨，但采用的例子却不太贴切（比如用路上的汽车来阐述"集"的概念），细枝末节上经不起推敲。定义并不准确。所有东西都有点含混不清——他们还不够聪明，不理解什么是"严谨"。他们都在假装，在教授自己都不明白的东西，而实际上，这些内容对孩子们来说，更是毫无用处。

我知道他们的目的。很多人认为，苏联发射了斯普特尼克人造卫星后，我们落在了后面，于是要求数学家们给出建议，如何才能用有趣的现代数学概念教数学。目的是让原本认为数学无聊的孩子们提起对数学的兴趣。

举例来说：为了展示不同的可能性，他们会讨论不同的进位制——五进制、六进制，等等。对可以理解十进制的孩子来说，还挺有趣的，至少算有趣的思维训练。但是这些教材要求所有孩子都必须学至少两种进位制！然后，可怕的题目就是："请把下列七进制的数字转换为五进制的数字。"把一种进制转换为另一种进制是毫无意义的，你能做到的话，可能挺有意思的；做不到的话，也没关系，因为一点儿用都没有！

总之，我看所有的书中，没有一本提到过在科学中使用算术的事。如果有的话（因为大多是抽象的废话），也只是买邮票之类。

终于，我找到一本书，上面说："数学在科学中有很多应用。我们会举一个天文学的例子，也就是星星的科学。"翻到下一页，上面说："红色星星的温度是4000摄氏度，黄色星星的温度是5000摄氏度……"——目前为止还不错。书上继续写："绿色星星的温度是7000摄氏度，蓝色星星的温度是10000摄氏度，而紫色星星的温度是——（一个很大的数字）。"虽说没有绿色或紫色的星星，但是其他星星的数据还算准确。是马马虎虎的准确，但已经构成了问题。所有问题都一样：都是不知道自己在说什么的人写的，所以总有些小错误，无一例外。如果写教材的人都不太清楚自己在写什么，还怎么指望能教好呢？我无法理解，也不知道为什么，但这些书就是很糟糕，糟糕透了！

不过话说回来，我对这本书还算满意，因为它是第一本提到数学应用于科学的书。星星温度那部分让我有点不满意，但也不是非常不满意，因为勉强算是对的——只是例子举错了。

接下来是习题部分。上面写："约翰和爸爸出门看星星。约翰看到两颗蓝色的星星和一颗红色的星星。爸爸看到一颗绿色的星星、一颗紫色的星星，还有两颗黄色的星星。约翰和爸爸看到星星的温度总和是多少？"——我又惊又气，火冒三丈。

我妻子会说起楼下的"火山"，而这只是其中一例，问题持续存在，荒谬也从未停止！把两颗星星的温度加起来没有任何意义，没有人会这样做，除非是计算星的平均温度，但那也不是为了计算所有星星的总温度！太糟糕了。这只是让学生练习了加法，而编写者自己应该也不清楚自己在说什么。就像一些有少量排版错误的句子里突然出现一个完全倒着写的句子，书里的数学就是这样，让人绝望！

接下来，我去参加了第一场会议。其他委员对一些书给出了自己的评分，还询问我的评分。我的评分经常和他们的不同，他们会问："为什么你给那本书的评分那么低？"

我会说那本书的问题是什么什么，在某某页——我都有笔记。

他们发现我像个宝库：我会详细地告诉他们，所有书哪儿好，哪儿不好，我的所有评分都有理由。

我问他们，为什么会给某本书如此高的评分，他们会说："说说你对这本书是怎么想的。"我永远无法知道他们到底是如何评分的。相反，他们总是在问我是怎么想的。

讨论到某本书时，他们又问我的看法，这本书是一家出版公司提供的一套三本中的一本。

我说："我没有收到这本，不过其他两本都还可以。"

有人又重复了一遍："你对第三本书怎么看？"

"我说了他们没给我寄那本，所以无从判断。"

负责书库的人也在现场，他说："不好意思，我来解释。之所以没有给您送，是因为当时那本书还没有完成。我们有规定必须在某个时间前登记入库，那家出版公司晚了几天。所以当时收到的只有封面，内页都是空白。那家公司给我发消息解释过，希望委员会可以继续考虑这套书，虽然第三本会晚几天。"

实际情况是，那本空白书获得了几位委员的评分！他们无法相信那本书竟然是空白的，因为已经打了分。而且，空白书的评分还略高于其他两本。书里什么都没有也并未影响评分。

我认为这种事发生主要是制度和工作方式的问题。很多人拿到书时，还在忙其他的事情，对书并不在意，心想："反正很多人都在读这本书，我读不读也不会有什么区别。"于是随便打了个分数——至少有些人如此。不是说所有人，但确实有人会这样。所以报告收回时，不知道为什么这本书的报告比其他书要少（比如一本书有10份报告，而这本只有6份）。于是，把收到的评分平均一下，因为没收到的报告不算数，所以还是会得到一个合理的数字。但是平均的过程中，忽略的重要事实是，这本书根本没有任何内容。

我想到这点是因为看到了课程设置委员会里发生的事情：这本空白书，只有六成的成员有报告，而其他书则是八成或九成。而他们给六成报告取平均值时，得到的分数和用八九成报告的一样好。发现给空白书做了评分后，他们都很尴尬，却让我更加自信。原来委员会把大部分精力花在分发样书和收集报告上，还在看书之前就去参加出版商们的研讨会，听他们自吹自擂。委员会里，只有我读了全部的书，而且没从出版商那里获得书以外的其他信息，因为最终进入学校的也只有这些书。

判断一本书的好坏，应该自己认真阅读，还是相信他人粗略阅读后写的报告呢？这很像一个有名的问题：古代中国，没人可以看到皇帝的鼻子，问题就是，皇帝的鼻子有多长呢？为了找到答案，你跨越千山万水，到处找人问皇帝的鼻子有多长，最后算出了一个平均值。你认为这个数字很"准确"，因为平均了那么多人的数据。但这样做根本无法找到答案：你确实找了一大群人，但每个人都漫不经心，知之甚少，这样求得的平均值没有太大参考价值。

———————

本来，我们不打算讨论书的成本，只知道可以选多少本书。所以我们设计了一个方案，其中包含很多补充书目，因为所有新教科书都有这样或那样的问题。最严重的问题是"新数学"课本没有涉及应用，文字表述题也不够多。没有卖邮票这样的例子，而有过多关于交换和抽象问题的讨论，不能将理论知识与现实问题结合，现实中该怎么做，加、减、乘还是除？所以，我们建议在教科书以外，为每个学生增加一些包含补充知识的书——每个班一两种。几经讨论之后，我们平衡各方力量，终于完成了这个方案。

方案提交教委后，他们却说预算并不充足，需要重新梳理整个方案，做一些删减。考虑到成本问题，就会毁掉原本健全的教学方案，老师们想找到所需例子的机会也就越来越渺茫。

推荐书的数量和规则改变了，我们的方案也彻底失衡，情况很糟糕。参议院预算委员会介入之后，方案削减得更厉害了——简直糟糕透了！讨论这个问题的时候，他们邀请我去见州参议员，但我拒绝了：那时我已经为这事儿费尽口舌，身心俱疲。我们已经把方案提交给了教委，之后提交参议院应该是他们的工作了——虽然法律上确实如此，但是政治上却行不通。我本不应该这么早就放弃，但花了很多时间研究、讨论这些书，最后做出一个还算不错的方案，然而结果却是彻底砍掉——太让人泄气了。整个过程成了无用功，其实流程本可以反过来：先从书的成本开始，买你负担得起的书。

———————

最终促使我彻底退出委员会的原因是，第二年我们要选科学教科书。我本以为科学方面的书可能会有所不同，所以挑几本看了一下。

结果如出一辙。有些书乍看还不错，但接下来就会惨不忍睹。举例来说，有一本书，开头放了四张图：第一张是一个发条玩具；接下来是一辆汽车；然后是一个男孩在骑自行车；最后是别的什么东西。每幅图的下面都写着："它是怎么动起来的？"

我想："我知道教学用意。谈力学，玩具里的弹簧是怎么工作的；谈化学，汽车里的发动机是怎么运作的；谈生物学，肌肉是怎么工作的。"

这很像我父亲跟我之间的对话："是什么让它动起来的？所有东西动起来的原因都是太阳。"接下来的讨论就很有意思。

"不对，玩具会动是因为上了发条。"我说。

"发条是怎么上的？"他问。

"我拧上的。"

"那你又是怎么动起来的？"

"我吃饭了。"

"因为太阳的照射，食物才会生长。所以是太阳让所有东西动起来的。"于是引出一个概念：运动只是太阳能量的转化。

翻到下一页，答案是，对发条玩具来说，"能量让它动起来了"。对骑自行车的男孩，"能量让它动起来了"。对所有东西来说，都是"能量让它动起来了"。

这么说毫无意义。假设有个东西叫"哇啦哇啦"，以此来定义普遍原理，就可以说："哇啦哇啦让它动起来了。"这不体现任何知识。孩子什么都学不到，它只是一个词而已！

他们本该做的是查看发条玩具，看看里面的弹簧，研究弹簧和轮子的原理，不要管什么"能量"。等孩子们对玩具的实际运作有了一定理解后，再讨论关于能量的普遍原理。

甚至"能量让它动起来了"这句话也不完全正确，因为一旦它停下来，也可以说成"能量让它停下来了。"他们实际上是说，集中的能量转化为了更分散的形态，这是能量非常微妙的一个方面。这些例子中，能量既不会增加也不会减少，只是从一种形态变为另一种形态。物体静止时，能量就转化成了热，变为一般无序状态。

但所有书都有一个通病：讲的东西毫无用处、乱七八糟、含混不清、令人费解，还有不正确的内容。有人能从这些书中学到科学吗？我不知道，因为书里讲的根本不是科学。

所以，看到这些令人发指的书，和此前数学书的问题如出一辙后，我可以预见自己的火山又要爆发了。我因为读了所有数学书而精疲力竭，又因为自己的努力全部付之东流而倍感沮丧，已经无法忍受再来一年的痛苦，便退出了。

过了一段时间，我听说课程设置委员会要把"能量让它动起来"那本书推荐给州教育委员会，于是我做了最后一次努力。委员会的每场会议都允许公众发表意见，所以我站起来说为什么我认为那本书很糟糕。

接替我加入委员会的那个人说："这本书已经得到了某某飞机公司65位工程师的认可！"我并不怀疑那家公司有非常优秀的工程师，但是这65位工程师的能力必然有高有低——肯定有一些能力较弱的人！同样的问题又出现了，就是皇帝鼻子长度平均值的问题，或是给空白书的评分取平均值。如果那家公司能选出几位比较优秀的工程师，让他们好好看看那本书，结果会比现在好得多。我不能说我比那65人都聪明，但肯定是其中比较聪明的！

我无法说服他，那本书最终获得委员会批准了。

————————

我还在委员会里时，去旧金山开了几次会。我第一次出完差回到洛杉矶时，去委员会办公室报销路费。

"花了多少钱，费曼先生？"

"嗯，我飞到旧金山，所以包含机票和机场停车费。"

"您有机票吗？"

我刚好留有机票。

"有停车费的收据吗？"

"没有，但是停车花了 2.35 美元。"

"但必须提供收据。"

"我已经说了花了多少钱。不相信我的话，为什么还要让我来评估教科书？"

为此我们吵了半天。不幸的是，我已经习惯了给公司、大学或普通人讲课的简单模式："您花了多少钱？"——"多少多少。"——"给您，费曼先生。"

于是我决定，不给他们提供任何收据。

第二次出差回来，他们又跟我要机票和收据。

"我什么都没有。"

"这样可不行，费曼先生。"

"我同意加入委员会时，你们说会承担我的花销。"

"但我们希望能有收据证明这些花销。"

"我没有什么证明，但你知道我住在洛杉矶，去了哪几个城市，不然我怎么去的？"

他们并未让步，我也一样。我感觉，面对"制度"而选择不妥协时，就必须做好一旦失败就要承担后果的准备。所以我心甘情愿，再没去领过差旅费。

这是我常玩的把戏之一。他们想要收据？我就不给他们收据。那我也拿不到钱了。好，我就不拿钱。他们不信任我？随他们去吧，他们不用给我钱。当然，这样很荒谬。我也知道这就是政府的作风，去他的政府！我觉得人应该把人当人看。除非我能受到人的待遇，否则我不想掺和他们的任何事情！我知道他们在"保护纳税人"，但看看下面这件事里，纳税人受到了怎样的保护。

经过几番讨论后，有两本书我们无法抉择，这两本书很相似。于是我们把决定权留给了教委。因为教委开始考虑成本，而这两本书又旗鼓相当，于是他们决定公开竞标，价低者得。

有人提问："学校能在正常时间收到书吗？或者能在下个学期前更早一点儿收到书吗？"

出版代表站起来说："很高兴你们接受我们的投标；我们可以在下学期前把书准备好。"

竞标失败的出版代表也在场，他站起身说："因为我们的投标方案是以较晚的截止时间为基础的，所以我认为我们应该再有一次机会，以较早的截止时间为准，因为我们也可以在开学前出书。"

诺里斯先生问第二家的出版代表："你们的书早一点儿出来，要花多少钱？"

他给了一个数字：价格更低了！

第一家的人站起来说："如果他可以更改他的投标方案，我也有权利更改我的！"——他的价格也更低了！

诺里斯问："为什么书更早出来反而会更便宜？"

"是的，"一个人说，"我们可以用一种很少用到的印刷方法……"——解释便宜的原因。

另一个人也同意："做得越快，价格越低！"

真是令人震惊。最终价格降低了两百万美元。这一突然的改变让诺里斯怒火中烧。

实际情况是，日期的不确定性让竞标有了新的可能。通常来说，选书不需要考虑成本时，出版商就不必降价，他们可以任意定价。竞价策略并没有什么优势。胜出的方法是给课程设置委员会留下更好的印象。

顺便一说，每次开会，都会有出版商招待委员们吃饭，推销自己的书。我从来不参加。

现在看来很明显了，但当时我可是一头雾水：我收到"西联公司"寄来的一包干果和一些其他东西，还有一张字条，写着："祝您全家感恩节快乐——帕米利奥一家。"

这是长滩的一个家庭寄来的，而我不认识他们。应该是想把这些东西寄给自己的友人，但弄错了名字和地址，我想还是澄清一下。我给"西联公司"打电话，得到了寄件人的电话号码，给他打了过去。

"你好，我是费曼，我收到一个包裹……"

"哦，你好，费曼先生，我是皮特·帕米利奥。"他态度非常友好，让我以为我或许认识他。而我在这方面通常比较愚钝，总记不清谁是谁。

"很抱歉，帕米利奥先生，但我有点想不起来你是谁……"

原来他是一个出版商的图书代表，而我负责评估他们的书。

"我懂了。但这很容易引起误解。"

"这只是家庭间的问候而已。"

"没错，但我正在评估你们的书，可能会有人误解你的善意！"我知道这是怎么回事，但假装是个彻头彻尾的傻瓜。

还有一件类似的事，有出版商送我一个真皮公文包，还用烫金漂漂亮亮地印上我的名字。我说了同样的话："我不能收，因为我正在评估你们的书。"

在委员会待时间最长的一位委员说："我从来没收过这些东西。这种现象令我不安，却屡禁不止。"

但我确实错过了一个机会。如果我当时够机灵，可能会在委员会里过得很舒服。我第一次开会前，晚上才到旧金山的旅馆，于是想去城里逛逛，顺便吃点东西。刚从电梯出来，就有两个坐在大堂沙发上的人跳了起来："晚上好，费曼先生。我们可以带您在旧金山逛逛，您想去哪里呢？"他俩来自同一家出版商，我不想和他们扯上任何关系。

"我要出去吃饭。"

"我们可以带您去吃晚餐。"

"不用了，我想一个人去。"

"呃，不管您想做什么，我们都可以帮忙。"

我没忍住，说："好，我想做点违法的事儿……"

"那我们也能帮上忙……"

"不用了，我自己就能搞定。"之后我想："失误了！我应该放任事情自由发展，再全部记下来，让全加州的人知道，出版商们为达目的到底能有多过分了。"但我目睹了两百万美元的差额后，天知道那压力有多大！

赫尔曼到底是谁

一天，我接到一个长途电话，是我在洛斯阿拉莫斯的一位老朋友打来的。她语气严肃："理查德，有个坏消息。赫尔曼去世了。"

我总是因为记不住人名而感到不安，还会因为对周围的人不够关注而倍感自责。于是我说："哦？"——尽量显得沉默而严肃，才能了解更多，同时心里嘀咕："赫尔曼是谁？"

她说："赫尔曼和他母亲在洛杉矶附近出了车祸，两人双双身亡。因为他母亲是洛杉矶人，所以葬礼会在洛杉矶的玫瑰山殡仪馆举行，时间是5月3日下午3点。"她还说："如果你能做赫尔曼的抬棺人，他在天有灵一定会很欣慰。"

我还是想不起来他是谁，但回应："当然，我的荣幸。"（至少这样能弄明白赫尔曼是谁。）

之后我想到一个主意：给殡仪馆打电话。"你们5月3日3点有一场葬礼……"

"你说的是哪一场？戈尔德施米特的，还是帕内尔的？"

"啊，嗯，我也不知道。"我依旧毫无头绪，觉得两个都不是。最后，我说："可能两个葬礼一起举行，他母亲也去世了。"

"哦，没错。那就是戈尔德施米特的葬礼了。"

"赫尔曼·戈尔德施米特？"

"没错，赫尔曼·戈尔德施米特和戈尔德施米特夫人。"

好吧，是赫尔曼·戈尔德施米特。但我仍然想不起来有这么个人。我也不知道到底忘记了什么，从朋友的语气可以听出，她很确定赫尔曼和我很熟。

我最后的机会就是去参加葬礼，看看棺材里躺的是谁。

我去了葬礼，负责统筹的女士走过来，身着丧服，悲伤地说："很高兴你能来，赫尔曼知道的话，也会很开心的。"——都是这类严肃的话。每个人都为赫尔曼哭丧着脸，但我仍然不知道赫尔曼是谁——当然，如果我知道的话，也一定会为他的死而感到难过！

随着葬礼进行，到了排队遗体告别的时候，我走了上去。看了看第一副棺材里的人，是赫尔曼的母亲。又看了第二副棺材，躺在里面的是赫尔曼——我发誓我这辈子从来没见过他！

到了抬棺的时候，我也成了抬棺人之一。我小心翼翼地把赫尔曼安葬在坟墓中，因为我知道他会感到欣慰。但是直到今天，我也完全想不起来赫尔曼是谁。

————————

很多年后，我终于鼓足勇气向朋友提起此事："你记得我去参加的那个葬礼吧，大概十年前，霍华德……"

"你是说赫尔曼。"

"哦对，赫尔曼。其实，我不知道赫尔曼是谁。甚至看了棺材里的人也没认出来。"

"但是，理查德，你们是战后在洛斯阿拉莫斯认识的，都是我的好朋友，我们一起聊过很多。"

"我还是想不起来。"

几天后，她打电话告诉我，可能是这么回事：她遇到赫尔曼时，我刚离开洛斯阿拉莫斯，不知怎么她把时间搞混了。但因为她和我们两人分别是很好的朋友，所以误以为我们肯定彼此认识。所以是她记错了，不是我（通常是我记错）。或者，她只是出于礼貌才这么说？

费曼性别歧视！

我曾给加州理工的大一新生上过课（已作为《费曼物理学讲义》出版），几年后，我收到一封来自女权组织的长信。信中指责我反女性，依据是我讲过的两个故事。第一个故事是关于速度微妙性的讨论，有一段是说一个女司机被警察拦了下来。之后两人讨论了她开车速度的问题，在我的安排下，她有力地反驳了警察对速度的定义。但信上说，我让这个女人看起来很蠢。

另一个故事来自伟大的天文学家亚瑟·爱丁顿，当时他刚刚发现恒星获得能量的方式是核反应，这个过程是通过氢燃烧来产生氦。他回忆道，获得这个发现的当晚，他和女友坐在长椅上。女友说："星星那么亮，真好看啊！"他回："是啊，而现在，我是世界上唯一一个知道它们是如何发亮的人。"他描述的是，获得新发现时那种美妙的孤独感。

而信上称，我的意思是女人没法理解核反应。

我想，耐心回应指控是毫无意义的，于是回了一封短信："别烦我了，伙计！"*

不用说，这封信收效不佳。第二封信来了："你对我们9月29日那封信的回应令人十分不满……"——什么什么的。信中还警告说，如果我不让出版商修订他们反对的地方，事情就麻烦了。

我忽略了这封信，把它抛在脑后了。

差不多一年后，因为我写的那些书，美国物理教师协会颁给我一个奖，并邀请我去旧金山的会议发言。我的妹妹琼就住在帕洛阿尔托，距旧金山一小时

---

* 早该坦白了：这句话其实是一个经常和费曼一起敲鼓的年轻人提出的。——莱顿原注

车程，所以我前一天晚上待在她家，第二天一起去开会。

快到报告厅的时候，我们看到有人在给每个进场的人发传单。我俩各拿了一张，看上面写了什么。传单最上面写的是"抗议书"，下面节选了一些他们寄给我的信，还有我的完整回应。最后赫然写着："费曼性别歧视！"

琼突然停下来，挤了回去。"还挺有趣的，"她对抗议者说，"再多给我几张！"

她追上我时，说："天哪，理查德，你都干了什么？"

我一边告诉她事情的经过，一边和她一起走进了礼堂。

报告厅前，讲台附近，有两位来自美国物理教师协会的杰出女性。一位是协会妇女事务的负责人，另一位我认识，是物理学教授菲·艾森伯格，来自宾夕法尼亚。她们看我走向讲台，旁边还有一位手拿大把传单的女士在和我说话。菲走向我妹妹，说："你知道吗？费曼教授有个妹妹，在教授的鼓励下，投身物理，并获得了物理学博士学位。"

"我当然知道，"琼说，"我就是那个妹妹！"

菲和她的同事向我解释，那些抗议者是一个组织（讽刺的是，组织的领袖是个男人），经常扰乱在伯克利举办的会议。"我们会坐在你们两边，以示团结，你讲话之前，我会先讲几句，让抗议者们安静下来。"菲说道。

因为我前面有其他人在演讲，所以还有时间考虑接下来说什么。我谢过了菲，但拒绝了她的提议。

就在我站起来要讲话的时候，五六个抗议者迈步挺进报告厅前方，在讲台下列队，高举抗议牌，口中念念有词："费曼性别歧视！费曼性别歧视！"

演讲一开始，我就告诉抗议者们："很抱歉，我对你们来信的回复过于简短，让你们多跑这一趟。就提高女性在物理学中的地位而言，有更重要的事情值得关注，而非我书里那些相对细枝末节的错误——如果非要称为错误的话。但话说回来，你们来这里可能也是件好事。因为女性在物理学界确实受到偏见和歧视，你们的出现提醒了我们问题仍然存在，以及补救问题的必要性。"

抗议者们面面相觑。他们的抗议牌慢慢放了下来，像没了风的帆一样。

我继续说："虽然协会给我颁了教学方面的奖，但我必须承认我不懂教学。所以，关于教学我无话可说。但我想谈一个在座女士们都感兴趣的话题：质子的结构。"

抗议者们放下牌子，走开了。东道主后来告诉我，那个男人和他的抗议组织从来没有这样轻易地被打败过。

（最近我找到了那次演讲的笔录，才发现我在演讲开头说的话，远没有我记忆中那么激动人心。记忆中我说的话远比实际说的要好得多！）

演讲过后，一些抗议者来向我质疑女司机的事。"为什么一定要是女司机？"他们说，"你在暗示所有女性开车都很糟糕。"

"但那位女士让警察很难堪，"我说，"你们为什么不在意那位警察？"

"我们才不关心警察！"一个抗议者说，"他们都是猪！"

"但你们应该关心的，"我说，"我忘了说，故事里的警察也是女的！"

十三次

一次，一位当地城市学院的科学教师找到我，问我愿不愿意去那里做演讲。他说给我50美元，但我说我对钱没那么在意。"是城市学院，对吧？"

"没错。"

想到和政府打交道时，不知道签了多少份文件，我笑着说："我很愿意去演讲，但只有一个条件，"——我卖了个关子，继续说——"我不想签名超过十三次，包括兑现支票那次。"

那人笑了："十三次，哈哈！没问题。"

签字就此开始。首先签一份文件，保证忠于政府，否则不能在城市学院演讲——还要签两次。接下来，签一份类似出让权利给政府之类的东西——我也记不清了。很快，我签名的数量逐步攀升。

我必须签字证明我是名副其实的教授。当然，因为这是市政府参与的事情，所以要保证不能有人找自己的妻子或朋友来演讲，甚至根本不来演讲。各种各样的文件纷至沓来，签名数量继续增长。

事已至此，一开始还哈哈大笑的人，紧张了起来，但还好我们做到了，我签了整整十二次。还有一次，刚好签支票，于是我放心大胆地去做了演讲。

几天后，那个人来给我支票，满头大汗。因为我必须先签一张表，证明我确实做过演讲，他才能给我钱。

我说："如果我签了这张表，就不能签支票了。但是你当时也在，听到了演讲，为什么你不能签呢？"

"可是，"他说，"你觉得坚持这个有必要吗？"

"有必要。这是我们一开始就说好的。虽然当时没想到会签十三次这么多，但我们就是这样约定的，应该坚持到底。"

他说："我真的尽力了，到处打电话。什么办法都试了，都行不通。不签这张表，你就是拿不到钱。"

"没关系，"我说，"目前我只签了十二次，而且已经演讲完了。我可以不要钱。"

"你不拿钱的话，我很过意不去。"

"没事儿，我们说好的，别担心。"

第二天，他打电话过来："他们不能不给钱，已经指定了，也已经出账了，所以必须给你。"

"好吧，如果一定要给，那就给吧！"

"但你还是得签这个表。"

"签了这个表，我就兑现不了支票了！"

事情陷入僵局。这笔钱，因为该得它的人不愿签字而无法支付。

最终，事情好不容易解决了。整件事花了很长时间，过程很复杂，但总之，我用第十三次签名兑现了支票。

诺贝尔先生的其他错误

加拿大有个大型物理学生协会，经常组织会议，发表论文等。一次，温哥华分会想请我去演讲。负责此事的女孩和我秘书商量后，事先没跟我说，就从温哥华飞到了洛杉矶。她径直走进了我的办公室。她很可爱，是个漂亮的金发女郎。（这很有帮助，虽然并非必要，但确实有影响。）我很惊讶，温哥华的学生竟然赞助了整个活动。在温哥华，他们大方周到地款待了我，于是我知道了发表演讲的同时享受礼遇的秘诀：等学生来邀请你。

我获得诺贝尔奖的几年后，有一次，加州大学尔湾分校的学生物理社团来邀请我去做演讲。我说："我很想去，但听众只能是物理社团。我不想自命不凡，但从经验来看，不这样做的话，肯定会有麻烦。"

我告诉他们，我过去每年都会去当地的高中，给学生物理社团讲相对论，或者他们想听的其他话题。但是，得了诺贝尔奖之后，我像平时一样再去时，在毫无准备的情况下，我被推到300多个学生面前。场面极其混乱！

我受过三四次这样的惊吓，像个白痴，一时之间反应不过来。我应邀去伯克利做物理学演讲时，准备了比较学术的东西，因为我以为听众像往常一样是物理学专业群体。但是到了之后，我却发现巨大的演讲大厅里挤满了人。而我知道，伯克利并没有那么多能听懂我演讲内容的人。我的愿望是让我的听众们开心，但如果来的不只是物理专业的人，还有他们亲戚的话，我就做不到这一点了，因为我不了解他们。

因此我不能再随便去一个地方，给物理社团做演讲。尔湾的学生们了解到这一点后，我说："咱们编一个听起来很无聊的演讲主题和教授名字吧，那就只有对物理真正感兴趣的学生才会来听，这也正是我们想要的听众，对吧？你们不用做任何推广。"

于是，尔湾校园里就出现了这样的海报：华盛顿大学的亨利·沃伦教授将于5月17日3点在D102室，做关于质子结构的演讲。

然后我去到现场，说："沃伦教授因为一些私事耽搁了，今天不能来给大家演讲了，他打电话问我愿不愿意来帮忙，和大家聊聊这个话题。因为我曾在这个领域做过一些研究，所以今天我来给大家讲讲。"这个办法很管用。

但是后来，不确定什么原因，社团的指导教师发现了这个小把戏，大声斥责学生们："你们知道吗？如果大家知道是费曼教授来演讲，会有很多人愿意来听的。"

学生们解释："就是因为这样！"但老师仍然很生气，因为对这个玩笑，他竟然毫不知情。

听到学生们陷入麻烦，我决定写信给那位老师，向他解释，这一切都是我的错，如果学生们不同意这个安排，我就不去演讲。是我让学生们不要告诉任何人的，很抱歉，请原谅我，等等。都是因为那个破奖，我才要忍受这些麻烦。

就在去年，阿拉斯加大学的学生邀请我去演讲，过程很愉快，只是当地电视台的采访有点烦人。我不需要采访，那毫无意义。我来是为了和物理专业的学生交流，仅此而已。如果所有人都想知道，看学校报纸就可以了。都是因为诺贝尔奖，我才不得不接受采访——我可是个大人物，对吧？

我有个朋友非常有钱（他发明了一种简单的数字开关），他跟我讲了一些出钱设奖或设讲的人的心理："你要留心观察他们，看看他们做了什么亏心事，需要用这些来寻求宽慰。"

我的朋友马修·桑兹曾一度想写一本关于诺贝尔奖的书，叫《阿尔弗雷德·诺贝尔的其他错误》。

————————

多年来，每逢诺贝尔奖即将揭晓时，我都会关注一下，今年可能是谁得奖。但是一段时间之后，我甚至连"颁奖季"的具体时间都记不得了。所以，凌晨3点半或4点接到电话时，我非常诧异，当时是1965年10月初的一天。

"是费曼教授吗？"

"哎！为什么这么早给我打电话？"

"我想你可能很高兴知道，你得了诺贝尔奖。"

"是啊，但我正在睡觉！早上再打电话不行吗？"我挂断了电话。

我妻子说："是谁啊？"

"他们说我得了诺贝尔奖。"

"哦，理查德，到底谁得奖了？"我经常开玩笑，她却总能识破我的鬼主意，但是这次，她可猜错了。

电话又响了："费曼教授，你听说……"

（失望的语气）"是的。"

接下来，我开始思考："怎么才能把这些东西都拒绝掉？我一点也不想要！"所以我做的第一件事就是让听筒保持不挂，因为电话正一个接一个地打进来。我还尝试回去睡觉，但是已经睡不着了。

我下楼坐在书房里想，要怎么做才行？也许我不该接受这个奖。那会发生什么？可能根本做不到。我把听筒重新挂了回去，电话马上又响了起来，是《时代》周刊的人。我对他说："听着，我遇到了麻烦，所以这段请不要写到采访里去。我不知道怎么才能摆脱这种局面。有什么办法不接受诺贝尔奖吗？"

他说："先生，恐怕无论怎么做，都不如你乖乖领奖省事儿。"事实显而易见。我们聊了很多，大概15～20分钟，而且这个人确实没有发布与此相关的任何报道。

我谢了他，挂了电话。电话马上响了起来，这次是报纸打来的。

"好，你可以来我家。好，没问题。好好好……"

有个电话是瑞典领事馆打来的。说要在洛杉矶举办招待会。

我想既然已经决定接受这个奖，就不得不走到底。

领事说："把您想邀请的人列个名单，我们这边也会列一个预邀请名单。然后我去您办公室，核对名单、去重、制作邀请函……"

于是，我写好了我的名单。上面大概有8个人——我街对面的邻居、我的艺术家朋友佐西安，等等。

领事带着他的单子来到我的办公室：加州州长、这个长、那个长、石油大亨盖蒂、某位女演员——一共300人！当然不用说，两张名单子上一个重复的名字都没有。

然后我开始有点紧张。一想到要会见这些高官显贵，我就害怕。

领事看我面露难色。"哦，别担心，"他说，"他们大部分都不会来。"

好吧，我从来没有办过这样的聚会，邀请对方来，又明明知道对方不会来。我不必向任何人卑躬屈膝，发出那种可以拒绝的邀请，让他们有沾沾自喜的机会——这太蠢了！

到家后，我为整件事而沮丧。我给领事回电话说："我仔细想过了，我没法坚持做完这场招待会。"

他乐了，说："您说得很对。"我想他可能跟我一样——为这个家伙办聚会简直让人头大。最后，皆大欢喜。没人想来，包括特邀嘉宾！举办者也大松了一口气。

这段时间，我产生了某种心理障碍。你知道，我父亲从小就教育我不要看重权贵和排场。他从事的是制服生意，很了解同一个人穿上制服和脱下制服的区别。实际上，我一辈子都在揶揄这些事情，这种习惯已经深深烙在我身上，因此，不带点儿勉强，我是无法走到国王面前的。我知道这很幼稚，但我就是这样长大的，所以这是个问题。

听说瑞典有个规矩，领完奖之后，要面对国王倒退着走，不能转身。你走

1965年获得诺贝尔奖的那天，费曼和儿子卡尔

下台阶，受奖，再上回台阶。于是，我对自己说："好吧，我要改改他们的毛病。"我练习了跳着上台阶，再倒退着跳回去，为的是证明他们的规矩有多可笑。我这情绪太糟糕了！行为也傻里傻气的。

让我释然的是，现在已经没有这个规矩了。从国王那领完奖后，可以转过身像正常人一样走路，鼻子朝前，走回自己的位置。

我还高兴地发现，瑞典并非所有人都把皇家仪式看得那么重。到了之后，就会发现其实他们和我一样。

例如，学生们会为每个诺贝尔奖得主颁发一枚特殊的"青蛙勋章"。获得这枚小青蛙勋章时，必须学一声蛙叫。

我年轻的时候，是个反文化分子，但我父亲有很多好书。其中一本书里有古希腊剧本《蛙》。有一次，我看到了里面描写的青蛙叫声，是这样写的："brek, kek, kek."我想："没有青蛙会这么叫的，写得太不真实了。"但是亲自试过之后，又练了几次，我发现这种描写是相当准确的。

虽然只是不小心瞥见阿里斯托芬的剧本《蛙》里的内容，但后来证明这很有用：在学生们的诺奖典礼上，我可以发出非常逼真的蛙叫声。而且之前练习过的倒退跳，也派上了用场。这个部分我很喜欢，典礼也进行得很顺利。

虽然也有好玩的时候，但我的心理障碍始终挥之不去。最大的问题是，我要在国王晚宴上做致谢演讲。他们颁奖的时候，同时会送几本装帧精美的书，上面有诺奖的历史，还有历届获奖者的致谢演讲，好像多么了不起似的。让人觉得致谢演讲词应该很重要，毕竟会装订出版。我当时没有意识到的是，几乎没有人会仔细听演讲内容，更没有人会读！我有些不知所措了，我不能只是说非常感谢之类之类的，这样虽然容易，但是我不想，我想遵从内心。而内心的想法是，我并不真的想要这个奖，可既然不想要，我又怎么能说出感谢的话呢？

我妻子说我紧张得一塌糊涂，一直为演讲词发愁。好在我最终找到一个方法，既可以听起来令人满意，又可以做到完全诚实。我敢肯定，听到这场演讲的人，绝对不知道台上这个人为了准备这场演讲费了多大的力气。

我一开始就说，我已经从科学研究的过程中获得了奖励，取得发现时我感到兴奋，他人参考我的研究成果时我感到满足，等等。我尽力解释，我早已得到了想要的一切，而剩下的与之相比什么都不是。我已经获得了我的奖励。

但接下来我说，一时间，我收到了一大堆信（演讲中我表达得更好），让我想起了曾经认识的人们。比如，儿时的玩伴读早报时忽然跳起来，喊道："我认识他！我们小时候经常一起玩！"凡此种种。我把这些表达支持的信，看作爱的体现。我感谢他们。

———————

演讲很顺利，但是我在面对皇室成员时，总有点障碍。晚宴上，我旁边坐着一位在美国上过学的公主。我误以为她和我想法相同，在我看来，她和其他人一样，是个孩子。我提到，晚宴开始前，国王和其他皇室成员总要站很长时间，和所有宾客握手。"在美国，"我说，"我们更有效率。我们会设计一台握手机器。"

"没错，但不会有很大的市场，"她不自在地说，"皇室成员没那么多。"

"恰恰相反，市场很大。首先，只有国王有这台机器，我们可以免费送给他。接下来，其他人肯定也想要。问题就变成，谁有资格拥有这样一台机器？首相可以买一台，参议长可以买一台，然后轮到重要的资深议员。所以，市场很大且不断扩张，很快，你就不用在招待会上排队和机器握手了，可以让机器去！"

我旁边还坐着一位女士，是晚宴的负责人。女服务员走过来，要给我倒酒，我说："不，谢谢。我不喝酒。"

那位女士说："不，不。让她给你倒点儿。"

"但我不喝酒。"

她说："没关系。你看，看到有两个瓶子了吗？我们知道第88号客人不喝酒。"（我椅子后面写着88号。）"两个瓶子看起来完全一样，但是有一瓶没有酒精。"

"但你怎么知道的呢？"我惊呼。

她笑了。"你看国王，"她说，"他也不喝酒。"

随后，她给我讲了这特殊一年里遇到的麻烦事。

其中一个就是，苏联大使该坐哪儿？像这样的晚宴，绕不开的问题是，谁应该坐得离国王更近。获奖者们的座位通常比外交人员更靠近国王。而外交官座位顺序的先后取决于在瑞典待的时间的长短。那时，美国大使在瑞典的时间比苏联大使长。但是，那年的诺贝尔文学奖得主肖洛霍夫是苏联作家，苏联大使想为肖洛霍夫先生做翻译，所以要坐到他身边。那么问题在于，如何让苏联大使坐得离国王更近，同时避免冒犯美国大使以及其他外交使团。

她说："你真该看看，他们为了这事儿有多么大费周章，来来回回地写信、打电话，等等，才让我获得许可，安排大使坐在肖洛霍夫先生身边。最终，大家达成共识，苏联大使当天将不会正式代表苏联大使馆，他只是肖洛霍夫先生的翻译。

晚宴结束后，我们去了另一个房间，大家自由交谈。有位丹麦公主坐在桌旁，一群人围着她，我看到桌旁有张空椅，就坐了上去。

她转过来对我说："哦！你是获奖者吧，什么领域的？"

"物理。"我说。

"哦，没人了解这个领域，我想可能没法聊了。"

"恰恰相反，"我回说，"有人了解物理，我们才不能谈物理。能谈的是所有人都不了解的事情。我们可以谈天气，谈社会问题，谈心理学，谈国际金融——黄金买卖不能谈，因为有人懂——所以能谈的是大家都一无所知的话题！"

我不知道这是怎么做到的：让脸上的表情冷得像结了一层霜。而她就做到了。她转头去和别人说话了。

过了一会儿，能看出来我已经完全隔绝在谈话之外了，于是我起身离开。刚才也坐在桌旁的日本大使，跳起来跟上我。"费曼教授，"他说，"关于外交，我想告诉你一些事情。"

我以为他要用圆滑的方式责备我，但他给我讲了一个很长的故事。一个日本年轻人，考上大学，学习国际关系，想着为自己的国家做贡献。大二时，他开始对所学的东西产生怀疑。毕业后，第一份工作是在大使馆，同时开始对外交产生更多怀疑，最终他明白了，没有人真正懂国际关系。想通这一点，他才能做外交大使。"所以，费曼教授，"他说，"下次举例说明任何人都一无所知的事情时，请把国际关系加上！"

他是个很有趣的人，我们聊了起来。我一直都对各个国家和民族的不同发展方式感兴趣。我告诉他，有件事，在我看来一直是很了不起的：日本如此迅速地实现现代化，并成为世界上举足轻重的国家。"日本人能做到这一点，要归功于哪些品格和特质呢？"我问道。

大使的回答我很喜欢。"我不知道，"他说，"我可以猜想，但不保证正确。日本人民相信只有一种向上的方式：让孩子接受比自己更多的教育。不再做农夫，而是成为有文化的人，这十分重要。所以家庭内部都积极督促孩子在学校好好学习，力争上游。持续学习是大势所趋，外来新思想也很容易在教育体系中迅速传播。可能这是日本发展迅速的原因之一。"

————————

总的来说，我对瑞典之行很满意。离开之后，我没有马上回家，而是去了瑞士的欧洲粒子物理研究中心（CERN）做演讲。出现在同事面前时，我还穿着晚宴上穿过的西服，而我从来没穿着西服做过演讲。我开头便说："你们知道吗？很有趣，在瑞典，我们坐在一起讨论，得了诺贝尔奖之后，会不会有什么变化。事实上，我已经看到了一个变化：我还挺喜欢这身西服的。"

台下嘘声一片。魏斯科普夫跳起来，脱下外套说："演讲就别穿西服了！"

于是我脱下外套，松松领带，说："我在瑞典待了一段时间，也开始喜欢这些东西，但现在我回来了，一切又恢复了正常。谢谢大家的指正！"他们不希望我改变。所以很快，在CERN，他们把瑞典带给我的改变全都改了回去。

通过获奖而得到一笔钱是很不错，可以买一套海滨别墅。但是总的来说，我认为不得奖才更好。因为之后在公共场合，再也没有人率直待我了。

从某种意义上说，获得诺贝尔奖是件麻烦事，但至少有一次，我从中获得了乐趣。得奖后不久，巴西政府邀请我和格温妮丝去里约，做狂欢节的特邀嘉宾。我们欣然接受，并且玩得很开心。我们一场接一场地跳舞，还欣赏了街道上的狂欢游行，其中都是知名的桑巴乐团，演奏了绝妙的节奏和音乐。报纸杂志的摄影师们不停拍照——"看，美国教授在和巴西小姐跳舞。"

成为"名人"很好玩，但显然，我们不是大家期待中的名人。没有人为那年的特邀嘉宾激动不已。之后我才发现我们收到邀请的真正原因。特邀嘉宾本来是吉娜·劳洛勃丽吉达，但是在狂欢节前夕，她拒绝前来。负责组织狂欢节的旅游部长在物理研究中心有些朋友，他们知道我曾经在桑巴乐队里敲过鼓，又因为我最近刚得了诺贝尔奖，也在新闻里短暂出现过。手足无措间，部长和朋友们才想出这个馊主意：用物理学教授代替吉娜·劳洛勃丽吉达！

不用说，这位部长把狂欢节办得这么糟糕，最终失去了部长职位。

为物理学家提高文化素质

妮娜·拜尔斯是加州大学洛杉矶分校的教授，20世纪70年代早期负责管理物理研讨会。其他大学的物理学家经常在这里讨论专业技术问题。但受当时特殊氛围的影响，她觉得物理学家需要提高自身文化修养，所以想安排一些相关内容。因为洛杉矶靠近墨西哥，所以她要以玛雅文明（墨西哥古老文明）的数学和天文学为主题举办研讨会。

（我对文化的态度是，如果这类东西出现在我上大学的时候，我会被逼疯的！）

她开始寻找可以讲这个话题的教授，但是在洛杉矶分校找不到相关专家。她给很多人打过电话，但仍然找不到合适的人。

然后她想起了布朗大学的奥托·诺伊格鲍尔教授，巴比伦数学方面的专家*。于是给正在罗德岛的他打了个电话，问他认不认识在西海岸的人，能讲玛雅数学和天文学。

"哦，"他说，"我认识。他不是专业的人类学家或历史学家，是个外行。但是他对这个主题很了解。他叫理查德·费曼。"

她差点昏过去：她想提高物理学家们的文化修养，千辛万苦找来的讲师却还是物理学家！

我对玛雅数学为数不多的了解完全得益于我的蜜月旅行。当时我和第二任

---

* 我在康奈尔大学，还是年轻教授时，诺伊格鲍尔教授曾在这里做了一年的"梅辛杰讲座"（Messenger Lectures），内容是巴比伦数学。他讲得棒极了。第二年的讲师是奥本海默。我记得我当时就在想："如果有一天，我也能像这样做讲座该有多好！"很多年过去了，我拒绝过不少讲座邀请，而收到康奈尔大学的梅辛杰讲座邀请时，我完全无法拒绝，因为这是我一直以来的愿望，于是我受邀去鲍勃·威尔森家过了一个周末，我们讨论了各种想法。结果就是一系列名为"物理定律的特性"的讲座。——费曼原注

妻子玛丽·露在墨西哥和危地马拉度蜜月，我精疲力竭。她对艺术史非常感兴趣，特别是墨西哥艺术史，于是蜜月就选在了墨西哥。我们在金字塔上爬上爬下，我跟着她四处逛。她给我看了很多有趣的东西，比如不同人物和设计之间的关系，但是在湿热异常的丛林中爬上爬下了几天（和几夜）之后，我疲惫不堪。

在危地马拉一个偏僻的小镇上，我们走进了一家博物馆，里面有一个展柜，陈列着一份手稿，上面满是奇怪符号、图画、线和点。这是德累斯顿手抄本的复制品，是一个叫维拉科塔的人制作的。而玛雅人的原版则存放在德累斯顿的博物馆里。我知道那些线和点代表着数字，父亲在我小时候曾带我去过纽约世界博览会，那里有一座仿建的玛雅庙宇。我记得他告诉我，玛雅人如何发明数字"零"，还有其他很多有趣的事。

博物馆也卖手抄本的复制品，我也买了一份。每一页的左侧都是手抄本的内容，右侧则是相关描述以及部分西班牙语翻译。

我喜欢谜题和密码，所以看到那些线和点后，我想："这次可有的玩了！"我用一张黄纸盖住了西班牙语，开始玩解密玛雅符号的游戏。我留在宾馆房间里解码，而我的妻子整天在金字塔上爬上爬下。

我很快弄明白一条线等于五个点、零的写法之类。用了稍长一点时间才搞清楚线和条的进位方式：第一次是逢20进一位，但第二次却是逢18进一位——形成360的周期。我还研究了各种脸谱符号：它们肯定代表了特定的日和周。

回家后，我继续着相关研究。总之，破译这样的东西非常有意思，因为刚开始的时候，你什么都不知道，没有任何线索。但接下来，你会注意到一些经常出现的数字，把它们加起来可以得到其他数字，类似这样的规律。

在手抄本的某个部分，584这个数字非常显眼。584这个数字可以分成236、90、250、8这几个区段。另一个引人注意的数字是2920，也就是584乘5（或365乘8）。还有一个2920倍数表，一直到13乘2920，接下来是一段13乘2920

的倍数，然后是——怪异的数字！当时我认为，它们都是错误数字。直到多年后，我才弄清楚它们代表了什么。

因为代表一天的图形和584这个数字有关，而584的分割方式又是如此奇特，所以我猜它可能是某种神秘周期，大概和天文有关。最后，我去天文图书馆查资料，发现583.92天正是金星在地球上可观测的周期。那么236、90、250、8的意义就很清晰了：代表着金星的不同盈亏期。它先是一颗晨星，晚上就看不见（在太阳背面）；然后变成了晚星，最后再次消失（位于地球和太阳之间）。之所以会有90和8的差别，是因为金星在太阳另一边时，移动速度比它在地球和太阳之间时更慢。而236和250之间的差别，可能代表了玛雅东地平线和西地平线的差别。

我还发现了一张表，周期是11959天，原来是预测月食用的。另外一个表是91倍数的降序排列。我现在也没弄明白是怎么回事（其他人也没有）。

研究得差不多之后，我最终决定看看西班牙语解释，看看我解出了多少。却发现这些解释完全是无稽之谈。这个符号代表土星，那个符号代表神——真是一点道理都没有。所以当时用纸盖上根本是多余的，就算看了也不会获得任何收获。

在那儿之后，我读了很多关于玛雅的内容，发现这个领域最有权威的人是埃里克·汤普森，现在我还有几本他的书。

妮娜·拜尔斯给我打电话时，我才发现我把德累斯顿手抄本的复制品弄丢了。（我把它借给了罗伯森夫人。她曾在巴黎一个古董商的旧行李箱里找到一本玛雅手抄本。她买了下来，带回帕萨迪纳给我看。我还记得我在开车回家的路上，把它放在汽车前座上，心想："我要小心驾驶，这可是新的手抄本。"但仔细看了之后，我马上就发现它是彻头彻尾的假货。稍作研究后，我便找到了新手抄本的每张图在德累斯顿手抄本中的出处。所以我把我的书借给她看，但最后忘了找她还。）于是洛杉矶分校的图书管理员费了很大劲，才找到了另一个维拉科塔翻版的德累斯顿手抄本复制品，借给了我。

我又重新算了一遍，发现也更进了一步，我明白了那些曾认为的"怪异数字"其实并不是错误，而是更接近正确周期（583.923）数字的整数倍——玛雅人早已意识到584并不完全准确！ *

洛杉矶分校的研讨会结束后，拜尔斯教授送给我一些德累斯顿手抄本的彩色复制品，很漂亮。几个月后，加州理工学院想让我在帕萨迪纳做一场相同的讲座。房地产商罗伯特·罗恩，为了这场讲座，还借给我一些宝贵的玛雅石刻神像和陶制人像。把这样的东西带出墨西哥，很有可能是不合法的。这些东西过于宝贵，我们还特地雇了安保人员。

就在加州理工讲座的前几天，《纽约时报》大肆炒作，说发现了新的手抄本。当时，世界上已知现存的手抄本只有三本（其中两本几乎无法理解），而成百上千的手抄本，被西班牙教士看作"魔鬼的作品"，遭到焚毁。我表妹在美联社工作，她弄到一张《纽约时报》登载了的新手抄本照片，于是我把它放进了演讲幻灯片中。

这个新手抄本也是假的。演讲中，我指出上面的数字有马德里手抄本的风格，但数字刚好是236、90、250、8——太巧合了。从成百上千本原版书中，我们发现了其中一小片，但上面的内容却和其他片段完全相同！显然，这又是个拼凑起来的赝品，千篇一律。

（造假的人，从来不敢创造真正不同的东西。如果你发现了全新的东西，那么它肯定有与众不同之处。要想真正唬住人，不如参考火星周期，编一套与之相配的神话，画上神话相关的图，再加上适用火星的数字——不要直截了当地

---

* 研究金星周期校正表时，我发现汤普森先生有一处罕见的夸大。他写道，只要看看这张表，就可以推断出玛雅人计算金星正确周期的方法——用四次这个数字，用一次差值，就能得到4000年才出现一天误差的周期。真是很了不起的成就，尤其是玛雅人只观测了几百年而已。

而事实上，汤普森以为金星的正确周期是583.92，所以他挑选了一个恰巧符合条件的数字组合。但是如果改用更精确的数字，比如583.923，就能发现误差变大了。当然，你可以通过选择不同的数字组合，让表里的数字得出583.923，而且精确度一样高。——费曼原注

用，而是用周期倍数表的方式，然后放进一些神秘的"错误"，等等。数字要经过计算才能读懂。之后，人们就会说："天哪！这一定和火星有关！"此外，还要有一些内容是不可理解的，而且不能和以前的东西一样。这才是件"好赝品"。）

我的讲题为"解密玛雅象形文字"，我从中获得了很多乐趣。我又一次"不务正业"了。人们涌入演讲厅之前，要先经过玻璃展柜，可以欣赏里面的彩色德累斯顿手抄本复制品，以及武装警卫看守的真玛雅手工艺品。随后，再听一场两个小时的关于玛雅数学和天文学的讲座，而主讲人是个业余专家（甚至还告诉听众们如何辨别假手抄本），最后他们心满意足地离开，再看一遍玻璃展柜里的展品。

接下来的几周，默里·盖尔曼也不甘示弱，做了六场精彩讲座，关于世界上所有语言间的语言学关系。

变形博士

我以前每周三都要去休斯飞机公司做一堂讲座。有一次，我到得早了一点，正像平时一样和前台接待员闲聊，这时来了五六个人——一男一女，还有其他几个人。这些人我从来没见过。那位男士说："这里是费曼教授做讲座的地方吗？"

"就是这里。"前台回答道。

男人接着问，他们这群人是否可以进来听。

"我觉得你们可能不会太喜欢。"我说，"是一些专业技术的内容。"那位女士很聪明，很快就明白过来："我猜你就是费曼教授！"

原来那位男士就是约翰·礼来*。他以前做过一些关于海豚的研究。他和他的夫人当时正在研究感官剥夺的现象，还建造了一些漂浮舱。

"在那种情境下应该会产生幻觉，不是吗？"我问。

"确实是。"

我一直以来都对梦境中的画面以及那些没有直接感知来源的画面着迷，我想知道它们在大脑中是如何运作的，我想要看到幻象。我曾经一度想要尝试一些致幻药，但我对此有所忌惮：我喜欢思考，我可不想搞坏思考的机器。但是在我看来，只是躺在一个感官剥夺舱里并不会造成什么生理上的危险，所以我急不可待地想要尝试一下。

于是在礼来向我发出体验漂浮舱的友善邀请时，我毫不犹豫地答应了，而

---

* 约翰·礼来（John Lilly，1915—2001），美国医师、神经学家、心理分析学家、哲学家、作家和发明家。在开发隔离（漂浮）舱后，他在 20 世纪 50 年代声名远扬。后来他将这项工作与海豚的研究结合在一起。他的研究启发了多部好莱坞电影，包括《变形博士》（1980）。

他们那群人也来听了我的讲座。

第二周我去体验了漂浮舱。礼来先生向我介绍了漂浮舱，可以看出他肯定也给其他人做过类似的介绍。那里有很多像霓虹灯一样的灯泡，里面充有不同气体。他给我看了一张周期表，还玩了一些神秘的小把戏，演示不同种类的光会产生不同的影响。他告诉我在进入漂浮舱前要做的准备就是把鼻子顶在镜子上，看向镜中的自己——类似这样奇奇怪怪的傻事。我对这些傻事一点也不关心，但还是**照做**了，因为我想进入漂浮舱，而且也认为这样做**也许**会让幻觉来得更容易些。所以照他说的完成了所有流程。对我来说唯一的困难在于挑选灯光的颜色，因为漂浮舱内部其实是全黑的。

感官剥夺舱就像一个大浴缸，但上面多了一个盖子。里面是全黑的，因为盖子很厚，所以里面也没声音。还有一个小型空气泵，可以抽空气进来，但实际上不用担心空气不够，因为里面的空气总量很大，而人只需要在里面待两三个小时，在正常呼吸的情况下，并不会消耗很多空气。礼来先生说之所以要安装空气泵，是为了让人们放心，所以我认为空气泵主要是心理安慰，我让他把空气泵关掉，因为它有一点吵。

舱中的水含有泻盐，为的是使其密度大于普通的水，这样人就可以轻松地漂浮起来。水温保持在体温水平，或34.4摄氏度，或者他已经设计好的温度。里面不能有光、声音、温度感知，什么都不能有！有时候你可能会漂到边上，和舱沿有轻微的碰撞，或者因为舱顶的冷凝作用会有水滴掉下来，但是这些轻微的干扰并不常见。

我去了有十几次，每次都会在舱里待两个半小时左右。第一次我没有产生任何幻觉，但体验过漂浮舱之后，礼来一家介绍给我一位医师，他告诉我有一种叫作氯胺酮的药，是一种麻醉剂。我一直都对人睡着后或昏迷后的相关问题感兴趣，于是他们给我看了这种药附带的文件，并给了我正常剂量的十分之一。

我产生了一种奇怪的感觉，我每次试图描述这种药效的时候总有点力不从心。比如，这种药会对我的视力产生很大的影响，我感觉我看不清东西。但是当我**用力**看某样东西的时候，就又能看清楚了。情况有点类似于，你其实并**不属于**看清，你做什么事情都漫不经心，有一种喝醉了的感觉，但是只要你集中精力仔细看，至少有一瞬间，所有东西都变得清晰。我拿起一本有机化学的书，看着满是复杂化学物质的表格，让我吃惊的是，我竟然全都能看懂。

我还做了各种各样的尝试，比如双手拉开一定距离再并拢，看手指是否会碰到一起，虽然我有一种彻底的失衡感，一种什么都做不了的无力感，但我并没有发现一件具体的我做不到的事情。

就像我之前说的，第一次进漂浮舱的时候我没有产生任何幻觉，第二次也没有。但是礼来一家都是很有趣的人，我非常喜欢他们。他们经常请我吃午餐，一段时间后，我们不再像开始那样只谈些关于灯的事情，我们的讨论到了一个新层次。我知道有些人莫名地对感官剥夺舱心存恐惧，但是对我来说，这是一项挺有趣的发明。我并不害怕，因为我知道它是什么：一缸泻盐而已。

———————————

第三次去时，遇到了另一位访客（我在那里遇到了很多有意思的人），人称巴巴·拉姆·达斯。

他来自哈佛大学，曾经去过印度，写了一本叫作《活在当下》的畅销书。他聊到他在印度的导师告诉他如何才能拥有"离体体验"（这是我经常在布告栏看到的一个词）：把注意力放在呼吸上，注意呼吸时气体是如何进出鼻子的。

为了产生幻觉，我什么都愿意尝试，于是我进入了漂浮舱。到了某个阶段，我忽然意识到，我偏了一英寸，这很难解释。换句话说，我呼吸的吸进与呼出不在身体的正中间：我的自我略微偏向一边，大概一英寸。

我想："现在我的自我**到底**在哪里呢？我知道所有人都认同发生思考的器官是大脑，但他们又是如何**知道**的呢？"我通过阅读很多资料知道，在大量心理学研究问世之前，这件事对人们来说并不是显而易见的。举例来说，古希腊人认为思考发生在肝脏。让我好奇的是，"自我的形成是否可能是孩童时期通过观察别人而习得的呢？比如大人们会在说'让我想想'的时候把手放在头上。所以，自我位于上方，眼后的观点可能只是一种约定俗成！"我想如果我可以让我的自我偏移一英寸，我就可以让它移得更远。这就是我产生幻觉的开始。

我试了试，又过了一会儿，我成功地把自我意识沿着脖子向下移动到了胸膛的中间。这时一滴水从上面落了下来，砸中了我的肩膀，我感觉水滴"在上面"，在"我"所在的位置之上。每次有水滴下来，我都会受到几分惊吓，我的自我也会顺着脖子跳回原来的位置。然后，我就要再次努力把自我意识移下去。一开始，每次下移都要费很大的力气，但是逐渐地，这个过程慢慢变得容易了。我可以一直把自我推到腰部的位置，但在一段时间内，这就是我能移动的最远距离。

另一次在漂浮舱里时，我想如果我可以把自我挪到腰部，我应该也可以把自我完全移出身体。于是我做到了"坐在一边"。这种体验很难解释——我可以移动双手，晃动水面，虽然我看不见自己的手，但我知道它们的位置。但和真实生活不同的是，我的手并不位于身体的两侧，一部分向下，而是全都长在一侧！我手指的感觉以及其他所有地方都和平时一模一样，只是我的自我坐在外面，"观察"着这一切。

从那以后，我几乎每次进入漂浮舱都会产生幻觉，并且可以将自我移得离身体越来越远。后来，当我移动双手时，我会把它们看作某种会上下移动的机械装置——他们不再是血肉，而是机械的物件。但我仍然能感知万事万物。我的思想和行为是完全一致的，但同时也会有一种"他不是我"的感觉。最终，"我"甚至离开了房间，四处走动，走了一段路，去到我之前目睹事情发生的地方。

我有过很多种离体体验。比如有一次，我"看"到了自己的后脑勺，而我的两只手垫在脑后。当我动手指的时候，我可以看到它们在动，但在四指和拇指之间，我看见了蓝天。当然，事实并非如此，这只是幻觉。但重点在于，在我动手指的时候，我的动作和我想象自己看到的动作是完全一致的。整个形象会出现，而且和你所感所做是一致的，很像你早上慢慢醒来并触摸某个东西（但你不知道是什么），突然之间这个东西就变得清晰起来。所以说整个形象会突然出现，只是画面**很特殊**，从某种意义上说，人们通常都会认为自我存在于后脑的**前面**，但这时自我却出现在后脑的**后面**。

有一件事一直在心理上给我造成困扰，就是在我以为我产生幻觉的时候，我可能睡着了，所以我看到的一切都只是梦。我在做梦方面还是有一些经历的，而这次我想要的是一种新体验。这时我的感觉很迟钝，因为当我产生幻觉时，我并不敏锐，所以我下定决心去做一些很蠢的事情，比如确认我是不是在做梦。所以我会持续地检验自己不是在做梦，方法是让我的两个拇指在一起摩擦（因为我的双手经常放在脑后），来来回回地感受手指的触感。当然我也有可能梦到这一切，但并不是：我知道这是真实的。

在过了最初的阶段后，当产生幻觉的兴奋感不会再"驱散"或阻碍幻觉时，我终于可以放松下来，并长时间地产生幻觉。

————————

一两周后，我开始用大量时间比较大脑和计算机的工作方式——特别是信息的存储方式。这个领域的一个有趣的问题就是记忆在大脑中是如何存储的：跟机器相比，人可以多方向地提取记忆——人不用具体输入记忆的正确地址。举个例子，如果我想获取"rent"这个词，我可能是在做填字游戏，寻找一个以 r 开头，以 t 结尾的词；我可能是在想收入或活动（比如借出或借入）的类型；反过来说，这些可能还会引出各种各样其他相关的记忆或信息。我当时考虑的是如何制作一台"模仿机器"，一台会像小孩一样学习语言的机器——一台可以与之对话的机器。但是我想不清楚要怎样有序地存储内容才能使机器可以根据自己的目的提取信息。

那周，我进入漂浮舱并产生了幻觉后，我尝试回想特别久远的记忆。我不停对自己说，"要更早，要更早"——但我依旧觉得记忆不够久远。当我想起了一段非常早的记忆后——比如我在家乡法洛克威时的事——我马上就能想起一连串记忆，全部都和法洛克威这座小镇有关。如果接下来我又想到了关于另一座城市——比如西达赫斯特或其他地方——的某件事，我就会想起很多和西达赫斯特有关的东西。于是我意识到信息是根据你经历的**所在地**来存储的。

我对这项发现很满意，我从漂浮舱里出来，冲了澡，穿好衣服，像平时一样开车去休斯公司做我的每周讲座。于是，大概在我从漂浮舱里出来45分钟之后，我第一次意识到，我对于记忆在大脑中的存储方式一无所知。我有的只是记忆如何在大脑中存储的**幻觉**！我所"发现"的东西和记忆在大脑中的存储毫无关系，这只是我和自己玩的游戏。

在一开始去礼来家时，关于幻觉我们有过无数次的讨论，我曾努力向礼来和其他人解释，感觉真实并不代表绝对真实。比如，如果你多次看到一些金球，在你产生幻觉时与你交谈并告诉你，它们是另一种智能生物，这并不说明金球真的是另一种智能生物，这只说明你有这样一种特定的幻觉。而现在我也有了一种极好的感觉，以为自己发现了记忆是如何存储的，我很惊讶自己竟然花了45分钟才意识到这个我曾经向所有人解释过的错误。

我考虑的另一个问题是，幻觉是否像梦一样，会受到你头脑中已有想法的影响，比如你在白天或更早时候的经历，或者你期待看到的东西。我认为，我之所以有了离体验，是因为在我进入漂浮舱之前，我们讨论的正是离体体验。而我之所以产生了有关记忆在大脑中存储方式的幻觉，我认为是因为我在之前的一周里一直在考虑这个问题。

关于体验的真实性，我和那里各种各样的人有过大量的讨论。他们认为，在实验科学中，如果体验可以被重现，就会被认定是真实的。所以如果很多人一次又一次看到了会说话的金球，那么这些球就是真的。我的观点是，这样的情况下，人们进入漂浮舱之前已经有了一些**关于**金球的讨论，所以当这个人产生幻觉时，由于他在进入漂浮舱时已经在思考关于金球的事情，而他再看到类似于球的东西——也可能是蓝色的——会以为自己在重现这种体验。我感觉自己可以理解两种"一致"之间的差别，一种是人们本就想要达成共识时的一致，另一种是实验研究中得出的一致。有趣的是，虽然很容易就能分辨出两者，但是要想明确两者的定义却很难。

我相信幻觉只跟产生幻觉的人的内在心理状态有关，与此外的任何东西都没有任何关系。但是却有很多人相信幻觉有其真实性，这些人也有很多可以支持这种想法的体验。这也是解梦者之所以能成功解析很多东西的原因。例如，一些精神分析学家通过谈论各种符号的意义来解析梦境。然后，这些符号出现在随后的梦中并非全无可能。所以我想，有没有可能，对于幻觉和梦境的解读都是一种自蔓延式的过程：你会多少取得一点成功，尤其在你提前仔细研究过的情况下。

通常来说，我需要15分钟左右才能产生幻觉，但是有几次，我事先采取了一些药物手段，幻觉就来得非常快。但是15分钟对我来说已经够快了。

在幻觉袭来的时候，经常会发生一件事，可以称之为"记忆废片"来袭：只有混乱的图像——完全随机的碎片。为了事后复现这些场景，我曾试着去记住这些碎片中的一些东西，但这些碎片尤其难以记忆。我觉得这种感觉和快睡着时发生的情况非常类似：你感觉到的东西虽然有明显的逻辑关联，但是当你试图记住脑中所想事物的源头时，却记不起来了。事实上，你很快就会忘记你试图记住的是什么。我只能想起零星的画面，比如一个白色标记，上面有凸起，地点在芝加哥，然后消失了——总是类似这样的东西。

礼来先生有很多不同的漂浮舱，我们也尝试了很多不同的体验。从产生幻觉角度上说，这些漂浮舱并没有带来多大的影响，于是我开始认为漂浮舱并不是必需的。既然我知道需要做的就只是安静地坐着，那么，把一切都弄得那么煞有介事真的有必要吗？

　　所以当我回家后，把灯关掉，坐在起居室里一张舒服的椅子上，我试了又试——但都不奏效。我在漂浮舱外从未产生过幻觉。当然我也**想**在家里做到，我也相信你可以通过冥想或练习来达到目的，但我确实从来没练过。

在巴黎的发现

Addison-Wesley出版公司把我做的一系列物理学讲座做成了一套三卷的书（《费曼物理学讲义》），一次午餐时我们讨论了这套书的封面应该是什么样的。我想，既然这些讲座是真实世界和数学的结合，那在封面上放一只鼓是个不错的选择，再在鼓上画一些数学图形——圆圈和线代表振荡鼓面的节点，这也是书中讨论的内容。

书出版后，封面是纯红色的，但出于某些原因，序言部分有我敲鼓的一张照片。我想，他们之所以放这张照片，是因为他们知道"作者想在什么地方放一只鼓"。反正，所有人都很纳闷儿为什么会有一张我敲鼓的照片出现在《费曼物理学讲义》的序言里，因为上面没有任何数学图形，也没有任何东西解释鼓出现的原因。（我确实爱敲鼓，但这和这本书没关系。）

在洛斯阿拉莫斯时，所有工作都很紧张地进行，而且那里没有什么可供娱乐的东西——没有电影，或者其他类似的娱乐。但我在一所之前的男子学校里找到了一些鼓，应该是之前的设备：洛斯阿拉莫斯位于新墨西哥中部，附近有很多印第安村落。我为了消遣，就开始敲鼓来弄出些声响，有时独自一人，有时和另一个人一起。我没有专门学过节奏韵律，但是印第安人的韵律很简单，鼓也很好，我玩得很开心。

有时候我会带上一只鼓，走进远处的树林，这样就不会打扰到其他人，我会一边用木棍敲鼓，一边唱歌。记得有一天晚上，我绕着一棵树转圈，一边看月亮一边敲鼓，假装自己是印第安人。

一天，一个人问我："感恩节那几天你没来树林中敲鼓吧？"

"我来了。"我说。

"哦！那我老婆说得对！"然后他给我讲了这么一件事。

一天夜里他听到远处依稀传来鼓声，于是就去找住在他那栋复式住宅楼楼上的人，那个人也听到了。要知道，他们都是从美国东部来的，对于印第安人一无所知，但却对此兴趣盎然：印第安人肯定在进行某种仪式，或者在做什么有趣的事，于是两人决定出去看看到底是怎么回事。

随着他们越走越近，鼓点声也越来越响，于是他们有些紧张。他们想到印第安人很有可能安排了侦察员在附近看守，保证没人打扰他们的仪式。所以他们就趴在地上，匍匐前行，沿着小路爬到离声源只隔一个小山坡的距离。他们爬上山顶，惊奇地发现只有一个印第安人，自己进行着仪式——围着树跳舞，用一根木棍敲鼓，口中念念有词。两人慢慢地退了回去，因为他们不想打扰这个人：他很有可能正在施咒什么的。

他们告诉各自的妻子他们看到的情景，妻子们说："哦，那肯定是迪克·费曼——他喜欢敲鼓。"

"别闹了！"男人们说，"就算**费曼**也不会**这么**疯的！"

所以接下来的一周他们就去打听这个印第安人到底是谁。有一些来自附近居留地的印第安人在洛斯阿拉莫斯工作，所以他们找到一个在技术区做技术员的印第安人，问敲鼓的人可能是谁。虽然这个印第安人四处打听了一下，但是没有人知道敲鼓的人是谁，但有一个印第安人，没人能和他说上话。**他**是一个坚守自己传统的印第安人：他身后垂着两条大辫子，头抬得高高的，无论何时何地，他总是孤身一人，高傲地走路。没人能和他说上话：人们不敢走上前去问他任何事——他太有威严了。他是一个炉前工。没人敢去问**这个**印第安人，于是他们断定敲鼓的人就是他。（我很高兴他们找到了这样一个典型、出色的印第安人，认为他可能是我。被错认成这个人是我的荣幸。）

所以和我说话的小伙子只是在做最后确认——丈夫们总喜欢证明自己妻子

是错的——但像许多丈夫一样，他发现他的妻子是对的。

我敲鼓敲得很好，在举行派对的时候我也会敲鼓。我也不知道自己在干什么——只是敲出一些节奏——但是我已名声在外：洛斯阿拉莫斯的所有人都知道我喜欢敲鼓。

战争结束后，准备重返"文明世界"时，洛斯阿拉莫斯的人们打趣说我以后不能再敲鼓了，因为这些鼓太吵了。而且因为有一段时间我在努力成为伊萨卡岛上受人尊敬的教授，所以我卖掉了鼓，这只鼓是我在洛斯阿拉莫斯的时候买的。

第二年夏天，我回到新墨西哥州去做调查报告，当我再次看到鼓时，我再也忍不住了。我又买了一只鼓，心里想："这次我要把它拿回去，可以一直**看着它**。"

那一年在康奈尔大学，我住在一栋大房子的一间小公寓里。鼓也在这里，我只是看看，但有一天我终于忍不住了，我说："好吧，我就非常小声地敲一下……"

我坐在椅子上，把鼓放在我两腿之间，轻轻用手指敲了起来：**梆，梆，梆，梆嘟梆**。然后声音大了一点——毕竟，鼓在诱惑我。我敲的声音又大了一点，突然，丁零零——！——电话响了。

"你好！"

"我是房东，你在楼下敲鼓吗？"

"是的，我很抱……"

"非常好听！我能下楼直接听吗……"

从那以后，我一敲鼓我的房东就会下楼听。我的敲鼓也敲得很开心。

————————

那段时间，我遇到了一位来自比属刚果的女士，她给了我几张民俗唱片。那时候，这样的唱片是很稀有的，里面有非洲瓦图西和其他部落的鼓乐。我非常非常钦佩瓦图西的鼓手，我试过模仿他们——不是很准确，只是听起来比较像——并且通过模仿创作出了更多我自己的节奏。

有一次我待在娱乐厅里，正值深夜，周围人不多，我拿起一只垃圾桶，开始敲桶底。在我楼下好几层的一个人一路跑上来，说："嘿！你会敲鼓！"后来我发现，他**真的**很懂敲鼓，还教我敲了邦戈鼓。

音乐系有个人收藏了一系列的非洲音乐，我会去他家敲鼓。他会给我录音，然后在他的派对上，玩了一个名为"非洲还是伊萨卡"的游戏，在游戏中，他会播放一些鼓乐，让人们猜听到的是非洲大陆的音乐，还是伊萨卡本地的音乐。所以我那时候在模仿非洲鼓乐方面已经相当在行了。

来加州理工后，我经常会去日落大道。有一次我在那里的一家夜店看到了一群鼓手，其中团长是一个来自尼日利亚的大块头，名叫乌康努，他们演奏的鼓乐非常美妙——纯粹的打击乐。乐团的副团长对我非常友善，他邀请我到舞台上和他们一起演奏一小段。于是我就上去和其他人一起敲了鼓。效果非常棒！

我问副团长，乌康努是否在教音乐，他说是。所以我经常去乌康努的住处学习敲鼓，地点在沃茨的世纪大道附近。教学的效率并不是很高：他总是拖延时间，和其他人聊天，并且经常被各种各样的事情打断。但是只要认真起来，又会令人心潮澎湃，我也在他那里学到了不少东西。

在乌康努住处举办的舞会只有为数不多的白人，但是气氛比今天要放松得多。有一次，他们举办了一场敲鼓比赛，但我并没有取得很好的成绩：他们说我敲鼓的方式"过于理性"，而他们的敲鼓方式则更富有激情。

一天，我在加州理工学院接到了一通非常严肃的电话。

"你好？"

"我是特洛布里治，加州理工附属学校的校长。"加州理工附属学校是一所不大的私立学校，就在加州理工学院的斜对面。特洛布里治先生接着用非常正式的声音说道："你的一位朋友在我这里，他想和你说几句话。"

"好。"

"你好，迪克！"竟然是乌康努！原来校长并不像他表现得那样严肃，他很有幽默感。乌康努去这所学校给学生们演奏，所以他邀请我去与他同台。我们一起给孩子们敲鼓：我敲的是邦戈鼓（就在我办公室里放着），靠着他的坦巴鼓。

乌康努有定期的演出：他去不同的学校都会给大家讲非洲鼓及其含义，以及音乐相关的内容。他性格很好，面带笑容，他是一个非常友善的人。他对鼓非常狂热（发过唱片），同时还在学习医学。后来他在尼日利亚内战爆发时（或在此前）回到了尼日利亚，从此以后我就再没收到他的任何音信。

————————

乌康努离开后，我就没怎么敲过鼓，只是偶尔在派对上敲敲，给大家助助兴。一次在莱顿家的家庭晚宴上，鲍勃的儿子拉尔夫和他的朋友汤姆问我想不想敲鼓。我以为他们想让我来一段独奏，所以我拒绝了。但是随后他们开始在小木桌上敲了起来，我抗拒不了诱惑，于是我也找来一张桌子，我们三人就在这些小木桌上敲了起来，发出了不少有趣的声音。

拉尔夫和汤姆喜欢敲鼓，我们就开始每周会面，即兴演奏，创作节奏，解决问题。这两个人是真正的音乐人：拉尔夫弹钢琴，汤姆拉大提琴。我只负责节奏，因为我对音乐一无所知，在我看来，我做的只是配合音符敲鼓。但是我们写出了不少好听的节奏，并且在当地学校给孩子们演奏了几次。我们还在城市学院的舞蹈课上演奏过——这是我在布鲁克海文工作时很喜欢做的事——并自称"三个夸克（上、下、奇）"，所以你应该大概能猜出来那是什么时候的事。

有一次我去温哥华给那里的学生讲课，随后他们举行了一场派对，派对上有个很火的摇滚乐队在地下室里表演。那个乐队很棒：他们有一个多出来的牛铃，他们怂恿我去摇。于是我就摇了一会儿，因为他们的音乐很有节奏感，所以我也玩得很尽兴。

派对结束后，派对组织者告诉我，那个乐队的头儿说："天哪！摇牛铃的那个人是谁？他硬是用那个东西摇出了节奏！顺便说一句，这个派对是为哪个大人物开的啊？他从来没来过，我一直没看到是谁。"

加州理工有一个剧团，其中一些演员是加州理工的学生；其他人则是校外人员。当剧中有小角色的时候，比如一个要拘捕犯人的警察，他们就会找一位教授来扮演。大家都觉得这样很好笑——教授上台来，拘捕犯人，再下去。

几年前，这个剧团正在排练《红男绿女》，其中有一个场景是男主角把女孩带到哈瓦那的一家夜店里。导演认为夜店舞台上的邦戈鼓演奏者如果是我的话，效果会很不错。

我去参加第一场排练，这出戏的女导演指了指管弦乐队的指挥说道："杰克会给你看音乐的。"

这可把我吓坏了。我不知道怎么读乐谱，我以为我要做的只是上台弄出些动静就行了。

杰克坐在钢琴边上，指着乐谱说："好，你从这里开始，看，你敲这里。然后我弹'嘭，嘭，嘭'。"——他用钢琴弹了几个音符，翻了一页。"你敲这里，然后我们俩一起停下来等演员说台词，看，这里。"——他又翻了几页然后说，"最后，你敲这里。"

他给我看的"乐谱"就是在很多条和线里有一堆上蹿下跳的小"x"。他一直在跟我讲这些东西，以为我也是个音乐家，但事实上我什么都记不住。

幸运的是，第二天我生病了，不能参加接下来的那场排练。我让我的朋友拉尔夫替我去，他是真正的音乐家，应该知道是怎么回事。拉尔夫回来后对我说："还不错，刚开始的时候，必须敲得丝毫不差，因为你在为整个乐队起节奏，他们会跟着这个节奏进入。但是等乐队进来后，就是即兴演奏了，有些地方需要停下来等演员说话，但通过乐队指挥给出的信号就很容易分辨。"

与此同时，我也让导演邀请拉尔夫加入剧团，这样我们两人就可以同台演奏了。他敲坦巴鼓，我敲邦戈鼓——接下来的演奏对我来说轻松了许多。

拉尔夫给我展示了那段节奏。总共只有大概二十或三十个节拍，但是这部分必须丝毫不差。我从来没敲过丝毫不差的东西，所以对我来说要做到这点非常难。拉尔夫耐心地给我解释："左手，右手，两次左手，然后右……"我非常努力地练习，最终，我开始慢慢敲出正确的节奏了。为了做好这件事，我花了好多天的时间。

一周后，我们去参加排练，发现来了一个新鼓手——之前的常驻鼓手因为转行而退出了乐队——我们向他做了自我介绍：

"你好，我们是参与演奏哈瓦那那场戏的人。"

"哦，你们好。我看看这场戏在哪儿……"他翻到我们那场戏的乐谱部分，拿出他的鼓棒，说道，"哦，你们这样开场……"他把鼓棒抵在鼓的侧边，乒乒乓乓地敲起来，他一边全速敲鼓，一边还能看乐谱！对我来说是强烈的震撼。我练了**四天**才敲出这该死的节奏，而他却敲得如此行云流水！

总之，在一次又一次的练习之后，我终于可以不出差错地敲出这段节奏并在台上完成了表演。这出剧很成功：大家看到教授在台上敲邦戈鼓，都很开心，而敲得也不赖；即兴演奏的那部分每场演出都不同，很轻松，但是开头的那段必须每次完全相同——这总是最难的部分。

————————

哈瓦那夜店那场戏，一些学生要跳一种精心编排的舞蹈。所以导演让加州理工的一个员工的妻子来教那些男孩子跳舞，当时她在环球影城担任舞蹈指导。她很喜欢我们的鼓乐，演出结束后，她问我们是否愿意去旧金山为一出芭蕾舞剧敲鼓。

"什么？"

是的。她要搬到旧金山去，并且为那里的一所小芭蕾舞学校编了一出芭蕾舞。她的理念是，打造一台以纯打击乐为配乐的芭蕾舞剧。她想让拉尔夫和我在她搬家前一起去一趟她家，演奏我们会的各种曲子，她会根据这些节奏创作一个与之相配的故事。

拉尔夫有一些担忧，但我鼓励他踏上这趟"冒险之旅"。然而我也坚持让她不要告诉任何人我是物理学教授、诺贝尔奖得主，或者其他胡说八道的事。正如塞缪尔·约翰逊所说，如果你惊叹于一只狗用后腿走路，并不是因为它走得多好，而是因为它竟然这么做了。我不想作为一个会敲鼓的物理学教授参与其中，我们只是她在洛杉矶找到的一些音乐人，会上台演奏自己创作的鼓乐。

我们去了她家，演奏了我们创作的各种曲子。她在纸上写写画画，没过多久，当天晚上她就在脑中构思好了一个故事，说道："好，我要这段重复52次，那节重复40次，这个，那个，这个，那个……"

我们回到了家，第二天晚上我们在拉尔夫家制作了一盘磁带。我们用几分钟演奏了所有曲子，然后拉尔夫用他的磁带录音机做了一些剪接，达到了合适的长度。她搬家时带走了一份，开始用这盘磁带训练旧金山的舞者们。

与此同时，我们要练习磁带里的节奏：这段循环52次，那段循环40次，等等。我们之前随性而发地演奏（拼接也是），现在却要准确地记牢。我们竟然要模仿自己的磁带！

计数是个大问题。我以为拉尔夫作为一个音乐人，应该知道如何计数，但我俩都发现了同一件事：我们大脑中的"演奏区"同时也是计数时需要用到的"说话区"——我们无法同时演奏和计数！所以我们发明了一种计数方式，就是按照顺序看房间的各个角落。

在旧金山的第一次排练，我们发现只要看着舞者，就不需要计数了，因为我们能通过舞者固定的动作来判断音乐的进程。

因为我并非专业音乐人而参与了本应由专业人士完成的任务，所以产生了一些问题。比如说，有一幕是一个女乞丐在加勒比海滩上筛沙子，一群在舞剧开头就出现过的社会名媛也来过这里。编舞在这个场景使用的音乐是用一只特制可调音的鼓演奏出来的，那只鼓是拉尔夫和他爸爸几年前做的，正因如此，我们每次想调出合适的音调都不太顺利。但是我们发现，如果我们面对面坐在椅子上，把这只"疯鼓"放在我们之间的膝盖上，一个人用两根手指持续快速敲出"哗嗒——哗嗒——哗嗒——哗嗒——哗嗒"，另一个人就可以用两只手推鼓的不同位置，从而改变音高。它就能发出"卟嗒——卟嗒——卟嗒——哗嗒——哗嗒——哗嗒——哗嗒——哗嗒——卟嗒——卟嗒——卟嗒——吧嗒——哗嗒——哗嗒——哗嗒——吧嗒"，由此发出了很多有趣的声音。

问题是，扮演女乞丐的舞者想要音乐的起落与她的舞蹈相一致（我们的磁带对于这个场景显得有些随意），于是她接着向我们解释她的做法："首先，我会做四次这样的动作；然后我弯腰，这样筛沙子，八次；然后我站起来，转到这边。"我非常确信，我完全记不住，所以我打断了她："你就直接跳吧，我会给你伴奏的。"

"但你难道不想知道舞蹈是什么样的吗？你看，我第二次筛完沙子之后，我用这种方法做八次。"这样没有用，我什么都记不住，我想再次打断她，但这样做会让我看起来不像一个真正的音乐人！

好在拉尔夫的解释帮我顺利掩饰了过去："这类情况，费曼先生有自己的处理方式：他更喜欢在看你跳舞的过程中，凭直觉创作流动的音乐。咱们先试一次，如果你不满意，我们再做调整。"

她是一流的舞者，从她的表现中不难推测下一步的动作。如果她接下来要挖沙子，她就会做好俯身的**准备**。她的动作流畅精准，我轻松地敲出了和她动作相符的种种声音，她也非常满意。虽然我可能差点儿就暴露了，但还是顺利度过了。

这出芭蕾舞还算成功。虽然观众不太多，但是来看我们演出的人（包括我母亲和拉尔夫的母亲）都非常喜欢。

去旧金山排练和演出之前，我们对整个想法并不十分确定，觉得编舞肯定是疯了：首先，这出芭蕾只有打击乐；其次，我们有能力为芭蕾舞剧配乐，还因此获得了**报酬**，**这绝对**是疯了！对我这个一直以来都没什么"音乐修养"的人来说，能像这样成为一名专业芭蕾舞音乐家，绝对是一种很高的成就。

我们还以为她找不到愿意伴着我们的鼓乐起舞的舞者（事实上，有一位来自巴西的首席舞者，是葡萄牙领事的妻子，就觉得我们的音乐配不上**她**），但是其他舞者都很喜欢我们的音乐。第一次排练伴奏时，我感觉非常不错。他们现场听到我们的音乐时（此前都是用小卡带机听磁带）的那种喜悦真实可感，而看到他们对现场演奏的反应，我有了更多的信心。再从观众们的反馈来看，我们认为演出还算成功。

———————————

第二年春天，编舞老师还想以我们的鼓乐为基础再做一出芭蕾舞剧，于是我们按原来的流程又走了一遍。这次我们做了一盘有更多乐曲的磁带*，编舞老师又创作了另一个故事，设定在非洲。我和加州理工的芒格教授聊了聊，学到一些有非洲特色的乐句，想用在演出开头（"噶哇，巴牛玛，噶哇，噢"，类似这样的发音），我练了很多遍，直到彻底掌握。

后来，我们又去旧金山排练了几次。刚一到，就得知他们遇到一些麻烦。他们做不出舞台效果逼真的象牙。他们之前用混凝纸做的象牙非常糟糕，有些舞者羞于在它们前面起舞。

我们也没有什么好办法，只能等着看下周演出前是否会有什么转机。与此同时，我计划拜访维尔纳·艾哈德，我在他组织的一些会议上认识了他。我在他富丽堂皇的家里听他给我阐述一些哲学理念和想法，但突然间，我被一件东西吸引住了。

---

*　其中一些乐曲最终收录在华纳兄弟的两张 CD 中：《回到图瓦未来》（*Back TUVA Future*）和《图瓦律动》（*Tuva Groove*）。——莱顿原注

"怎么了？"他说。

我瞪大眼睛，大喊："象牙！"在他身后的地板上，有一对巨大丰美的乳白色象牙！

他慷慨地把象牙借给了我们。象牙在舞台上效果非常好（舞者们大大松了一口气）：真象牙，超大号，维尔纳·艾哈德鼎力相助。

编舞老师后来去了东海岸，上演了加勒比芭蕾舞剧。不久后听说她凭借那出芭蕾舞剧参加了一个全美编舞比赛，最终斩获第一或第二。受到这次成功的鼓舞，她去参加了另一个比赛，这次是在巴黎，汇聚了全世界的编舞者。她带了一份我们在旧金山录制的高品质磁带，在法国当地训练了几个舞者，表演了这出芭蕾的一小部分——这就是她参赛的全部内容。

她做得很不错，还进了总决赛，最终入围的只有两个作品——其中一个是拉脱维亚的正规舞团，职业舞者们在美妙的古典音乐下表演标准的芭蕾舞，另一个是美国的另类舞团，只有两个她在法国训练的舞者，芭蕾配乐除了我们的鼓乐以外别无他物。

她的演出最受观众们喜爱，但这并不是一场人气比拼，最终评委们决定拉脱维亚舞团获胜。结束后她找到评委，想搞清楚自己的欠缺之处。

"这位女士，你的芭蕾舞的音乐不是很令人满意，不够精妙，缺少克制的音量渐强……"

我们最终发现：在巴黎真正懂鼓乐文化的专家面前，我们实在太过业余。

和拉尔夫·莱顿一起调节"疯鼓"的声音，1984年

我刚刚和他握了手，你能相信吗？

多年来，京都大学一直在邀请我访日。但每次我接受了邀请后，都会突然生病，无法成行。

1986年夏天，京都要举办一场大会，于是京都大学再次邀请我赴日。虽然我喜欢日本，也很想去，但是因为当时没有可以递交的论文，所以我不好意思接受邀请。京都大学说我可以递交一份总结性论文，但我说我不想这么做。但是他们又说，如果我可以担任大会某个会场的主席，他们会深感荣幸——只是担任主席这么简单。于是我答应下来。

很幸运，这次我没有生病[*]。我和格温妮丝一起去了京都，我是大会其中一个会场的主席。

主席要确保发言者的演讲时长在规定时间内，保证下一个人有充分的时间。主席的职位很高，还要配两位副主席加以协助。我的副主席说他们会负责介绍演讲者，并提醒他们结束的时间。

在一位日本演讲者出现之前，会场的一切都有条不紊地进行。这位日本演讲者发言超时了。我看看时间，觉得他该结束了，于是看向副主席，对他们示意。

他们走过来对我说："不用管，我们会处理的。他在说汤川[**]，所以没关系。"

虽然是会场的荣誉主席，但我连这份工作都没做好。而且京都大学还承担了我来日本的费用。

------

[*] 费曼当时患有腹腔肿瘤。他分别在1978年和1981年接受手术。他从日本回来后，又做了几次手术，分别在1986年10月和1987年10月。——莱顿原注

[**] 汤川秀树是一位杰出的日本物理学家，1949年获诺贝尔物理学奖。——同上

一天下午，我们和负责行程的人聊天。他给我们看了一张铁路线路图，格温妮丝看到伊势半岛中间有一条连接很多站点的曲线——既不近水，也不靠近任何地方。她指着那条线的终点说："我们想去这里。"

他看了看，说："哦！你想去……伊势奥津？"

她说："是的。"

"但是那里**什么都没有**。"他一边说一边看着我，好像我的妻子疯了，希望我能让她恢复理智。

于是我说："对，没错，我们要去伊势奥津。"

格温妮丝没跟我说过这件事，但我知道她的想法：我们就是想去荒无人烟的地方旅行，就是那种我们从来没听过，也什么都没有的地方。

我们的负责人有点不安：他从来没有订过伊势奥津的旅馆，甚至不知道那里是否有能住的地方。

他拿起电话，打给伊势奥津。得到的回复是，伊势奥津确实是没有住处。但是在另一个镇子——距离铁路尽头大概7千米处——有一家日式旅馆。

我们说："可以！日式旅馆正是我们想要的。"于是负责人接通了那里的电话。

旅馆那边的人非常为难："我们就是一家小旅店，是家庭经营的。"

"他们就想住这种。"我们的负责人让他放心。

"他答应了吗？"我问道。

又经过一番交涉，负责人说："他同意了。"

但是第二天早上，负责人接到这家旅馆打来的电话：昨晚他们举行了一场家庭会议，一致认为他们无法处理这种情况。他们接待不了外国人。

我说："问题出在哪儿？"

负责人打电话给那家旅馆，问他们问题出在哪里。然后他转过来对我们说："问题出在厕所上——他们没有西式马桶。"

我说："跟他们说，上次我和妻子去旅行，带了铲子和厕纸，我们可以自己挖坑解决个人问题。问问他，我们要带上铲子吗？"

负责人在电话里解释了一阵，经过一番协商，他们的态度终于缓和下来。负责人说："好了，你们可以去一晚，不需要带铲子。"

———————————

旅馆老板在伊势奥津的火车站接到了我们，带我们去了旅馆。我们房间外有一座美丽的花园。我看到一只翠绿色的树蛙在爬晾衣服用的金属横杆，一条小黄蛇待在游廊前的灌木中。没错，伊势奥津"一无所有"——但对我们来说，所有一切都美丽有趣。

不到两千米外有一座神社——所以小旅馆才建在这里——我们决定走过去看看。回来的路上，下雨了。有个人开车从我们身边经过，又掉头回来了。"你们要去哪儿？"他用日语问道。"去旅馆。"我说。于是他开车把我们送到了旅馆。

回到房间，格温妮丝发现丢了一卷胶卷——或许落在那个人的车上了。我拿出字典，查找"胶卷"和"丢失"这两个词，然后试着把情况讲给旅馆老板听。我不知道他是怎么做到的，但他找到了那个让我们搭便车的人，并在他的车里找到了那卷胶卷。

洗澡也很有趣，我们要经过另一个房间才能到浴室。浴盆是木制的，边上摆着各式各样的小玩具——小船什么的。还有一条上面有米老鼠的毛巾。

旅馆老板和他的妻子有一个两岁的女儿，还有一个小婴儿。他们给女儿穿上和服，把她带到我们房间来。她母亲给她做了一些折纸，我给她画了一些画，我们和她玩了一会儿。

街对面的女士送给我们一个她亲手制作的漂亮丝球。所有人都很友善，一切都很棒。

第二天早上我们本来要离开。我们在一个挺出名的温泉度假区预订了酒店。

我再一次打开字典，找到旅馆老板，给他看了我们在那家大型度假酒店预订的凭据——好像叫汇景酒店什么的。我说："我们明晚不想住大酒店，想住这里，因为在这里很开心。请您帮我们打电话修改一下。"

他说："好！好！"我能看出来他很高兴，因为我这个外国人取消了大型豪华酒店的预订，就为了在他的小旅馆里再住一晚。

————————

返回东京后，我们去了金泽大学。几位教授开车带我们在附近的能登半岛转了转。我们经过了几座赏心悦目的渔村，还在郊外游览了一座宝塔。

之后我们参观了一座神社，神社后面有一块飞地，只有受到特殊邀请才能进去。那里的神教祭司非常亲切，他邀请我们到他的私人房间喝茶，还为我们写了几幅字画。

东道主带我们继续沿着海岸逛了一会儿，就得返回金泽了。我和格温妮丝决定在富来町待上两三天。我们住在一家日式旅馆，女老板对我们非常和善。她让她的兄弟开车带我们沿着海岸去了好几个村子，然后我们坐公共汽车回到旅馆。

第二天早上，旅馆老板告诉我们，镇上正要举行一场重大活动。一座新神社即将落成，取代旧神社。

到达活动举办地后，我们应邀坐在长椅上，还有茶水供应。周围有很多人走来走去，最后有一队人从神社后面走了出来。看到领头的是我们几天前参观过的那间神社的大祭司，我们很高兴。他穿着盛大庄重的典礼服装，显然掌管着这里的一切。

过了一会儿，仪式开始了。我们不想无端闯入这样的宗教场合，所以待在神社外面。但是我们看到很多小孩在台阶上跑上跑下，玩耍嬉戏，猜测这应该不是那种特别正式的活动。于是我们走近了一点，站在台阶上，这样就能看到里面的情况了。

整个典礼很精彩。有典礼专用杯，上面印着树枝和树叶，有一群穿着特殊制服的女孩，还有舞者等。各个方面都经过了精心的处理。

我们正在观看表演时，突然有人拍了拍我的肩膀。原来是那位大祭司！他示意我们跟他走。

我们绕过神社，从侧边走了进去。大祭司把我们介绍给市长和其他要员，并安排我们入座。一位能剧（日本传统戏剧）演员跳了一支舞，接下来还有各种各样赏心悦目的表演。

然后就是各方讲话。首先，市长致辞。然后大祭司起身发言。我听他的发音像是"Unano, utsini kuntana kanao. Untanao uni kanao. Uniyo zoimasu doi zinti Fain-man-san-to unakano kane gozaimas..."——然后他指向"费曼桑"（Fain-man-san），让我说几句！

我的日语并不好，所以我用英语说："我爱日本。贵国日新月异的技术变革给我留下了深刻印象，但与此同时贵国的传统文化仍然意义重大，正如刚才的神社落成仪式中呈现的一样。"我试图表达出日本的兼容并包：改变，但不失对传统的尊重。

大祭司把我的话翻译成了日语，我不认为他翻译对了（虽然我也不能确定），因为我之前对他说的话他一句也听不懂。但是他表现得好像很清楚我刚才说的话，然后十分自信地"翻译"给所有人。在这方面，他跟我倒是挺像的。

不管怎样，大家还是礼貌地聆听完"我说的话"，然后另一位祭司开始讲话。他是个年轻人，是大祭司的学生，穿着华丽的服装，裤腿宽阔，帽子又大又宽。华丽迷人，令人赞叹不已。

然后我们这些要员共进午餐，备感荣幸。

落成仪式结束后，我和格温妮丝跟大祭司道谢，离开了餐厅，在村子附近走了一会儿。不久后，我们看到有人拉着一辆大车穿过街道，上面放着一座神龛。他们穿着背后带标志的衣服，唱着："嗨哟！嗨哟！"

　　我们跟着行进队伍，感受着庆典的欢乐气氛，这时一名携带着对讲机的警察向我们走来。他摘下白色手套，把手伸了出来，我和他握了手。

　　握完手，再次融入欢庆队伍时，我身后传来又高又响的说话声，语速很快。我们转过身看到那个警察紧握着对讲机，非常兴奋地说："O gano fana miyo ganu Fain-man-san iyo kano muri tono muroto kala..."——我推测他正在对另一头的人说："你记得在神社落成仪式上讲话的费曼先生吗？我刚刚和他握手了，你能相信吗？"

　　我想那位祭司肯定"翻译"了一些让人印象深刻的东西！

和3岁的米歇尔、10岁的卡尔在英国约克郡

1982年，在音乐剧《南太平洋》中扮演"巴厘海"岛酋长

1978年，出演加州理工版音乐剧《菲欧雷洛》

1978年，在加州理工校友日演讲中的手势

1984年，讲解费曼图

1984年，在伊萨兰学院

1985年，和格温妮丝的银婚纪念日

费曼先生前往华盛顿：调查"挑战者号"航天飞机灾难事件

–

"挑战者号"航天飞机。燃料箱两侧装有两个固体燃料火箭助推器，
与轨道飞行器相连，轨道飞行器的主发动机燃烧液氢和液氧。

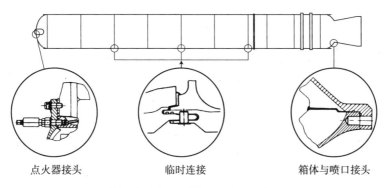

点火器接头　　　　　临时连接　　　　　箱体与喷口接头

助推器与火箭间安装接头的位置和特写图

预备知识

这部分我会讲很多关于美国国家航空航天局（NASA）的事，但是我提到的"NASA如此如此""NASA这般这般"，指的不是整个NASA，而是和航天飞机有关的那部分。

航天飞机是个什么东西呢？它中间较大的部分是燃料箱，里面装着燃料：液氧在顶部，液氢是主要部分。燃烧燃料的引擎位于轨道飞行器尾端，轨道飞行器是要进入宇宙的那部分。宇航员们坐在轨道飞行器的前端，后面是货舱。

发射时，两支固体燃料火箭会在前几分钟助推航天飞机升空，随后与航天飞机分离并坠入海中。几分钟后，燃料箱与轨道飞行器在更高的大气层中分离，并在返回地球的过程中解体。

固体火箭助推器分为几个部分，各部分之间的接头类型有两种：永久性的"固定连接"是在犹他州的莫顿·塞奥科橡胶厂密封好的；临时性的"临时连接"是每次飞行前在佛罗里达州的肯尼迪航天中心"现场"密封好的。

自杀

众所周知，"挑战者号"航天飞机在1986年1月28日星期二发生了事故。我在电视上看到了爆炸的新闻，但是除了感慨七位宇航员罹难的悲剧外，我没有考虑太多。

我在报纸上总能看到航天飞机上天和返回的新闻，但我有点困惑的是，我从来没有在科学期刊上看到过任何有关航天飞船实验结果的报告，但这本应是更重要的。所以我对航天飞机的相关新闻并没有那么关心。

然而，事故发生几天后，我接到NASA负责人威廉姆·格雷厄姆打来的电话，要我加入事故调查委员会。格雷厄姆说他是我加州理工学院的学生，后来还在休斯飞机公司上过班，就是我每周三下午去做讲座的地方。

但我还是不能完全确定他是谁。

得知调查将在华盛顿进行，我的第一反应是不去：我有一个原则，就是不去华盛顿附近，也不做跟政府有关的事，所以我的直接反应是，怎么才能推掉？

我给好几个朋友打电话，比如阿尔·希布斯和迪克·戴维斯，但他们都告诉我调查"挑战者号"事故对国家来说是一件非常重要的事，我应该去。

妻子是我最后的希望。"你看，"我说，"调查谁都能做，他们肯定能找到其他合适的人。"

"不，"格温妮丝说，"如果你不去，就是十二个调查员一组，始终集体行动。要是你去了，就会是十一个调查员一组，集体行动——而第十二个人则单枪匹马，四处搜寻蛛丝马迹。可能会一无所获，但如果真有异常，那你一定能发现。没人能做得比你好。"

作为一个并不谦逊的人，我被她说服了。

然而，找到航天飞机出的问题只是其一。其二是要找到NASA组织内部出了什么问题。还会有其他问题冒出来，比如我们要继续研究航天飞机系统，还是使用一次性火箭更好？然后就会引出更大的问题：我们将何去何从？未来在太空的目标是什么？可以想见，一个原本为找出航天飞机事故原因而成立的委员会最终成为一个以制定国策为己任的组织，并永世长存！

这让我如芒在背。我决定无论如何都要在六个月后退出委员会。

但我也决定要不遗余力地参与调查，不分心在其他事情上。我还有些物理问题要研究，在加州理工和另一位教授有一门共同的计算机课要教（他主动接手了全部教学），波士顿一家名叫"思考机器"的公司还邀请我去做咨询（他们说愿意等），而我的物理课也不得不往后推了。

现在是周日，我对格温妮丝说："接下来的六个月，我要进行一场自杀。"接着我拿起了电话。

冷事实

我打电话给格雷厄姆说我要加入委员会，他其实并不知道委员会具体要做什么，由谁领导，甚至不知道委员会是否会接纳我——还有逃脱的机会。

但是第二天，也就是周一，下午四点我接到了一通电话："费曼先生，您已加入调查委员会。"——那时，委员会已经成为由威廉·皮尔斯·罗杰斯领导的"统辖委员会"了。

我知道罗杰斯先生，我为担任国务卿时的他感到遗憾，因为在我看来，尼克松总统更加重用国家安全事务助理（亨利·基辛格），国务卿已经没有用武之地了。

总之，第一场会议将在周三举行。我猜周二应该不会有什么安排——我可以周二晚间飞往华盛顿——所以我打电话给阿尔·希布斯，让他安排喷气推进实验室（JPL）*里了解这个项目的人给我介绍一下情况。

周二早上，我干劲十足地直奔JPL，开足马力准备工作。阿尔让我坐下，不同工程师一个接一个地走进来，给我讲解航天飞机的不同组件。我不知道他们获取信息的途径，但是他们就是知道那架航天飞机的一切。这是一次非常全面、高效、信息量极大的信息介绍会。JPL的人和我一样充满热情，整个过程很让人兴奋。

我现在回看那时的笔记，能看出他们很快就给了我航天飞机问题的线索。我的第一行笔记是："防止燃烧。绝热衬套。"（为了防止推进剂把每段助推火箭之间的金属隔断烧穿，会有一个衬套，但它没有发挥作用。）我的第二行笔记

---

* NASA 的喷气推进实验室，位于帕萨迪纳，由加州理工学院管理。——莱顿原注

是："O形环在接头检查中有灼烧迹象。"有人注意到热气偶尔会烧过助推器和火箭连接处的O形环。

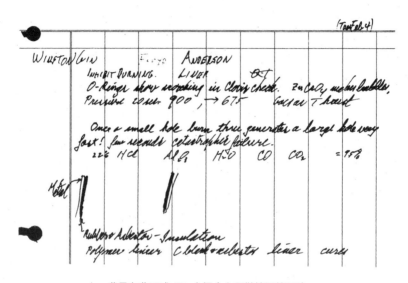

费曼在非正式JPL介绍会上所做笔记的开头

同一行还写有："$ZnCrO_4$ 会产生气泡。"（铬酸锌填充物作为隔离层填充在O形环后面，热气泄漏时，这种材料会产生迅速胀大的气泡，侵蚀O形环。）

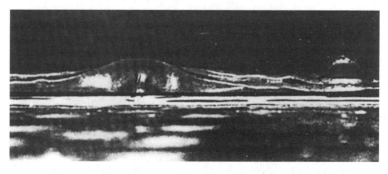

铬酸锌填充物产生气泡图示，气泡会侵蚀O形环。

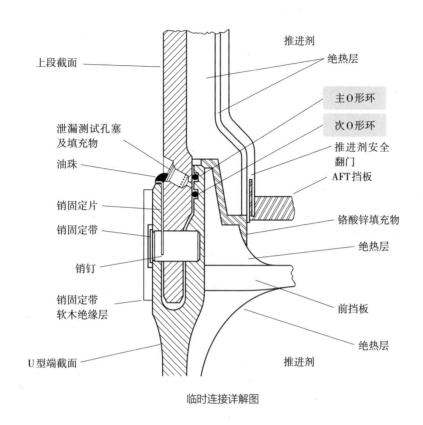

临时连接详解图

工程师们告诉我固体火箭助推器在飞行期间的内部压力变化情况，推进剂的成分，推进剂如何注入以及在不同温度下升温的过程，绝热层中石棉、聚合物以及诸如此类物质的比例，还有各种各样的其他信息。我了解到在同等重量下，这些发动机的推力和动力是有史以来最为强劲的。发动机的制造遇到了很多难题，特别是涡轮叶片开裂。工程师们告诉我，一些参与发动机制造的人每次飞行都会默默祈祷，他们在看到航天飞机爆炸的那一刻，就断定问题出在发动机上。

如果在场的工程师对某些事情不太了解，他们大概会说："哦，那个莱佛知道，把他找来。"阿尔就会打电话给莱佛，他会马上赶过来。最高效的简介会大概如此吧。

虽然是简介会，但内容并不浮于表面：我们交流的信息量很大、节奏很快、内容也很完整。唯一快速获得技术信息的方法就是：不只坐着听对方一一陈述他们认为有趣的东西，而是通过多问问题，得到即时的答案，很快就会了解情况并且知道接下来要问什么问题才能获得进一步的信息。那天我收获颇丰，像海绵一样充分地吸收信息。

————————

那天晚上，我坐红眼*航班去了华盛顿，周三一早到达。（我再也不坐红眼航班了——活生生的教训！）

我入住了华盛顿市中心的假日酒店，找了一辆出租车送我去参加委员会的第一场会议。

"去哪儿？"司机问。

我只有一张小纸条："第8街，1415号。"

我们出发了。这是我第一次来华盛顿。国会大厦在这边，华盛顿纪念碑在那边，一切看起来都很近。但是出租车却一直开，开得越来越远，经过越来越糟的地区。建筑物也越来越矮，看起来有点破旧。最终，到了第8街，路边开始彻底没了建筑物的踪影。通过前后两个建筑号码判断，我们终于找到了那个地址，是两个建筑物之间的一块空地！

此时，我意识到肯定出了大问题。我不知道该怎么做，因为我只有那张纸条，我也不知道该去哪里。

我对出租车司机说："我要去参加的会议和NASA有关。你能带我去NASA吗？"

"当然。"他说，"但你知道NASA在哪儿吧？就在你上车的地方！"

确实如此。我从假日酒店出来直接就能走到NASA——它就在街对面！我走了进去，路过门口的警卫室，开始在里面转悠。

我找到了格雷厄姆的办公室，问有没有关于航天飞机的会议。

————————

* 航班晚上11点左右从西海岸起飞，早上7点左右到达东海岸，历经5个小时，跨越3个时区。——莱顿原注

"是的，我知道在哪儿，"有人说，"我带你去。"

他们把我带到一个房间，很明显，里面正在进行一场大型会议：前面有很亮的灯光和电视摄像机，房间被人们塞得水泄不通，我能做的只是勉强挤到房间后面。我想："这个房间只有一个门，我到底要怎样才能从这里走到前面呢？"

接着，我听到了一些只言片语，由于距离太远，我无法确定具体内容，但显然这是完全不同的主题！

于是我回到格雷厄姆的办公室，找到了他的秘书。她到处打电话询问调查委员会在哪里开会。"我也不清楚，"她对电话那头的人说，"他只是在这里瞎转悠！"

会议在罗杰斯先生的律师事务所举行，地址是H大街1415号。我的那张纸上写的是第8街1415号（地址是打电话时记下的）。

———————

终于到了罗杰斯先生的办公室，我是唯一一个迟到的人。罗杰斯先生把我介绍给了其他调查委员。除罗杰斯先生外，我只听说过尼尔·阿姆斯特朗，登月第一人，他是委员会的副主席。（萨莉·赖德也在委员会上，但后来我才认出她来[*]。）会上还有一个穿着制服的英俊男子，是库提那将军。他的衣着令人心生敬畏，因为其他人穿的都是日常西装。

第一场会议其实只是一次非正式聚会。这让我有些困扰，我正因为前一天的JPL简介会而像一根压紧的弹簧一样干劲十足。

罗杰斯先生宣布规定我们工作内容的行政令：

> 委员会的职责是：
>
> 1. 回顾事故发生的情况，确定事故的可能原因；
>
> 2. 根据委员会的调查结果和决议提出改正建议或意见。

———————

[*] 萨莉·赖德是第一位进入太空的美国女性。——莱顿原注

罗杰斯先生还说我们要在120天内完成调查。

我松了一口气：委员会的工作范围只限于调查那场事故，如果我们的工作可以很快完成的话，我就不用去自杀了！

————————

罗杰斯问了我们每个人能花在调查委员会上的时间。虽然一些委员已经退休，但几乎所有人都表示已经重新安排了日程。我说："我已经准备好百分之百投入工作了，现在就开始！"

罗杰斯先生问："谁来负责撰写报告？"

曾担任过《航空周刊》编辑的霍茨先生，自告奋勇地承担了这份工作。

接着罗杰斯先生又提起了另一件事。"我在华盛顿待了很长时间，"他说，"有一件事大家必须得知道：无论我们做什么，总会有消息泄露给媒体。我们能做的就是尽量将问题最小化。应对消息泄露的最好方法就是召开公开会议。当然，也有闭门会议，但是如果有重大发现，我们会立即召开公开会议，保证公众及时了解调查进展。"

罗杰斯先生继续说："为了在媒体问题上开个好头，我们的第一场正式会议将是一场公开会议，在明天上午10点。"

正要散会时，库提那将军说："谁能告诉我最近的地铁站在哪儿吗？"

我想："我会跟这个人处得很好：他虽然衣着光鲜，但内心诚实朴素。他不是那种到哪儿去都要用自己的司机和专车的人，他自己坐地铁回五角大楼。"我立刻非常欣赏他。在后来的调查工作中，我印证了我的判断是非常准确的。

————————

第二天早上，一辆豪华轿车来接我——有人安排我们乘坐豪华轿车去参加第一场正式会议。我坐在前座上，旁边是司机。

去参会的路上，司机对我说："我知道有很多重要人物都在这个委员会里……"

"是啊，好像是……"

"我喜欢收集签名，"他说，"你能帮我个忙吗？"

"没问题。"我说。

我正往外掏钢笔，这时他说："到那儿之后，你能指给我哪位是尼尔·阿姆斯特朗吗？我想跟他要个签名。"

会议开始前，我们宣誓就职。人们在附近走来走去，一位秘书把带有我们照片的胸牌递给我们，这样我们就可以在NASA自由进出了。还要签署一些表格，同意上面的各种条目，方便报销支出等。

宣誓之后，我遇到了比尔·格雷厄姆。是我认出了他，还记得他是一个很和善的人。

第一场公开会议主要是概况介绍，由NASA的一些大人物负责，包括穆尔先生、奥德里奇先生、拉文古德先生等。我们坐在讲台的大皮椅上，每次伸手挠鼻子，都有晃眼的灯光和电视摄像机对准我们。

我刚巧坐在库提那将军旁边。会议正要开始前，他倾身对我说："副驾驶呼叫飞行员：梳梳你的头发。"

我说："飞行员呼叫副驾驶：我能借一下你的梳子吗？"

―――――――――――

我们要学的第一件事，就是NASA到处使用的近乎疯狂的缩写词：SRM是固态火箭发动机的简称，是SRB（固态火箭助推器）的主要部分。SSME是航天飞机主引擎的意思，它会燃烧储存在ET（外燃料箱）中的LH（液氢）和LOX（液氧）。一切都由字母代表。

不只是大部件才有缩写，基本上所有阀门都有缩写，工作人员说："我们会给你一本缩写词字典，用起来非常简单。"简单，当然了，但是那本大字典又重又厚，要不停在里面查找类似于HPFTP（高压燃料涡轮泵）和HPOTP（高压氧涡轮泵）这样的词。

然后我们学习了"子弹笔记"——短语前面画小圆圈，起总结作用。给我们的介绍手册和幻灯片里到处都是这种可恶的"小子弹"。

后来我发现，除了律师出身的罗杰斯先生和艾奇逊先生、编辑出身的霍茨先生，其他人都有科学背景：库提那将军是麻省理工学院毕业的，阿姆斯特朗先生、科弗特先生、鲁麦尔先生以及萨特先生都曾是航空工程师，而赖德女士、沃克先生、维隆先生和我则都是物理学家。我们中的大部分人似乎都自己做了一些准备工作。我们问出的问题总是比那些大人物所预期的更有技术含量。

有人回答不出来时，罗杰斯先生就会安慰说，我们理解他没料到会有这么具体的问题，至少暂时来说，我们对那个恒久不变的答案表示满意——"稍后给你相关信息。"

STS 51–L 货物成分

- 追踪和数据中继卫星 B/惯性上面级

- 斯巴达–哈雷/任务特异支撑结构

- 工作人员舱

  –TISP——教师太空项目

  –CHAMP——哈雷彗星主动监测项目

  –FDE——流体动力学实验

  –学生实验

  –RME——放射监测项目

  –PPE——相分配实验

"子弹笔记"实例

那场会议，我学到的重要东西是，公开听证是非常没有效率的：大部分时候，别人提的问题，要么你已经知道答案，要么你不想知道。你听得云里雾里，等重要信息出现时，已经听不进去了。

这和JPL的简介会天差地别，当时我以最快的速度接收到各方信息。周三我们在罗杰斯先生的事务所"聚会"，用时两个小时，剩下的时间我们干了些什么？什么都没有。晚上呢？也什么都没有。第二天，我们开了这场公开会议——"稍后给你相关信息"。等于什么都没有！虽然看起来我们在华盛顿每天都有事做，但事实上，我们大部分时间只是坐着，什么都没做。

那天晚上我给自己安排了一些任务：我写下了我认为应该在调查期间提出的各种问题，以及应该研究的主题。我打算搞清楚委员会里的其他人想要做什么，这样就能合理分工，开展工作。

———————

第二天，周五，我们开了第一场真正的会议。这时我们已经有了一间办公室——在旧行政办公楼，甚至还有个记录员抄录我们说的每一句话。

罗杰斯先生因为某些原因来迟了，等他时，库提那将军提出给我们讲讲什么是事故调查。大家一致认为是个好主意，于是他起身向我们讲解空军如何开展对无人泰坦火箭事故的调查。

我很高兴听到他描述的体系——问题所在以及解决问题的方式，和我前一天晚上写下的东西非常相似，只是他们的方案比我的更有条理。库提那将军提醒我们，有时原因看起来很明显，但仔细调查之后却不得不改变想法。他们当时的线索非常少，在泰坦案调查期间有过三次方向上的改变。

我兴奋起来。我想要做这样的调查，而且可以立马着手去做，只需要做好分工就够了。

但是罗杰斯先生在库提那将军分享中途进来了，他说："没错，你们的调查非常成功，但是不适用于这次调查，因为我们无法像你们一样获得那么多的信息。"

身为非技术人士，可能罗杰斯先生没有意识到这是一个多么显而易见的错误。泰坦只是一枚无人火箭，上面检查装置的数量远不及航天飞机。电视画面显示，爆炸前几秒有火焰从助推火箭侧面冒出；而在泰坦火箭的照片上，只能看到天空中有一个模糊的点（一个小得不能再小的闪光），而根据这么一点线索他就一步一步找到了答案。

罗杰斯先生说："我已经安排了下周四大家一起去佛罗里达州。听NASA官员介绍情况，参观肯尼迪航天中心。"

我脑中马上浮现出俄国女皇巡视波将金村的场景：所有东西都是提前安排好的，他们向我们展示火箭的外观和构造。这可不是能找到真相的方法。

接着阿姆斯特朗先生说："我们不能指望像库提那将军那样做技术调查。"我对此非常困扰，因为我唯一想做的就是技术调查！我不知道他具体指什么：或许他是说所有技术试验类的工作都由NASA完成。

我开始阐述我能做的事情。

说到一半时，秘书进来请罗杰斯先生签字，我先暂停等过一会儿再说，委员会的其他成员提出要和我一起工作。随后，罗杰斯先生抬起头继续开会，但他叫了另一个人——好像他有些心不在焉，忘记了我还没有说完。所以我不得不再次发言，但我刚一开始说，又发生了另一个"事故"。

事实上，就在我发言的当下，罗杰斯先生叫停了会议！他再一次表达了对我们将无法查出航天飞机事故真相的担忧。

真是太让人泄气了。很难理解NASA至少花了两年时间才让航天飞机重返轨道。但当时，我以为只是几天的事。

我去找罗杰斯先生，说："我们下周四才去佛罗里达。也就是说，未来**五天**无事可做：那这五天我要干什么呢？"

"如果没有加入委员会，你会做什么？"

"我会去波士顿做咨询，但为了百分之百投入调查工作，已经取消了。"

"这样的话，这五天你还是可以去波士顿呀！"

我无法接受。我想："我要气死了——事情不该这么办！"我回到宾馆，心力交瘁。

然后，我想起了比尔·格雷厄姆，给他打了个电话。"听着，比尔，"我说，"是你把我扯进来的，现在你得救我：我压抑得不行了，受不了了。"

他问："怎么回事？"

"我想做点事情：到处走走，和工程师们聊聊。"

他说："我安排你出差看看。你想去哪儿都行：约翰逊航天中心、马歇尔太空中心或者肯尼迪航天中心……"

我不会去肯尼迪中心，因为看起来像是我要赶在其他人前面开展调查。萨莉·赖德在约翰逊中心，而且她邀请过我一起工作，于是我说："我要去约翰逊航天中心。"

"好。"他说，"我会告诉大卫·艾奇逊。他私底下是罗杰斯的朋友，也是我的朋友。一切都没问题。"

半小时后，艾奇逊给我打电话。"主意很不错，"他说，"我告诉过罗杰斯先生，但是他不同意。我也不知道为什么说服不了他。"

同时，格雷厄姆想到了一个折中方案：我继续待在华盛顿，而他安排别人去NASA办公室，地点就在我宾馆的街对面。我会得到想要的调查信息，但不能到处走动。

接着罗杰斯先生打来电话：他反对格雷厄姆的方案。"我们下周四一起去佛罗里达。"他说。

我说："如果去了也是要坐着听汇报的话，那对我行不通。如果能直接和工程师们谈，工作效率会高得多。"

"我们必须有条不紊地进行。"

"现在已经开了几场会了，但还没有分配任何任务！"

罗杰斯说："那你想要我打扰所有委员，周一召开特别会议来分配任务吗？"

"嗯，当然！"我想我们的工作就是调查真相，不应该怕打扰。

他话锋一转，说："我明白你不喜欢现在住的宾馆，给你安排一家好的吧。"

"不用，谢谢，我的宾馆挺好。"

很快他又开始试探，于是我说："罗杰斯先生，我关心的不是个人舒适问题，而是开展调查工作。我想做些什么！"

最终，罗杰斯同意我去街对面和NASA的人谈话。

很明显，我成了罗杰斯先生的眼中钉。格雷厄姆试着跟我解释："身为技术人员，假如你成了负责调查法律事故委员会的主席，你的成员几乎都是律师，而其中有个人总是在说'如果能直接和其他律师对话，会更高效'之类的话，你应该也更愿意自己先找到方向，而不是让别人冲上去先调查一番吧。"

很久以后，我理解了罗杰斯先生有很多不得不去处理的问题。比如说，我们每个人收到的每条信息都要记入档案，并且让其他委员都能看到，所以必须建立一个中央资料库。像这样的事情是很花费时间的。

————————————

周六早上我去了NASA。格雷厄姆安排人来跟我讲航天飞机的情况。虽然他们在NASA的职级都很高，但技术上也十分专业。

第一个人跟我讲了有关固态火箭助推器的全部——推进剂、发动机和除了密封装置之外的所有。他说："密封装置专家下午会过来。"

第二个人给我讲了关于引擎的事。基本操作还算是简单易懂，但还有各种各样的控制装置，包括管线的支撑和牵引、零部件发出的热量，用高压氢气推动小螺旋桨带动另一个零件，再通过排气阀泵送氧气——诸如此类的事情。

这些内容确实很有趣，我也尽我所能去理解，但过了一会儿，我还是对他说："关于引擎，我暂时先听到这里。"

"但是引擎方面，您还有很多需要了解的呢。"他说。

但我忙于在助推火箭上找问题，所以说："我得以后再听主引擎的情况了，等我时间更充裕的时候。"

接下来的人跟我讲的是轨道飞行器。我感觉有点糟糕，因为他用周六宝贵的时间来见我，而轨道飞行器似乎和这场事故没有任何关系。了解航天飞机的其他部分对我来说已经够费力了，毕竟大脑每立方英寸只能存储一定量的信息。我让他讲了一些情况，但很快我就忍不住跟他说，这些问题太具体了。于是我们就愉快地聊了一会儿天。

———————

下午，密封装置专家来了——威克斯先生，还做了一场几乎算是JPL介绍会延续的讲解，补充了更多细节。

虽然有填充物和其他物质，但最终的密封装置是两个名为O形环的橡胶环，大约有1/4英寸厚（约0.6厘米）、平面直径12英尺（约3.7米）——而且差不多有37英尺（约11.3米）长。

莫顿·塞奥科橡胶公司最初的设计意图是推进剂燃烧产生的压力会压扁O形环。但由于连接处比外壁更结实（厚3倍），外壁向外弯曲，进而连接处也弯了一点点——足以将O形环抬离密封区。威克斯先生告诉我这种现象叫作"连接转动"，早在航天飞机发射之前就已发现。

虽然连接处的橡胶部件名为O形环，但是其使用方式和普通O形环不同。通常情况下，如密封汽车发动机里的机油，装置中会有滑动件和转轴，但空隙始终保持不变。而O形环是放置在里面，位置固定不变。

但就航天飞机而言，随着火箭内部压力增大，空隙也会膨胀。为了保持密封性，橡胶的膨胀速度必须快到可以填补空隙——在发射过程中，空隙会在几分之一秒内产生。因此橡胶的回弹性是设计中至关重要的一环。

莫顿橡胶公司的工程师发现这些问题后，去找橡胶生产商帕克密封设备公司寻求建议。而帕克公司的答复是，O形环的本来用途并非如此，所以他们无法给出建议。

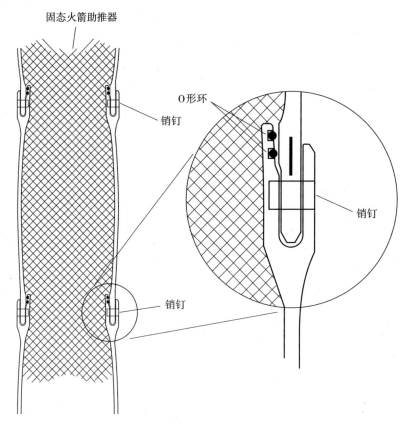

连接转动是火箭内部压力造成的，因为压力使外壁弯曲变形的程度比连接处大。空隙一旦产生，热气就会流经一个或两个O形环。

虽然几乎在项目开始阶段，莫顿橡胶公司就已经知道连接的实际效果与设计目标不符，但仍然继续在这个装置上苦苦挣扎。他们做了很多临时改进。其中之一就是为了使连接保持密封而放进垫片，但是连接仍然会泄漏。威克斯先生给我看了前几次飞行中发生泄露的图片：如果O形环后有一处因为泄漏的热气经过而变黑，工程师们就称之为"窜漏"；如果O形环自身被烧焦了一点，则称之为"侵蚀"。下页图显示了所有飞行记录，以及每一次窜漏和侵蚀的严重程度。我们从头到尾过了一遍飞行历史，直到最后那次，51–L。

我说："哪里有提到他们对这个问题的讨论？进展如何？是否取得一些成果？"

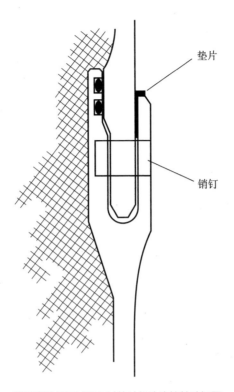

莫顿橡胶公司试图通过垫片解决连接转动问题

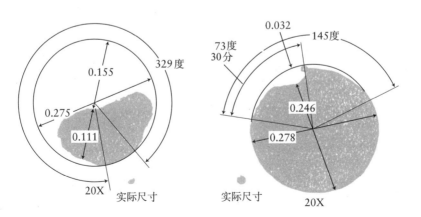

O形环侵蚀的两个例子。侵蚀发生的位置不固定，37英尺长的O形环会有2或3英寸出现侵蚀。（"实际尺寸"的直径约为1/4英寸。）

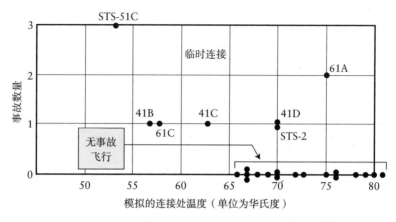

温度和O形环事故的相关性

建议

- 最关键的问题是临时连接缺乏良好的二次密封，应尽快找到减少连接转动的方法，缓解紧急状态
- 要通过冷流建模来创造点火和发动机运行过程中接头区域的流动条件，消除O形环侵蚀
- 使用QM-5静态测试来鉴定唯一经飞行认证的接头填充材料（石棉填充真空填充物）的第二来源，确保飞行计划时间表
- VLS-1应在所有接头中使用唯一经飞行认证的接头填料（伦道夫石棉填充真空填充物）
- 要进行附加冷热分量测试，改善O形环侵蚀问题的解析模型，并为受侵蚀的O形环建立安全系数
- <u>对现有数据的分析表明，只要对所有接头进行200 psi（压强单位，磅力/平方英寸）稳定压强下的泄漏检查，保证密封区域无污染且符合O形环挤压需求，就可以继续安全使用现有设计</u>
- 继续加快工作步伐，消除SRM密封装置的侵蚀问题

密封装置报告中自相矛盾的部分已画线

唯一有关的记录是在"发射准备状态评估"中，而在两次飞行之间，从没有人讨论过密封装置的问题！

我们看了报告的总结部分。和以前一样，所有内容都写在小圆点之后。第一行是：

> ● 最关键的问题是临时连接缺乏良好的二次密封，应尽快找到减少连接转动的方法，缓解紧急状态

接近结尾的地方写着：

> ● 对现有数据的分析表明，只要对所有接头进行200 psi稳定压强下的泄漏检查[*]……就可以继续安全使用现有设计

我为这样的自相矛盾感到震惊："如果这个问题是'最关键的'，又怎么能'继续安全使用'呢？这还有什么逻辑可言？"

威克斯先生说："是的，我明白你的意思。看，这里说的是'对现有数据的分析……'。"

我们重新查看了报告，找到了分析部分。分析是建立在各种假设上的计算机模型，而那些假设并不一定都成立。计算机的危险之处在于：垃圾进、垃圾出（GIGO）——输入的信息无效，输出的必然也无效。分析的结论是，即使并非出于原始设计，一些不可预测的少量泄漏是可以接受的。

如果**所有**密封装置都发生了泄漏，那么问题对NASA来说显而易见：非常严重。但实际只在个别飞行中发生了少量的泄漏，NASA对此采取了一种奇特的态度：如果只有一个密封装置少量泄漏，而飞行又成功了，说明问题不大。可以用这种态度试试俄罗斯轮盘赌：扣动扳机，如果枪没响，说明再扣一次扳机肯定也是安全的……

威克斯先生说，有传言称密封装置问题无端传到了媒体耳中。他有些苦恼，因为这会让公众认为NASA在刻意隐瞒。

我告诉他，我对格雷厄姆安排来和我谈话的人非常满意，因为我已经在JPL那里听过密封装置的问题，所以这也不是什么惊人内幕。

---

[*] 在后续的调查中，我们发现极有可能正是这个泄漏检查导致了我在JPL听说的铬酸锌填充物中的危险气泡。——费曼原注

———————

第二天星期日，比尔·格雷厄姆带我和他的家人去了美国国家航空航天博物馆。我们一大早一起吃了早餐，然后去街对面参观博物馆。

我本以为里面会有很多人，那是因为我忘了格雷厄姆是怎样的一个大人物。博物馆还没有对外开放，所以有一段时间我们独享了整个博物馆。

我们还看到了萨莉·赖德。她在展示柜里，穿着宇航服，拿着头盔和其他设备。蜡像看起来和她一模一样。

博物馆里有一个特别的电影院，正在上映一部关于NASA及其成就的电影。这部电影很棒。之前，我没有完全意识到为航天飞机项目奋斗的人，数量如此庞大，付出如此之多。电影就是这样，跌宕起伏，激荡人心，看完之后我几乎要哭出来了。我能看出那场事故对NASA是个可怕的打击。想到那么多人为航天飞机倾注了那么多心血，但它却爆炸了，我就更坚定了帮助大家尽快查清事故的决心，只有这样所有工作人员才能重新回到正轨。看完这部电影后，我的心态改变很多，我从NASA的半个反对者变成了强烈支持者。

———————

那天下午，我接到了库提那将军打来的电话。"是费曼教授吗？"他说，"我要跟你说几件紧急的事情。啊，稍等一下。"

我听到背景音是军乐队风格。

音乐停止后，库提那将军继续说："抱歉，教授，我在参加空军乐团的音乐会，他们刚刚演奏的是国歌。"

我能想象乐队演奏《星条旗之歌》时，他身着制服，立正站好的样子，而且还一只手敬礼，另一只手拿着电话。"将军，什么事？"

"第一件事就是，罗杰斯让我告诉你不要去NASA。"

我不以为意，因为我前一天已经去过了。

他继续说："另一件事是，我们明天下午要开一场特别会议，听一个人做分享，他的故事刊登在了今天的《纽约时报》上。"

我心中偷笑：所以不管怎么说，我们周一还是要开一场特别会议！

接着他说："今早修理化油器时，我就在想：航天飞机起飞时的温度是28或29华氏度（约−2.2摄氏度到−1.7摄氏度）。而此前的最低温度是53华氏度（约11.7摄氏度）。你是教授，你认为低温对O形环造成了什么影响？"

"哦！"我说，"低温会使O形环变硬。没错！"

他只跟我了说这么多。后来我根据这条线索取得了很大的成就，这要归功于他的观察。理论物理学教授经常需要他人启发；而他只是用自己的知识来解释他人的观察而已！

————————

周一早上我和库提那将军去了格雷厄姆的办公室，问他知不知道温度对O形环的影响，有没有相关信息。他说手头没有，但会尽快交给我们。

不过格雷厄姆确实给我们看了一些有趣的照片。照片显示，爆炸发生前几秒，一簇火焰从右侧固体火箭助推器上冒了出来。很难判断火焰具体是从哪里来的，但是办公室里刚好有航天飞机的模型。我把模型放在地上，绕着它走了几圈，找到和照片上完全一样的角度——大小一样，方向也一样。

我注意到每个助推火箭上都有一个小孔，叫泄漏测试孔，可以通过施加压力来测试密封装置。测试孔位于两个O形环之间，如果没有牢牢关紧，而第一个O形环又失效的话，那么气体就会从这个孔中漏出，导致灾难发生。火焰可能就是从这个测试孔冒出的。当然，除此之外，也可能有更大的火焰生成在其他地方，而我们看到的只是冰山一角。

————————

那天下午，我们开了紧急闭门会议，听登上《纽约时报》的人做分享，他就是库克先生。

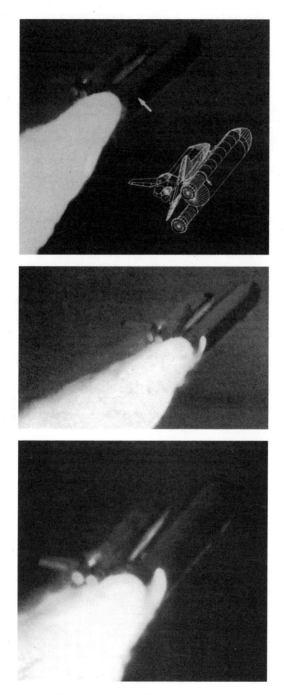

火焰的变化，可能来自泄漏测试孔区域。

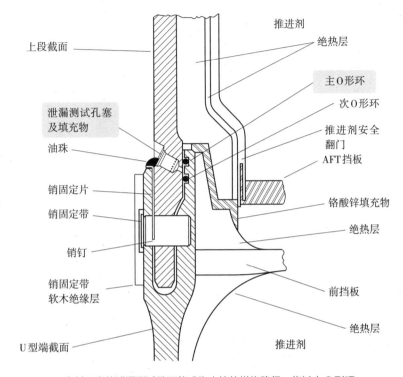

上段截面
推进剂
绝热层
主O形环
次O形环
泄漏测试孔塞
及填充物
油珠
推进剂安全
翻门
AFT挡板
销固定片
销固定带
铬酸锌填充物
绝热层
销钉
销固定带
软木绝缘层
前挡板
绝热层
U型端截面
推进剂

密封不当的泄漏测试孔可能成为火焰的燃烧路径，绕过主O形环。

他在NASA的预算部门任职，当时的工作是去调查可能存在的密封问题以及估算修复成本。通过跟工程师们交流，他发现密封装置这个大问题由来已久。于是他在报告中写明了修复成本——一笔巨款。在媒体和某些调查委员来看，库克先生的故事或许是个大新闻，好像NASA想在密封装置问题上对公众有所隐瞒。

而我不得不继续坐着，一边等待这种毫无必要的兴奋劲儿过去，一边琢磨着是不是每次有这样一篇文章登报，我们就要为此召开一场特别会议。这样的话，我们是不会取得任何进展的。

但随后，就在这场会议上，发生了几件非常有意思的事情。首先，一些照片显示，点火后不久就有阵阵黑烟从临时连接处冒出，当时航天飞机甚至还没有离开发射台。这些烟和随后出现的火焰来自同一个位置——很有可能就是泄漏测试孔。现在没什么疑问了，所有证据都吻合。

一团团黑"烟"（实际是未燃烧完成的颗粒）和之前观察到的火焰一样从同一处逸出。

接下来发生了一件完全出乎意料的事。莫顿橡胶公司的工程师麦克唐纳先生想要发言。他是自己来参会的，没有受到任何邀请。麦克唐纳先生说，莫顿橡胶公司的工程师早就知道低温会导致密封装置出问题，他们也对此万分忧心。发射前一晚，在发射准备状态评估中，他们告知NASA，温度低于53华氏度（约12摄氏度）——此前最低温度，飞机就不能起飞，而发射那天早上的温度是29华氏度（约零下2摄氏度）。

麦克唐纳先生说NASA对这一说法感到"震惊"。会议负责人穆洛伊先生认为证据"并不完整"——一些侵蚀和窜漏的现象是在温度高于53华氏度时发生的，所以莫顿橡胶公司应该重新考虑反对飞行的意见。

莫顿橡胶公司自相矛盾，但麦克唐纳不愿同流合污，说："如果飞行出了问题，我可不想站在调查委员会面前说自己同意了这次飞行，还允许飞机在合规范围之外飞行。"

由于消息过于惊人，罗杰斯先生不得不再次确认："请问我理解得对吗？你是说……"他复述了一遍。麦克唐纳说："没错，先生。"

整个委员会都很震惊，因为这是我们所有人第一次听到这样的情况：不仅仅是密封装置出了问题，可能管理上也出了问题。

罗杰斯先生决定，我们应该仔细研究麦克唐纳先生所说，在公之于众前掌握更多细节信息。但是为了及时告知公众，我们会在明天，也就是周二，召开一场公开会议，库克先生也要在现场证实。

我想："这就像一场表演：我们明天会说和今天一模一样的话，而不会了解到任何新东西。"

———————————

我们正要离开时，比尔·格雷厄姆给我拿来一叠文件。

"天哪！这么快！"我说，"我今早才跟你要的！"格雷厄姆总是非常配合。

最顶上的文件上写道："统辖委员会的费曼教授想知道温度变化对O形环回

弹性的影响……"——这是写给下属的备忘。

这条备忘下面是另一条备忘："统辖委员会的费曼教授想知道……"——上位下属写给他下属的字条，信息就这样层层传下去。

底层的可怜虫在纸上写上了一些数字，接着是一系列提交文件，这说明答案已经向上一级层层传递上去了。

这叠文件就像一个三明治，藏在最中间的才是答案——但他们理解错了问题！答案写道："在特定温度和压力下挤压橡胶两小时，然后看看多久能恢复原状。"——在几小时内。而我想知道的是在发射过程中，橡胶在**几毫秒**之间的反应速度有多快。所以这条信息没有任何用处。

我回到宾馆，闷闷不乐地吃着晚餐，看到桌上惯例性地摆着一杯冰水。我看着冰水对自己说："该死，我不用NASA来来回回传文件也能找到橡胶问题的答案，我就应该自己去做！"

我想："明天我们坐一起听库克讲今天说过的废话时，我就可以做这件事。这种会议上总会提供冰水，我可以因此节省时间。"

然后我想："不行，这样太不礼貌了。"

但我又想到了物理学家路易斯·阿尔瓦雷茨。他的胆识和幽默感令我钦佩，于是我想："如果阿尔瓦雷茨在委员会里，他也会这么做，这就足够了。"

伟大的物理学家都用最直接的方法找答案，像数"一、二、三"一样简单，而其他人却费力地用复杂的方法解决问题。例如，人们发现紫外线和X射线后，出现了一种新型射线，叫作N射线，是安德烈·布朗洛在法国发现的。N射线很难检测：其他科学家无法重复布朗洛的实验，以揭露伪科学著称的美国著名物理学家罗伯特·威廉姆斯·伍德决定去布朗洛的实验室一探究竟。

布朗洛进行了公开演讲和示范。N射线遇铝发生折射，所以他把各种透镜排成排，最后放一个中间是铝棱镜的大圆盘。铝棱镜慢慢转动时，N射线从这边向上射入、从那边弯折射出，而布朗洛的助手负责报告射线的强度——不同角度的强度不同。

N射线会受光的影响，所以布朗洛关掉灯光，好让读数更敏感。他的助手则持续报告着射线的强度。

灯光恢复后，伍德站在前排，用指尖夹着那块铝棱镜，高高举在空中，大家都知道是怎么回事了！（实验中根本没有用到铝棱镜，不存在的"N射线"却发生了"折射"。）至此N射线的骗局才告一段落。

我想："就是这样！我得去搞一块橡胶样品。"我给比尔·格雷厄姆打去电话。

得到的答复是不可能拿到原样：它们存放在肯尼迪航天中心。但是后来格雷厄姆想起来，我们明天开会要用的临时连接模型里有两块橡胶样品。他说："明天开会前，先来我办公室集合，看看能不能把橡胶拿出来。"

————————

第二天早上，我起得很早，走到宾馆门口。时间是早上八点，正在下雪。我打到一辆出租车，对司机说："我要去五金店。"

"五金店？"

"是的，我去找点工具。"

"先生，附近没有五金店，这边是国会大楼，那边是白宫——等下，我想起来那天好像路过了一家。"

我们找到了这家店，但是8点半才开门——现在是8点15分，所以我在外面等着。自从我来到华盛顿就一直打扮得西装革履的，为的是在本地人中不那么显眼。

华盛顿人习惯在大楼里穿西服（楼里都有暖气），在大楼间走动或者从大楼走到出租车上（如果大楼之间的距离太远），这样穿就足够了。（所有出租车上也都有暖风。）但是本地人似乎尤其怕冷：外出时，还会在西服外面套一件大衣。我还没来得及买大衣，所以在雪中站在五金店门口的我，仍然挺显眼的。

8点半我走进店里买了两个螺丝刀、几个钳子，还有能找到的最小的C形夹。然后去了NASA。

去格雷厄姆办公室的路上，我想那个夹子可能太大了。时间不多，我快速跑去NASA的医学部。（我知道医学部的位置，因为我在心脏病医生的要求下去验过血，他一直尝试为我电话治疗。）我想借一个可以放在管子上那种医用夹子。

他们没有那种夹子。但那里的人说："试试你的C形夹能不能放进玻璃杯里吧！"夹子很容易就放进去了。

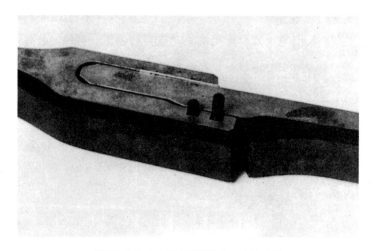

费曼从中取出O形环样品的临时连接模型

我走进格雷厄姆的办公室。

我们只用一把钳子就从模型里轻松取出了橡胶。所以橡胶样品已经到手了。虽然我知道把第一次实验留在公开会议上会更激动人心，也更诚实，但我还是做了这件让自己感到有点羞耻的事，我作弊了，因为我无法抗拒这样的诱惑。我先试了一遍。惯例是先开闭门会议、再开公开会议，但其实在公开会议的实验之前，我就已经知道了结果。接着我把橡胶放回模型里，格雷厄姆再把它带到会议上去。

我去了会议现场，一切准备就绪，钳子在一个兜里，C形夹在另一个兜里。我坐在了库提那将军旁边。

之前的会议上，每个人都有冰水喝，这次却没有。我站起身，走到一位貌似负责人的面前，说："请给我一杯冰水。"

他说："好的，没问题！"

5分钟后，保安关上门，会议开始，而冰水还是没有送来。

我跟刚刚那个人示意。他走过来说："别着急，水马上到。"

会议进行中，穆洛伊先生开始讲密封装置的情况。（很显然，NASA想赶在库克先生之前告诉我们有关密封装置的事情。）大家开始传看模型，每个委员都要稍微看一下。

与此同时，冰水还没来。

穆洛伊先生解释了密封装置原本的工作方式——用NASA特有的语言：奇怪的术语和缩写词，在他人听来犹如天书。

理查德·费曼听取证词

我一边等冰水，一边开始做铺垫："发射过程中的振动导致了火箭接头的移位——对吗？"

"没错，先生。"

"在接头内部，这些所谓的O形环本应通过膨胀达到密封的目的——是这样吗？"

"是的，先生。静态环境下，它们应该直接接触上段和U形端*，并压缩两万分之一英寸。"

"为什么不把O形环拿出来？"

"那样的话，热气就会膨胀，穿过接头……"

O形环冰水演示

---

* 上段相当于接头的插头，U形端相当于插座。——莱顿原注

"那为了密封装置能有效工作，O形环必须是橡胶材质，不能是铅一类受到挤压不发生形变的材质？"

"是的，先生。"

"那么，如果O形环在一两秒钟内没有回弹，是不是足以导致非常危险的后果？"

"是的，先生。"

这就把问题引到了低温和橡胶回弹性上。我想证明，穆洛伊先生一定早就知道温度会造成影响，尽管他曾声称证据"并不完整"（麦克唐纳先生说过）。但是，我手上还是没有冰水！所以我先停了下来，让其他人发问。

模型传到了库提那将军手里，他又传给了我。我从兜里掏出夹子和钳子，把模型拆开，我手里拿着O形环，就差冰水了！我再次回头，跟那位已经被我打扰多次的负责人示意，他向我比画说："别着急，马上来！"

很快，我看到前面有一位年轻女士，端着放满杯子的托盘。她给了罗杰斯先生一杯冰水，又给了阿姆斯特朗先生一杯。她在讲台上的几排座位间来回穿梭，给每个人发冰水！把水壶、杯子、冰、托盘这一整套装备都带上。真是辛苦她了——这样所有人才喝上了冰水。

终于拿到冰水后，我并没有喝，而是用C形夹夹起橡胶环，放进装着冰水的杯子里。

几分钟后，我已经准备好要展示实验成果了，于是伸手去按激活麦克风的按钮。

库提那将军已经明白了我的意图，迅速凑过来对我说："副驾驶呼叫飞行员：现在还不行。"

没过一会儿，我又伸手去按麦克风。

"先别！"他指着介绍手册（里面有穆洛伊先生要讲的所有图表和幻灯片）说道，"他讲到这张幻灯片，这里，你再发言。"

终于，穆洛伊先生讲到了那里，我按下麦克风的按钮，说："我从模型上取下这个橡胶环，用夹子把它夹进冰水里放一会儿……"

然后我把夹子拿出来，举到空中，一边松开夹子一边说道："我发现松开夹子后，橡胶并不会回弹。换句话说，这种特殊材料在32华氏度（0摄氏度）环境下会有几秒钟没有回弹性。我认为这对我们解决问题有重要意义。"

穆洛伊先生回答之前，罗杰斯先生先开口了："当然，我们会在专门的天气会议上着重讨论这个问题。而且我认为这是很重要的一点，穆洛伊先生一定也很认可，并会在下次会议中予以解释。"

午休时记者们来找我，问了类似这样的问题："您说的是O形环，还是填充物？""能具体解释一下O形环到底是什么吗？"我因为没能在会议上把观点讲清楚而感到非常沮丧。但是那天晚上，实验的重要性受到了所有媒体的重视，第二天，报纸文章就把一切解释得清清楚楚。

检查六点钟方向!

我的表妹弗朗西斯给我讲了一些关于媒体的事情。她曾在尼克松和福特执政期间做过美联社白宫通信记者，现在则在CNN（美国有线电视新闻网）工作。弗朗西斯给我讲了很多关于人因为害怕媒体而从后门跑掉的故事。听完这些事，我觉得媒体并没有在作恶，记者只是想要帮人们了解正在发生的事，以礼相待总不会有什么坏处。

我发现只要给他们采访机会，记者们都是很友善的。所以我并不恐惧媒体，我也总是会回答他们的问题。

记者们会跟我说我可以选择"匿名"。但我不想要什么花招，也不想让我的话听起来像是泄露什么机密。所以我想跟媒体透露什么信息时，总是直言相告。于是我的名字成了各大报纸的常客，几乎家喻户晓。

旁人看来，好像总是我在回答记者们的问题。委员会的其他成员通常会急于出去吃午餐，而我还会留下来，继续回答问题。我是这样想的："如果有记者追问你某个词是什么意思，你却急着跑开了，那举办公开会议又有什么意义呢？"

我们忙完终于要去吃午餐时，罗杰斯先生会提醒我们要对媒体谨言慎行。我大概会说："好吧，我只是和他们说了一些O形环的情况。"

而他会说："没关系。您一直做得很好，费曼教授。我对此没有异议。"所以我到现在都没搞明白，他说的"谨言慎行"到底是什么意思。

作为调查委员会的一员，工作非常紧张，所以我喜欢偶尔跟弗朗西斯和查克一起吃晚餐，查克是我妹妹的儿子，在《华盛顿邮报》工作。因为罗杰斯先生总是在强调工作保密性，所以我们约定对我正在做的事只字不提。如果CNN想要从我这得到什么消息的话，就要派另一个记者来采访，同样对《华盛顿邮报》适用。

我跟罗杰斯先生报备了我有亲戚在媒体上班："我们说好了不谈我工作上的事。您觉得有什么问题吗？"

他笑着说："完全没问题，我也有一个表亲在媒体工作，完全不用担心。"

————————————

周三，委员会没有什么安排，库提那将军邀请我去五角大楼给我讲空军和NASA的渊源。

这是我第一次进五角大楼。里面的士兵全部身穿制服，随时待命——和我们平民生活大不相同。库提那将军对一个士兵说："我要用接待室……"

"是，长官！"

"……我们需要什么什么内容的幻灯片。"

"是，长官！是，长官！"

库提那将军在这间特殊接待室里为我做了重要的介绍，所有人都在旁边待命。幻灯片从后面投在一面透明的墙上，效果非常惊艳。

库提那将军会说类似这样的话："某某议员是NASA的人。"而我会半开玩笑地说："将军，别跟我说这些细枝末节，我的脑子快装不下了！不过别担心，我会统统忘掉的。"我想简单一点：先找到航天飞机事故的真相，再考虑巨大的政治压力。

展示过程中，库提那将军注意到调查委员会的每个人都因为自身的人际关系而存在一些弱点：他自己担任空军航天飞机项目经理期间，曾与NASA人事部门密切合作，发现要解决NASA管理上的棘手问题，不能说不可能，但也是极为困难的。再比如，萨莉·赖德仍在NASA任职，所以她不能畅所欲言。而科弗特先生曾经参加过引擎的研发工作，做过NASA的顾问，等等。

我说："我供职于加州理工学院，但我不认为这是弱点。"

"嗯，"他说，"没错。你无懈可击——至少在我们看来是这样。但是我们空军有个规矩：检查六点钟方向。"

他解释说："飞行过程中，飞行员检查了所有方向的情况后，感觉很安全。而另一个人可能正在他身后（也就是'六点钟方向'，'十二点钟方向'是正前方）准备射击。大多数飞机都是这样被击落的。认为自己很安全的想法是非常危险的！你肯定在某个方面有弱点，所以必须时刻检查自己的六点钟方向。"

一个下属走了进来，小声汇报说现在有人要用这间接待室。库提那将军说："跟他们说我们在10分钟之内结束。"

"是，长官！"

最后，我们出来了。发现大厅里有十位将军正等着用那间屋子，而就在刚才，我还坐在里面，独享了一场私人讲演。我感觉棒极了。

─────────────

那天剩下的时间，我给家里写了一封信。向来访的弗朗西斯和查克描述罗杰斯先生的反应时，我开始担心"检查六点钟方向"的问题。我在信中写道：

……我对罗杰斯的反应很满意，但是写这封信时，我又有了新想法。一切都太简单了——之前的会议上他曾经明确谈到过绝对不能泄密。有人要陷害我吗？（亲爱的，看，我的华盛顿妄想症已经发作了。）……我认为可能真有些不为人知的秘密，而有人想阻止我去发现。如果我离真相太近，他们可能会想方设法让我名誉扫地……所以，虽然不情愿，但我不得不停止跟弗朗西斯和查克的会面。不过我会先问弗朗西斯这样想是否过于多疑了。罗杰斯和蔼可亲又十分可靠，但这样看太肤浅了，我实际上很有可能是他的眼中钉……

明天早上6点15分，我们会乘专机（有两架）去肯尼迪航天中心听

"汇报"。不出意外还会到处走走，参观场馆什么的——哎呀——没有讨论技术细节的时间，也没人要讨论。好吧，没用的。如果我周五得不到满意的答案，周六周日就继续留在那里。如果他们周末休息，我就留到周一周二。我已下定决心要查个水落石出——不论后果如何！

我猜他们会让我去做统计数据和整理细节相关的工作，淹没在琐碎的信息里无法抽身……好让他们有时间在关键的证人证言上做手脚。但这样做是没有用的，因为首先，我处理技术数据的速度比他们想象中快得多，其次，我已经嗅到了可疑的味道，就无法忘掉，因为我喜欢可疑的东西，它们是通往刺激冒险旅程的蛛丝马迹。

我感觉自己像是瓷器店里的一头公牛（bull），公牛最好应该出去犁地。更确切地说，我是瓷器店里的一头牛（ox），因为瓷器店才是公牛（bull）。*

所以，虽然我更愿意在家里做些别的事情，但我在这里也过得有声有色。

爱你的

理查德

媒体传言，NASA 是迫于巨大的政治压力才决定发射航天飞机，关于压力来源，各家媒体则众说纷纭。对我来说，这是一个充满谜团的世界，各方力量深不可测。我会继续调查这件事，只要好好保护自己，就不会有事。但我必须时刻保持警惕。

---

* 费曼想要推翻那些声称 NASA 一切运转良好的鬼话（"bull—"）。——莱顿原注

侦探

终于，周四一大早我们到了佛罗里达。原计划是被带领参观位于卡纳维拉尔角的肯尼迪航天中心。但始料未及的是，媒体早已走漏了风声，所以我们就先开了一场公开会议。

首先，我们看了一些清晰的照片，显示航天飞机在发射台上时就已经有烟冒出。对准发射地点的摄像机到处都是——大概有一百台。有两台摄像机直接对准了冒烟的地方，很奇妙——还是什么都没拍到。但是从其他摄像机拍摄的照片来看，有四五股黑烟从一个临时连接上冒出来。这些"烟"不是燃烧物，而是由于火箭内部挤压而排出的碳和污染物。

烟气停了几秒钟：密封装置不知怎么堵住了，但只是暂时的，1分钟后又裂开了。

我们讨论过烟气中的物质含量。那几股烟大概6英尺（约1.8米）长，几英尺厚。烟气中的物质含量取决于烟气颗粒的大小，且不能排除烟气中含有大块胶状物的可能，所以很难判断。还因为照片是从侧面拍摄到的，所以火箭周围可能有更多烟气。

为了确立最小值，我假定一个颗粒体积，使其在给定材料的情况下能制造出尽可能多的烟气。结果小得出奇——大概只有一立方英寸（约16立方厘米）：如果有一立方英寸的这种物质，就能得到这么多烟。

我们要来了前几次发射的照片。随后发现此前任何一次飞行都没有冒过烟。

我们还从一个叫查理·斯蒂文森的人那里听说了发射前的低温情况，查理是冰队*的负责人。

他说夜间温度曾下降到22华氏度（约–5.6摄氏度），其他队员甚至在发射台的某些地方测到了8华氏度（约–13.3摄氏度）的低温，他们也十分费解。

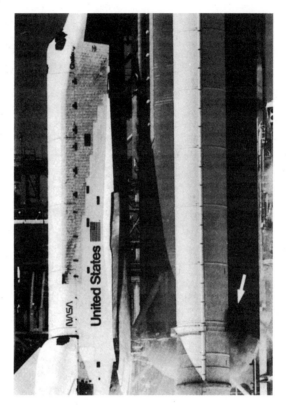

发射台上拍摄的有"烟"的清晰照片

午休期间，当地电台的一位记者问我对低温读数问题的看法。我说，在我看来，22华氏度的空气经过大燃料箱进入火箭助推器时，液氢和液氧又使其进一步冷却。出于某种原因，这位记者认为我给了他一份重要的秘密情报，所以当天晚上的报道中没有出现我的名字，取而代之的是："消息来自一位诺贝尔奖

* 冰队（ice crew）的正式名称是最后检查组（Final Inspection Team），任务是在最后时刻彻底检查已经填满燃料的航天飞机。他们将通过检查来定位是否有不正常的结冰现象等。一旦发现问题，他们将实时做出是否可以发射的决定。

得主，可信度毋庸置疑。"

下午，遥测技术人员为我们提供了航天飞机最后时刻的各种信息。他们做了数百种测算，结果都显示，航天飞机在这些情况下依旧能正常运转：起火后，液氢箱的压力值突然出现为时几秒钟的下降；操纵航天飞机的回转仪本来运转良好，但助推火箭一侧起火产生的侧推力导致其中一个回转仪的工作负荷远远超出另一个；液氢箱爆炸后，主发动机因燃料管线压力下降而自动关闭。

会议持续到晚上7点半，所以我们把参观时间推迟到周五，然后直接去参加罗杰斯先生安排的晚宴。

———————————

晚宴上，我碰巧坐在阿尔·克尔旁边，他周一刚刚加入委员会，担任执行干事，协助罗杰斯先生组织和管理我们的工作。他来自白宫的管理与预算办公室，因工作出类拔萃而颇负盛名。罗杰斯先生不停地说，能跟业界翘楚共事，我们不胜荣幸。

但让我印象深刻的是，克尔博士拥有航空航天博士学位，还在伯克利做过一段时间博士后。周一自我介绍时，他开玩笑说他最后一次为了讨生活而"埋头苦干"是在十一二年前为航天飞机项目做空气动力学工作的时候。所以我对他充满好感。

然而，我和克尔博士还没说上5分钟的话，他突然跟我说，他这辈子从没受过这样的侮辱，他来这里工作不是为了受辱的，他再也不想跟我说话了！

而因为做了什么蠢事或者惹人生气时，我总是能转头就忘，所以我不记得自己说了什么而惹他生气。无论说了什么，我都以为自己是在开玩笑，所以我对他的反应感到很惊讶。我肯定是毫不自知地说了什么粗野无礼、傻里傻气的话，所以我才会不记得！

接下来的5~10分钟时间里，气氛十分紧张，我一直在道歉，试图让交谈继续。好在最后总算化解尴尬，继续交谈。我们不是特别好的朋友，但至少相处还算和睦。

————————

周五早上，我们又开了一场公开会议，这次是听莫顿·塞奥科橡胶公司和NASA的人讲发射前一晚的事情。会议推进得很缓慢：当事人并不想和盘托出，所以提问必须直指要害才能有所收获。

委员会里的其他人都很警醒——比如萨特先生。"在什么什么样的情况下你们的验收质量标准具体是什么？"他会问出类似这样具体的问题，而答案就是，他们根本没有这样的标准。科弗特先生和沃克先生也是一样。每个人都问出了好问题，而我大部分时间一头雾水，反应总是慢半拍。

然后轮到莫顿橡胶公司接受询问。罗杰斯先生和赖德博士问橡胶公司的两位经理梅森先生和隆德先生，直到最后时刻，有多少人反对这次发射？

"我们没有召集所有人投票。"梅森先生说。

"是有很多人反对发射，还是只有一两个？"

"我想，那时大概有五六个工程部的人说过，低温条件下发射不是很保险，问题是我们也不能百分之百确定是否行得通。"

"所以是一半一半？"

"只是大致估计。"

我忽然明白橡胶公司的经理含糊其词，避重就轻。而我的问题单刀直入："两位能否按照能力从高到低，把你们公司最好的四位密封装置专家的名字告诉我？"

"罗杰·鲍伊思乔利和阿尼·汤普森分别是第一和第二。然后是杰克·卡普和，嗯……杰瑞·伯恩斯。"

我转向鲍伊思乔利，他刚好在场："鲍伊思乔利先生，当时您同意起飞了吗？"

他说："不，我没同意。"

我又问汤普森先生，他也在。

"不，我没同意。"

我说："卡普先生呢？"

隆德先生说："他不在。我和他谈过，他说，'根据当时掌握的信息，我应该会同意发射'。"

"那第四位呢？"

"杰瑞·伯恩斯。我不知道他的意见。"

"所以，"我说，"四人当中，一位'不知道'，一位'很有可能同意'，而前两位，就是在说起最好的密封装置专家时你们最先提到的那两位，都说不同意。"所以这套"一半一半"的说法完全是胡扯。最了解密封装置的人——他们是怎么说的？

———————

下午晚些时候，我们参观了肯尼迪航天中心。参观很有趣，没有我想的那么糟。其他委员问了很多重要问题。我们没有时间去看助推火箭装配，但是快结束时准备参观迄今为止找到的残骸。我被这些集体活动搞得精疲力竭，所以找了个借口抽身，没参加后面的游览。

我跑到查理·斯蒂文森那儿看了更多有关发射的照片。关于异常低温问题，我也有了更多发现。工作人员都很配合，希望我和他们一起找到答案。为了找到这样一个可以放手去干的地方，我已经等了十天，现在终于找到了！

那天晚餐时，我对罗杰斯先生说："我考虑周末留在这里。"

"费曼博士，"他说，"我更希望你今晚和我们一起回华盛顿。但是当然了，你想怎么做都可以。"

"那好，"我说，"我留下来。"

———————

周六，我和发射当天早晨真正测量温度的人聊了聊，他叫 B. K. 戴维斯，很好相处。他记录的每个温度都附有精确的测量时间和现场照片。测量时间间隔很大，因为他要在巨大的发射塔上爬上爬下。他测温的对象有：空气、火箭、地面、冰，甚至一摊含有防冻剂的雪泥，把工作做得完备而彻底。

NASA对发射台周围的温差进行了理论计算：温度本应该更均匀，也更高一些。有人认为原因可能是热量辐射到了晴朗的天空中。但又有人注意到戴维斯实际测量到的温度比照片中显示的低得多：只有8华氏度（约–13.3摄氏度），即使里面有防冻剂，雪泥应该也已经冻硬了。

然后我们查看了冰队用于测量温度的设备。我把设备说明书找出来，发现在使用设备之前，应该先置于环境中至少20分钟。戴维斯说他把设备拿出来后直接就开始测量了，当时环境温度为70华氏度（约21.1摄氏度）。因此，必须搞清楚是否可以重现当时的错误。也就是说，当时的环境是不是可以复现？

周一我给测温设备的制造公司打了电话，跟一位技术人员说："你好，我是迪克·费曼。"我说，"是调查'挑战者号'事故委员会的成员，关于你们的红外线扫描枪我有一些问题……"

"稍后给您回电话可以吗？"他说。

"当然。"

过了一会儿，他回电话说："很抱歉，这是专利信息。我不能跟您讨论。"

这时我已经知道真正难办的是：这家公司害怕我们把事故归咎于他们的设备，所以**吓得半死**。我说："先生，你们的扫描枪和事故没有关系，只是当天使用时没有遵照设备说明书。我现在想要搞清楚是否能重现当时的错误，从而确定那天早上的真实温度。因此，需要了解更多关于设备的情况。"

那人这才卸下心防，开始配合我们工作。在他的帮助下，我建议冰队进行了一项实验。把房间的温度降到40华氏度（约4.4摄氏度）左右，并放入一大块冰——冰的表面温度是32华氏度（即0摄氏度）。接下来从另一个室温70华氏度（约为21.1摄氏度）的房间里拿出扫描枪，每30秒钟测量一次冰块的温度。由此可得，随着时间变化设备测量结果的偏离程度。

戴维斯先生把测量结果写得非常详细，所以修正起来也非常简单。然后我们发现，重新计算后的温度明显和理论模型中的理想值非常接近，看起来很合理。

再次接受记者采访时，我澄清了关于温度的一切，并告诉他之前那位诺贝尔奖得主提出的观点是错误的。

我写了一份关于温度问题的报告给其他委员会成员，并发给了克尔博士。

———————

随后我调查了一件可能和事故原因有关的事情：助推火箭撞击海面时，形状因为冲击力而变得有点不那么圆了。在肯尼迪中心，这些火箭被拆解开来，每枚火箭分为四部分，用火车送往犹他州的莫顿橡胶公司，在那里装入新的推进剂。然后装到开往佛罗里达的火车上。运输途中，火箭部件（由于单面受力）被压扁了一点——软塌塌的推进剂非常重。虽然火箭被压扁的总量不足1英寸（约2.5厘米），但如果把火箭各部件重新组装起来，一个小缝隙就足以让热气泄漏：O形环只有1/4英寸厚，只能压缩1/200英寸。

我应该做一些计算。NASA给了我很多关于火箭部件变形程度的数据，所以我想算出最终的挤压量，及其位置——泄漏可能恰恰发生在最小挤压处。数据是沿着三条直径测量的，每条直径间隔60度。但是3条相等的直径无法保证整体贴合，6条也不行，多少条都不行。

例如，类似圆角三角形的图形，每隔60度，3条直径长度相等。

我记得小时候在博物馆里看到过这样一个装置：一根齿条平滑地前后移动，而它的下方则是一个非圆形看起来有点滑稽的奇怪齿轮在牵动着摇摇晃晃的传动轴。看似很不可思议，但它之所以能够运转就是因为齿轮的直径恰好总是相同。

所以NASA提供的数据毫无用处。

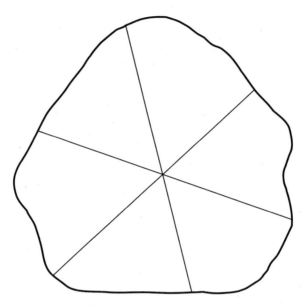

这个图形的三条直径完全相等，但很明显它并不是圆的。

那个周末，像我在写给家里的信中预测的那样，我不停地收到华盛顿调查委员会总部的指示："检查温度读数、检查照片、检查这个、检查那个……"一长串清单。但接到指示时，我其实已经完成了大部分。

其中有一条指示和一张神秘的纸条有关。据报告，肯尼迪中心有人在装配固态助推火箭时写下了"去吧"这样的话。语带轻率和鲁莽。而我的任务就是：找到那张纸条。

然而，到了这个时候，我已经知道NASA有多少繁文缛节了。我确信这是一个意在迷惑我的把戏，所以什么也没有做。

相反，我却在暗中调查着另一件事。

有传言说，NASA之所以无视低温条件想要航天飞机在1月28日起飞，是因为总统要在当天晚上发表国情咨文演讲。根据这个说法，白宫早就设计好要在国情咨文演讲过程中安排那位教师，麦考利夫女士，在太空中跟总统和国会通话，想想都会令人心潮澎湃。总统会说："你好！感觉怎么样？"而她会回答：

"很不错。"类似这种戏剧性的场面。

因为听起来很合乎逻辑，我认为这是非常有可能发生的。但是有证据吗？我不知道应该如何调查这类事情。我只能想到一点：想跟总统通话是非常难的，就像我没法跟一位身处太空的宇航员通话一样。由此可知，总统在国会发表演讲时，将信号从航天飞机转到总统那里是极其复杂的。

为了查出是否有人着手做了这件事，我深入一线，问了最基层的工人们一些技术问题。

他们向我介绍了天线、使用频率、大型无线电系统和计算机系统，全方位展示了自己的工作方式。

我说："如果要传送信息到别的地方，比如马歇尔太空飞行中心，你们会怎么做？"

他们说："哦，我们只是中继站。所有信息都会自动发送到休斯敦，在那里进行转换和传输。我们这里不做转换。"

所以我没有找到任何证据，至少没在肯尼迪中心找到。但是这里的人对我实在是太好了，有问必答，甚至让我有些愧疚。因为我不想欺骗别人，但毕竟我做的事有点不够光明正大。但我想等到了休斯敦，还是应该这样做。

———————

周一，霍茨先生来到佛罗里达和我一起工作。（随后他告诉我，他来这里是因为接到具体的指示：监督我的所作所为，并防止我"发疯"。）霍茨先生还带来一份调查清单，"清单上有很多任务，"他说，"我很乐意帮你分担一些。"有些任务他说他更方便执行，而其他任务我都已经完成了——除了那张写有"去吧"的纸条。霍茨先生旁敲侧击地说这张纸条可能来自助推火箭装配线上某个人的日记。对我来说这不算是个线索，因为我根本不打算去调查这件事。取而代之的是与兰伯斯先生的会面，因为他说过想跟我谈谈。

兰伯斯先生位高权重，是负责固态火箭助推器装配工作的大人物。他想跟我说说遇到的一些问题。"工人们以前更遵守纪律，"他说，"但现在大不如前了。"他给我举了几个例子。

第一件事与拆卸海上回收的助推火箭有关。火箭部件是由180根销钉环绕连接的，每根销钉直径约1.5英寸（约3.8厘米），长度约2英寸（约5厘米）。

拆卸部件有一定的步骤，按要求，工人们应该把火箭拉起一定高度。但他们只在意自己的力度大小——大约11000磅（约4989.5千克）。从物理角度上说，这是一种更好的方法，因为可以把负载从销钉上卸下来。

有一次测力计出了点儿问题，工人们一边不停加力，一边疑惑怎么还没到11000磅，突然，一根销钉崩断了。

兰伯斯先生斥责了工人们没有严格遵守规定。这让我想起了在姑妈开的旅馆里试图改进工作流程的事情：你的办法比规定的好，但也容易出事故……

兰伯斯先生告诉我的第二件事是关于组装火箭部件的。常规流程应该是将一个部件叠在另一个上，将上面的部件和下面的相匹配。

如果某个部件需要轻微重塑，工人们应该先用起重机把这个部件吊起来，倾斜着挂几天。这是最简单直接的办法。

如果悬挂法不能使部件达到合格的圆度，就需要进行下一步：使用"车圆机"——一种一端是液压机，另一端是螺母的连杆——增加压力。

兰伯斯告诉我压强不应超过1200磅力每平方英寸（psi）（1磅力每平方英寸≈6.895千帕）。一次，一个部件在1200psi的压强下没有达到圆度标准，结果工人们拿起扳手，开始拧连杆另一端的螺母。等到部件圆度终于达标，压强已经达到1350psi了。"这是另一个工人们缺乏纪律性的例子。"兰伯斯先生说。

我本来就想和装配工人们谈谈（我喜欢这种事），所以我安排了第二天下午两点半和他们见面。

————————

到了两点半，我走进房间，发现有一张很长的桌子，桌旁坐了三四十个人。

他们全都拉长了脸，表情严肃，准备好接受调查委员会的质询。

我吓坏了，之前没有意识到自己拥有这种糟糕的权力。我能看出他们都忧心忡忡：他们肯定以为我正在调查他们犯下的错误！

所以我开门见山地说："因为没什么事情可做，所以想和组装火箭的人聊一聊。不希望大家为了满足我的好奇心而被迫停下手里的工作，我只是想和大家随便聊聊……"

大多数人都起身离开了。留下六七个人——实际组装火箭部件的工人及其工长，还有体系里更高层的某个领导。

但是这些人仍然有点紧张，他们并不想敞开心扉。我想到的第一件要说的事情是："我有个问题：你们测量的三个直径都相等时，部件就能真正贴合吗？在我看来，仍然可能发现一侧有凸起，而对面的另一侧扁平，三个直径仍然相等，但部件就是对不上。"

"是的，没错！"他们说，"是会有这样的凸起。我们叫'奶头'。"

在场的唯一女性说："这跟我可没关系！"大家都笑了起来。

"总是会有'奶头'。"他们继续说，"我们一直想把这件事告诉主管，但总没有机会！"

我们聊了很多细节，效果很不错。我会问一些理论上可能会发生的问题，但在他们看来，我是一个了解他们技术问题的普通人，于是很快卸下了心防，告诉我他们解决问题的各种方法。

举例来说，他们使用车圆机时，要把连杆插进正对着的孔里去。一共有180个孔洞，所以得保证连杆另一头穿过的孔与这一头的孔间隔90个孔洞。但事实上，必须爬到一个很不舒服的位置才能数出孔洞数。这是一个缓慢而艰难的过程。

他们说如果火箭在出厂时每隔90度能有一个颜色标记（一共四个），会非常有用。这样的话，从最近的标记开始数，就再也不需要数22个以上的孔洞了。

比如，把连杆穿过一个顺时针方向距离标记9个孔洞的孔眼，那么连杆的另一头就只要穿过顺时针方向距离对面标记9个孔洞的孔眼。

工长费希特尔先生说他两年前就把这条建议写在备忘录里上交给他的上级了，但是迄今为止没有得到回应。去问原因，得到的回答是这条建议执行起来成本太高。

"画四条线成本太高？"我表示怀疑。

他们都笑了起来。"不是颜料成本高，是文书成本高。"费希特尔先生说，"他们得修改所有说明手册。"

装配工人们还有其他观察和建议。他们担心两个火箭部件安装时发生摩擦，金属锉屑可能会掉入橡胶密封圈里并致其损坏。甚至还提出了一些重新设计密封圈的建议。虽然建议不是很有用，但重点是，工人们也在积极思考！他们给我的印象是，并不缺乏纪律性，而且对自己正在做的事情很感兴趣，却没有受到多大的鼓励——没有人在意他们。这样的情况下，他们的士气还能如此高涨着实令人惊叹。

接着工人们开始和那位留下来的领导说话。"我们有点失望，"一个工人说，"调查委员会参观助推火箭装配的时候，你们安排了管理者们做演示。为什么不让我们做呢？"

"我们怕你们会被委员会吓到，以为你们不想做呢。"

"不，不，"工人说，"我们做得很好，也想把自己做的事亲自展示出来。"

会后，那位领导把我带到餐厅。吃饭时工人们已经不在了，他说："他们那么在乎演示的事可真是出乎我的意料。"

————————————

稍后，我跟费希特尔先生讨论了压强超过1200psi的事。他给我看了他在装配过程中做的记录：虽然不是盖了章的正式文件，却是私人仔细记录的工作日志。

我说："听说压强达到了1350psi。"

"是的，"他说，"我们拧紧了另一头的螺母。"

"这是常规操作吗？"

"哦，是的，"他说，"都写在手册里了。"

他翻开手册，给我看操作步骤。上面写着："增加液压千斤顶的压强。如果压强不足以获得所需圆度，则小心拧紧另一头的螺母以获得所需圆度。"——白纸黑字就这样写着！没有写拧紧螺母会让压强超过1200psi，我猜写手册的人大概也搞不清楚。

费希特尔先生在日志里写道："小心拧紧了螺母。"和手册里的用语一模一样。

我说："兰伯斯先生说他告诫过你，不要让压强超过1200psi。"

"他没有告诫过我这件事。他为什么要这么说呢？"

后来我们大致搞清楚了是怎么一回事。在往下传达兰伯斯先生告诫的过程中，某个中层管理者知道费希特尔先生是按手册操作的，而手册是错的，他既没有把错误告诉兰伯斯先生，也没有往下传达告诫，而是干脆把告诫抛在脑后，选择了保持沉默。

————————

午饭时，费希特尔先生跟我讲了检查流程。"每个步骤都需要一张工作单，像圆形加工流程一样。"他说，"有几处需要盖章的地方：上级领导的章、质量管理的章、生产商的章，遇到更大的项目，还需要NASA的章。"

他继续说："我们先测量，然后跑一遍加工流程，之后再测量一遍。如果数据不够好，就重复以上步骤。直到直径间的差异足够小，就让它去吧。"

我如梦初醒。"你说的'去吧'是什么意思？"我说，"听起来有点漫不经心……"

"不，不，"他说，"这是我们的行话，意思是所有条件都已满足，准备好进入下一阶段了。"

"你们会把'去吧'写到什么地方吗？"

"有时会。"

"能不能找到一个你这样写的地方让我看看？"

费希特尔先生查找了自己的日志，找到一处例子。这种表达对他来说是非常自然的——不鲁莽，也不随意，只是他说话的方式。

———————————

我周一周二在肯尼迪中心忙前忙后时，罗杰斯先生正在华盛顿出席参议院委员会组织的会议。国会正在考虑是否要开展自己的独立调查。

来自南卡罗来纳州的参议员霍林斯让罗杰斯先生有点难堪："罗杰斯委员长，我很担心您是否有足够的人手。您的委员会有多少位调查员？"

罗杰斯先生说："我们没有警察类型的调查员。大家做的是阅读文件、理解文件、组织听证会和与证人谈话这样的事情。向您保证，我们足以胜任这份工作。"

"我想说的就是这个，"霍林斯议员说，"根据我的调查经验，一般需要四五个深谙科学和航天技术的调查员在卡纳维拉尔四处走访，和当地的人一起聊天吃饭。在当地的餐馆吃两三个星期的饭，一定会为自己的发现感到惊奇。不能只坐着读别人给你的文件。"

"我们并不是只坐着读文件，"罗杰斯先生反驳道，"还会安排相关人员集中开会，组织问答，而不是侦探式地游走，一次只跟一个人聊天。"

"我明白，"霍林斯议员说，"但没有侦探走访的话，我很担心你们的最终成果。统辖委员会就是有这种问题，我也参加过：别人喂什么他们就吃什么，从来不去挖掘背后的信息。最终以调查记者、作家的几篇文章或者其他什么东西草草了事。在华盛顿这地方，人们仍然对沃伦委员会的报告存疑。*"

罗杰斯先生冷静地说："很感激您的建议，议员先生。您可能会感兴趣，

————————————————

* 沃伦委员会由已退休的最高法院首席大法官厄尔·沃伦领导，负责调查肯尼迪总统遇刺事件。——莱顿原注

我们有一位成员是诺贝尔奖得主，今天正在佛罗里达州用您倡导的方式进行调查。"

（虽然罗杰斯先生并不知道，但他发言时，我确实正在跟几个工程师一起吃午餐。）

霍林斯议员说："我没有质疑那位诺贝尔奖得主的能力，而且一直在拜读他的作品，很有意思。委员会自身的能力也毋庸置疑。我只是想说调查案件时，需要侦探式的调查员。你们已经让公众注意到了很多有趣的事实，所以我想你们应该是无懈可击、滴水不漏的。"

可以说，我帮了罗杰斯先生一个小忙。他应该知道自己之所以能够回答霍林斯议员提出的问题，是因为我**有幸**留在了佛罗里达，尽管他并不支持。

绝妙的数字

周二下午我飞回了华盛顿，赶上了调查委员会周三的会议，也是一场公开会议。莫顿·塞奥科橡胶公司的经理隆德先生在场做证。发射前一天晚上，穆洛伊先生让他戴上"管理者的帽子"，而不是"工程师的帽子"，所以他改变了自己反对发射的立场，并否决了手下工程师们的意见。向他提出一些严苛的问题时，我忽然产生了一种审讯的感觉。

罗杰斯先生曾告诉我们，务必谨慎对待这些人，因为他们的职业生涯有赖于我们。"我们享尽优势：我们高高在上，而他们如坐针毡。他们必须回答我们的问题，我们却不用回答他们的问题。"突然间想起了这些话，我感觉糟透了，没法第二天继续，于是回到加州平复了几天。

在帕萨迪纳时，我去了喷气推进实验室，见到了杰瑞·所罗门和米芒·李。他们正在研究主燃料箱爆炸前几秒出现的火焰，并且能给出各种细节。（喷气推进实验室因为以往行星任务的经验，所以拥有非常不错的电视画面增强设备。）随后，为了加快工作进度，我把增强过的清晰图片带给了肯尼迪中心的查理·斯蒂文森和他的团队。

———————

调查期间，某位工作人员来找我签一份文件，上面说我的花销是多少多少，但实际情况并非如此——我的花销更多。我说："这不是我实际的花销。"

那人说："先生，我知道，但您每天最多只能报销75美元的餐费和住宿费。"

"既然每天只能报销75美元，那为什么要安排我入住一晚八九十美元的宾馆？"

"是的，我同意，这很糟糕，但这种事就是这样的！"

我想起罗杰斯先生给我安排"好宾馆"的提议。他是什么意思，是要我花更多钱吗？

如果你花费数月时间和精力为政府做事（因为我没法为公司做咨询，实际上还亏钱了），政府就应该对得起你的付出，而不是连基本成本都要跟你计较。我不想赚政府的钱，但也不想为此花钱。我说："我不签。"

罗杰斯先生来找我，并向我保证会把这件事处理好，我这才签了字。

我相信罗杰斯先生试过解决这件事，但是他做不到。我也考虑过斗争到底，但后来发现不可能：如果我获得了全额报销，那么其他委员当然也要受到同等待遇。虽然这也没什么，但同时意味着这是唯一一个可以报销真实花销的委员会。很快，消息就会传出去。

纽约有句谚语："你打不过市政厅。"意思是"根本不可能"。但是这次的问题可比市政厅大得多：每天75美元是由美国政府颁布的法律规定的！斗争到底可能会很有意思，但我大概是有点累了，不像以前那么年轻气盛了，所以决定放弃。

有人告诉我，他们听说委员会成员日收入1000美元，而实际上，政府连委员的花费都不给全额报销。

————————

委员会成立一个月后的三月初，我们终于分成了若干工作组：艾奇逊先生负责"发射前活动"组；萨特先生负责"设计、开发和生产"组；库提那将军负责"事故分析"组；赖德博士负责"任务计划和运行"组。

我大部分时间都在库提那组里。虽然我也加入了赖德组，但以没有做太多贡献而告终。

为了完成工作，库提那将军的小组去了位于阿拉巴马州亨茨维尔的马歇尔太空飞行中心。那里发生的第一件事是，一个叫乌尔里安的人来告诉我们一些事情。作为肯尼迪中心的飞行安全官，乌尔里安先生曾面临是否在航天飞机上安装自毁装置的抉择。（如果火箭失控，自毁装置会把火箭炸成碎片。相比于火箭到处乱飞，直到撞击地面再爆炸，这样危害性小得多。）

所有无人火箭都安装了自毁装置。乌尔里安先生告诉我，127支火箭中有5支出了事故，失败率大概是4%。因为他假设载人飞行比无人飞行更安全，所以用4%除以4，得出了1%的失败率，这足以成为安装自毁装置的依据。

但是NASA跟乌尔里安先生说的是，失败率应该接近于十万分之一。

我试着去理解这个数字："你是说1/100000吗？"

"没错，1/100000。"

我在脑中快速计算："也就是说，大约300年时间里，航天飞机平均每天起飞一次才会出一次事故。每天飞行一次，持续300年——纯属胡扯！"

"没错，我知道。"乌尔里安先生说，"我已经把失败率调整到千分之一来满足NASA的所有要求——载人飞行需要更加小心翼翼，无人火箭不能作为有效参照，等等——并且还是安装了自毁装置。"

但紧接着，新问题产生了：木星探测器"伽利略号"要用放射发热作为能量供给。如果搭载"伽利略号"的航天飞机发生事故，放射性物质可能会扩散到大片区域。所以争论继续：NASA依然坚持十万分之一的失败率，而乌尔里安先生则说千分之一已经是最小可能了。

乌尔里安还提到了和负责人金斯伯利先生沟通的难处：他只能跟金斯伯利的下属预约，而不能直接打电话给他，也无法得知NASA是如何算出十万分之一这个数字的。细节我记不清了，但我想乌尔里安先生做的每件事都很明智。

———————————

为了搞清楚事情的原委，我们监督了NASA的密封圈性能测试——填充物能承受的压力值之类。库提那将军不想草率下结论，所以我们一遍又一遍地查验，检查所有证据，再看各项内容是否吻合。

关于飞机坠毁前最后几秒内的具体情况，有大量不厌其详的讨论，但是我对此毫不关心。就像一列火车因为轨道上有个缺口而撞毁，我们却在分析哪些车厢先解体，哪些车厢后解体，以及为什么有些车厢侧翻了。而一旦火车脱轨，再讨论这些就没有任何意义——一切都结束了。我对这样的讨论感到厌倦。

于是我开始跟自己玩假设游戏：假设其他地方出了故障，比如主发动机，而我们正在做和现在一样的集中调查，我们会发现同样的安全标准疏漏和沟通不畅的问题吗？

我想我应该按自己的标准行事：找工程师了解发动机的工作方式、安全隐患以及他们遇到的问题等。收集到足够的信息，胸有成竹后，我就去直面那个声称失败率是十万分之一的人，无论是谁。

我要求和工程师们谈谈发动机。得到的回复是："好，我来安排。明天早上9点可以吗？"

这次有三位工程师、他们的领导拉文古德先生，还有几位助手——大概八九个人。

每个人都拿着又大又厚的笔记本，里面井然有序地夹满了文件。封面上写着：

呈交调查委员理查德·P.费曼的材料报告，1986年3月云云*。

我说："天哪！你们肯定忙了一整夜吧！"

"没有，不是很费事，只是把平时一直在用的文件放进去而已。"

我说："我只想和几位工程师谈谈。你们有很多要做的事，不能要求你们全都留下来跟我谈。"

但是这一次，所有人都留了下来。

拉文古德先生站起来，用标准的NASA式语言向我解释情况，哪些图表对应我手中大笔记本里的哪些信息——当然，还是NASA惯用的子弹笔记。

---

* 费曼表达"某某"的方式。——莱顿原注

我不想麻烦对方告诉我所有细节，只关心发动机的事情，所以一直在问"蠢问题"。

过了一会儿，拉文古德先生说："费曼博士，已经进行两小时了，一共有123页，现在只说了20页。"

我第一反应是："不会花太多时间的，我总是开头比较慢，需要花点时间才能跟上，到后面会越来越快的。"

但是我转念一想，说："为了加快速度，我会直接提出需求，这样你们的回答就比较有针对性。我想知道发动机团队是否存在和助推火箭团队一样的问题，即工程师和管理层之间缺乏沟通。"

拉文古德先生说："我认为没有。事实上，虽然我现在是管理者，但曾经也是工程师。"

"好吧，"我说，"请各拿一张纸，写下对这个问题的回答：你认为由发动机故障导致的飞行失败率是多少？"

他们写下答案，把纸交了上来。一个人写的是"纯度高达99.44%"（模仿象牙牌香皂的广告语），意思是大约1/200。另一个人用标准统计方法写下了极具技术性且高度量化的答案，仔细定义了所有概念，不过简单来说，也是大约1/200。第三个人直接写的"1/300"。

但拉文古德先生写的是：

> 无法量化。可靠性的判断依据：
>
> ● 过往经验
>
> ● 生产过程中的质量控制
>
> ● 工程判断

"好吧，"我说，"我得到了四份答案，其中一份在逃避问题。"我转向拉文古德先生："我想您在逃避问题。"

"我没有逃避。"

"先生，您没有告诉我数据，只告诉了我评估的方法。而我想知道的是，评估之后，具体的数据是多少？"

他说："100%。"工程师们目瞪口呆，我也哑口无言。我看着他，所有人都看着他——"呃，负五……"

于是我说："好吧，没关系。唯一的问题是，负五是什么？"

他说："10的负五次方。"和乌尔里安先生说的一样：1/100000。

我给拉文古德先生看了其他人的答案，说："很有意思，工程师和管理者的答案是有差别的——差了300多倍。"

他说："先生，我很乐意把估算的相关文件发给您，这样您就能明白了。"*

我说："非常感谢！我们先继续说发动机的事吧。"于是我们继续聊，和我想的一样，后面进展快了很多。我必须了解发动机的工作方式——涡轮叶片的精确形状、旋转角度等——这样才能发现问题。

午餐后，工程师们告诉了我发动机的各种问题：氧泵里的叶片开裂、氢泵里的叶片开裂、机匣表面有气泡和裂缝，等等。每次飞行后，他们都会用观测镜和特殊仪器在航天飞机上观察这类情况。

有一个叫"次同步旋转"的问题，即传动轴在高速运转情况下会轻微弯曲成抛物线形状。从噪声和振动问题可以看出，轴承磨损非常严重，几乎无法补救。但他们还是找到了解决办法。像这样严重的问题有十多个，他们解决了半数。

大部分飞机都是"自下而上"设计的，其中的零件都经过大量的测试。但是航天飞机却是"自上而下"设计的，目的是节省时间。但一旦发现问题，就

----

* 后来，拉文古德先生把文件发给了我。上面都是这样的话："成功率必须无限趋近于1.0。"（意思是已经做到了，还是只停留在理论上？）还有"从以往经验来看，极高的发射成功率导致了载人航天项目和无人航天项目之间的理念差异，即数字概率和工程判断之间的差异"。在我看来，"工程判断"就是编造数字的借口！文件中发动机叶片的故障率是一个通用常数，难道所有叶片完全相同，所处环境也一模一样吗？整份文件量化了一切，几乎所有螺母和螺栓都包含其中。"HPHTP管爆裂的可能性是1/10000000。"——不能这样做估算，1/10000000的概率几乎是不可能算出来的。很明显，发动机每个部件的故障率都是人为设定的，为的就是所有部件凑在一起时，能得到1/100000这个数字。——费曼原注

需要大量的重新设计才能解决。

拉文古德先生没有太多要说的了，但工程师们根据各自面对的不同问题，把所有情况反馈给了我。我不禁想起，如果能去找莫顿·塞奥科橡胶公司的工程师聊一聊的话，大概也能有很多收获。我非常尊重这些工程师，他们坦率真诚，一切进展顺利。我们把那份文件从头到尾过了一遍，最终完成了。

接着我说："高频振动问题，有些发动机有，有些没有，是怎么回事？"*

很快，一小摞文件就出现了，井井有条，和我那本手册相得益彰，正是关于4000周振动的问题！

或许有点迟钝，但我尽力不去指责他人。不强迫他人展示不想展示的东西，假装自己没有识破他们的把戏。和电视里的调查员不同，我不会拍案而起，大声斥责隐瞒信息的腐败组织。但我清楚地知道，我不发问，他们就不会透露任何信息。大部分情况下，我都表现得很天真。

无论如何，所有工程师都倾身向前，兴致勃勃开始跟我讨论这个问题。能感受到他们的开心，因为技术人员最喜欢和同行讨论技术问题，尤其在对方能提出有用的意见或建议时。当然，他们都急于解决这个问题。

他们一直用一个复杂的名字描述那个问题——"压力引起的涡量振荡云云"问题。

我说："哦，你们指的是哨声？"

"是的，"他们说，"确实有哨声的特征。"

他们认为哨声产生的原因可能是气体高速冲过管道，并分流到三条更小的管道里——有两个隔板。还向我说明了解决这个问题的进展情况。

开完会之后，我很确定已经找到了一个跟调查密封圈时相同的问题：管理

---

* 这是我从比尔·格雷厄姆那里了解到的。他说他第一次出任NASA主管，浏览报告时注意到一条记录："4000周振动在数据限定内。"觉得这句话有点奇怪，于是开始找人询问。他用尽各种办法，最后发现这是一个很严重的问题：有些发动机振动过快，导致无法使用。他以此举例说明，除非亲自调查，否则很难获得信息。——费曼原注

层降低标准，并开始越来越多地接受设备设计中本不存在的错误，而另一边，工程师们已经在疾呼："救命！""红色警报！"

（第二天晚上，我坐飞机回家，在飞机上吃了晚餐。给面包卷抹完黄油后，我把垫黄油块的小薄纸板弯成了U形，用纸的两条边对着我。我把它拿起来，朝它吹气，很快就发出了类似哨声的声音。不知道其他乘客有没有向我投来异样的目光。）

回到加州后，我得到了更多关于航天飞机发动机及其故障率的信息。我去了洛克达因公司，和制造发动机的工程师们聊天，还和发动机顾问聊了聊。事实上，顾问之一科弗特先生也是调查委员会的成员。我还发现有一位加州理工学院的教授也曾是洛克达因公司的顾问。他很友善，而且知无不言，把发动机的所有问题以及他认为的故障率告诉了我。

———————

我去喷气推进实验室见了一个人，他为NASA写了一份报告，内容关于联邦航空管理局（FAA）和军队核验燃气轮机和火箭发动机的方法。我们花了一整天的时间来来回回地讨论如何确定一台机器的故障率。我学到了不少新词，比如"威布尔"，一种在图表上呈现特定形状的特殊数学分布。他说航天飞机的原始安全准则和FAA的非常相似，但是NASA在遇到问题后，进行了修改。

实际情况是，NASA位于亨茨维尔的马歇尔太空中心负责设计发动机，洛克达因公司负责制造，洛克希德公司负责撰写使用说明，而同属NASA的肯尼迪航天中心负责安装。也许这样的系统组织是天才之举，但在我看来，实在是眼花缭乱。我倍感迷惑：搞不清跟我谈话的人是马歇尔中心的，洛克达因的，洛克希德的，还是肯尼迪中心的！我彻底迷失其中。事实上，整个调查期间（三月和四月）我一直在加利福尼亚、阿拉巴马、休斯敦、佛罗里达和华盛顿之间来回奔波，常常不清楚今天是哪天，也不记得身在何处。

———————

亲自做完调查之后，我想应该写一份关于发动机的简单报告给其他委员会成员。但是查看关于测试时间表的笔记时，我发现了一些含混之处：讨论"第12号发动机"及其飞行时间。但和其他发动机不同的是，它一直在维修中。因为每次飞行后，技术人员都会检查发动机，看转子上有多少叶片破损、机匣上有多少处开裂等。然后按需求给"某台发动机"换上新机匣、新转子或新轴承等各种零部件，所以我才会看到某台发动机上的第2009号转子曾经在某某飞行中运行了27分钟，第4091号机匣则在某某飞行中运行了53分钟这样的记录。全都混在一起了。

写完报告后，我想验证一下，所以又去了马歇尔中心。这次我说我要和工程师们聊几个技术性问题，只是为了验证细节，不需要管理层在场。

出乎我意料的是，这次只来了上次和我聊过的那三位工程师，我们当时就把所有问题都说清楚了。

我正要离开时，其中一位工程师说："您还记得上次问的问题吧——让我们写在纸上那个？我们认为那是一个有既定答案的问题，对我们不太公平。"

我说："没错，你说得对。确实有既定答案，我知道会发生什么。"

他说："我想要修改我的答案，改为无法量化。"（这个人就是之前给出最详尽答案的那位。）

我说："可以。但是你同意故障率是1/100000的说法吗？"

"呃，不，不同意。我就是不想回答。"

这时另一位工程师说道："我当时说的是1/300，现在仍然坚持1/300，但不想告诉你我是怎么得到这个数字的。"

我说："没关系，你不必告诉我。"

燃烧的附录

这段时间，我总是觉得整个调查委员会将在某个时刻重聚，彼此讨论各自的发现。

为了能对讨论有帮助，我想持续写一些小型报告：我写了和冰队的合作（分析照片和错误的温度读数）；和兰伯斯先生以及装配工人们的谈话；甚至还写了那张写着"去吧"纸条的事。我把这些报告都发给了执行长阿尔·克尔，让他转给其他委员。

现在，我用家里的IBM个人电脑写下这场特殊的冒险——对发动机工程师和管理者之间缺乏交流情况的调查。我有点累，失去了以往的写作控制力，便没有像写其他报告那样谨慎措辞。但因为只是写给其他委员看的，所以发给克尔博士之前我没有调整语言。只是附言："我想其他委员可能会对这个感兴趣，但您可以随意处置——结尾处言辞有点激烈。"

他向我表达感谢，说已经把我的报告发给了其他人。

后来，我到了位于休斯敦的约翰逊航天中心检查航空电子系统。萨莉·赖德的小组正在调查与宇航员经历有关的安全事项。萨莉把我介绍给了这里的软件工程师，他们带我参观了宇航员的训练设施。

这里真的很棒，有用于宇航员训练的多种模拟器，复杂程度各不相同。其中一个几近真实环境：爬上去钻进驾驶舱，窗外会显示计算机生成的画面。移动控制杆，窗外的风景也会跟着改变。

这台特别的模拟器有双重作用，一是训练宇航员，二是检查计算机。机组成员区后面是装满电缆的托盘，电缆穿过货舱区一直延伸到舱体后部，那里有仪器模拟发动机发出的信号——压力值、燃料流率等。（电缆露出是因为技术人员要检查"串扰"，即往返信号中的干扰。）

航天飞机机身本质上是由计算机操纵的。一旦点火发射，由于起飞带来的巨大加速度，机舱内的人不能进行任何操作。航天飞机到达一定高度时，计算机会把发动机的推力调低一段时间，空气变稀薄后，再把推力调高。大概1分钟后，两个固态火箭推进器脱落，再过几分钟，主燃料箱脱落，全程由计算机控制。航天飞机会自动进入轨道——宇航员只要坐在座位上就好。

操纵航天飞机的计算机没有足够的内存来容纳整个飞行过程中的所有程序。飞机进入轨道后，宇航员就会拿出一些带子，载入下一阶段的飞行程序——一共有六份带子。飞行即将结束时，宇航员会载入降落程序。

航天飞机上有四台计算机，每台都运行相同的程序。正常状态下，四台计算机显示一致。如果一台计算机异常，可继续飞行。但如果只有两台显示一致，则终止飞行，立即返航。

为了更加安全，甚至还有第五台计算机（位置远离其他四台，线路路径也不相同），只运行起飞和降落的程序。（两个程序几乎都无法装入内存。）如果其他四台计算机出现故障，第五台就能让航天飞机返航。但目前还没有用到过。

最令人瞩目的就是着陆。一旦宇航员知道自己要在哪里着陆，就会按下三个按钮——爱德华兹、白沙、肯尼迪——中的一个，告诉计算机着陆点的位置。然后一些小火箭使航天飞机稍稍减速，从而以合适的角度进入大气层。这部分十分危险，因为所有防热瓦都会升温。

在这个阶段，宇航员什么都看不见，情况瞬息万变，所以降落必须自动完成。到达35000英尺高度时，航天飞机的速度降到低于声速，如有必要，可以手动操纵。但在4000英尺高度时，有一项非计算机操作：飞行员按下按钮，放下起落架。

我感觉这很奇怪——一种跟飞行员心理不无关系的荒谬行为：他们是公众

眼中的英雄，所有人都认为他们才是操纵航天飞机的人，但事实是在他们按下按钮，放下着陆设备之前，什么都不用做。他们无法接受自己真的无事可做。

我认为由计算机来放下起落架会更安全，以防宇航员因为某些原因而失去知觉。软件工程师表示认同，并补充说在错误的时间放下起落架会非常危险。

工程师们告诉我，地面控制中心可以发出放下起落架的信号，但是这个备选方案也让他们犹豫再三：如果飞行员进入半昏迷状态，认为起落架应该在某个时间放下来，而地面控制人员知道时间是不对的，这时该怎么办？整个操作由计算机完成是更好的选择。

过去，飞行员还要控制制动器，但会产生很多麻烦：如果一开始制动过猛，会导致飞机到达跑道终点前制动材料已提前用尽——飞机仍在滑行！所以软件工程师要设计控制制动器的计算机程序。起初宇航员们反对这项改变，但现在他们很满意，因为自动制动系统运行得非常好。

———————————

虽然约翰逊航天中心编写了很多优秀的软件程序，但航天飞机上的计算机却陈旧到已经停产。里面的存储器是老式的，用有电线穿过的铁氧体小磁芯制成。与此同时，我们已经开发出了更好的硬件：如今的存储芯片要小得多，容量更大，也更可靠。芯片有内部纠错代码，可以自动保持存储完好。用现在的计算机可以设计出独立的程序模块，这样即使有效载荷改变也不需要重写过多程序。

因为在飞行模拟器和其他硬件上的投资巨大，所以从头再来并更换掉已经构建好的上百万行代码将是非常昂贵的。

我了解了软件工程师开发航天飞机航空电子系统的方式。先由一组人分模块设计软件程序，之后，将模块组合到一起，形成庞大的程序系统，再由另一个独立的工作组进行测试。

两组人一致认为所有漏洞都已修补之后，就会模拟完整飞行，测试航天飞机系统的每个部分。这种情况下的一个原则是：模拟飞行不只是检查程序故障的飞行练习，更是一次真正的飞行——一旦出了问题，后果极其严重，像宇航员真的在飞船里遇到了麻烦一样。事关名誉，不容犯错。

在从事这项工作的多年里，只在模拟飞行时发生过六次失误，实际飞行时则一次都没有。

在我看来，计算机工程师们很清楚自己在做什么：计算机业务对航天飞机至关重要，但也存在潜在危险性，所以要万事小心。自己在为一台非常复杂的机器编写程序，这台机器所处的环境随时会发生剧烈变化——程序需要在权衡变化的基础上做出灵活响应，同时保持高安全性和准确性。我认为在某种程度上，他们在机器人或交互计算机系统领域曾走在质量保证的前沿，但如今由于硬件系统老旧，已经时过境迁了。

我对航空电子系统的研究不像对发动机那样全面，所以可能听到一些言过其实的表述，但我不这么认为。这里的工程师和管理者沟通良好，共同遵守和维护安全准则。

我告诉软件工程师们，在我看来，他们的系统和态度都非常优秀。

有个人喃喃地说了些什么，大致意思是NASA高层一直想通过削减测试经费来节省开支："他们会问，既然总能通过测试，那为什么还要做这么多次呢？"

————————

离开休斯敦前，我继续着自己的秘密调查：白宫曾向NASA施压要求其发射航天飞机的传言。休斯敦是通信中心，所以我去找遥测相关人员，询问交换系统的事。于是我又重蹈了在佛罗里达的覆辙——只是表面寒暄。但这次我发现，如果他们要联结航天飞机和国会、白宫或其他地方，只需要提前3分钟——不是3个月、3天、3小时——预告就可以了。所以他们几乎可以随时沟通，事先也不需要写任何材料。对于调查来说，这成了一条死胡同。

一次，我和一位《纽约时报》的记者谈起过这个传言。我问他："如果是真的，你会如何找出真相？"

他说："我能想到的就是去找负责交换系统的人聊聊。我试过，但一无所获。"

———————

四月上半月，库提那将军的小组收到了NASA在马歇尔中心所做测试的最终结果。NASA附上了他们对结果的解读，但我们认为应该用自己的方式重新撰写。（除非测试没有得出任何结论。）

为了撰写报告，库提那将军在马歇尔中心建立了一整套系统。但刚开始两天，还没有什么眉目，我们就收到罗杰斯先生的信息："回华盛顿来，不要在那里写报告。"

于是我们回到了华盛顿，库提那将军在五角大楼给我安排了一间办公室。房间很好，但没有秘书，所以工作进展得很慢。

比尔·格雷厄姆一向乐于帮忙，所以我给他打了个电话。他借调了一间办公室和一位秘书给我——原主人出差在外。这位秘书对我的帮助非常大：她能以和我的语速相当的速度记下笔记，然后再稍作修改并纠正我的错误。我们很努力地工作了两三天，用这样的方式完成了很大一部分报告。一切进展得很顺利。

尼尔·阿姆斯特朗也在我们组，非常擅长写作。他看我写的东西，总能迅速发现所有薄弱之处，神奇的是他每次都是对的。我因此对他刮目相看。

每个组负责撰写主报告里一或两章内容。我们组写了"第三章：事故"的一部分，而我们的主要工作成果体现在"第四章：事故原因"中。但是这样安排的结果就是：我们从来没有聚在一起开会讨论过各自组的发现——从不同角度做出评价。取而代之的工作是"斟字酌句"（霍茨先生称之为"雕刻墓碑"），即纠正标点、精炼句子，等等。我们从来没有针对观点进行过真正的讨论，只在咬文嚼字的间隙偶尔谈到。

举例来说，有人会问："关于发动机的这句话，应该这样说，还是那样说？"

我想试着展开话题："根据个人经验，我认为发动机没有你说的那么好……"

他们会说："那这里就用更加保守的措辞。"然后接着修改下一句。或许这样可以快速高效地完成报告，但一场接一场的会议，讨论的都是这类问题。

偶尔也会停下来，讨论排版和封面颜色的问题。每次讨论后，都要投票。我以为把票投给上次会议确定的颜色准没错，但事实证明我总是少数方。会议最终确定了红色。（报告出来后是蓝色的。）

———————

一次，我跟萨莉·赖德谈起我在关于发动机的报告里提过的某件事，而她似乎对此毫不知情。我问："你看过我的报告吗？"

她说："没有，我没收到。"

我去问克尔："萨莉说她没有收到我的报告。"

他看起来很惊讶，转头对秘书说："把费曼博士的报告复印一份给赖德博士。"

我又发现艾奇逊先生也没有看过。

"复印一份给艾奇逊先生。"

我后知后觉地说："克尔博士，我觉得没有人见过我的报告。"

于是他对秘书说："给所有委员都复印一份报告，交给他们。"

我对他说："我知道您工作繁忙，很难面面俱到。但您不是说过已经把我的报告给所有人看了吗？"

他说："是的，但我指的是所有工作人员。"

随后通过跟工作人员谈话，我发现他们也没见过我的报告。

———————

最终，所有委员都看了我的报告后，大多数人认为很不错，应该写进委员会的报告里。

受此鼓舞，我经常找机会提起我的报告："我想开个会讨论一下。"

得到的标准答案是："下周安排一场。"（时间都用在斟字酌句和为封面颜色投票上了。）

渐渐地，我意识到我的报告需要重新遣词造句的地方很多，而时间已经不多了。有人建议把我的报告放进附录，这样就不需要为了和其他内容相匹配而大量修改了。

但是一些委员强烈建议我的报告应该以某种方式出现在主报告中："附录要几个月后才能发表出来，而且只是一份附录的话，没人会读的。"

我还是决定妥协，让报告以附录形式呈现。

但新问题出现了：报告是我用家里的文字处理器写成的，现在需要把它从IBM格式转换为委员会使用的大文件系统格式，要通过光学扫描仪来实现。

我费了些工夫才找到相关人员，但也没有马上解决。询问之后发现是那个人弄丢了我给他的复印件，所以我又给了他一份。

几天后，我完成了关于航空电子系统的报告，想把它和关于发动机的报告合并。所以我拿着航电系统的报告去找那个人，说："我想把这个添加到另一个报告里。"

接着，出于某些原因，我需要看一下新报告，但那人却给了我一份旧的，没有关于航电系统的内容。"添加了航电系统部分的新报告呢？"我说。

"找不到了。"——类似这样的回复。我不记得所有细节，但我的报告似乎总是处于缺失或者未完成的状态。虽然每次都可能是意外的失误，但这样的事情实在是太多了。要保护好我的报告，可真是一场艰苦的斗争。

主报告准备付梓前的最后几天里，克尔博士也想把我的报告重新雕琢一番，即使它只是作为一份附录。所以我把报告拿给一位常规编辑，名叫汉森，很有能力。他把报告修改好，同时没有改变意思。接着报告返回，编号"第23版"——反复修订的结果。

（顺便提一下：所有文件都有23版。虽然计算机存在的目的是提升我们办事的速度，但却没有提升写报告的速度：过去只做3个版本，因为打字很困难，现在却要做23个版本！）

第二天，我看到克尔正在修改我的报告：在整段内容上画各种各样的圈，还打上"×"符号，很多观点都被划掉了。他解释："这部分不必放进去，因为跟主报告里的意思类似。"

我试着解释说，与其让所有观点零碎地分散在主报告各处，不如把它们都放在一起，这样更容易理清逻辑。"毕竟，"我说，"这只是附录，就算有部分重复也并无大碍。"

克尔博士在我的要求下把部分删除的内容放了回去，但报告仍然缺失了很大部分，相比于之前已经面目全非了。

第十条建议

大概在五月，最后几场会议上，我们抽时间起草了一份合理的建议清单。有人说："可能我们需要讨论一下设立安全委员会的事。"

"好的，把这条记下来。"

我想："终于！我们要开始讨论了！"

但事实上，这份暂定的主题清单成了最终建议——需要一个安全委员会，需要这个，需要那个。唯一的讨论是哪条建议应该排在第一位，哪条排在第二位，等等。

我想深入讨论的东西有很多。例如，关于安全委员会，可能会问："这样一个委员会不就是在已经很臃肿的官僚系统上再加一层吗？"

过去曾经有过安全委员会，在1967年阿波罗号事故发生后，当时的调查委员会设立了一个针对安全问题的特别专家组。专家组运作了一段时间，但是没有坚持太久。

我们没有讨论原来的安全委员会不再起作用的原因，而是成立更多安全委员会，命名为"独立固体火箭发动机设计监督委员会""航天飞机运输系统安全建议专家组"，以及"安全可靠性和质量保障办公室"。我们决定了每个委员会由谁监督，但没有讨论它们是否有更好的工作条件，现有委员会能否经调整后重新开展工作，或者它们是否真的有存在价值。

总体上，我对于很多事都不像其他人那样笃定。这些事情需要仔细考虑，但是我们没有投入足够的精力一起思考。仓促决定重要的事情并不明智，并且以我们做决定的速度，必然会给出一些不切实际的建议。

最终，我们重新整理了建议清单，润色了文字，然后投票决定是否同意。这是一种奇怪的做事方式，我并不习惯。事实上，我感觉正在被推着走：事情不明所以地就定下来了，似乎有点失控。

无论如何，我们在最后一场会议上通过了九条建议。很多委员在会后回了家，但是我因为几天后要去纽约，所以留在了华盛顿。

第二天，我刚好和尼尔·阿姆斯特朗以及另一个委员一起在罗杰斯先生的办公室，这时罗杰斯说："我认为应该增加第十条建议。因为报告中的所有内容都很负面，所以要把一些正面的内容放在最后，起到平衡作用。"

他给我一张纸，上面写着：

> 本委员会强烈建议政府和国家继续给予NASA支持。NASA是国家资源的组成部分，并且在太空探索和开发方面起着至关重要的作用，也是民族自豪感和科技领先地位的象征。本委员会不仅对NASA过去取得的辉煌功绩赞叹不已，而且对未来即将获得的伟大成就拭目以待。本报告中的研究结果和建议旨在为NASA未来的成功尽一份绵薄之力，这也是国家在21世纪来临之际的期待和诉求。

在调查委员会工作的四个月期间，我们从未讨论过这样的政策性问题，所以我觉得没理由放进去。虽然我没有直接反对，但是这条建议也并没有明确的证据支持。我说："第十条建议不太合适。"

阿姆斯特朗说："如果有反对意见，就先不要加进去。"

但罗杰斯一直试图说服我。几番争论后，我不得不去赶飞往纽约的航班。

上了飞机，我又对第十条建议做了进一步思考。我想把我的论点仔细写在纸上，所以我一到纽约，就在落脚的酒店里给罗杰斯写了一封信。最后写道："这条建议让我想起了NASA飞行检验时的一句话——有一些关键问题，但没关系，照常起飞！"

那天是周六，我希望罗杰斯先生能在周一之前读到我的信，所以给他秘书打了电话。当时为了能如期交付报告，所有人一周七天都在工作。我在电话里说："我想口述一封信，您帮我笔录下来，可以吗？"

她说："没问题！我回拨给您，这样能帮您省点钱。"她打了回来，我口述了那封信，然后她把信直接交给了罗杰斯。

————————————

我周一回来时，罗杰斯先生说："费曼博士，我读了你的信，同意里面的所有内容。但是你的意见因得票不足而被否决了。"

"否决？连会都没开，我怎么会得票不足？"

克尔也在场。他说："我们给所有人打了电话，他们都同意这条建议，投了赞成票。"

"这不公平！"我抗议道，"如果能把我的观点告诉其他委员，我不认为会被否决。"我不知如何是好，于是说："我想复印一份那封信。"

回来后，克尔说："刚想起来，还没跟霍茨谈过，他当时正在开会，忘记让他投票了。"

我不知道怎么回事，但随后我发现霍茨先生就在那栋楼里，离复印机不远。

之后我和大卫·艾奇逊谈到了第十条建议。他说："那不代表什么，不过是些场面话罢了。"

我说："好吧，如果什么都说明不了，那就不是非加不可。"

"如果这是国家科学院任命的委员会，你的反对意见就是合理的。但是别忘了，"他说，"这是统辖委员会，我们在为总统写报告。"

"我不明白有什么区别，"我说，"为什么给总统写报告时就不能科学严谨一点呢？"

天真率直地发问并不总能奏效——我的意见没有产生任何效果。艾奇逊总是说我在小题大做，而我解释说那条建议会让我们的报告力度减弱，所以不应该加进去。

所以报告结尾最终还是定为："本委员会强烈建议政府和国家继续给予NASA支持……"——全是为了"平衡"负面性而加的"场面话"。

坐飞机回家时，我心想："有意思，报告中唯一真正平衡的部分是我自己的报告：我指出了发动机的缺点，但也提出了航空电子系统的优点。就算这样，我也是费了九牛二虎之力才把报告放进去，却只能作为一份没什么分量的附录！"

关于第十条建议，我思考再三。其他建议都有实证基础，而这一条却毫无证据支持。我知道有人试图粉饰太平。但这明显是个错误：我们的报告因此看起来很糟糕，我心烦意乱。

到家后，我和妹妹琼聊天。我把第十条建议和我"被否决"的事告诉了她。

"你亲自给其他委员打电话聊了吗？"她说。

"我和艾奇逊谈过，他表示支持。"

"其他人呢？"

"那没有。"于是我给另外三个委员打了电话——暂且代称为 A，B，C。

我给 A 打电话，他说："第十条建议是什么？"

我给 B 打电话，他说："第十条建议？你在说什么？"

我给 C 打电话，他说："你不记得了吗？罗杰斯最开始说的时候，我就在办公室里，我觉得没什么问题。"

看来只有罗杰斯在办公室宣布时在场的那几个人知道第十条建议的事。我不用再打电话了。这就够了——没必要为了检验密码是否全都一样而打开所有保险柜。

随后我把我报告的事情告诉了琼——尽管只作为附录，却还是被大量删减。

她说："如果他们要这样对待你的报告，那么你作为调查委员会的委员，又在做什么？你全部的工作成果是什么？"

"啊哈！"

我给罗杰斯先生发去一封电报：

请把我的名字从报告上拿掉，除非满足两个条件：

1. 不能有第十条建议。

2. 我的报告以第23版的形式出现，不接受修改。

（这个时候我已经知道，我必须严谨地说清每件事情。）

为了得到我想要的那个版本的报告，我给负责文档系统和报告发表的霍茨先生打了电话。他把第23版发给了我，这样即使情况变得更糟，我自己也有一份确凿的东西可以发表。

————————

这封电报换来的是罗杰斯和克尔的协商求和。他们请库提那将军做中间人，因为他们知道他是我的朋友。至于是怎样好的朋友，他们却并不知道。

库提那说："你好，教授，我只是想来告诉你，你做得非常好。但是既然他们让我来说服你，那我就告诉你他们的说法。"

"不要怕！"我说，"我不会改变主意的。告诉我他们说了什么就好，不用担心。"

第一条就是如果我不接受第十条建议，他们就不接受我的报告，即使作为附录也不行。

我对这一点毫不担心，因为我可以自己发表报告。

他们想表达的中心思想只有一个：全都不太好，全都没什么用。我已经仔细考虑过我正在做的事情，决定坚守底线。

接着库提那提出了一个折中方案：他们可以接受我的报告，但需要删除结尾的一句话。

我看了一下那句话，发现其实已经在上一段里明确提出过这个观点。结尾重复只是为了加强论证，删除它，我的报告会更简洁。所以我接受了这个折中方案。

然后我提出了对第十条建议的折中意见："如果想在报告结尾为NASA美言几句，就不要称其为建议。这样，人们就知道这些话和其他建议不属于同一类——或许可以称之为'结语'。为避免误解，不要用'强烈建议'这样的词，可以说'呼吁'，即'本委员会呼吁政府和国家继续给予NASA支持'。其他可以不用改。"

过了一会儿，克尔打电话给我："能说'强烈呼吁'吗？"

"不能，只能是'呼吁'。"

"好。"他说。这就是最终的决定。

和媒体见面

我在主要报告上署了名，自己的报告则作为附录加在后面，一切都很顺利。六月上旬，我们回到华盛顿，在白宫玫瑰园举行了一场仪式并给总统做了报告。那天是周四，为了总统能充分研读报告，向公众发布的时间定在了下周一。

与此同时，新闻记者们像着了魔一样工作：他们知道报告已经完成了，想抢到独家来报道里面的内容。他们一定会没日没夜地给我打电话，我害怕会说出一些技术上的事情并为他们提供线索。

美国总统在白宫玫瑰园接受调查委员会的报告。从左至右，人物依次是库提那将军、威廉·罗杰斯、尤金·科弗特、里根总统、尼尔·阿姆斯特朗，以及理查德·费曼。

在白宫接待处。

记者们总是左右逢源，又穷追不舍。他们会问："听说什么什么怎么怎么样——是真的吗？"很快，你以为没有透露给他们的事却立马见报了！

我下定决心在周一报告公布前对此事只字不提。一个朋友说服我接受《麦克尼尔/莱勒新闻一小时》的采访，我答应了参加周一晚上的节目。

我还让秘书把加州理工的新闻发布会安排在周二："告诉想采访我的记者们，我没什么可说的。我会在周二的新闻发布会上统一回答所有问题。"

周末，我还在华盛顿，说我以拒绝署名相威胁的消息不知怎么泄露了出去。先是迈阿密的一家报纸做了报道，很快有关我和罗杰斯之间有争执的事情传得沸沸扬扬。一直负责报道华盛顿新闻的记者们听到"费曼先生说无可奉告，他会在周二的新闻发布会上回答所有问题"时，不免心生疑惑——好像争执仍在继续，而我周二开新闻发布会只是为了解释拒绝署名的原因。

但我当时对此一无所知。因为我把自己同媒体彻底隔绝开来，甚至都没有读报纸。

————

周日晚上，罗杰斯先生在一家俱乐部为调查委员会成员组织了一场告别晚餐。吃完后，我对库提那将军说："我不能再待下去了，得早点儿走。"

他说："什么事这么着急？"

我不想说。

他和我一起来到外面，想看看这件"着急"的事情是什么。一辆鲜红色的跑车里坐着两位美丽的金发女郎，正等着把我接走。

我坐进车里。库提那将军站着直挠头，就在我们要一脚油门冲出去时，其中一位金发女郎说道："哦！库提那将军！我是某某女士，几周前电话采访过您。"

他才明白过来，她们是《麦克尼尔/莱勒新闻一小时》的记者。

她们很友善，关于周一晚上的节目我们畅所欲言。谈话中途，我说我周二要举办自己的新闻发布会，会发布自己的报告（虽然三个月后它也会作为附录发表）。她们说我的报告听起来很有趣，想看一看。至此，我们彼此间都非常友好，所以我给了她们一份复印件。

———————————

她们把我送到了我暂住的表妹家。我告诉弗朗西斯节目的事，以及我把报告复印件给了两位记者。弗朗西斯用手抱住了头，吓得说不出话来。

我说："是啊，这是个愚蠢的错误！我得打电话给她们，让她们不要用那份报告。"

从弗朗西斯摇头的样子能看出来，事情不会那么简单……

我给其中一人打去电话："很抱歉，但是我犯了个错误——不应该把报告给你们，所以希望你们不要使用报告里的内容。"

"我们是新闻工作者，费曼博士。新闻行业的目标就是获取新闻，而您的报告非常具有新闻价值。不使用这份报告是彻底有悖于我们的职业本能和惯例的。"

"我知道，是因为我的无知而犯了大错。这对要出席周二新闻发布会的其他记者不公平。毕竟，如果召开新闻发布会的人已经不小心把报告给了其他人，你还想去参加发布会吗？我想你应该可以理解。"

"我和同事商量一下，然后回电话给你。"

两小时后她们回电话了——两人都在——她们努力向我解释使用那份报告的原因："我们从您那里获得文件的方式是符合新闻行业行规的，适用于所有人，这也意味着我们可以使用您的报告。"

"我很尊重新闻行业的惯例和规定，但对此一无所知。所以看在我的分上，请不要使用这份文件。"

这样来来回回继续说了一会儿，又是一句"我们会回电话的"，然后又是漫长的等待。通过等待的时长可以看出，她们正因为这个问题而面临很多麻烦。

不知道为什么，我的状态反而很好。我已经犯了错误，但目标明确就容易集中精力。我可以毫不费力地承认自己的行为愚蠢至极，我的处世态度一向如此，而且我认为没有任何自然法则倡导屈服。我仍然斗志满满，没有丝毫动摇。

已经到了后半夜一两点，我们还在解决这个问题。"费曼先生，给记者一则消息然后又要收回，是非常不专业的，华盛顿可没人这么干。"

"很明显我完全不了解华盛顿的情况。但我就是这样——像个傻瓜。很抱歉，这确实是我的错，所以请手下留情，不要用那份报告。"

聊着聊着，其中一人说："如果我们用了那份报告，您是不是就不会上节目了？"

"这话是你说的，我可没说。"

"我们稍后回电话。"

又是一阵等待。

事实上，我还没有决定是否拒绝上那期节目，因为我总觉得还是有可能挽救这个错误的。想到这个选项时，我认为我不能义正词严地这样做。但是她们说漏了嘴，提出了这种可能性，我说的是："这话是你说的，我可没说。"语气相当冷酷，好像在说："我可没威胁你，但难道你自己想不到吗？"

她们给我回了电话，说她们不会使用我的报告。

我上那期节目的过程中，没有感到任何问题是根据我的报告提出来的。莱勒先生确实问我和罗杰斯先生之间是否有什么问题，但是我一带而过：我们之间没什么问题。

节目结束后，两位记者告诉我，没有我的报告节目依然很顺利。后来我们成了好朋友。

我当天晚上坐飞机回到加利福尼亚，周二在加州理工召开了新闻发布会。当时来了很多记者，有几个提出了关于报告的问题，但大多数都对谣言更感兴趣：我是否威胁过要从调查委员会的报告上拿掉名字？我发现自己不得不一遍又一遍地告诉他们，我和罗杰斯先生之间没有问题。

一些马后炮

现在有更多时间来考虑这件事，我仍然是欣赏罗杰斯先生的，仍然感觉一切都很好。我认为他是个好人。参与调查委员会的过程中，我欣赏他的才华和能力，也非常尊敬他。罗杰斯先生有八面玲珑的一面，有时候我猜测我之所以喜欢他，只是因为他知道如何让我喜欢他，但我只把这种可能性——不是怀疑，而是未知——放在心里。我更愿意设想他是一个表里如一的好人，和他表现出来的一样。但是在华盛顿待久了就会知道这无从判断。

我不太确定罗杰斯先生是怎么看我的。在我看来，虽然最开始是他的眼中钉，但他却非常喜欢我。可能是我一厢情愿，但希望我们对彼此的感觉是一样的。

————

罗杰斯先生作为律师，在管理以调查专业技术问题为主的委员会时，遇到了很多困难。在克尔博士的帮助下，技术部分的难题处理得很好。但我发现，NASA 的大人物们身上都有一些可疑之处。

每次和更高级别的管理者谈话时，他们总说不知道下层遇到的任何问题。后来在"伊朗门事件"听证会上又遇到这种情况*，但在当时，我还是第一次体验：要么高层真的不知情，算是渎职；要么高层知情，算是说谎。

知道穆洛伊先生在发射问题上对莫顿·塞奥科橡胶公司施过压后，我们却反复听到 NASA 上层对此一无所知。原以为，穆洛伊先生应该在重要会议上提

---

* 1987 年参议院听证会，揭露了里根政府的政治丑闻：通过在中美洲发动秘密战争绕过国会，非法支持尼加拉瓜反抗军，资金来源是秘密向伊朗出售美国军火，而 1979 年伊朗劫持美国人质事件后，已遭到禁运。——莱顿原注

醒过上级，并说过类似这样的话："现在的问题是明天早上是否应该发射，我收到了橡胶公司工程师们的反对意见，但仍然决定照常发射——你们觉得如何？"但事实上，穆洛伊先生说的是："所有问题都已解决。"下级为什么不把问题反映给上级？似乎有一些微妙的原因。

我假设了一个理由，跟很多人讨论过，但不少人予以否定并解释了原因。但是我已经把他们的解释抛诸脑后，仍然要表达我对NASA内部缺乏交流问题的看法。

NASA计划登月时，所有人士气高涨：这是每个人都渴望实现的目标。即使不知道能否成功，但是团结一致、齐心协力。

这样想是因为我在洛斯阿拉莫斯工作过，经历了所有人通力合作制造原子弹的那种紧张和压力。如果有人遇到问题，比如引爆装置，所有人都会予以高度重视，会想方设法克服困难，提出建议，问题解决时会欢欣鼓舞，因为这意味着他们的工作是有意义的：如果引爆装置无法工作，原子弹就无法工作。

我猜最开始，NASA内部也经历过这样的阶段：如果航天服出问题，就无法上月球。所以每个人都对他人遇到的问题很上心。

但是，登月计划完成后，所有工作人员都还在：休斯敦人员数量庞大，亨茨维尔也是，更不用说佛罗里达的肯尼迪中心了。总不能鸟尽弓藏、兔死狗烹，那么问题就是，以后该怎么处理？

必须说服国会大项目只有NASA才能胜任。为了达到目标，不得不——至少在这种身不由己的情况下——夸大其词：夸大航天飞机的经济性、飞行频率、安全系数以及随之而来的重大科学发现。"航天飞机能飞行多少多少次，只花费多少多少钱。我们连月亮都去过了，这次也没问题！"

与此同时，一线的工程师则可能说："不对！航天飞机无法飞行那么多次。如果飞行那么多次，就意味着什么什么。""不行，不能花那么多钱去做这个，我们会陷入被动。"

但是游说国会批准项目的人不想听这样的言论。也最好不要听，因为这样就能更"诚实"了，他们可不想对国会撒谎。所以没过多久，变化悄然发生：基层的反对声音——"密封圈有问题；下次起飞前要解决这个问题"——被中高层管理者们压了下去，理由是："如果密封圈有问题，航天飞机就得被迫停飞。"或者"不行不行，照常起飞，不然有失体面"。或者"别跟我说，我不想听"。

可能没有明确说"别跟我说"，但他们会通过阻碍沟通，达到同样的目的。这不是写作记录的问题，也不是沟通流程的问题，而是沟通意愿的问题：你把问题反映给领导时，他们是乐于听到这样的事情并表示"详细说说"或"你试过什么什么方法了吗？"还是会说"好，你处理一下吧"呢？这两种情况的氛围是完全不同的。如果尝试沟通过一两次被拒绝了，很快你就会想"管他呢"。

这就是我的理由：上层的夸大其词与基层的真实情况相去甚远，沟通受阻直至停滞。这可能是更高层领导受到蒙蔽的原因。

————————

另一个可能性是，高层领导全都了解，只是装作毫不知情。

我找到了一位NASA的前主管——现在想不起名字了——目前是加州某公司的负责人。我趁在家休假的时间找他谈了谈："他们都说不知情，这说得通吗？调查应该从何下手？"

他再没回过我电话。可能不想和调查高层领导的委员谈话，也可能受够了NASA，不想再被卷进去。因为我当时有很多其他事情要忙，所以没有再跟进。

各种各样的问题我们都没有调查到。其中一个就是贝格斯先生之谜，他是NASA的前主管，因接受调查而被解职，但调查与航天飞机毫无关系。事故发生前不久，他的工作由格雷厄姆接替。但实际情况是，贝格斯每天依旧照常办公，人们正常进出他的办公室，只是他从来不和格雷厄姆说话。他在做什么？还在指挥什么活动吗？

我一次次试图唤起罗杰斯先生调查这些疑点的兴趣："委员会里有律师、公司管理者、各种经验丰富的优秀人才。甚至有人能从守口如瓶的人嘴里问出答案，我自愧不如。但如果跟我说故障率是 1/100000，我就知道是在胡说八道，不过我不知道官僚体制内的行事惯例。我们应该把大领导们召集在一起，向他们提问：像询问穆洛伊先生那样的二级管理者一样，询问一级管理者。"

他会说："好，我也是这样想的。"

罗杰斯先生后来告诉我，他给每位大领导都写了信，但他们回复说没有什么可说的。

————————

还有一个问题是关于白宫的压力。

总统提出要把一名教师送上太空，作为国家重视教育的象征。他一年前在国情咨文演讲中提出了这个想法。现在，一年过去了，新一轮国情咨文演讲在即，如果那名教师能在太空和总统以及国会通话是再好不过了，是极具说服力的佐证。

我和很多人谈过这件事，听到了各种不同意见，但最终我得出的结论是白宫并没有对此事施加压力。

首先，对莫顿橡胶公司施压的人是穆洛伊先生，而他是二级管理者。事发之前，没人能够预测什么事情会阻碍发射。假设有人告诉穆洛伊"确保航天飞机明天起飞，因为总统下达了命令"，那么所有同级的人都会接到命令，而跟他同级的人非常多。知道的人多了，消息必然泄露。所以，这样施压的可能性不大。

调查委员会的工作结束之后，我对华盛顿和 NASA 的运作特点有了更深的理解。通过观察他们的工作方式，我意识到一个在像 NASA 这样的大系统中工作的人，一定对自己的职责了然于胸——不需要别人下达命令。

让航天飞机照常起飞本就存在很大压力。NASA 通过努力实现飞行计划来展示自身的能力——无论总统当晚是否要发表演讲。我相信白宫没有下达任何直接命令或特殊干涉：完全没必要，所以我认为不会发生这种事。

打个比方，汽车后窗上贴的标语——小黄钻拼成的"车里有宝宝"之类的话。其实不用告诉我车里有宝宝，我也会小心开车的。知道车里有宝宝，应该表现得不同寻常吗？好像我突然更小心地开车，避免相撞，全都是因为车里有个宝宝，而我在竭尽全力不要撞到他！

所以说，NASA本来就要不遗余力地发射航天飞机：不必强调内有宝宝，或内有教师，或是来自总统的压力。

————————————

和一些人聊过调查委员会的经历后，我想我已经理解了几件之前不太理解的事情。其中一件是关于我和克尔博士初次见面时那场不算很愉快的谈话的。最近我和一个在华盛顿工作了很久的人聊了聊，我问了他一个问题，如果他会错了意，可能会认为我在侮辱他。我想解释一下这个问题，因为克尔博士很可能就是这样误解我的。

对于科学，这个我所熟知的领域来说，取得真正成功的唯一方法就是极其严谨地描述事实，不能受主观意识的丝毫影响。必须客观平等地描述一个原理的优劣势。科学领域有正直和诚实的最标准范本。

其他领域，比如商业，情况则完全不同。举例来说，几乎所有广告都经过精心设计，想方设法诱导消费者：不想让人读到的字都印得非常小；广告语写得模棱两可。很明显，产品不是以科学、全面的方式展示出来的。所以，销售行业存在诚信缺失。

我父亲有科学家的精神和诚信，但他却从事销售工作。记得我问过他："正直的人怎么做销售呢？"

他说："说实话，很多销售员都不够坦率——他们认为这是更好的推销方式。但我尝试了坦率直白，发现了它的优势后，就不愿意再用其他方式做推销。

理智的顾客会发现跟其他销售打交道会吃亏，但跟我不会。最终这些顾客会发展为长期客户且十分信任我。"

我父亲不是声名显赫的销售大亨，只是一家中型制服企业的销售经理。他算小有成就，但没到成就斐然的程度。

看到国会议员就某件事发表观点时，我总会想，他是发自内心的，还是为了成功当选而精心设计的。这似乎是政客们的核心问题。我还会想：诚信正直对从政的人来说意味着什么？

说回克尔博士，知道他是物理学博士，而我一贯假设科学领域的人都是正直的——是我太天真了——所以想当然问了他一个我经常思考的问题："正直的人是怎么和华盛顿（政府）合作的？"

这个问题很容易被曲解为："既然和政府合作得如此融洽，那你肯定不是个正直的人！"

———————————

另一件我现在才明白过来的事，是关于如何想到低温会对 O 形环造成影响的。当时是库提那将军给我打电话："我正在修化油器，忽然想到：低温会对 O 形环造成什么影响？"

原来，其实是 NASA 的一位宇航员告诉他的，O 形环在低温情况下会失去弹性的消息是从 NASA 内部传出的——而 NASA 对此却置之不理。

但是库提那将军也要为那位宇航员的事业考虑，所以他在修理化油器时真正思考的问题是："在保护这位宇航员的前提下，该如何把消息传出去？"他的方法就是引起那位物理学教授朋友的兴趣，而且最终如愿以偿。*

———————————

* 库提那将军对这件事有他自己的版本，包含更多复杂细节，或许未来可以将其出版问世。——莱顿原注

附录 F：对航天飞机可靠性的个人观察

导语[*]

　　航天飞机会发生机器损坏和人员伤亡等故障，在故障率的评估问题上，各方看法存在巨大分歧，范围大致在1%~0.001%之间。一线工程师给出的估值较高，而管理层给出的估值则很低。估值相去甚远，原因何在？又会带来什么后果？0.001%的估值意味着300年的时间里，每天都发射一架航天飞机，而只有一架会发生故障。真是这样的话，我们就有理由追问：是什么造成了管理层对机械装置近乎痴迷的信任？

　　我们还发现，发射前的安全准许标准在逐渐放宽。如果之前同样风险条件下的发射没有失败，就默认下次发射也是安全的。因此，显而易见的缺陷一次又一次被忽视，没有严肃认真的改进措施，也没有顾及安全的延迟发射。

　　信息的来源有以下几个渠道。首先是公认发布的安全标准，包含该标准的修订历史——对弃权和反对意见有详细记录。还有发射准备状态评估中记载的每次发射的数据，作为发射安全的佐证。另外一些资料是从发射安全官路易斯·J.乌尔里安那里得到的，他做了关于固体燃料火箭发射成功率的证词和报告。作为发射终止安全委员会主席，他还对以下问题做了深入研究：未来行星探测计划发射任务中钚动力装置可能导致的放射性污染。NASA对同一问题的研究资料也可以找到。为了解航天飞机主发动机的发展史，我们访问过马歇尔中

---

[*] 在《你为什么要在乎别人怎么想？》一书中，我对费曼的报告稍做润色，轻微改动了语法。尽管当时可能有用，但实际上降低了其正式发表时的历史价值。所以本次发布为报告原版，只修改了拼写和标点错误，并为符合本书设计装帧而调整了字体风格。其他修改处均有括号标注。——莱顿原注

心的管理人员和工程师，与洛克达因公司的工程师私下会面。还拜访了 NASA 的
一位独立工作的发动机顾问（来自加州理工）。为了收集航空电子设备（计算
机、传感器和效应器）可靠性的资料，还去了约翰逊航天中心。最后，还有一
份 1986 年 2 月的报告——《关于可重复使用载人火箭推进器的实践认证评估》，
由喷气推进实验室的 N. 摩尔等人递交给 NASA 总部空间飞行办公室。该报告论
述了联邦航空局和军方用于认证燃气涡轮机和火箭发动机的方法。报告的作者
们也接受了私下访问。

固体燃料火箭

固体燃料火箭的可靠性是由发射安全官根据以往试飞经验推算出来的。数
据显示，总共发射将近 2900 次，其中 121 次失败，比率大概是 1/25。但是这包含
"早期错误"，就是最初几次试飞，会发现设计疏漏并予以修补。设计成熟后，
更合理的数字应该是 1/50。如果能仔细挑选零部件并反复检验的话，比率应该
可以控制在 1/100 以下，但是以目前的技术，1/1000 则是无法达到的。（由于航
天飞机有两个火箭助推器，所以由火箭助推器造成的航天飞机故障率还要按双
倍计算。）

NASA 官员认为故障率还要低得多，理由是以上为无人火箭的数据，但航天
飞机是载人火箭，所以发射成功率必然接近 100%。这种说法极具迷惑性，是已
经接近了 100%，还是应该接近 100% 呢？他们继续解释："从以往经验来看，极
高的发射成功率导致了载人航天项目和无人航天项目之间的理念差异，即数字
概率和工程判断之间的差异。"（摘自《用于行星任务中 RTG 安全分析的航天飞
机数据》，页码 3-1，3-2，1985 年 2 月 15 日，NASA，约翰逊航天中心。）确实，
如果失败概率低到 0.001%，那就需要无数次的测试来证明。而测试只能得到一

串完美的飞行过程，得不到确切的数字，因为迄今为止发射的总次数都不到10万次。但是，如果实际的失败率没有这么低的话，通过一定次数的试飞就会测出故障、一般事故，甚至是重大事故。再使用标准统计学方法进行分析，就可以得出合理的估值。事实上，NASA以往的经验已经表明，偶尔的故障、一般事故和重大事故已经在发出警示：发射失败率并非那么低。不要通过历史经验来判定飞行器的可靠性（如发射安全官所做），而NASA却事事先提过往经历，比如报告一开头就是"从以往经验来看，极高的发射成功率……"。

最后，如果工程判断能代替数字概率，那为什么管理层的估值和工程师的估值会有如此大的差异？看来，不管出于什么目的，为了吸引国内还是国外的目光，NASA官员都夸大了其航天产品的可靠性，甚至到了痴人说梦的地步。

关于发射许可和发射准备状态评估此处不再赘述。（参见委员会报告的其他部分。）但显而易见的一个事实是，以往的发射过程中允许使用已经发生侵蚀和漏气的密封圈。"挑战者号"这次飞行就是最好的例证：飞行论证时多次援引之前经验，前几次发射的成功更成为安全的佐证。但是侵蚀和漏气是不符合最低标准的，它们是在警示一定有什么地方出问题了。设备的运行不符合预期，就说明有危险：飞机以这种让人意想不到的、不能完全理解的方式运行，可能导致更大的偏差。潜在危险这次没有酿成巨大灾难，并不能保证下次也不会，除非已被透彻研究。就像玩俄罗斯轮盘赌一样，第一枪没有子弹不能说明下一枪也没有。没有人了解密封圈侵蚀和漏气的原因以及可能导致的后果。侵蚀和漏气也不是每一次发射都会发生，发生的位置和程度都各不相同，十分随机。可是为什么所有条件都符合设计和操作要求的情况下，"本不应该"发生的侵蚀和漏气依然存在，直至酿成大祸呢？

尽管情况变幻莫测，难以捉摸，但是官员们的表现却好像是一切都尽在掌握——他们经常用之前"成功"的发射作为依据，彼此给出看起来合乎逻辑的论证。比如，在51-C号飞行过程中已经出现过密封圈侵蚀的情况下，依然认定

51–L号（挑战者号）可以安全发射，理由是密封圈侵蚀深度只占半径的1/3。因为之前的切割密封圈实验证明：只有切割的深度达到一个半径时，密封圈才会失效。当时对造成侵蚀的原因了解有限，而瞬息万变的环境可能会造成更严重的侵蚀，可是官员们非但不为此感到担心，反而声称"安全系数是3"。"安全系数"原本是工程术语，用在这里显得有些怪异。例如建一座桥，使其能承受一定载重量的同时，又不会永久形变、开裂或折断，那么所用材料的实际承受力通常应该达到预计载重量的3倍。这个"安全系数"的设定是考虑到不确定的超载或材料本身的未知缺陷等因素。假设在预定载重下依旧出现了裂缝，就是桥梁设计彻底的失败，不是安全系数的问题了，即使桥没有完全坍塌，即使裂缝长度只有桥梁长度的1/3。固体火箭助推器里O形环的设计初衷是不能受到侵蚀，发生侵蚀只能说明某个地方出了问题，而不能作为判断安全的指标。

不弄清楚O形环受侵蚀的原因，就无法避免下次发生更严重的侵蚀。然而，官员们自欺欺人，自以为是，完全不顾事实——每次的发射条件都不同。计算侵蚀程度的数学模型不是基于物理学原理，而是由经验曲线拟合而成。具体来说，就是一股热气流冲击O形环，并在停滞点测出热量值（至此，在物理层面上是合理的，符合热力学定律），但官方把这个热量值作为了O形环侵蚀程度的唯一决定因素，而计算热量值的公式仅仅来自相似材料的实验数据。经验公式的对数图是一条直线，因此把侵蚀程度定为热量值的0.58次方——0.58是由最接近的拟合确定的。至少用其他数字代入公式验证，可以证实模型和侵蚀程度相符（深度是O形环半径的1/3）。没有什么比相信这种计算方法更离谱的了！因为模型里的不确定因素比比皆是。气流的强度无法预测，它取决于填充物里形成孔洞的情况。漏气现象表明即使O形环没有受到侵蚀或只是部分侵蚀，也会失效。众所周知，经验公式是靠不住的，因为拟合曲线并不是恰好经过确定出它来的那些数据点。很多点都不在曲线上，有的在曲线之上两倍处，有的在曲线之下两倍处。单从这一点看，侵蚀严重程度就算翻一番也是合理的。公式里其他常数也有类似的不确定性。使用数学模型时，一定要谨慎对待其中的不确定因素。

液体燃料发动机

在"挑战者号"的飞行过程中，三个主发动机都运转良好，直到最后燃料供应不足时自动关闭。然而问题在于：如果发动机失灵，我们像调查固体火箭助推器那样去仔细调查的话，是否也会发现类似的弊病——NASA对缺陷的疏忽和安全可靠性的降低。换句话说，导致事故发生的管理疏漏仅限于固体火箭助推器部门，还是普遍存在于整个NASA？为了得到答案，我们还调查了主发动机部门和电子系统部门，但未涉及轨道器和外部燃料箱这两个部门。

与固体火箭助推器相比，发动机的结构要复杂得多，涉及更多工程细节。总的来说，发动机的工程质量很高，运行中发现的不足与缺陷也很受重视。

通常（军用或民用飞机）发动机的设计用的是"自下而上"的方法。首先，必须彻底了解使用材料（比如制造涡轮叶片的材料）的性能和局限性，而且要通过测试来确定这些特性。掌握这些之后，就可以独立进行更大部件（如轴承）的设计和测试了。一旦发现有缺陷和设计错误，就要通过进一步的测试进行调试和验证。由于每次只测试部分组件，所以测试或修正的成本不会特别高。最后，就开始设计整个发动机，使之符合必要的规范。至此，发动机基本上快要完工了，或者说可以轻松锁定和分析各种故障，因为已经掌握了故障模式、材料的局限性等情况。调试发动机并解决后续的问题也并不困难，因为大多数严重的问题都已经在设计前期发现并及时处理了，且花费成本不高。

但是，航天飞机主发动机的设计方法可以说刚好相反——"自上而下"。发动机的设计和组装一步到位，几乎没有对材料和部件等细节进行初步研究。所以，当轴承、涡轮叶片、冷却剂导管等出现问题的时候，就很难找出原因并解决问题了，而且代价也要昂贵得多。比如，高压涡轮氧泵的叶片出现了裂纹，那么，问题出在哪里？是材料本身的缺陷，还是有氧环境对材料性质有影响？是启动或关闭时的热应力，还是稳定运行时的振动和应力造成的？抑或由特定速度下的共振效应引起，或者其他原因？从叶片出现裂纹到报废需要多长时间？这一过程和功率在多大程度上相关？用组装好的发动机作为试验品来解决这些问题，成本太高了。不应该为了找出故障所在和故障原因而牺牲掉整台发动机。但是，想要对使用中的发动机可靠性有把握，就要精确掌握这些信息。没有对细节的驾驭，就无法对全局了然于心。

自上而下的方法还有一个更大的缺点就是，即使发现了缺陷，也很难通过简单修补解决。比如要改变涡轮壳体形状，就要重新设计整个发动机。

航天飞机主发动机是非同凡响的，与之前所有发动机相比，它的推重比是最大的。它的建造超出了以往经验，甚至可以说是截然不同的。因此，不出所料，各式各样的缺陷和问题也层出不穷。正因为设计方式是"自上而下"的，所以缺陷就很难被发现和弥补。结果是，重复飞行55次（共27000秒运行时间，每次发射或测试用时500秒）的目标至今也没有实现。现在，主发动机需要非常频繁地维护和更换重要部件，如涡轮泵、轴承、薄片金属罩，等等。每完成3次或4次的任务量，高压燃料涡轮泵就必须得更换（尽管现在可能已经解决了），而每完成5或6次的任务量，就轮到更换高压涡轮氧泵了——充其量也就是预期参数的10%。但是这里主要关注的是决定主发动机可靠性的因素。

在过去总共250000秒的运行过程中，发动机大概出现过16次严重故障。工程师们密切关注这些故障，并尽快加以修复。他们的方法是在特殊设备上做实验——设备是专门针对问题而设计的；或是通过仔细检查发动机，找出一些线索（如裂纹）；或是做大量的研究和分析。这样一来，虽然自上而下的设计带来了诸多困难，但是工程师们已经通过不懈努力解决了很多问题。

以下是部分问题列表。带星号（＊）的是可能已解决的问题：

- 高压燃料涡轮泵叶片出现裂纹。（可能已解决。）

- 高压涡轮氧泵叶片出现裂纹。

- 强力火花点火器破裂。＊

- 清洗止回阀故障。＊

- 强力火花点火器内室侵蚀。＊

- 高压燃料涡轮泵泵室金属板开裂。

- 高压燃料涡轮泵冷却剂衬垫故障。＊

- 主燃烧室排气弯管堵塞。＊

- 主燃烧室进气弯管焊点偏移。＊

- 压涡轮氧泵次同步旋转。＊

- 飞行加速安全中止系统（冗余系统里的局部故障）。＊

- 轴承剥落。（部分解决。）

- 4000赫兹振动导致的部分发动机失灵。

已解决的问题大多出现在前期，因为有13个出现在前125000秒，只有3个出现在后125000秒。当然，无法确保已经排查了所有隐患，更何况，某些问题的补救措施并不是对症下药。所以，下一次250000秒的运行中，至少会出现一次事故的推测并非全无道理，也就是说，每台发动机每次任务可能出现事故的概率是1/500。每次发射都有三台发动机同时运转，可能会出现意外，影响其中一台。如果只有两台发动机工作，发射任务就会中止。因此，可以说，不可控的未知因素过多，无法保证由主发动机故障导致的发射失败率低于1/500。此外，还必须考虑已知但未解决的问题（上文中未带星号的）可能导致的后果。这个问题讨论如下。（火箭发动机制造商洛克达因公司的工程师给出的失败率估值是1/10000。马歇尔中心的工程师给出的是1/300。同时，作为上述工程师汇报对象的NASA却声称失败率只有1/100000。而一位为NASA做咨询的独立工程师则认为合理的估值应该是1/100或1/50。）

发动机合格标准的变化历程让人很是困惑，也很难解释得通。最初的标准似乎是两台样机中任何一台的无故障运行时长都必须达到设计标准运行时长的两倍，即"2×"标准。这是FAA的惯例，NASA看似也采纳了这个标准——最初的目标是顺利发射10次（因此要求每台样机能成功发射20次）。显然，最理想用作参照物的发动机是总运行时长（飞行加测试）最长的，所谓"旗舰"。但是，假如第三台样机或其他样机短时间内失灵了，该怎么办？当然不能因为两台样机运行时间超长而认定发射是安全的。也许，最短工作时间更能代表真实情况。所以，如果以两倍安全系数为原则，实际运行时间应限制为最短样机时间的一半。

安全标准逐渐降低的例子有很多，先看高压燃料涡轮泵的涡轮叶片。首先，已不再考虑测试整台发动机。由于每台发动机都有很多频繁更换的重要部件（如涡轮泵），所以安全规则的适用对象必须从整台发动机转移到零部件。如果两台样机都能安全工作一段时间，那么就把这段时间的1/2定为高压燃料涡轮泵的标准安全时间（事实上，原10次安全任务的时间已不再是标准）。但是，怎样才算"安全"工作？实际操作中，为了真正确保安全，FAA施行的标准比"2×"标准还严苛——涡轮叶片出现一条裂缝也视作故障。有时候，从涡轮叶片刚出现一条裂缝，到裂缝不断扩大，直至最后断裂的这段时间内，发动机还能一直正常运转。（FAA在考虑出台安全新规则，把这种额外的安全时间考虑在内。但是，要做到这一点，就必须在已知的经验范围内对已知模型做非常仔细的分析，而且模型材料也必须经过彻底的测试。而这些条件都不适用于航天飞机的主发动机。）

高压燃料涡轮泵叶片的裂缝通常出现在二级叶片上。有一台在运行1900秒后出现了3条裂缝，而另一台却在4200秒后也没有出现裂缝。尽管一般情况下，运行时间越长，出现裂缝的概率越大。要搞清楚原因就需要认识到压力很大程度上取决于功率级。在发动机工作的大部分时间里，"挑战者号"航天飞机的功率级应该维持在额定功率级的104%——和之前发射任务一样。数据分析显示，在额定功率的104%时，出现裂缝的时间大概是109%功率级或全功率级的两倍。将来的飞行也会保持在这个功率级上，因为有更大的有效载荷，还有很多测试都是在这个水平上进行的。所以，把104%功率级时裂缝出现前的那段时间除以2，就得到一个基准数据——等效全功率级（EFPL）。（显然，也带来一些不确定性，但是目前还没有对此开展研究。）之前提到的裂缝最早出现在1375秒EFPL。

现在，安全标准变成了"第二级（涡轮）叶片都要限制在1375秒EFPL之内"。可能会有反对意见称安全系数为2在这里没有体现。有人便会指出有一台涡轮机运转了3800秒EFPL没有出现裂缝，它的一半就已经是1900秒EFPL了，远长于1375秒，所以实际上的标准更加谨慎保守。其实这里有三个方面的自我欺骗。首先，只有一台样机（符合这个要求），而且不是那台"旗舰"，而其他两台样机在3800秒及之后的一段时间内有17片涡轮叶片开裂（一台发动机共有59片涡轮叶片）。其次，我们已经抛弃了"2×"标准，并以等量时间标准来代替它。最后，1375秒EFPL是发现裂缝的时间。或者可以说1375秒EFPL之前，没有发现裂缝，在此之前最后一次检查是在1100秒EFPL，无法判定裂缝在这两个时间点之间出现的具体时刻。只能猜测——有可能是在1150秒EFPL处形成的。（将近2/3的叶片在测试超过1375秒EFPL后会出现裂缝。最近的测试已明确显示，裂缝早在1150秒就出现了。）所以把标准定得高一些很重要，因为"挑战者号"的发动机运行时间已经非常接近安全极限了。

最后，据称安全标准并没有被抛弃，只是摒弃了FAA"不能有裂缝"的原则，整个系统还是安全的，并认为叶片彻底断裂才算故障。依照这个规定来看，目前根本没有一台发动机有故障。这一想法的逻辑是，既然从裂缝开始出现到彻底断裂有一段足够长的时间，那么通过检查所有叶片有无裂缝，就能保证绝对安全。发现了裂缝，就更换叶片；没有发现裂缝，就还可以再飞一次。这使得叶片裂缝问题不再是关乎飞行安全的重大问题，而仅仅是叶片维护的问题。

也许情况真的是这样。但是怎么断定叶片总是慢慢出现裂缝，而不会在发射过程中整体断裂呢？得到的答案是，三台发动机已经运行了很长时间，只有几个叶片出现了裂缝（大概发生在 3000 秒 EFPL），但没出现过叶片整体断裂的情况。

不过，叶片裂缝的问题可能已经找到了补救办法。通过改变叶片形状、对叶片表面进行喷丸处理或是加隔热层以消除热冲击等方法，总之目前为止，新叶片还没有出现过裂缝。

高压涡轮氧泵的安全标准也有相似的变化历程，此处不再赘述。

总之，很显然，航天飞机主发动机的发射准备状态评估标准和安全认证标准都在逐渐降低，问题和固体火箭助推器如出一辙。

航空电子系统

航空电子系统指的是轨道飞行器的计算机系统，也包括其输入传感器和输出执行器。首先，我们只研究计算机本身，不去考虑温度、压力等输入传感器传来的信息是否可靠，也不考虑点火执行、机械控制以及宇航员的显示器对输出指令的执行是否准确。

计算机系统非常精密，有 25 万多行的指令代码，操控诸多任务，包括航天飞机升入轨道的整个自动控制过程，以及确定着陆点后仅需按下一个按钮即可完成的返回大气层（速度低于 1 马赫）过程。其实本可以实现着陆过程的全自动化（除非起落架明显脱离计算机控制，表面上出于安全原因，必须由飞行员手动操控），但相比之下，飞行员控制比全自动化更安全。在轨道飞行期间，计算机系统的作用是控制有效载荷，向宇航员显示信息，以及与地面（控制中心）

交换信息。显然，要保证飞行安全，就必须确保计算机硬、软件系统的精确性。

简单来说，硬件系统的可靠性来自四个完全独立且结构相同的计算机系统。这套系统里，可能每个传感器都有若干个副本（通常是四个），每个副本都会给四个计算机系统提供相同信息。如果传感器输入的信息不一致，就会根据实际情况，或采用平均值，或采用选择多数的原则来确定。四台计算机的算法是完全一样的，所以输入（每台机器都可以获取传感器的所有备份）也是完全相同的。因此，每台计算机的任何一步计算结果都应该准确无异。这些运算结果要不时拿来对比，但是由于运行速度可能有轻微差异，所以每次比较之前，都要启动一个暂停和等待系统。如果一台计算机的计算结果与其他不一致，或者计算速度过慢，则其他三台得出的一致结果就会被系统承认，且表现不佳的这台就会被系统排除在外。如果有一台又失灵，就再由剩下的两台将其排除在系统之外，继而取消飞行任务，准备着陆，负责操控的也是剩下这两台计算机。由此可见系统之冗余，因为仅一台计算机的故障完全不影响任务的完成。最后，还有一个额外的安全保障，就是第五台独立计算机——只装载了控制上升和降落的程序，在四台主计算机中有两台以上发生故障时，用于控制降落过程。

主计算机内存空间有限，不能储存整个飞行过程中上升、降落以及有效载荷的所有程序，因此，需要宇航员通过磁带手动安装，总共大约四次。

由于系统精密复杂，更换或重新设计都需要投入大量人力物力，所以系统投入使用15年以来，硬件一直没有换过。现有的硬件系统早已过时，内存条还是用的老式铁氧体磁芯。要找到能供应这种老式计算机的生产商，还要求性能可靠、质量过硬，已经越来越难了。现代计算机性能要可靠得多，运转得更快，电路也简化了，可以做更多事情，还不需要多次安装程序，因为内存比老式计算机大得多。

软件需要自下而上的仔细检测。首先逐行检测新代码，然后再检测有特定功能的代码段或模块。范围会逐渐扩大，直到新变化全部融入整个系统并通过检测。这样就可以得到最新发布的终版成品。此外，还有一个完全独立的检查小组，对待软件研发团队的态度极为严苛，他们测试和检查程序软件的细致程度，不亚于收到商品的消费者。而在模拟器等部件启用新程序时，还有额外的验证测试。测试中发现的任何错误都会受到高度重视，而且，为避免类似错误再次出现，会仔细研究问题的根源。迄今为止，在所有编程和程序更改（针对新的或调整中的有效载荷）过程中，此类意外错误只发生过6次左右。检测的原则是：所有检测都不是为了程序安全本身，而是为了避免灾难性后果才做的程序安全测试。飞行安全与否只取决于程序在测试中的表现，任何失误都会引起高度重视。

总而言之，计算机软件检测体系及其仔细程度确实达到了最高水准。这里没有人一边降低标准，一边自欺欺人——固体火箭助推器部门和发动机部门的通病。当然，管理层最近已经在提议减少这样复杂且昂贵的测试了，因为他们认为在航天飞机发展业已成熟的现阶段，这些测试是完全没有必要的。必须抵制这样的提议，因为这忽略了程序之间微妙的牵一发而动全身的相互影响。因为使用者总是需要新的有效载荷与优化升级，所以修改和更新也就持续不断。修改的成本很高，因为要做全面大量的测试。而节省开支的合理方法应该是尽可能减少变动的次数，而不是降低每一次测试的水准。

有人可能要说，完全可以采用更先进的现代化硬件和编程技术，来大幅改进整个复杂的系统。从零开始的条件下，外部竞争往往具有先天优势。而现在，NASA应该认真考虑一下是否要这么做了。

最后，再回到航空电子系统的传感器和执行器上来。我们发现，在系统故障和可靠性问题上，人们的重视程度远不如对待计算机系统的态度。例如，有些温度传感器会不时发生故障。然而18个月后，同样的传感器还在使用，而且仍然时不时发生故障，直到有一次，两个温度传感器同时失灵，发射被迫取消。可是接下来的一次飞行中，这种不可靠的传感器竟然还在使用。反应控制系统的情况也类似，在火箭助推器飞行中起到重新定位和控制的作用，可是性能也不太可靠。虽然存在相当数量的冗余系统，故障也常有发生，但是还没有一次故障严重到影响整个飞行任务。传感器负责检测火箭助推器的运行状况，如果一个助推器未能成功点火，计算机就会选择另一个助推器来点火。但是，失灵不符合设计的原本预期，这才是需要解决的问题。

结论

为保障航天飞机的发射日程，工程进展速度和万无一失安全标准的执行往往不能两全。这种情况下，有关方面会借助表面上富有逻辑的论证，使标准发生微妙的改变，从而顺利推进飞行计划。因此，航天飞机就要在越来越不安全的条件下运行，故障率在1%左右（很难更精确估值）。

但另一方面，官方管理层却声称失败率是这个数据的1/1000。原因之一可能是想让政府看到NASA办事周全，滴水不漏，以便获得政府的资金支持。另一个原因则可能是他们真的相信失败率是极低的，这也正说明了管理层和一线工程师之间的沟通严重缺乏。

无论什么原因，悲剧已经酿成，而其中最糟糕的莫过于鼓励普通民众登上这样一架危险的航天飞机，好像和登普通客机没什么区别。和试飞员一样，宇航员应该完全清楚自己面临的风险，我们也对他们的勇气表示钦佩。谁又能否认麦考利夫（"挑战者号"上的普通中学教师）的勇气呢？她更能体会到真实的风险——绝不是NASA误导民众的那种级别的风险。

在此，建议NASA的官员认清客观现实，充分理解航天技术的弱点和缺陷，进而积极设法解决问题。在比较航天飞机和其他航天技术的成本与效用的不同时，要遵循实事求是原则。同样，在签订合同、估算成本和评估难度等环节上，也要秉承务实态度。飞行计划的时间安排要切合实际，能在现实中落地实施。如果按如上建议行事得不到政府的支持，那也只好如此。NASA 应该对支持它的公众负责，开诚布公，告知公众所有真相。这样公众才能做出最明智的决定，充分利用有限资源。

　　一项技术要成功，尊重现实远比维护公共关系重要得多，因为大自然是不会说谎的。

　　附言：虽然费曼的报告被降级为《调查委员会报告》的附录（因此可能在 NASA 不会得到广泛阅读），但它在故障分析领域却屡屡被人们提及，最近一次是 2004 年 10 月在法国布尔日举行的风险管理和可靠性会议的颁奖典礼上。——莱顿原注

尾声

一

反思

年轻时，我以为科学可以造福所有人。显然，科学是实用的，是好东西。"二战"期间，我参与研发了原子弹。这一成果很明显有着非常严肃的意义：科学之于人，可以是毁灭性的。

战争结束后，我依旧忧心于原子弹。当时的我不知道未来会是什么样，也没指望我们能活到现在这个时候。所以我一直在思索：科学是否包含着某种邪恶？

换句话说，在看到科学造成的恶果后，不禁要问，我所热爱并为之奉献一生的科学事业究竟价值何在？这是我不得不回答的问题。

以下这篇"科学的价值"*，可以看作我在试图回答这个问题时所做的思考。

理查德·费曼
1988年1月

---

* 公开发表于 1955 年美国国家科学院会议。——莱顿原注

科学的价值

人们时常对我说，科学家应该多关心社会问题，特别是要关心科学对社会的影响。人们似乎普遍认为，如果科学家们不在一些无关紧要的科学研究上花费过多时间，而多去关注一些非常棘手的社会问题，情况就会有巨大的改观。

在我看来，我们确实也时常会思考这些问题，只不过没有把它当成本职工作而已。因为知道自己并没有解决社会问题的灵丹妙药——社会问题比科学问题棘手得多。而且即使做了深入思考，通常也没有什么结果。

我认为，科学家在考虑非自然科学问题的时候，比普通人高明不了多少。他们就社会问题发表意见时，也会像其他门外汉一样无知。恰巧今天的话题"科学的价值"不是自然科学的问题，那么我接下来的演讲就刚好可以作为例证。

科学的第一重价值人人皆知，那就是科学知识能帮助人们进行劳动和创造。当然，如果用科学做了善事，那也不单单是科学的功劳，引导人们行善的道德选择也同样重要。科学知识是一种力量，既可以行善，又可以作恶——它本身无法决定自己的用途。这样的力量显然是有价值的，即使可能会由于一些不当行为而受到否定。

在一次去檀香山的旅途中，我学到了一种表述这个人类普遍问题的方法。当地有个佛教寺庙，里面的住持会稍稍向游客讲解一些佛法，讲解的最后，他送给游客们一句值得终身铭记的话——我一直记忆犹新。是佛经上的一句偈语：

每人都有一把开启天堂之门的钥匙，这把钥匙同样也能打开地狱之门。

如此说来，通往天堂的钥匙还有什么价值呢？如果没有明确的方法来区分天堂之门和地狱之门，那么手中的钥匙确实是个危险物件。

可是钥匙显然又很有价值：没有了它，我们怎样去天堂呢？

没有钥匙，即使分清楚了天堂和地狱也无计可施。所以虽然科学可能会给世界带来巨大的伤害，但它显然还是有价值的，因为它能制造出有价值的东西。

科学的另一重价值是心智的享受。有人通过阅读、学习和思索获得这种享受，也有人投身科研工作并乐在其中。这一点很重要，而那些说科学家有责任反思科学对社会造成的影响的人，对此却没有充分的认识。

不是说个人心智上的享受就是科学的全部社会价值所在，而是说考虑社会本身的目标也是一种责任。倘若社会发展的目标就是让人们能够享受一切，那么享受科学的乐趣就和其他事情一样重要。

另外，在对人们世界观的改变方面，科学事业所做的贡献不容小觑。科学赋予人类的天马行空的想象远比诗人和梦想家所描述的更加不可思议。因为大自然的想象力是人类难以望其项背的。比如，科学告诉我们，地球上的人被神秘的引力吸在巨大的球体上，其中一半人还是头朝下的，球体持续旋转，在茫茫宇宙中已经存在了数十亿年，这难道不比神话故事中"浩渺的大海里浮着一只大海龟，海龟驮着象，象又驮着大地"的想象更激荡人心吗？

我曾无数次思考过一些问题，如果提到了一些人人皆知的常识的话，还请大家谅解，因为过去的人无法像我们现在这样认识世界，即便现在是常识，过去的人也是完全不知道的。

比如，我独自站在海边，思绪万千：

海浪汹涌

分子成山

数以亿计

看似各自为战

却引得巨浪滔天。

年年岁岁

天地寂寥，无人可见

岁岁年年

惊涛拍岸，一如从前。

所为何人，又为哪般？

空无一物，犹如死寂。

永不停息

成为能量的奴隶

太阳将能量挥霍肆意

向宇宙倾泻着威力

只需点滴，海水便一泻千里。

大海深处

分子循规蹈矩

重复彼此的排列

直到新组合悄然诞生。

它们统一步调，

跳起新的舞蹈。

活的物质

日益壮大

日益复杂

无数原子、DNA、蛋白质

舞步纵横交错。

跳出海洋摇篮

投入大地怀抱

舞出生命奇迹

站立着的存在

有意识的原子

会好奇的物质。

伫立海边

诧异于诧异

我

一个原子的宇宙

宇宙中的一个原子。

同样的激动、敬畏和神秘感会在我们深入地研究每个问题时，一次又一次袭来。了解得越多，研究得越深入，就会发现越是奇妙的秘密，而这又吸引人们越发深入地去探究。我们从不在意可能会得到令人失望的结果，相反，总是愉快而自信地翻开一块又一块新的石头，寻觅意想不到的奇异之事，通向更为美妙的问题和奥秘——这完全就是一场伟大的冒险！

确实，不做科学研究的人，几乎不会有这种宗教般的体验。诗人不去歌颂它，艺术家也不去描绘它，我完全不理解这是为什么。难道没有人从现有的宇宙图景中得到创作灵感吗？科学的价值还没有一位歌手唱过，所以，今晚诸位听到的只能是我的科学讲座，而不是一首歌或一首诗。可见，科学的时代还没有到来。

造成沉默局面的原因也许是，要想唱歌，得能看懂乐谱才行。比如，科学论文里说："老鼠大脑里的放射性磷含量每两个星期减少一半。"这是什么意思呢？

这意味着，老鼠的脑子（你、我的脑子也一样）里面的磷已经不是两个星期以前的磷了。也就意味着，脑子里的原子已被全部替换，原来的原子不存在了。

所以，我们的大脑是什么呢？这些有意识的原子又是什么呢？像是上星期吃的土豆！现在，它们能记得我大脑里一年以前的想法，可当时的大脑早已经换过了。

发现大脑中的原子在一定时间后就会被其他原子所取代，其意义就是要说明，我这个独立的个体只不过是一种排列组合或是一种原子的舞步编排。原子进入我的大脑，跳一曲舞，然后离开——原子常新而舞步依旧，永远记得昨天的跳法。

而报纸会把这样的消息写成："科学家认为，这项发现可能对攻克癌症有重要意义。"报道只关注一个想法的用途，而不去注意想法本身。很少有人会懂得想法的重要性，这一点值得我们注意。尽管如此，还是可能会有孩子对想法感兴趣。一旦某个孩子被想法吸引，就相当于我们又多了一个科学家。等上了大学才拥有这种精神的话，就太晚了*。所以，这样的观念需要从小开始培养。

现在，来讲讲科学的第三重价值。虽然不是那么直观，但也并不牵强。科学家对于自己的无知、怀疑和不确定深有体会，我认为这些经历非常非常重要。当一个科学家不知道某个问题的答案时，他是无知的。凭直觉猜到了结果时，他并不确定。而对结果相当有把握时，他还是有一点点怀疑。我们发现，要想

---

* 现在我会说："有点晚了，但还不是太晚。"——费曼原注

进步，就必须承认自己的无知，还要心中存疑，这至关重要。科学知识是一系列陈述的集合，它们有着不同程度的确定性——有的根本不确定，有的比较确定，但没有绝对确定的。

如今，我们科学家已经接受了这一点，理所当然地认为存疑与科学并不矛盾，无知更是常态。可是，我不知道是否每个人都意识到了这一点。今天我们质疑的自由，来自科学在发展早期与权威势力的斗争。那是一场惨烈的斗争，意义极其深刻，通过它，我们争取到了质问的权利、怀疑的权利，以及不确定的权利。我认为，重要的是不能忘记这场斗争，因为遗忘会让我们失去已经得到的东西。这就是科学家对社会的责任。

人类的潜能无限，而成就却如此有限，每每想到这点，我们就悲从中来。一次又一次，总觉得自己可以做得更好。前人虽然身处黑暗时代，但从未放弃对未来的展望。我们，作为他们的未来，尽管目睹了一些梦想已经成真，但依然还有很多未能完成的旧梦。如今我们对未来的期望有很多也是前人对我们的期望。

曾有人认为，人类之所以没能开发出全部潜能，是因为大多数人没有接受教育。但是只要普及了教育，人人就都能成为伏尔泰吗？就效果而言，教人为恶与教人向善同样立竿见影。教育的作用很大，但它既可能是好事，也可能是坏事。

国家间的交流必定会促进相互理解——这又是一个美好的梦想。可是，交流的方式或渠道可以被操纵。交流的内容可能是事实，也可能是谎言。交流的作用很大，但同样地，它既可能是好事，也可能是坏事。

应用科学至少应该给人带来物质生活的保障。医药能控制疾病，这方面的记录似乎都是正面的。其实不然，如今也有人不辞辛苦地研制瘟疫病菌和毒药，为日后的战争做着准备。

几乎所有人都讨厌战争，和平是每个人的梦想。只有在和平年代，人类才能充分挖掘巨大潜能。可是，未来身处长期和平的人也可能会发现，和平同样是一把双刃剑，也有好坏两面。久享太平的人们也许会因为百无聊赖而酗酒，那么酗酒就会成为阻碍人们发挥潜能的最大障碍。

显然，和平的作用也很大，和清醒、物质力量、交流、教育、诚实，以及很多梦想家的理想一样。而相比于前人，我们的掌控感更强了。或许我们比大多数前人做得好了一些。但是，应该看到渺小成就和宏伟蓝图之间的巨大差距，我们依旧任重道远。

为什么呢？为什么我们不能战胜自己？

那是因为伟大的力量从来不解释自己。例如，对物质世界运行规律了解越多，越让人相信这种运行规律是毫无意义的。所以，科学知识并不直接区分好坏。

古往今来，人们一直在探寻生命的意义。他们认为，如果有一个方向或意义引导着人类的行动，那么人类就能释放巨大潜能。于是很多对意义的阐释就应运而生了。可是这些形形色色的说法却相去甚远，而且某种说法的支持者，会把信奉另一种说法的行为看作是洪水猛兽。恐惧来自意见分歧，而且恐惧还会把人类巨大的潜能引入狭窄逼仄、充满谬误的死胡同里。但历史上，虚妄信仰导致过巨大恶行，哲学家们正是以史为鉴，意识到了人类拥有无穷且神奇的潜能。所以新的梦想就是找到那条通往潜能的光明之路。

那么，这又有什么意义呢？怎样解开存在之谜呢？

即使汇集贯穿古今的所有知识去解答，我也必须坦白，我们并不知道。

但是，承认无知或许就意味着我们已经找到那条光明之路了。

这不是新观念，这是理性时代的观念。前人们正是在这一观点的引导下创造了如今的民主制度。起初没有人知道如何管理政府，在这一基础上才逐渐有了制度的雏形——在这个制度体系下，新想法得以诞生、接受检验，甚至被抛弃，与此同时，还会产生更多新想法。这是一个可以反复试错的制度。但它的出现是有事实基础的。18世纪末，科学已经通过真相自证成功。所以即使在那时，心系社会的人就已经明白，以开放的心态面对各种可能性，就带来机会；怀疑和讨论是探索未知的必经之路。如果想攻克前人的未解难题，就必须打开未知之门。

人类历史的画卷才刚刚展开，我们还在初始阶段，所以面临诸多问题和困难是情理之中的，前路漫漫，时间还长。而我们有责任尽己所能、学所能学、探索新知、造福后人，也有责任使后人更加自由。在人类发展的青年时期，难免会有鲁莽举动，犯下严重错误，导致长期的发展受阻。而当下，我们就是如此年幼无知，如果我们说现在已经掌握了答案，那肯定会犯同样的错误。如果压制言论，压制批评，而宣称"这就是答案，朋友们，人类得救了！"，人类就会长期限制在权威的桎梏和现有的想象中。这样的事情历史上已经屡见不鲜了。

身为科学家，我们有责任去倡导自由的价值，因为巨大的进步源自对无知的承认，也是思想自由结出的硕果。我们还有义务宣扬不惧怕质疑，要张开双臂迎接它，交流和讨论它。而为了子孙后代，我们要不遗余力地争取自由、维护自由。

货拜族科学

中世纪充斥着各种各样不靠谱的想法，比如一小片犀牛角就能增强性能力。（中世纪另一个不靠谱的想法跟我们今天戴在头上的帽子有关——对我来说，帽子太大了。）[*]后来人们发现了一个鉴别方法，就是先试验一下，看看是否管用，如果行不通，就不再相信。自然而然地，这种方法逐渐演变成了科学。之后科学一直繁荣发展，直到今天，我们已经身处科学时代。而相信科学的我们，应该很难理解巫医的存在——他们的建议根本不管用或者作用轻微得可以忽略不计。

但是即使在今天，我还是会碰到很多人，他们总能把话题扯到飞碟、占星术或者某种形式的神秘主义上——扩展意识、新形式感知、超感知觉等。所以我得出的结论是，现在并不是科学的时代。

太多人把形形色色的神秘事件当真，于是我决定展开调查，一探究竟。结果，满足好奇心的代价就是我陷入了种种无稽之谈的汪洋大海中，不知所措。首先，我调查了五花八门的神秘主义和神秘体验。因为我进过漂浮箱，还在里面产生了长时间的幻觉，所以有所了解。我去了伊萨兰[**]，那里可以说是神秘主义的策源地（是个好地方，可以去玩一趟）。神秘主义在这里已经泛滥到我无法想象的地步，实在是招架不住。

伊萨兰有一些大的温泉池，坐落在离海平面30英尺的悬崖边上。我最愉快的经历之一就发生在这里。当时我坐在池中，享受着宜人的风景——悬崖下海

---

[*]　1974年，费曼在加州理工学院毕业典礼上戴着一顶帽子，穿着一件长袍。——莱顿原注
[**]　伊萨兰研究院（Esalen Institute），位于加利福尼亚州大苏尔地区。——编者注

浪拍打着岩质海岸，头顶则是清澈湛蓝的天空，此时，一位赤身裸体的美女悄然出现，她的胴体无比美丽，以至于我已经完全忘记自己在无礼地注视着她，而她却轻轻走进温泉池，与我共浴。

还有一次，我坐在温泉池中，当时还有一位漂亮姑娘，以及一位看起来和她也不是很熟的男子。我心里立刻开始打鼓："哎呀，该怎么和这位美女搭讪呢？"

在我正发愁如何开口的时候，那名男子抢先一步："呃，我正在学习按摩，可以在你身上练习一下吗？"

"当然可以了。"说完，他们一起走出了温泉池，然后姑娘就躺到了旁边的按摩台上。

我心里暗想："多么讨喜的理由！怎么我就想不出来！"然后他开始按摩她的大脚趾，边按摩边说："我感觉到了，一个凹痕，是脑垂体吗？"

我忍不住脱口而出："老兄，那位置离脑垂体还有十万八千里呢！"

他们才突然意识到我的存在，略带惊恐地看着我，说："这是反射疗法！"

于是我赶紧闭上眼睛，装出冥想的样子。

这只是让我手足无措的一个例子而已。我还研究了超感知觉和超心理现象，当时最受欢迎的是尤里·盖勒，据说他只要用手指搓一搓，钥匙就会变弯。于是，应他的邀请，我去了他的酒店房间，想亲眼看他演示读心术和钥匙弯曲术。他当然没能读出我的心思，因为根本没人能做到。接着，我儿子拿一把钥匙让盖勒搓，但没有任何反应。他解释说水里的效果会更好。接下来的画面可想而知——我们都站在浴室，水龙头开着，哗啦啦的水流下，他用手指搓着钥匙。但依旧什么也没发生。所以我的研究也就此作罢。

后来我开始想，还有哪些如此荒谬但我们信以为真的事情呢？（我当时想到的是巫医，要想拆穿他们实在太容易了，因为很显然他们的方法都不管用。）之后，我发现了一些更多人深信不疑的事情，比如教育方法。关于如何阅读、如何学习数学等，一直以来都有主流系统的方法，但是如果稍加留意就会发现，尽管这些年来同一批教学者在持续改进方法，但学生的阅读成绩却每况愈下，或者勉强算原地踏步。情况类似于巫医开出了一个并没有疗效的药方。应该研究的是，教学者怎么知道自己的方法会有效果呢？另一个例子是改造罪犯的方法。很明显，我们用各种方法改造罪犯，以降低犯罪率，结果收效甚微——理论一大堆，有用的一个没有。

然而，有人声称这些都是科学的，所以得去研究一下。我认为有常识的普通人是被这种伪科学唬住了。有独特教学想法的老师迫于学校制度的压力，不得不用其他的教学方法。甚至接受了教育制度灌输的理念，认为自己的方法并不可行。或者据专家称，一些所谓坏孩子的父母，在以某种方式管教孩子后，又会因为没有用所谓"正确的方法"而抱憾终身。

因此，我们确实应该仔细研究一下那些行不通的理论，以及不是科学的"科学"。

以上提到的关于教育和心理学的研究，可以归类为我说的"货拜族科学"。南太平洋上，有一群名为"货运崇拜族"的人。战争期间，他们遇到过带着大量"好东西"的飞机在岛上降落，所以，为了同样的好事能再次发生，他们就开始采取行动：铺设了一条类似飞机跑道的路，在路两旁点上火，又搭了一间小木屋，让一个人假装飞机调度员坐在里面，头上戴了两块木头，充当耳机，还在木头外侧贴上了竹条，作为天线。然后，就开始等待飞机降落。他们把所有能做的都做了，"机场"建造得很完美，和以前看到的几乎一模一样，但就是一点作用都没有，一架飞机也不会降落。我把类似的事情统称为货运崇拜科学，也就是"货拜族科学"。因为这件事徒有科学研究的"表"，而没有科学研究的"里"——遵循了所有表面上的规则和形式，却缺失了本质的东西，飞机本身不降落才是本质。

当然，我理应解释那些本质的东西具体是什么。但是要讲清楚很困难，就像让我去给南太平洋岛民讲解如何正确获得财富物资一样，可不是仅仅教他们改进一下耳机形状那么简单。但是我注意到，货拜族科学家们普遍缺失了一样东西。就是一种理念，是我们希望在校生能在科学学习的过程中获得的理念——从未明确提及，要在科学研究实践中慢慢领悟。所以，现在明确提出这个理念是件很有意思的事。它是一种科研诚信，也是一种科学思想的原则，要求绝对彻底的、竭尽全力的诚实。举个例子，做实验时就应该记录下所有你认为可能会导致实验失败的情况，不只记录对的或是有价值的数据，还要记录能解释实验结果的现象，记录你已经通过其他实验排除了的事情及其来龙去脉，保证和其他研究人员信息共享。

知道某些可能会引起质疑的细节后，一定要详细记录下来。知道某种有误或可能有误的情况后，一定要尽全力解释清楚。比如一个理论的提出、推广或公开发表，必须同等展示与之相符和相悖的事实。还有另一件更微妙的事情：把很多想法整合成一个复杂理论后，解释该理论的适用条件时，要确保这些适用条件不仅是启发你得出该理论的条件，还要让最终的理论在这些条件下成功指导其他实践。

总而言之，就是要尽可能公布出所有信息，便于他人全面判断你科研成果的价值。而不能只提供片面或单一的信息，因为这样只能收到某个特定方面的评判。

最简单的解释方法就是类比，那么就以广告来作类比。昨晚我听到一则广告说，威臣牌食用油不会渗入食物中。好吧，这并不假。也可以说，广告并没有不诚实。但我要说的不仅是不说谎的问题，还是科研道德的问题，是另一个层面的事情。回到这则广告上，它给出的信息并不完整，真实情况是特定温度下，任何食用油都不会渗入到食物中。而换个温度，包括威臣牌在内的所有食用油都会渗透食物。所以，这个广告传达出的是有所保留的事实，而不是真正的事实，两者是完全不同的，我们要学会辨别。

以往的经验告诉我们，真相自己会说话。因为，首先，其他研究者会重复你的实验，验证其真伪。其次，理论必然接受自然法则的检验。再次，如果没有认真严谨地对待科研工作，即使得到了一时的名声，满足了虚荣心，也不会在科学界获得良好声誉。而这种正直和诚实，以及不自欺欺人的谨慎态度，很大程度上正是大多数货拜族科学研究所欠缺的。

当然，研究课题本身就有难度，如果再没选对研究方法的话，想要成功必然困难重重。然而，这也只是所有困难中的一部分。这就是没有飞机降落的原因，但也不是全部原因。

关于如何应对自我欺骗，我们已经在过往的经验中学到了很多。举个例子，密立根曾通过油滴实验来测量电子的电量，得到了一个现在看来并不准确的数据。而出现误差的原因是测量时的空气黏度值有误。在密立根之后，电子电量的测量进入一个有趣的阶段。如果把这个阶段的测量画成一个关于时间的函数图，就会发现，从密立根最初测量的数据开始，后面的数据在逐步上升，新的总比之前的要高，最终稳定在一个更高的值附近。

为什么没有马上就注意到新数据总比之前的高一些呢？细说起来，可以称得上是科学界的一段耻辱史了。显然，研究人员做过这样的事：在重复这个实验的过程中，如果得到的数值远高于密立根的，他们就会认为肯定是出了什么问题，然后去找原因，给错误找一个理由。而如果得到的数值与密立根的比较接近，他们就会觉得很安心。所以他们剔除了偏离太远的数据，还做了其他类似的事情。不过如今我们已经了解了这些把戏，不会再犯类似的错误。

从来没有一门专门的课程教授绝对的科研诚信，也就是教我们如何不去自我欺骗，这实在令人遗憾。所以，只能希望大家通过潜移默化的方式理解到这一点。

而要做到科研诚信，第一条原则就是绝对不能自欺，因为人最容易欺骗的就是自己，所以要格外小心。如果能做到不自欺，那不欺骗他人就只是举手之劳了，因为在此基础上，只要做到惯常程度的诚实就可以了。

还要补充一点，虽然这件事对科学来说算不上至关重要，但是我所信仰的，那就是以科学家身份说话时，不应该欺骗外行人。当然，这里说的不是作为普通人不要对妻子或女朋友撒谎这类的事情，这些可以去和拉比（犹太教经师）沟通。现在说的是一种特殊的诚实，因为除了不撒谎，还要拼命去证明自己可能是错的。这是科学家应该具备的品质，也是对其他科学家的责任，我个人认为对外行人亦然。

比如有一次，我和一位要上广播节目的朋友闲聊了一会儿，那次交谈让我有一丝诧异。这位朋友从事宇宙学和天文学的研究工作，当时他在想该如何向听众解释这项工作的实际应用价值。"哦，"我说，"这根本就没什么实用价值啊。"他说："是啊，可是如实说的话，就没人支持我们做更多研究了。"我认为这就是对外行人的科研不诚信。如果你以科学家自居，那么就应该向外行人解释清楚你做的研究，如果他们听了之后，不想资助你的项目，那也是没办法的事情。

这个原则，简单来说就是，如果你下定决心要去验证某个理论或阐述某个观点，就应该把所有相关信息都公布出来。如果只公布某一种结果，充其量也就是让论证看起来还不错。但是必须把正反两种结果都发布出来。

而在向政府提供建议时，诚实的品质同样也很重要。假设一名议员向你征求意见，问是否应该在他所在的州钻探，而你已经认定其他州更合适钻探。这时，如果你没有如实回答，那么在我看来，你并没有给出科学的建议，只是被利用了。为什么这么说？因为如果你的建议碰巧是政府或政客希望听到的，他们就会将此作为有力的论据；而如果你的看法与他们相反，他们根本就不会把你的提议公之于众。这就不是提供科学的建议。

其他类型的错误更加缺乏科学性。我在康奈尔大学的时候，经常和心理系的人聊天。一次，一个学生告诉我她想做的实验，情况大致是：有人发现，在特定的X环境下，实验鼠会做出A行为。而她想知道的是，如果实验环境换成Y，实验鼠还会做出A行为吗？于是，她就想在Y环境下做实验，看实验鼠是否还会做出A行为。

我建议她先在自己的实验室里把别人之前做过的实验重复一遍——在X环境下完成一次实验，看自己是否也会得出A结果，然后把实验环境改为Y，再看结果是否发生了变化。这样她就能知道，真正的区别恰恰在那些自认为已知的事情上。

她很喜欢我的提议，然后去找导师商量。得到的回复却是，完全没必要，因为这个实验别人已经做过了，你再做一遍纯属浪费时间。当时是1947年前后，心理学实验的常规思路是无需重复之前实验，只在其基础上改变环境或条件，就可以得出新结果。

但如今，同样的事情仍然有可能发生，即使在大名鼎鼎的物理学领域。前段时间的一个实验使我非常震惊。实验是在国家加速器实验室的大型加速器上做的，使用的材料是氘，也就是重氢。实验的目的是对比使用重氢和轻氢的结果差异。但是作为对比项的轻氢的实验数据直接引用了他人的实验结果，而且所用实验设备完全不同。被问及原因时，实验人员的理由是时间有限，设备成本高昂，而且即使再做一遍轻氢实验，得到的结果也还是一样。国家加速器实验室的主管对新研究成果的渴求甚至到了焦虑的程度，为什么会这样呢？为了能争取到更多的资金，而资金不是用于实验本身，而是用于维护所谓的公共关系。这种做法或许正在毁掉实验本身的价值，这本应是国家实验室存在的意义。还导致实验人员难以按自己的科研道德标准完成工作。

然而，也并不是所有的心理学实验都属于上述类型。举个例子，有很多让老鼠穿过各式各样迷宫的实验，但很少能得出明确结论。不过，1937年，一个名叫杨的人却做了一个很有趣的实验。他做了一条长长的走廊，走廊两侧设置若干的门，其中一侧的门都用作老鼠进入走廊的入口（入口门），另一侧的门后边都放置食物（食物门）。实验的目的是想通过训练，让老鼠无论从哪个入口门进入走廊，都能走进第三扇食物门。但是失败了，老鼠总会径直走向上一次发现食物的那扇门。

那么问题来了：走廊的门都是一模一样的，老鼠是怎么知道食物门就是上次的那扇呢？很明显，这扇门肯定还有与众不同之处。于是他把所有的门都仔细漆了一遍，这样所有门表面的纹理就完全一样了。可是没有用，老鼠还是能找到。然后他想，是不是老鼠闻到之前食物残留的味道了？于是每次实验后，他都用化学品清除之前的气味，但老鼠还是知道那扇门。杨又考虑到，也许老鼠像普通人类一样，能通过灯光和实验室的布局来辨别方向。结果，面对一片漆黑的走廊，老鼠又一次获胜了。

最后他发现，老鼠是根据跑动时地板发出的声响来判断的。所以，只有在走廊铺上沙子才能让老鼠迷失方向。就这样，杨把所有可能的线索逐一排除，最终发现了老鼠的秘密，继而让它们被迫学会走第三扇门。如果当时他对实验条件有任何疏漏，都会输给老鼠。

从科学角度看，这绝对是一流的实验。正是它的存在，才让所有"老鼠走迷宫"类的实验变得合理，因为它揭开了老鼠真正的秘密，而不是猜想中的秘密。也正是这个实验，准确阐明了"老鼠走迷宫"类实验的必备条件，只有知道这些，才能细致地掌控整个实验。

我还查阅了这项研究的后续发展状况。令人吃惊的是，后来的两个实验都完全没有参考杨先生的经验。实验人员完全没有借鉴杨先生的任何实验标准，既没有在实验的走廊上铺沙子，也没有仔细排查。他们只是继续用老一套的方法做着实验，对杨先生的重大发现置若罔闻。杨先生的论文也乏人问津，原因竟然是他没有获得关于老鼠的任何新发现。实际上，杨先生发现的是"老鼠实验"中所有的核心要素。这种对有价值的实验视而不见的行为，正是货拜族科学的一大特征。

另一个例子是莱茵先生和其他人做的超感知觉实验。由于各方人士的批评，以及其自我批评，他们对实验技术做出了改进，使超感知觉效果变小，而且越来越小，直到最后逐渐消失。所有的超心理学家都在寻找可重复的实验，也就是这个实验可以重复做，且得到的结果相同——至少是统计学意义上的相同。比如科学家们放了100万只老鼠（换成人也一样）进入迷宫，做了大量实验，得到了一定的统计结果。可是，再重复一次实验却得不到相同的结果。而这时有人会说实验的可重复性无关紧要。如果真这样，那还是科学吗？

说这话的人曾是超心理学研究所的主管，他还在辞职演讲中提到了一个新机构。而在谈到下一步的计划安排时，他说必须去做的事就是确保只培训一类学生——在受认可的范围内，已获得超心理能力实验成果的学生。而那些心怀抱负且对科研充满热情的学生则会被排除在外，因为他们只能得出零星且偶然的结果，培训他们纯属浪费时间。实施这样的教学政策无疑是危险的——只教学生获得特定实验结果的方法，而不教科研诚信的指导思想。

我今天的演讲马上就要结束了，最后，祝福大家都能在无拘无束的工作环境下，保有我所说的科研诚信，职级、地位或者经费等压力都不能迫使你放弃的那种科研诚信。愿自由与你们同在。

最后还有一个小小的建议：千万不要答应去做演讲！除非你已经做了充分准备，或者或多或少知道要讲些什么。

寻找费曼

艾伦·艾尔达

25年或30年前，离开朝鲜后，我开始在位于比弗利山的二十世纪福克斯公司工作。那时我经常开车到帕萨迪纳，去诺顿西蒙美术馆看伦勃朗的画，或者在亨廷顿花园里散步。有时开车会经过加州理工学院，看着它，心里会想，里面正进行着什么样的有趣研究呢？多年来，我一直如饥似渴地阅读科学相关书籍，对科学家的工作方式十分好奇。*

但我没想到的是，每次经过，都有一个很特别的人就在其中的某栋建筑里，他可能正在黑板上画胶子管，或者敲邦戈鼓，或正望向窗外，看着一位经过的美女。这个人成了我几年后关注的焦点。

众所周知，28年前的今天，他就站在这里，在毕业典礼上致辞。而28年后，一个在剧中扮演过他的人在这里演讲，或许是冥冥之中上天的安排，是所谓的无序状态——熵，也是宇宙即将达到绝对零度前会发生的事……

跟大家说说我为什么会出现在这里吧。读了几本关于理查德·费曼的书之后，我带了其中一本内容感人且颇有深度的书（拉尔夫·莱顿写的《费曼的最后旅程》），去洛杉矶的马可泰帕剧场找戈登·戴维森，讨论是否能编排一出关于费曼的舞台剧。戴维森提出让彼得·帕内尔写剧本，于是我们三人共同踏上了寻找真实费曼的旅程。我们原以为差不多一年后就能把这出戏搬上舞台。没

---

* 艾伦·艾尔达在加州理工学院2002年6月的毕业典礼上发表的演讲。多年间，艾尔达通过主持PBS获奖剧集《美国科学前沿》来表达对科学的热爱。——莱顿原注

想到居然花了六年多的时间。

我们当时并不知道这件事有多难。比如，费曼是一个极为不同寻常的人。即使在生命的最后阶段，他知道自己时日无多，也清楚地知道物理学中最重要的问题，并有机会回答这些问题。然而他还是按照自己的习惯，只做感兴趣的事。他花了很多时间试图去亚洲中部一个叫图瓦的小地方，它的首府名称中连元音都没有，或许恰恰因此，费曼对它产生了极大兴趣！

然而，就像去图瓦对于费曼来说，困难到令人心神不宁一样，理解费曼对于我们来说，同样困难到令人抓狂。

要聚焦在哪个点上？他参与制造了原子弹。他协助调查清楚了"挑战者号"爆炸的原因。他对物理学中最难解的问题有着深刻的理解，并因此赢得了诺贝尔奖。要着重强调哪个身份——受人尊敬的老师、邦戈鼓表演者、艺术家、擅长讲笑话的人，还是一位开锁专家？我们想制作一出关于费曼的戏剧，不过是哪个费曼呢？

一位数学家朋友建议我说，戏剧的主题应该是费曼所有经历的总和，就像他能看到一个光子到达你面前时经过的所有可能路线一样，费曼一生中也经过了所有可能的路线——他即是他经历的总和。

然而，大自然可能聪明到可以平均光子的所有路径，我们三个戏剧工作者却没办法把费曼的所有经历都加起来。有一次我说："知道我们该怎么做吗？我们应该写一出剧，讲的是三个人坐在酒店房间里，想创作一出关于费曼的舞台剧。最后什么也没搞出来，反而把自己搞疯了！"

当然，我们没有放弃，还是发疯一样地研究他。在加州理工，有很多人了解他、和他共过事，并且喜爱他，他们都很欢迎我们，并且敞开心扉，知无不言。他们非常慷慨，提供了很多帮助，我们也因此对费曼有了更深层次的了解。但是我经常感觉到，哪怕现在抓住了他，过一会儿他又会从指缝中溜走。想要把一段复杂到无法简化的人生浓缩成舞台上的几小时，确实太难了。

我最想展示的就是他的坦诚。他从来不想欺骗任何人，尤其是他自己。他质疑自己的所有假设。和毫无物理学背景的普通人谈论物理时，他从来不依仗作为伟大物理学家的权威。他认为如果无法用日常语言来表达一件事，那可能自己也没有真正理解。

我对他这一特质最为着迷。他知道的可能比我们中大多数人一生所能知道的都要多，却坚持用我们的语言解释一切。

像中世纪的但丁一样，他能用普通人的语言描述最为精妙的事情。费曼是美国的天才，和众多美国艺术家一样，他说话总是直言不讳又通俗易懂，不害怕审视平凡，反而深入到平凡的底层，揭示出平凡事物的非凡根本。

同时，他不喜欢过度简化，对简化科学并不感兴趣，他感兴趣的是清晰化。如果他遗漏了什么，就会告诉你，使你避免因为过度简化而产生一个本不存在的错误印象。之后即使事情变得更为复杂，你也会有所准备。换句话说，他很尊重你。

除此之外，他还有其他令我着迷的特质。一天，我在读弗里曼·戴森写的一本书，其中关于费曼的一段话击中了我，"迪克是一位极具独创性的科学家，"戴森写道，"他拒绝把任何人的话当作事实或真理。也就是说，他不得不自己重新发现或创造整个物理学……他说他无法理解教科书对量子力学的官方解释，于是就从头开始研究……最终，他得到了自己能理解的量子力学版本。"

这段话解答了我的一些疑惑。对于费曼拒绝把任何人的话当作事实或真理，我并不感到陌生，还有他需要亲自从头看到尾才能理解一件事，我也不陌生。自从我扮演费曼以来，他的一句话一直写在我身后的黑板上："我不能创造的，我就无法理解。"（有人问为什么这句话对这出戏有如此重要的意义，那是因为布景中的黑板几乎复刻了费曼去世前最后留在办公室里的黑板。而"我不能创造的，我就无法理解"这句就写在最上面。）

但那天打动我的却是"他说他无法理解教科书对量子力学的官方解释"这

句。这就是费曼的特别之处。我脑中忽然出现了一幅画面：费曼正在经历和我们其他人一样的情况，在攀登途中，也不得不面对空空的岩壁。是否正因如此，他才能不忘攀登的初心？

所以，也许并不仅仅因为费曼能想象出小粒子及其之间的交互这些专业知识，而为我们所熟知，还因为他记得那种觉得自己既无知又愚蠢的感觉。

接下来，我要谈谈讲这件事的原因。费曼是怎么做到的可能并不重要。也许我们会为他能做成而感到高兴，然后置之脑后。但我认为我们要想办法让自己也做到，才是更重要的事。

首先，我们所处的这个时代存在着大量可以破坏世界的工具，而这些工具就掌握在我们手中。人类可能是第一个能对地球造成如此大伤害的物种。我们可以让鸟儿不再歌唱，让鱼儿停止游动，让昆虫像黑雨一样从树上落下。而讽刺的是，我们所做的一切全都假托理性之名。

我们不能生活在一个不使用这种能力的文化中，因为产生这种文化的正是这种理性。

但是现在，很多人却放弃了理性，开始求助于希望、幻想、唱颂以及咒语，尝试用水晶、磁铁，以及成分不明的草药来治疗自己。会有人拿出一片药（成分是一种来历不明的植物叶子），然后说："吃了吧，没有害处，纯天然的……"

足以致命的茄属植物也是纯天然的。

有趣的是，他们希望植物中的有效成分起治疗作用，同时也确信其中没有有害成分。这是怎么知道的呢？

我说这些并不是要诋毁任何人的信仰，人人都有权利拥有信仰，就像人人都有权利去感受一样。我说这些只是为了表明，现在的文化正越来越认为科学只是另一种信仰。随便信仰些什么东西总比什么都不知道的好。人们不喜欢不确定性，所以很容易回到之前的舒适区中——无论它有多荒谬。

但是费曼并不急于摆脱无知，他享受无知。他会在一个想法的基础上深入探索，认定这个想法就是正确答案。但这只是暂时的执念，目的是跟随这个想法，看看它能把自己带到哪里。再过不久，他就开始猛烈攻击这个想法，目的是看它能否经得住重重考验。如果败下阵来，他就会说他也不知道。"无知，"他说，"可比相信一个可能错误的答案有趣得多。"

今天你们毕业后，某种意义上也算是费曼的传人了。费曼光荣而勇敢地接受不确定性的态度将由你们来继承。就像费曼是牛顿的传人，而牛顿是伽利略的传人一样，我希望你们愿意多花一点时间，帮助其他人也成为你们的传人。

我想你们之所以在加州理工读书，是因为你们热爱科学，而且已经学到了很多关于如何进行科学研究的知识。今天，请允许我占用你们的宝贵时间，找出对科学热爱的分享方法。不只因为这样的解释会为你们带来更多资金支持（当然肯定也会），而且因为这是你们热爱的事业。解释的时候记住，让人眼花缭乱的术语可能会让我们望而生畏，但不会心生喜爱。

坦诚地告诉我们你的研究过程，不要隐瞒其中的百折千回、迷雾重重，因为我们喜欢侦探故事。不只你享受科研路上的探险，我们也一样。

大部分科学家确实会隐藏这些。在听到他们的伟大发现时，其中的大量疑问已不复存在，曾经犯下的错误和走过的弯路也已被忽略，这听起来并不像是人类的经历，因为它把过程和结果割裂开来。

无论怎么做，请帮助我们像你们那样热爱科学。

像年轻小伙为爱人神魂颠倒一样，不停谈起她的好；像年轻姑娘深爱着对方一样，通过照片和故事让所有人知道他的出色。让我们也迫不及待地想见到你的心之所爱吧。

不要只告诉我们科学有益，所以我们就应该投资；不要试图让我们相信你的花言巧语有实际的意义；不要把你的看家本领束之高阁。不要成为商人、官员、魔术师，要成为爱人。

我们在现代文化中浸染已久，已经能准确识别出广告，也知道怎样关掉它。

但是爱不一样，我们无法抗拒爱。

你可能动摇过，因为有些人坚称他们只对科学的实际应用感兴趣。你也可能受过诱惑，使出浑身解数只讲别人想听的话。费曼28年前站在这里的时候，曾告诫过科学家们不要夸大其研究可能给日常生活带来的神奇用途，尤其在还没有眉目的时候。他认为就算是为了寻求资金支持，这样的虚张声势也并非诚实之举。虽然诱惑是巨大的，但也并非不可战胜。

几年前，罗伯特·R. 威尔逊就做得很好。他是费曼非常了解的一位物理学家。是他招募费曼加入了洛斯阿拉莫斯的项目。他还是一位成功的雕塑家，参与了C.P.斯诺"两种文化"系列的所有作品。

威尔逊在伊利诺伊州为费米实验室建造了巨大的核粒子加速器。但在此之前，1969年举行的一次国会听证会上，他受到了参议员约翰·帕斯托雷的责问，后者想知道核粒子加速器到底有什么用途："这对国家安全有任何帮助吗？"

威尔逊答道："不，先生，我想不会。"

"那就是毫无用处？"参议员问。

威尔逊看着他，说："它只与我们看待彼此的方式、人的尊严以及对文化的热爱有关。那它对我们是否能成为伟大的画家、雕塑家、诗人有用吗？我想说的是，它对所有我们国家真正值得崇敬以及自豪的东西有用。它不能直接守护国家安全，只是让国家更值得守护。"

和威尔逊一样，费曼不需要解释自己对自然的好奇——纯粹的科学就是纯粹的乐趣。科学很好玩。

就像那个关于盘子的故事。

一开始我就对一件事坚定不移，就是必须把盘子的故事写进戏剧里。我认为它具有核心意义。编剧彼得·帕内尔一遍又一遍地改稿子，而我总会看着稿子问："盘子的故事呢？"快把他逼疯了。

可能有人没听过这个故事，我来讲一讲。"二战"结束后，费曼陷入抑郁之中。他第一任妻子刚刚死于肺结核，他参与制造的原子弹造成的毁灭性后果也正侵蚀着他。当时在康奈尔大学任教的他无法集中精神，无法专心工作。

一天，费曼在学校餐厅看到一个人闲着无聊，把盘子扔向空中打发时间。看到盘子在空中旋转、摇晃，上面的校徽也跟着转动，他立刻着了迷，心想："旋转和晃动之间似乎存在联系，那是什么联系呢？"于是他开始计算，并从复杂的等式中发现了惊人的简单结果。他把结果拿给汉斯·贝特，贝特说："还挺有趣的，费曼，但这说明了什么呢？"而费曼回答："说明不了什么，就是好玩而已！"

最重要的是，这场有趣的探究不仅让他走出了低谷，据费曼称，还给他带来了诺贝尔奖。

但是，无论带给他什么，费曼在餐厅那天就下定了决心，不会再研究任何他不感兴趣或不好玩的东西。当然，费曼寻找的是严肃的乐趣，是他面对自然时发出的赞叹，不只是人们口中伟大的自然奇迹，也包括自然任何微小的组成部分，因为每个微小的部分都像一个整体一样，具有令人惊叹的美。

想来有趣，我正在怂恿你们模仿一个我自己也承认非常难以捉摸的人。七年后，我站在这里，像费曼从来没有抵达图瓦一样，我也没有真正找到费曼。我已经很接近他了，但他实在是一个包罗万象的人，有太多的经历。

我们创作了一部关于QED（量子电动力学）的舞台剧，非常满意，剧本和导演都棒极了。我们尽己所能为观众呈现的费曼，已经做到了最大限度的近似。但不得不承认，费曼这个人的很大一部分仍然是我们无法了解的，可能任何人都无法了解。他总是在看不见的地方对我们笑，因为捉弄了我们而自鸣得意，让人觉得他就是一个普通人，可以被完全理解。但事实上，俗话说"过程比结果宝贵"，确实如此。因为起初，找到费曼看起来很重要，可能也确实如此，但后来发现，寻找费曼的过程才是乐趣所在。

我经常会感到费曼从背后看着我，但没有笑——比如现在。我的演讲即将结束，而我也感受到了"最后一点建议"的压力，这是费曼28年前演讲的最后一句，他说过，不要答应做演讲，除非清楚地知道要讲什么，而且差不多知道要怎么说。

换句话说，核心要义是什么？

好吧，该说点实际的了。我会提出一些建议，可能有点幼稚，是没有受过专业训练的门外汉级别的，但是它非常具体，我以此来抛砖引玉。

试想，如果每个人都把自己认为科学中最好的一件事解释给一百万人听，无论多复杂，想办法让他们听懂，会怎么样？今天参加这个毕业典礼的大概有500人。哪怕你们中只有几个人成功，那么就会有几百万人变得更聪明。

怎么去做完全取决于你们。相信以你们的聪明才智，一定能想出绝佳方案。但另一方面你们可能会想："为什么？为什么我要去做这件几乎不可能的事？"

我也不知道，可能和鸟儿鸣唱的原因相同吧。如果这么做能为你带来鸟儿获得的那些益处，那确实很值得推荐：

1. 更容易找到对象。

2. 唱歌让人感觉很好。

3. 歌唱是大自然跳起生命之舞时发出的声音。你是自己的宇宙，向自己宣告成立，放声歌唱时，喉咙后面一小块肌肉的振动引起了自然某处角落的共鸣。你成了森林的一部分，说道："这是我认为我知道的。"而森林的另一部分回答："是吗？这也是我认为我知道的！"你们的鸣叫就是知识的和谐之音。

你们在这里学到了那么多自然运作法则。还有比这更美妙的东西吗？还有比这更值得歌唱的东西吗？

所以，唱吧。大声歌唱。唱吧！

谢谢大家，祝你们好运。

费曼经典：一个好奇者的探险人生

[美] 理查德·P.费曼 著
[美] 拉尔夫·莱顿 编
李盼 译

CLASSIC FEYNMAN: ALL THE
ADVENTURES OF A CURIOUS
CHARACTER

By Richard P. Feynman and Ralph
Leighton

Copyright © 2006 by Carl Feynman,
Michelle Feynman, and Ralph Leighton
Foreword copyright © 2006 by
Freeman Dyson
"Surely You're Joking, Mr.
Feynman!" Adventures of a Curious

图书在版编目（CIP）数据

费曼经典：一个好奇者的探险人生 / (美) 理查德
·P.费曼著；(美) 拉尔夫·莱顿编；李盼译. -- 北京：
北京联合出版公司, 2022.6
ISBN 978-7-5596-6127-2

Ⅰ.①费… Ⅱ.①理… ②拉… ③李… Ⅲ.①费因曼
(Feynman, Richard Phillips 1918-1988)—自传 Ⅳ.
①K837.126.11

中国版本图书馆CIP数据核字(2022)第070293号

Character by Richard P. Feynman, as told to
Ralph Leighton, edited by Edward Hutchings,
Copyright © 1985 by Carl Feynman, Michelle
Feynman, and Ralph Leighton
"What Do You Care What Other People Think?"
Further Adventures of a Curious Character by
Richard P. Feynman, as told to Ralph Leighton.
Copyright © 1988 by Carl Feynman, Michelle
Feynman, and Ralph Leighton
Simplified Chinese translation copyright © 2022
by United Sky (Beijing) New Media Co., Ltd.
All rights reserved.

北京市版权局著作权合同登记号 图字：01-2022-2234号

出 品 人	赵红仕
选题策划	联合天际·边建强
责任编辑	夏应鹏
特约编辑	王羽翯　姜　文
美术编辑	梁全新
封面设计	吾然设计工作室

出　　版　北京联合出版公司
　　　　　北京市西城区德外大街83号楼9层 100088
发　　行　未读（天津）文化传媒有限公司
印　　刷　北京联兴盛业印刷股份有限公司
经　　销　新华书店
字　　数　464千字
开　　本　710毫米×1000毫米 1/16 35.5印张
版　　次　2022年6月第1版　2022年6月第1次印刷
I S B N　978-7-5596-6127-2
定　　价　108.00元

关注未读好书

未读 CLUB
会员服务平台